重理解的課程設計
Understanding by Design

Grant Wiggins & Jay McTighe　著

賴麗珍　譯

Expanded 2nd Edition

目錄

（正文頁邊數字係原文書頁碼，供索引檢索之用）

圖表目次

作者簡介

Grant Wiggins

　　Grant Wiggins 是「真實教育」（Authentic Education）公司的總裁，該公司位在紐澤西州蒙毛斯叉口鎮（Monmouth Junction）。就不同的改革問題，他對學校、學區、州教育廳等，提供顧問服務、籌劃會議和工作坊，以及根據重理解的課程設計編寫關於課程改變的書面教材和網路資源。Wiggins 的工作一直受到普義慈善信託基金會（Pew Charitable Trusts）、吉拉丁‧達吉基金會（Geraldine R. Dodge Foundation）、全國科學基金會（National Science Foundation），以及州教育委員會等組織贊助。

　　在過去十五年之間，Wiggins 曾經從事國內最具影響力的某些改革行動，包括佛蒙特市學習檔案評量辦法（Vermont's portfolio system）和菁英教育學校聯盟（Coalition of Essential Schools）。他設立了一個致力於革新教學評量的全州協會，並且為北卡羅萊納州和紐澤西州擬訂實作本位及教師執行的學習檔案評量準則。

　　Wiggins 是《教育評量》及《評量學生實作表現》（*Educative Assessment* and *Assessing Student Performance*）二書的作者；他的學術文章也刊登在《教育領導》（*Educational Leadership*）和 *Phi Delta Kappan* 期刊上。

　　Wiggins 的工作係以十四年的中學教學和學習指導經驗為基礎，他教英文和哲學選修課，擔任全國英式足球代表隊，以及初中棒球代表隊和田徑隊的教練。二〇〇二年，Wiggins 是紐澤西學院的駐校學者（Scholar in Residence），他從哈佛大學獲得教育博士學位，從安那波利斯的聖

約翰學院（St. John's College in Annapolis）取得藝術學士學位。工作之餘，他也在海斯平（Hazbins）搖滾樂團演奏吉他和演唱。

Wiggins 的連絡地址是：「Authentic Education, 4095 US Route 1, Box 104, Monmouth Junction, NJ 08852」，電話是：(732)329-0641，電子郵件是：grant@authenticeducation.org。

Jay McTighe

Jay McTighe 有充實而多元的教育生涯，並從中發展出豐富的經驗。他目前是馬里蘭州評量協會（Maryland Assessment Consortium）的主任，該協會是由各學區共同組成，旨在合作發展及分享實作評量。在接任這個職位之前，McTighe 曾參與馬里蘭州教育廳的學校改進計畫。他以思考技巧教學輔導專家著稱，曾協調全州學區的力量發展教學策略、課程模式和評量程序，以改進學生的思考能力。McTighe 也同時指導「教學架構」（Instructional Framework）的發展，這是一個以教學為題的多元媒體資料庫。除了州層級的工作之外，McTighe 曾在馬里蘭州喬治王子郡（Prince George's County）學區擔任過學校教師、教學資源專家、課程協調員（program coordinator），也曾經擔任過馬里蘭州資優兒童暑期教育中心（Maryland Summer Center for Gifted and Talented Students）的主任——該中心是由聖瑪莉學院（St. Mary's College）所提供的全州住宿式充實課程。

McTighe 曾經在著名的期刊發表過論文，並參與專書的寫作。期刊部分包括《教育領導》〔美國教育視導與課程發展協會（Association for Supervision and Curriculum Development, ASCD）發行〕、《發展心智》（*Developing Minds*，ASCD 發行）、《思考技能：概念和技術》（*Thinking Skills: Concepts and Techniques*）〔全國教育學會（National Education Association, NEA）發行〕，以及《發展者》（*The Developer*）〔全國教師發展協會（National Staff Development Council）發行〕。他也是三本評量方面專書的共同作者，包括：《評量課堂中的學習》（*Assessing Learning in the Classroom*，NEA 出版）、《評量學生學習結果：使用學

習層面模式的實作評量》（*Assessing Student Outcomes: Performace Assessment Using the Dimensions of Learning Model*，ASCD 出版），以及《改進及評量學生實作表現的評鑑工具》（*Evaluation Tools to Improve as Well as Evaluate Student Performace*，Corwin 出版）。他和 Grant Wiggins 共同撰寫《重理解的課程設計：專業發展實用手冊》（*Understanding by Design Professional Development Workbook*，ASCD出版）和《重理解的課程設計手冊》（*Understanding by Design Handbook*，ASCD 出版），以及其他由 ASCD 出版之重要相關專書。

McTighe 在教師發展方面有相當廣泛的背景，經常在全國、各州，以及學區的會議和工作坊擔任演講人。他也是錄影帶課程的主講人和顧問，包括《課堂教學的實作評量》（*Performance Assessment in the Classroom*）〔錄影式教育期刊社（Video Journal of Education）出版〕、《編製實作評量》（*Developing Performance Assessments*，ASCD 出版），以及《重理解的課程設計》錄影帶系列（影帶一至三輯）（ASCD出版）。

McTighe 從威廉瑪莉學院（College of William and Mary）獲得學士學位、從馬里蘭大學獲得碩士學位，以及在約翰霍普金斯大學完成其碩士後研究課程。求學期間，他曾被華盛頓特區的「教育領導研究所」（Institute for Educational Leadership）推選參加「教育政策獎學金課程」（Educational Policy Fellowship Program）。McTighe 曾經擔任全國評量論壇（National Assessment Forum）的會員，此論壇由教育組織和民權組織共同成立，旨在鼓吹革新全國、各州，以及地方的評量政策與實務之革新。他也已經完成 ASCD 出版委員會三年期的委員職務，期間並擔任該委員會一九九四至九五年的主席一職。

McTighe 的連絡地址是：「6581 River Run, Columbia, MD 21044-6066」，連絡電話是：(410)531-1610，電子郵件是：jmctigh@aol.com，網址則是：jaymctighe.com。

譯者簡介

　　賴麗珍，美國威斯康辛大學麥迪遜校區教育博士，主修成人暨繼續教育，曾任職於台北市教育局、台灣師範大學圖書館（組員）及輔仁大學師資培育中心（副教授）。研究興趣為學習與教學、教師發展及創造力應用。

　　譯有《教師評鑑方法：結合學生學習模式》、《有效的班級經營：以研究為根據的策略》、《教學生做摘要：五十種改進各學科學習的教學技術》、《班級經營實用手冊》、《增進學生的學習動機：150 種策略》、《創意思考教學的 100 個點子》、《思考技能教學的 100 個點子》、《重理解的課程設計》、《善用理解的課程設計法》、《重理解的課程設計：專業發展實用手冊》、《教師素質指標：甄選教師的範本》、《激勵學習的學校》、《教養自閉症兒童：給家長的應用行為分析指南》、《你就是論文寫手：高產量學術寫作指南》、《所有教師都應該知道的事：教學計畫》、《所有教師都應該知道的事：特殊學生》（以上皆為心理出版社出版）。

序

　　首次閱讀《重理解的課程設計》（*Understanding by Design*）一書之讀者，我們歡迎你對概念和實務的探求，而這一套概念和實務將會確認身為教師的你所相信及所做的許多事。就某個意義而言，筆者的整個企圖是將學習方案設計方面看來總是最好的實務加以整合。然而我們預測，至少筆者的少數想法會使你反省，或甚至使你重新思考有關教學計畫、教學，以及評量的個人習慣（或同儕的習慣）。對有些讀者而言，接下來的許多內容很可能會「動搖你的世界」，然後，讓你必須縝密地重新思考早已自在的習慣。無論你在閱讀時的起點或自在程度如何，我們相信，無論是三年級、大一新生或教師同儕，本書的概念會增進你促進學生專注而有效學習之能力。

　　熟悉本書第一版內容之讀者（編按：本書為原文第二版），如果在查閱第二版的目錄時覺得困惑或焦慮是可以理解的。根據筆者、本書工作同仁、十多位 ASCD 支援的核心訓練小組成員，以及全世界無數教師的持續研究和發展，全書內容已經從頭到尾徹底更新了。改進的結果符合過去六年來與筆者們緊密合作的實務工作者之預料，他們總是（帶著笑容和擔憂）在問：那麼，這次你們做了哪些修訂？簡言之，答案是：我們根據使用者的回饋、我們自己的觀察，以及想繼續改善的渴望，修訂了 UbD（重理解的課程設計）範例、UbD 關鍵術語、數十種工作表單，以及一些大概念——修訂了好幾次。

　　自從寫完第一版之後，筆者和全美國五十州及八個其他國家的數千名幼稚園到高中階段教師共同合作，每次的合作我們都得到新的想法——對

渴求多些穩定性的讀者而言,這真是專業的冒險哪!的確,這就是我們的情況。而更重要的是,這就是所謂重理解的教學之工作:更深入探究、持續問主要問題、重新思考。因此,雖然筆者很抱歉,讀者有時會跟不上我們的腳步,但我們不會為了實踐自己宣揚的理念而過意不去,因為筆者不斷試著對課程設計和理解產生更好的理解。

至於具體列述及說明第二版的主要改變,以下是重點摘要:

1. 在修訂版中,UbD 的單元課程設計範例提供了教學的基礎。這項顯著的改變,不只證明範例對重理解的課程設計是有用工具,也反映了筆者所相信的、範例對養成更好的教學計畫習慣之優越價值。

2. 筆者認為,在整體形式上、在感覺上,以及在格式和內容的整合上,UbD 範例已經修訂得更清晰、更容易使用。造成這些改進的原因是,我們不斷重複自問下列主要問題:這些建議納入的要素涉及應該包含的最終學習結果,或者只是導向更佳設計的過程步驟而已?範例中的所有改變及改善起源於對第一部分問題的肯定回答:範例及其所結合的要素代表了最終的課程設計形式〔所有這些關鍵的過程步驟——課程設計者藉其幫助以更清晰、更謹慎地通盤思考設計的要素,都可以在《重理解的課程設計:專業發展實用手冊》(McTight & Wiggins, 2004)一書中找到工作表單和設計工具〕。

3. 筆者大力深化「理解」一詞在概念上、在實務上,以及在術語上的意義。「理解」一詞是說明所謂為理解而學習的恰當反語,亦即,為理解而學習就是不斷重新思考大概念。對於如何架構期望的理解,我們提供更具體的準則(如:利用完整句的通則),以及更強調學習遷移的目標(因為,相對於只是回想,理解的關鍵指標是將學習遷移到新情境、新挑戰的能力)。

4. 對於主要問題是什麼、不是什麼,筆者鋪陳了更為謹慎的論據。其結果是第五章(主要問題:理解的敲門磚)的初稿比其他部分的修訂,更費力地反覆修訂了多次。為什麼?因為我們觀察到原先的敘述和普及的實務並不一致。這些論據可由下列主要問題來架構:主要問題必須是永久的、總括的嗎?或者,在達成單元目標方面,有更具體的主要問題可用嗎?主要問題必須是複雜的、開放的嗎?或者,這些問題

可以——或應該——導向具體的理解？簡言之，「主要的」的意義（應該）是什麼？對我們一生的生活和思考是主要的、對專家看事物的觀點是主要的，或者對成功的教學是主要的？在人文領域的研究者偏好第一個觀點；在科學領域的研究者偏好第二個觀點；而小學教師或基本技能課程的教學者則偏好第三個觀點。筆者的最後答案是：對——三者都對。因此，新的章節會試著將本質上雜亂的概念做更多的梳理。

5. 藉著將 UbD 第三階段範例原來使用的頭字語「WHERE」加上「TO」，筆者創造出新的頭字語「WHERETO」。這樣做是為了彰顯我們所知、在教學計畫上很重要的兩個概念：因材施教（視需要因人「調整」學習內容和活動）和排序（為最大效果而「組織」學習活動）。新增的「T」不止反映了關於教學計畫關鍵挑戰的一般常識——為最大學習效能而將學習個人化，也反映了從某個兩年期的研究方案發展而成的調整，在該研究中，我們要求數千名教師確認具體的課程設計範例，並指出這些範例都具有的共同特徵（本書第九章描述了這些調查活動及結果）。

　　筆者為了兩個理由增加「O」。本書以「重理解的課程設計」所提到的術語，介紹了課程設計的更大全貌——課程大綱。在第一版的書中，我們從「螺旋式課程」的概念發展史探討課程組織的一般方式，並且從課程單元即故事的角度，討論課程的組織。但是對於單元設計，以及單元如何架構和透過課程架構起來，我們做出了更多的澄清，因此，似乎有需要區分單元設計的流程和科目及課程設計的流程。於是，「O」能使我們在分開考慮跨單元的順序時，也能有效討論單元之內的排序。而若要實話實說，第二個理由其實是，我們想要頭字語的末字母容易記憶，而「O」似乎正好——課程設計的要素代表了計畫過程的「往何處？」（Whereto？）。

6. 在認定該主題超出本書範圍之後，筆者把關於重理解的教學之部分（及所需的心智習性）刪去或減至最少。我們的目的一向是討論理解的目標之要素，以及如何做重理解的課程設計。重理解的教學（包括使學生、使家長，以及使教學能為轉換強調重點做好準備）需要屬於教學之分開的、徹底的處理。我們的觀點是，第一版的後面幾個章節似乎

不再符合該目標的深化意義。

7. 筆者納入更多跨年級、跨學科的舉例，以反映本書已經被小學教師和大學教授廣泛使用的滿意事實，這兩類人士原先並未被列入鎖定的讀者對象。就如書中的舉例和本文所示，前一版的撰寫主要是為了國小中年級教師到高中教師（四至十二年級）（回顧起來，我們在限定讀者群方面的謹慎似乎很傻，我們認為聚焦在「重理解的課程設計」只會在幼稚園到高中階段的較高年級教師之中引發大回響，而我們也尚未和大學教師有足夠的合作以產生好的舉例）。但是，不管原先的舉例有限，令人欣喜的是，本書的論據似乎對各年級的教師都表達了可取用的觀點。

　　隨著取自許多各級學校教師工作坊的說明，幼稚園教師和高中教師會發現，他們關心的事項被更恰當地反映在訓練教材之中。但是，絕對不可能為每個概念提供特定年級、特定學科的舉例，因為整個文本會變得難以閱讀。因此，雖然已經大量擴充舉例，我們仍請求讀者，當舉例似乎有點遠離自己的領域時，請在閱讀的過程開放胸襟、發揮想像力。額外的特定年級或特定學科舉例會出現在支援本書的網站上：http://ubdexchange.org。

謝詞

　　多到無法一一提及的許多人士，都曾經幫助筆者發展及改進《重理解的課程設計》一書之概念和內容。儘管如此，少數人士值得特別誌謝。首先，我們特別感激 UbD 核心訓練小組的成員，包括：John Brown、Ann Cunningham-Morris、Marcella Emberger、Judith Hilton、Catherine Jones、Everett Kline、Ken O'Connor、Jim Riedl、Elizabeth Rutherford、Janie Smith、Elliott Seif、Michael Short、Joyce Tatum，和 Allison Zmuda。他們根據實施「重理解的課程設計」（UbD）專業發展方案的廣泛經驗，提供有用的回饋和引導，其結果是：使本書有更精確的用語、更清晰的舉例、更具支持力的鷹架作用（scaffolding）。我們也特別感謝在本書即將完成時，Elliott 和 Allison 在無數小時的評論和對話過程中所提供的有用建議。

　　筆者也要特別謝謝 Lynn Erickson，她在概念本位教育（concept-based education）方面的著作對於啟發我們對理解的思考，極其重要；Denise Wilbur——Grant（譯註：本書作者之一）在美感教育方面的資深同事，對於組織本書的內容是一位不可多得的共同設計者、評論者、編者；在課程設計方面有幾乎二十年經驗的同事 Everett Kline，她對我們總是提出熱忱的、有幫助的問題和批評。他們貫穿問題的有用回饋和在課程設計上的奮鬥經驗，幫助我們形塑和深化本書的內容及論據。

　　如果不是 Sally Chapman 在 ASCD 所提供的無盡支持和熱忱，本書無法出版。Sally 是第一位對筆者之間的夥伴關係有遠見的人，而且相信我們能執行及堅持完成著書之旅（即使本書已延遲一年出版）。我們非

常感謝她在工作上（大部分時間裡）曾付出的耐心。

筆者也要感謝 ASCD 的出版部同仁，謝謝他們有能力將龐雜的手稿處理成設計良好的最後成品，並且以鼓勵的心情來接受這本延遲出版的書。對他們的彈性和才能而言，手稿反而更有利。

最後，筆者要再次謝謝家人容忍無止盡的電話、容忍我們在馬里蘭州和紐澤西州之間來回奔波，以及容忍我們出外推廣及修訂書中內容所花掉的時間。我們相信家人們——能再度——理解。

導言

1　從考慮目的入手，意味著一開始就清楚了解你的方向。這表示你知道自己要往何處去，以利更了解自己現在身在何處，而這能使你所採取的步驟總是方向正確。

——*Stephen R. Covey*

《與成功有約》（*The 7 Habits of Highly Effective People*），1989，第 98 頁

　　這是我對課程設計過程感到如此興奮的地方：置身在 UbD 的過程中，對我和學生而言是更好的狀況。每件事似乎如此輕鬆，我更有自信心，學生則覺得非常興奮。他們似乎更理解教學活動和內容的重要部分，我猜想他們理解了目標：目標通常未被完整清晰地顯示。我知道學生所知道的事物，我知道他們不知道的事物，我也知道我需要做的事。這多麼令人覺得舒暢！

——某位教師對使用 *UbD* 的反省

　　請考慮下列四則短文，以及這些短文對理解、對課程設計，以及對評量設計的見解。其中兩則短文是相似實務的虛構故事。

1. 部分由於某個「理解」為題的工作坊之要求，某位資深高中英文教師在學習札記上寫出以下反省，其主題是關於自己在高中求學時的經驗：

　　我覺得，那時候我的大腦是個火車停靠的小站，教材從一耳進，然後（考試之後）從另一耳出。我可以很輕易記住，並因

此成為致告別詞的畢業生代表。但是當時我覺得十分羞愧，因為我比其他更不在乎成績的學生理解得更少。

2. 每年秋天有兩週的時間，所有三年級班級都會參與以蘋果為題的單元學習活動。三年級學生會參加與該主題有關的各種活動。在語文課，學生閱讀有關 Johnny Appleseed 的故事（譯註：其人原名 Johhny Chapman，是美國西部開拓時期的墾拓者，因畢生沿著西部邊境種了許多蘋果樹而被稱為 Appleseed——蘋果子），觀賞一部該故事的動畫短片，每個人寫一篇包括蘋果的創意故事，然後使用蛋彩畫法畫出他們的故事；在藝術課，學生從附近的歐洲蘋果樹蒐集樹葉，然後做出大型的樹葉拼貼畫，這幅拼貼會掛在靠近三年級教室的走廊佈告欄上；在音樂課，音樂教師教學生關於蘋果的歌曲；在科學課，學生使用他們的感官，小心觀察及描述不同類別蘋果的特徵；在數學課，教師示範如何秤量蘋果汁的原料，好讓三年級所有學生都夠喝。

　　這個單元的重頭戲是參訪蘋果園，學生在園中觀察蘋果汁的製作，並且坐卡車遊園。最後的總結活動是三年級生的蘋果節，這場慶祝活動是由家長穿上蘋果的戲服，然後孩子們輪流闖關進行不同的活動——榨蘋果汁、找「蘋果」一詞競賽、玩敲蘋果遊戲，以及做完數學學習單上有關蘋果的應用題。最後的活動是由遴選出來的學生朗讀他們所寫的蘋果故事，而台下聽眾則享用著由廚房所提供的糖蘋果。

3. 全國教育進步評量（National Assessment of Educational Progress, NAEP）曾以下列數學測驗題目對八年級學生施測，該題目以答案不拘的提示要求學生寫下答案：「如果每輛巴士可以載 36 名士兵，軍隊需要多少輛巴士才能轉運 1,128 位士兵？」幾乎三分之一的八年級生會寫出下列答案：「31 餘 12」（譯註：需 31 輛巴士，而且還剩 12 人。）（Schoenfeld, 1988, p.84）。

4. 時值四月下旬，驚慌開始來襲。有位教世界史的教師在很快的核算之後發現，除非每天教完四十頁的進度，否則他在期末之前無法教完整本教科書。他帶著一些懊悔，決定刪去拉丁美洲的短單元和幾個費時的學習活動，例如：模仿聯合國的辯論與投票，以及討論目前學生正

2

在學習、與世界歷史有關的當前國際事件。為幫助學生準備學科期末考，必須把教學方式轉換成快速前進的講述法。

各篇短文都顯示了「理解」和「課程設計」方面的某些問題（順帶一提，除法的短文是真實事件；若考慮到一般實務的話，其他的短文可能也是）。

高中英文教師的反省透露了相似的事實：即使「好」學生也不一定總是深入理解所學的內容，儘管傳統的評量方式（學科分數和總 GPA）證明學習的成就。在這個例子中，短文的作者指出，測驗主要聚焦於從教科書和班級授課內容回想資訊，學校的測驗很少要求她展現更深入的理解。

虛構的蘋果單元呈現了相似的情況──活動導向的課程，學生在其間參與不同的實作活動。這樣的單元通常能吸引學生注意，就像在這個例子中，其單元活動可能圍繞某個主題而組織，並且包括跨學科的連結。但還是存在著學習價值的問題，例如：教學要導向什麼目的？在此單元的學習過程中，什麼是應該發展的大概念和重要技能？學生理解學習目標嗎？單元的學習結果（如：樹葉拼貼畫、創意的故事寫作、完成的字詞搜尋）在哪個程度上反映了有價值的學科學習標準（content standards）？所有這些活動會使學生產生及維持什麼樣的理解？

NAEP 的數學測驗題目顯示了理解或缺乏理解的另一面。雖然學生能正確計算，但是他們並未掌握到問題的意義，也顯然沒有理解如何使用已知知識來得到三十二輛巴士的答案。這會是因為這些學生已經熟練數學教科書和學習單上無情境設定（out-of-context）的練習題，但卻少有機會將數學應用到真實世界的情境嗎？我們應該下結論認為，回答「剩餘十二人」的學生真的理解除法及其應用嗎？

考慮到教材「涵蓋課程內容」的壓力，幾乎每位教師都會同情這位世界史教師的掙扎。隨著類似科學和歷史領域的知識自然增加，教學進度的挑戰會更加惡化，更不用提近年來外在的測驗要求和課程內容的增加（如：電腦的學習和藥物教育）。但是更糟的情況是，內容導向的教學方式可能會擊敗教學本身的目標，因為該方式不顧知識的優先順序、預期學習結果、學習者的需求和興趣，或者恰當的評量結果，一味照教

3

科書進度教下去。當只有教學而沒有機會真正學習——學習、探究、應用關鍵概念，及其連結重點，學生為什麼要記住所學、為什麼會理解得更少？這樣的教學方式也許可被正確描述為：「教學、測驗，然後期望最佳的結果」。

一、課程設計的孿生之惡

我們認為，有趣的是，雖然發生在班級中的情況看來顯然大不相同，但是，蘋果單元和世界史課程都遭遇同樣的普遍問題。雖然在前例的小學班級中，學生從事大量的實作活動；而在後者的歷史課堂中，是由教師對學生講課，但這兩個例子都未顯示明確的認知教學目標。我們把這兩種類別的問題稱為學校傳統課程設計的「孿生之惡」（twin sins）：活動為焦點的教學和內容為焦點的教學。這兩個例子都無法適當回答有效學習的核心關鍵問題：這有什麼重要？重點是什麼？這個學習經驗如何使我們學習者達成學習的責任？簡言之，這整本書所考慮的要點是，這兩個例子的問題是欠缺明確的大概念來引導教學，也欠缺確保學習效果的教學設計。

二、本書的主題

如書名所示，本書主題是關於良好的設計——課程的、評量的、教學的設計，聚焦在發展和深化對重要概念之理解的設計。以問句提出、貫穿本書所考慮的，以及從許多觀點而來的本書要義是：我們如何透過課程設計，使理解更可能發生——有更多的學生真正理解他們被要求學習的知能？相對地，常常那些告訴我們「懂了」的學生，在學習之前已能表現將要學習的知能——因運氣好而理解。我們的教學計畫需要什麼，才能對各種學生產生知識上的影響，例如對於：經驗較少的學生；高度有能力、但是缺少動機的學生；能力較差的學生；有不同興趣和風格的學生？

要探索這類問題，我們當然必須研究課程設計的目的——就筆者而

言，其目的是理解。因此，當我們說「相對於只是吸收和回想，我們要學生理解」，這句話的意思是什麼？就某個學生而言，他（或她）怎麼可能知道許多事情卻未理解其意義（身為教師，我們全都看過這類事情）？反之亦然：另一個學生怎麼可能對事實有許多誤解——他（或她）甚至沒把指定作業做完，但卻完全理解關鍵概念？因此，雖然本書主題是關於使學生專注探索大概念的課程設計，本書也試圖對「理解」產生更好的理解，尤其是為了評量的目的。

就如你將要了解的，筆者建議：思考理解是什麼、如何設計重理解的課程，以及如何在學生的學習之中找出理解的證據，其最有用的方式是了解理解有不同的層面。由於澄清概念的需要，日常用語透露了語言意涵的多樣性。例如，思考下列之間的差異：「He didn't understand the French speaker」（他不懂法語）和「She didn't understand what the primary source documents meant」（她不了解何謂第一手文獻）。英文「understanding」一詞有不同意義，我們必須確定所採用的是哪一個。筆者主張，理解不是單一的學習目標，而是一組相關的理解能力——六個不同的學習遷移層面，因此，重理解的教育將會慎重發展所有這些能力。

下列雙重目的：在探索稱為「優質課程設計」的方法時，也澄清稱為「學生理解」的教學目標，當然對教學實務方面提出了許多重大問題。什麼是為理解及精熟內容而設計課程的最佳方法？如果我們所用的教科書提供了大量無情境設定的知識，我們如何能達成理解的教學目標？在配合學科學習標準和高利害相關測驗（high-stakes tests）的領域中，重理解的教學會有多實際？因此在本書中，我們做了下列安排，以試圖回答這些問題及其他問題：

1. 建議一種課程與教學的取向，其設計旨在使學生進行探究、促進學習遷移，以及提供概念架構來幫助學生理解個別的事實和技能，與發現課程內容中的大概念。

2. 檢視一系列能適當評量學生理解程度、知識程度，以及技能程度的方法。

3. 考慮在課程、評量、教學的設計方面，學生產生的可預測誤解應扮演的角色。

4. 探索一般的課程、評量，以及教學實務——這些實務可能干擾培養學生的理解，然後提出逆向設計的課程計畫方法，此方法能幫助我們符合課程標準而不致犧牲與理解相關的教學目標。

5. 呈現六個理解層面之理論，然後探索其理論和實務在課程、評量，以及教學方面的意涵。

6. 呈現單元課程設計範例，以協助讀者將課程和評量的設計聚焦在學生的理解。

7. 顯示這些個別的單元應該如何置入更大的、更連貫的科目及課程架構之中，而這些課程也圍繞著大概念、主要問題、核心評量任務而組織。

8. 建議一套能控制課程和評量設計品質的課程設計標準。

9. 主張課程設計者需要透過可查詢的網際資料庫，與全球教育者分享課程設計，俾利更聰明地工作而非更辛苦地工作。

三、本書的讀者

　　本書專供新任教師或資深教師閱讀，他們有志於加強學生理解，以及設計更有效的課程和評量以達到該目的。因此，本書的讀者群包括各階段教師（小學到大學）、各課程主題及其評量的專家、課程指導者、師資培育者和教師在職訓練者、駐校及教育主管機關的行政人員和督導。在整本書中，雖然筆者從各階段的學校教育提供了許多實例，但根本不足以在任何時間滿足任何類別的讀者。取自所有學科和所有年級的更多實例請見《重理解的課程設計：專業發展實用手冊》（McTighe & Wiggins, 2004）和 UbD 網站（http://ubdexchange.org）。

四、關鍵術語

　　術語的簡介已按順序編排列出。本書大量討論大概念，這些大概念應該是理解教育之焦點。大概念是對個別的事實和技能賦予意義和連結之概念、主題、問題，以下是一些舉例：適應、在系統之中形式和功能如何彼此關聯、數學中的分配性質（distributive property，藉此我們可以

使用分組或次分組的任一數字產生「相同」的數字）、以問題解決發現有用模式的發現、對「正義」的定義提出質疑，以及以讀者或演說者的角色聚焦在讀者和目的之需要。在理解的教育方面，很重要的挑戰是強調大概念、顯示這些概念如何定出學習的優先順序，以及幫助學生理解他們在理解所有學習內容方面的價值觀。

參與教育改革的教師知道，「課程和評量」一詞的意義幾乎就像人們使用該術語的方式一樣多。在本書中，課程是指學習的具體藍本，這些藍本源自期望的結果——亦即課程內容和學習表現的標準（不論是州決定的或地方發展的標準）。課程（從外在標準和地方的目標）選擇內容，然後將其形塑成如何進行有效的、吸引學生注意的教學計畫。因此，教學計畫的內容多過於主題清單或關鍵事實和技能的清單（「輸入部分」），教學計畫是如何達成期望學習結果「輸出」的地圖，教學計畫建議適當的學習活動和評量，以使學生更能達成期望的學習結果。

「curriculum」（課程）一詞的字源顯示：若考慮到期望的終點，課程一詞是指特定「待走完的歷程」（course to be run）。課程比傳統的課程指引之內容更多，因此，超越描繪主題和教材，課程具體指明可被用來達成教學目標之最適當學習經驗、最適當指定作業、最適當學習評量。換言之，最佳的課程（和課程綱要）是從期望的學習之觀點來編寫，不只是從教學內容的觀點來編寫。課程具體指明學習者在離開學校時應該達到的成就、為達到成就需要完成的學習，以及教師為達成追求的結果所需要做的事。總之，課程具體指明期望的輸出及達成的方式，它不止是內容和活動的清單而已。

筆者認為評量的意義是決定期望結果將要達成的程度，以及已經達成的程度。不論這些期望結果是州定的學科學習標準或地方的課程目標，對刻意使用許多方法來蒐集達到期望結果的證據而言，評量一詞是個綜合術語。我們蒐集的集體證據很有可能包括觀察所見和對話紀錄、傳統的隨堂測驗和正式測驗、實作任務和專題作業，以及經過一段時間所蒐集的學生自我評量結果。因此，評量（assessment）比評鑑（evaluation）更屬以學習為焦點的術語，而這兩個術語不應該被視為同義詞。評量是依據課程標準提供回饋和使用回饋，以改進教學、達成教學目標。相對

地，評鑑是更總結性的、與資格證明相關的。換言之，我們不需要對提供回饋的每件事都打分數——評鑑。事實上，我們所提論點的重要前提之一是，比平常更注意形成性評量（和學習表現），則理解可以透過持續評量的多重方法來引發及發展。

筆者認為，期望的結果其意義常常被視為「預期結果」、「學業成就目標」或「實作表現標準」（performance standards）。這四個術語的意義都是將我們的焦點從輸入轉換到輸出：就學習表現和學習結果而言，學生在離開學校前應該知道的、應該表現的，以及應該理解的知能。期望的結果也提醒我們，身為學生的「教練」，如果回饋顯示我們有無法成功的疑慮，我們很可能要在過程中調整課程設計。

儘管我們一直以理解為教學目標，但是「理解」一詞變成了複雜的、令人困惑的目標。這個詞本來就值得澄清和闡述，而這正是本書其餘內容的挑戰。不過，現在先討論我們對這個詞的操作型定義：理解是將我們的知識建立連結，然後整合成了解各事物之意義的某事物（若缺乏理解，我們可能只看到不清楚的、個別的或無用的事實）。但這個詞也暗示實際表現，而不只是內在的心智活動：就像布魯畝（Bloom, 1956）在討論其目標分類系統的應用層次和綜合層次時指出，實作表現的能力是理解能力中最重要的部分。理解就是能夠在情境中明智地、有效地使用——遷移——我們的知能：將知識和技能有效地應用於真實的任務和情境。已經理解，代表我們證明自己能夠遷移所知。當我們理解時，我們會有流暢的領會，不純然根據回想和「提取記憶」而來的僵硬的、公式化的領會。

當談到該學習成就的結果時——名詞的「理解」，我們在描述的是特定的（通常是費力得到的）洞見。例如，我們談到科學家目前的理解認為宇宙正在擴張，或者後現代的作者對他們自己的作品沒有評論的特權。教學最大的挑戰是，使這類微妙的、成人所理解的知識成為學生所理解的知識——不把理解簡化成只是引發回想的簡單陳述。如果學生獲得真正的理解，我們通常會說他們「真的懂了」。有了我們以課程設計者和教練的角色所提供的幫助，學生「會達到理解」。

但是多年以來，課程指引一直反對根據理解的事項來架構課程目標，

7

布魯敏（1956）主張，理解一詞因過於含糊而不適合當作教學目標及其評量的基礎，因此才會有目標分類法一書的撰寫。但是，有個重要的概念區分仍然存在，並且需要我們加以思索的就是：知道（knowing）和理解之間的差別，在理論和實務方面要確切描述這項區分一直不是件容易的事。筆者在本書中指出，過去我們很少注意到：理解有許多類別、知識和技能不會自動導致理解、學生錯誤理解的問題比我們能了解的更嚴重，以及評量理解所需要的證據無法只從事實為焦點的傳統測驗取得。

五、與本書無關的主題

1. 本書不是處方式的方案。它是一套思考方法，這套方法能使我們對於任何以理解為目標的課程設計之本質，能進行更有目的的、更謹慎的思考。不提供可資遵循的逐步指引（無論在教育界或建築界，逐步指引都和優質的設計形成對比），本書提供的是概念架構、許多入手策略、課程設計範例、各種工具及方法，以及一套附帶的課程設計標準。筆者對於課程內容應該是什麼不提供具體的指引——除了指出其優先順序應該以大概念及所選主題的重要實作任務為中心。更精確地說，我們提供的是一套設計或重新設計任何課程的方法，以使學生更有可能理解（及普遍達成期望的結果）。

2. 「重理解的課程設計法」不是教育哲學，也不要求讀者相信任何一套學校教育制度或方法。筆者提供如何處理任何教育設計問題的指引，這些問題和使學生理解的目標有關，但書中沒有任何一處具體指明你應該採納哪些「大概念」，而是幫助你更聚焦在如何透過課程設計工作，以達成你（或既有課程標準）設定的理解重要概念之目標（我們在各學科方面的確提供許多大概念的舉例）。因此，本書不應該被視為旨在挑戰其他方案或方法。事實上，本書建議的理解觀和逆向設計歷程，與各種著名的教育計畫都相容，包括「全課程的問題本位學習」（Problem-Based Learning Across the Curriculum, Stepien & Gallagher, 1997）、「蘇格拉底式研討」（Socratic seminar）、「4MAT」（McCarthy, 1981；譯註：由 Bernice McCarthy 提出的理論，他將學習

者分為四類型）、「學習的層面」（Dimensions of Learning, Marzano & Pickernig, 1997）、實踐州定學科學習標準的教學、核心知識、有技能的教師（Skillful Teacher）（Saphier & Gower, 1997），以及取材自哈佛大學教育研究所「零計畫」（Project Zero）小組，訂名為「重理解的教學」（Teaching for Understanding）（Wiske, 1998; Blythe & Associates, 1998）的計畫。事實上，過去五年來，使用講述教學法的大學教授、採用蒙特梭利教學法的教師，以及使用國際高中文憑（International Baccalaureate）、「所有學生都成功」（Success for All）、進階安置課程，以及菁英教育學校聯盟（Coalition of Essential Schools）教育理念的學校教師，都曾經使用我們的方法來改善他們的課程設計。

3. 本書呈現教學計畫的健全方法。筆者對於教學策略本身談得很少，我們甚至相信，不同的教學方法可以發展及深化學生的理解。不論任何特定的教學技術，我們假定，所有有效能的、明白目的的教師都會多次遵循「計畫—修訂—教學—評量—反省—調整」的週期。這點值得注意，因為很要緊的再設計資訊必然會來自對學生學習的分析和前測（見第十一章的「課程設計的過程」）。

4. 本書基本上聚焦在課程單元的設計（相對於個別的課程或更廣的課程）。雖然筆者強烈建議，個別的課程單元應該以更廣的課程及其情境脈絡為根據（如第十二章所討論的），但本書將注意力刻意限制在更細節的、更貼近教師的單元課程設計工作上。經過數年來和幾千名教師的合作，我們發現，課程單元為這項課程設計過程提供了令人自在的、實際的起點。雖然將UbD方法應用到逐日的單課教學計畫似乎很自然，但我們不鼓勵這樣做。單課教學計畫過於簡短，以至於無法深入發展大概念、無法探索主要問題、無法真實地應用。換言之，在達成複雜教學目標方面，單課計畫涵蓋的教學時間範圍太短。當然，單課計畫在邏輯上應該來自於單元課程計畫：受到較大單元和較大課程的課程設計影響時，各節課計畫通常目標更明確、更相互連結。

5. 雖然為深度理解而教學是學校教育非常重要的目標，但這個目標當然只是眾多目標之一。因此筆者建議，不是所有的教學和評量隨時都是為了達成深入的、複雜的理解。顯然在某些情況下，理解無法進行也

9

無法期望，例如，學習字母、學習彈奏鍵盤等技術，或者學習不需要深入理解的外語基礎能力。在某些情況下，學生的發展程度會決定知識的概念化要到什麼程度才是適當的；而其他時候，科目或課程的目標會使深入理解變成次要的或不直接相干的目標。有時，「精通」在某些時候對某些主題是適當的、足夠的目標，然而，我們沒有時間也沒有必要對每件事都深入教導，尤其當教學目標是了解更大整體的意義時。因此，本書建立在有條件的前提之上：如果你期望學生發展更深入的理解，那麼《重理解的課程設計》之概念和過程即可應用。

六、有用的提醒和評論

筆者還是要對擬做課程計畫及實施理解教學的讀者，提出三項提醒。首先，雖然教師常常談到想要跨內容教學，以確保學生真正理解所學的知識，但你會發現：之前以為有效的理解教學，其實並非真正的理解教學，以及，你現在不像以前那麼特別確定，學生應該獲得理解的學習結果。事實上，我們預測你會對下列事實感到有點困擾：具體指明學生該理解的內容及其在評量中所呈現的樣貌，以及在設計課程、教學、評量學生學習途中，很容易就忘記與理解有關的目標。

其次，雖然許多學習的課程都很適合把焦點放在技能上（例如，閱讀、代數、體育、初級西班牙文），身兼課程設計者的教師在閱讀本書之後大有可能發現，對於流利學習關鍵技能而言很重要的大概念，的確存在——亦即理解如何明智地使用技能，而課程計畫更需要注意這些概念，例如，識字能力發展的大概念是，文本的意義並不在文本本身，而是在其蘊含的意義、在主動的讀者與文本的互動之間。使學生理解這一點不只很困難，也需要非常不同的課程設計，以及顯現比只聚焦在分散的閱讀策略更為不同的教學問題。最重要的挑戰是，幫助學生克服認為閱讀只是解碼的錯誤概念，然後再幫助他們知道，若單單解碼產生不了意義時該怎麼辦。

第三，雖然許多教師相信，重理解的課程設計與既有學科學習標準及州測驗不相容，但我們認為，當你讀完本書之後，你會認為這個信念

是錯的。大部分的州課程標準確定或至少暗示學生應該理解大概念，不能只是列入課程而已。請思考以下來自俄亥俄州十一年級社會科課程標準和加州物理科課程標準的實例：

1. 追溯高等法院與憲法條文有關的關鍵判決（如：與重新任命立法機構選區代表、言論自由，或政教分離有關的案例）。
2. 能量無法被創造或摧毀，雖然在許多過程中，能量被轉換成環境中的熱能。以下是理解這個概念的基礎：
   (1)學生知道「熱流」和「功」（work）是能量在不同系統之間的轉換型式……

一般而言，當你了解筆者建議的要素對優質的課程設計是重要的，我們期望你會改變處理所有課程設計工作的方式。

筆者預測，當你閱讀本書時會經驗到兩種不同的感覺。有時，你會對自己說：「喔，當然，這只是常識！這只是使優秀課程設計者常做的事更清楚而已。」另一些時候，你會覺得我們對教學、學習、評量，以及課程設計所建議的概念有煽動性又違反直覺。為幫助你理解後者，我們對於可能的錯誤觀念提供了文字框的說明——其標題是「注意錯誤概念！」，其中，我們試著預見讀者對本書說明的主張和建議的概念所產生的困惑。

這些特別的邊欄傳達了很重要的訊息：如果教學要有效能的話，重理解的教學必須有效預測學習方面可能的錯誤概念和草率理解的地方。的確，對我們所建議的課程設計方法很重要的是，我們需要設計課程計畫和評量，以利能夠預測、引發，以及克服學生最可能形成的錯誤概念。第一則這類的邊欄出現在下一頁。

你也會發現，少數文字框的標題是「課程設計訣竅」。這些訣竅會幫助你了解如何開始轉化 UbD 的理論到課程設計、教學，以及評量的實務工作。我們也提供詞彙表來幫助你順利理解整本書的用語。為使你對於課程設計者的思考過程如何運作有點了解，我們跟隨一位虛構的教師巴伯‧詹姆斯（Bob James），看他如何設計（及重新設計）營養單元。

（本書的姊妹作《重理解的課程設計：專業發展實用手冊》提供了更豐富的課程設計工具、練習、實例，以協助課程設計者。）

因此，讀者們，請做好準備！筆者要求你探索關鍵概念，然後重新思考關於課程、評量、教學的長期習性。這樣的重新思考能練習我們所倡導的方法。因為，就如你將了解的，重理解的教學要求學習者重新思考看起來固定或明顯的事物——無論學習者是指年輕的學生或資深的教師。我們相信，你會發現許多關於如何透過課程設計促成學生理解的精神食糧和實用訣竅。

注意錯誤概念！

1. 只有另類的或革新的教學及評量方法才能產生理解，而這就是所謂與「內容」相對的「過程」。沒有任何事物能比事實更深入。沒有學科內容的知識，你就無法理解事物。例如，所有所謂大學程度的傳統學習方法，其目標瞄準在產生深度的理解，而且往往有效。因此，教師面對的挑戰不是排除其他，只選擇這項或那項策略，而是根據對學習目標意涵的更審慎考慮，擴充我們知道的教學方法，並將目標更有效地放在這些方法上。在實務上，我們發現不管教師的教育哲學是什麼，所有教師都會被極有限的課程設計選擇綁住。因此，我們的挑戰是無論教師的教育哲學為何，確保教師比目前一般情況使用更多元的適當教學方法（見第九章、第十章）。

2. 我們反對傳統的測驗。並非如此。此處我們同樣嘗試，根據通常在大多數課程找到的多元目標，來擴充一般的已知評量方法，以確保在班級評量方面能有更適當的多元性和效度。我們的挑戰是知道何時、知道為何使用某些方法，以及更了解各種評量方式的優缺點（見第七章、第八章）。

3. 我們反對評等第。如果分數能對應有效評量理解的結果，我們為什麼要反對？大體上，評等第已成為生活的一部分，在本書中沒有什麼是和分數、成績、成績報告，以及大學入學標準不相容的。相反地，本書應該幫助教師（特別是中學教學和大學教師）透過對學生提供更公平的評量、提供改進過的回饋，以及更清楚說明評分代表的意義，而更具體闡述、更具體辯護他們的評分辦法。

第一章

逆向設計

設計（動詞）──有目的和期望；計畫和執行。

　　　　　　──牛津英文辭典（*Oxford English Dictionary*）

設計工作的複雜性往往被低估了。許多人相信他們對於設計有很
多的認識，但是他們不了解的是，他們還需要知道多少知識，才
能做出有差別的、巧妙的、優美的設計。

　　　　　　　　　　　　　　　　　　　　──*John McClean*
　　　　　　　〈有助於專案順利運作的二十項考慮〉
（*20 Considerations That Help a Project Run Smoothly*），*2003*

　　教師是課程設計者，我們很重要的專業行為是創造課程和教學經驗，
以達成特定的目的。我們也是學習評量的設計者，以診斷學生的學習需
要來引導教學，然後使我們、使學生、使其他人（家長和行政人員）能
夠決定我們是否達成目標。

　　就像在其他專業設計領域的人──例如建築師、工程師或圖畫藝術
家，教育領域的設計者必須很留意他們的服務對象。這些領域的專業者
以顧客為中心的信念很強烈，其所設計作品的效能在於能否為特定的最
終使用者達成明確的目標。顯然，學生是基本的客戶，若考慮到課程、
評量，以及課程設計的效能最終是由達成期望的學習來決定，那麼我們
可以將課程設計想成是軟體就像電腦軟體的目的在使其使用者更有效率

13

一樣，我們設計課程軟體（courseware）以使學習更有效。

如同在專業設計的領域，標準會指示及形塑我們的工作。軟體發展者致力於使軟體應用的便利性達到最大，並且降低損害結果的故障因子。建築師在做設計時，受到建築法規、業主的預算，以及地區居民的審美觀之左右。教師做課程設計時也受到類似的限制，我們絲毫沒有教任何自選主題的自由。相反地，我們受到國定、州定、地方訂定或校訂標準的左右，這些標準具體指明學生應該學習和表現的知能。這些標準提供一套有用的架構來幫助我們具體指明教學的優先順序，以及引導我們的課程及評量設計。除了外在的標準之外，在設計學習經驗時，我們也必須將許多學生的不同需求列入考慮。例如，學生的多元興趣、學生的發展程度、大班級的編制、學生之前的成就等，這些必然一直形塑我們對於學習活動、指定作業，以及評量的想法。

不過，就像舊諺所示，最佳的設計其「形式追隨功能」（form follows function）而定。換言之，我們使用的所有方法和教材，都是由對期望結果有清楚願景的概念所塑造。這表示，作為任何課程計畫的結果，以及不論面對什麼樣的限制，我們都必須能夠清晰陳述學生應該理解和表現的知能。

你可能聽過這個說法：「如果你不知道該往何處去，那麼任何一條路都會到達目的地。」噢，這在教育的領域是很嚴肅的重點。我們急著說想要教哪些事物、想要做哪些活動、想要使用哪些類別的資源，卻沒有澄清教學的期望結果，我們究竟要如何知道自己的課程設計適當或流於武斷？我們如何分辨只是有趣的學習和「有效的」學習？更一針見血地說，除非能深入考慮課程目標對學習活動和學習成就的涵義，否則我們究竟如何能符合學科學習標準或使學生達成費力得到的理解？

因此，良好的課程設計，與其說是所謂應用一些新技巧，不如說是學習對教學目的及其涵義思考得更深入、更具體。

第一節　「逆向」何以是最好的

這些一般的設計概念如何應用到課程計畫？慎思的、聚焦的課程設

計，要求教師和課程編寫者對於教師工作的特性做重要的觀點轉換。首先，這個轉換涉及教師思考自己在教學活動中將做些什麼、提供些什麼之前，先大量思考我們想要的具體學習及這類學習的證明。雖然在習慣上，關於教學內容和教學方法的概念會主宰我們的思考，但我們的挑戰是先聚焦在期望的學習，自然而然會隨之產生適當的教學。

　　單課計畫、單元計畫、課程等，邏輯上應該從所尋求的學習結果推斷，而不是來自我們覺得最滿意的方法、書籍、活動。課程應該安排達成特定學習結果的最有效方法，該過程可和旅遊計畫類比：我們的構想應該提供一套旅行指南，這套指南經過審慎設計以符合文化目的，而不是毫無目的地遍遊外國的各個重要景點。簡言之，最佳的課程設計來自對所追求之學習的逆向推斷。

　　當我們考慮到作為本書焦點的教育目的——理解，這個課程設計方法的適當性就變得很明確。直到相當明白所追求的是哪些具體的理解，以及這類理解的實際樣貌之前，我們都無法說出如何實施重理解的教學，或該應用哪些教材和活動。只有在明白對文化的特定理解是我們希望學生帶走的知識之後，我們才能像旅遊指南一般，對於哪些「景點」應該讓學生「觀光客」參訪，以及他們應該體驗哪些特定的「文化」，做出最佳決定。只有透過具體指明期望的學習結果，我們才能把焦點放在最可能達成這些結果的內容、方法、活動之上。

15

　　但是，許多教師還是從教科書、偏好的各節課，以及長期採用的活動——教學輸入——來開始設計課程，並且持續聚焦在這些「輸入」上，而不是從期望的學習結果——教學輸出——所暗示的那些方法。怪異的是，太多教師都把焦點放在教學方面而非學習方面。首先，他們花了大部分時間思考要做些什麼、要使用什麼教材、將要求學生做些什麼事，而不是先考慮學習者需要什麼才能夠達成學習目標。

　　請思考可能被稱為「內容」為焦點而非「結果」為焦點的一般課程設計情況。其中，教師可能以特定主題（如：種族偏見）作為一節課的基礎，選擇教學資源〔如：《梅崗城故事》（*To Kill a Mockingbird*）〕，再根據教學資源和主題選擇特定的教學方法（如：以蘇格拉底式研討來討論該書、以合作學習小組來分析在電影和電視中出現的種族刻板印

象），然後希望藉此能引發學習（及符合少數的英文或語文課程標準）。最後，教師可能會想出幾則小論文問題和隨堂測驗問題，以評量學生對該書的理解。

這套方法如此常見，以至於我們很有可能想回應：「這套方法有什麼不對？」簡短答案就在教學目的的基本問題之中：我們為什麼要求學生閱讀這本特定的書；換言之，我們想從學生的閱讀尋求什麼樣的學習？學生能否了解教學目的為什麼及如何影響其學習？就超越該書的教學目標而言，我們期望學生在閱讀時能理解什麼和表現什麼？所有學生會難以理解該書（及他們的學習表現任務），除非我們洞察更大的教學目的之後再開始課程設計——藉由這些目的，該書被視為達到教育目的的手段而非目的本身。未能覺察我們要學生具體理解的偏見，以及不了解該書的閱讀及討論將如何幫助發展這樣的洞見，教學目標會過於模糊，因為這種方式依賴「希望」而非依賴「設計」。這種方式無意造成的使用結果可被描述如下：把教學內容和教學活動拋在牆上，然後希望有些內容可以黏住。

> ## 課程設計訣竅
>
> 請思考在所有讀者心中出現的這些問題，這些問題的答案會架構指導式學習（coached learning）的優先順序：我應該如何閱讀這本書？我要找尋什麼重點？我們要討論什麼？我如何準備這些討論？我應該如何準備這些討論？我如何知道我的閱讀及討論是否有效？閱讀及這些討論會導向什麼樣的學習表現目標，因此我可以把學習及筆記訂出焦點並排列優先順序？哪些連結到其他閱讀資料的大概念也被包括在內？這些都是學生對學習可提出的適當問題，應用類似圖表組體（graphic organizers）和書面大綱等工具，任何優質的教育活動設計都會在課程的開始到結束之間回答這些問題。

回答年級較高學生總是會問（或想問的）的「為什麼」和「會怎樣」（so what）問題，然後以具體的術語將其作為課程設計的焦點，這就是重理解的課程設計的精髓。對許多教師而言很難理解（但學生很容易感受到）的是，缺乏這樣顯明的優先順序，許多學生就會覺得日復一日的學習令人很困惑、很挫折。

第二節　傳統課程設計的孿生之惡

就像導言指出的，更一般而言，不良的教育活動設計涉及兩種缺乏

16

目的的情況，這些情況從幼稚園到研究所教育的整個領域都可以看到，我們稱其為傳統課程設計的「孿生之惡」。活動導向的設計錯誤也許可被稱為「動手不動腦」，因為這類課程安排只能偶爾導致洞見或學習成就的經驗——如果有任何教學成效的話。這些活動雖然好玩、有趣，但無法導致智識上的增進。就像導言中的蘋果短文所呈現的典型例子，這些活動導向的課程在重要概念和適當的學習結果方面，缺乏明顯的焦點，尤其是忽略學習者的心智。這些教師認為，他們的工作只是使學生參與學習：他們被訓練成認為學習是活動，而不了解學習是來自被要求思考這些活動的意義。

第二個缺乏目的的情況被稱作「按內容」（coverage）教學，在這種教學方式之下，學生在限定的時間之內（就像本書導言中的歷史課短文所述），勇敢嘗試一頁頁地讀過教科書內容（或教師的授課筆記），以涵括所有的事實類教材。因此，就像老電影【瘋狂遊歐記】（If It's Tuesday, This Must Be Belgium）的巧妙縮影，暗示了按內容教學就像是歐洲的旋風之旅，缺乏總括的目標來引導旅程。

下列被認為是更廣的通則：國小及初中階段的教學常常以活動為焦點，而高中及大學階段的普遍教學問題則是太重視內容的涵蓋。但是，雖然蘋果為題的班級教學和世界史的班級教學看起來頗不相同：前者需要大量身體活動及談話，相對於後者則以講課及安靜做筆記為特色。但是其課程設計的結果是相同的：缺乏引導知識增長的教學目標，或者缺乏學習經驗的明確優先順序劃分。學生在任一情況下都無法了解及回答這些問題：學習的重點是什麼？此處的大概念是什麼？這些大概念如何幫助我們理解或表現學習結果？這些大概念有什麼相關？我們為什麼要學習這些大概念？因此，學生會試著盡量專心學習及跟上教學節奏，以期望發現學習的意義。

當課程設計並不提供學生清晰的目的，也不在整個學習過程中強調

> **注意錯誤概念！**
>
> 按內容教學和有目的的縱覽不一樣。提供學生對整個學科或學習領域的概覽，本來就沒有不對之處，問題是和教學目的的清楚程度有關。按內容教學是個負面的術語（而簡介或縱覽則否），因為當學習內容被「納入」之後，學生就被無止盡的概念、問題，以及閱讀牽著走，而很少理解可能會影響學習的一切概念、一切問題、一切學習目標（關於按內容教學對跨內容教學的更多討論，請見第十章）。

17

明顯的學習表現目標時，學生將無法做出令人滿意的回應。同樣地，活動導向或內容導向的教師，對於下列課程設計問題也較不可能有令人接受的答案：學生應該理解什麼，以作為活動導向或內容導向的教學結果？實作經驗或講課能使學生具備什麼樣的能力？所以，課堂活動或課堂討論應該如何安排及進行，以達成期望的學習結果？有什麼可以證明學生正在達成期望的能力和洞見？所以，我們應該如何選擇及利用所有的活動和資源，以確保達成學習目標及產生最適當的學習結果？換言之，我們如何透過課程設計，幫助學生了解學習活動或學習資源的目的，以及其在達成特定學習表現目標方面的助益？

因此，筆者主張反轉常見的實務。我們要求課程設計者在開始時更謹慎陳述期望的結果——優先的學習，然後從目標所要求或暗示的學習表現來產生課程。如此，對照更常見的實務，我們要求課程設計者在擬訂教學目標之後考慮下列問題：有什麼可被視為是這類學習成就的證明？達成這些目標的情況看起來像什麼？所以，什麼是目標所指出的學習表現，而這些學習表現是否構成所有教學應該針對的評量？只有在回答這些問題之後，我們在邏輯上才能產生適當的教學經驗，以利學生可以有效做出符合課程標準的表現。因此，實務上的轉換總是從類似下列的問題開始：「我們要閱讀哪些書？」「我們要做什麼活動？」，或者從「我們要討論什麼？」到「不管我們利用什麼樣的活動或文本，學生下課離開教室後應該理解些什麼？」和「這些能力的證明是什麼？」以及「什麼樣的文本、活動，以及方法最能產生這樣的結果？」在教導學生理解的過程中，我們必須領會的關鍵概念是：我們是教練，訓練學生以理解力來玩學習表現的「遊戲」，而不是在邊線上告訴他們我們所理解的內容。

課程設計訣竅

筆者宣稱課程設計缺乏目的，為測試其真相到底如何，我們鼓勵你在任何班級的教學過程中，走到某位學生身旁問下列問題：

1. 你現在在做什麼？
2. 你為什麼被要求要做這些事情？
3. 哪些事物可以幫助你學習？
4. 你現在所學的知能如何配合之前所學的知能？
5. 你如何表示自己已經學會了？

第三節　逆向設計的三個階段

我們把這個三階段的課程設計方法稱為「逆向設計」。圖 1-1 以最簡單的術語來描述這三個階段。

圖 1-1　逆向設計的階段　　　　　　　　　　　　　　　　　　18

一、階段一：確認期望的學習結果

什麼是學生應該知道、理解、有能力做的？什麼樣的學習內容值得理解？我們期望學生有哪些持久的理解？

我們在這個階段中，考慮教學目標、檢視既有的學科學習標準（全國的、州定的、地方的），以及概覽對課程實施的期望。由於課程內容通常多過於我們在可用時間內能夠合理處理的份量，因此我們必須做選擇。在課程設計的這個第一階段，我們需要澄清課程的優先順序。

二、階段二：決定可接受的學習結果

我們如何知道學生已經達成期望的學習結果？我們如何將學生的理解和熟練視為學習結果的證明？逆向設計法建議，根據我們所蒐集的學習評量結果來考慮單元或課程的設計——這些評量結果是記錄及證實達成期望的學習結果所需要的，而不只是考慮納入的課程內容或考慮一系列的學習活動。這套方法鼓勵教師和課程設計者在設計特定的單元計畫

和單課計畫之前，先「像評量者一樣地思考」，並因此事先考慮將如何
決定學生是否已經達成期望的理解。

三、階段三：設計學習經驗及教學活動

考慮過明確的學習結果和適當的理解證據之後，接著是全面認真考
慮最適當的教學活動。在逆向設計的這個階段，有幾個關鍵問題必須考

19 慮到：學生需要哪些有用的知識（事實、概念、原理）和技能（過程、
程序、策略），以利有效學習及達成期望的學習結果？哪些活動能使學
生具備所需的知識和技能？我們需要教導及訓練學生哪些知能，從學習
表現目標的角度而言，這些知能應該如何最有效地教導？哪些教材和教
學資源最適合達成這些目標？

請注意：教學計畫的細節——選擇教學方法、選擇各節課順序、選
擇教材資源，只有在我們確認期望的學習結果和評量及考慮其涵義之後，
才能有效地完成。教學是達到目的的手段，有了清晰的目標能幫助我們
聚焦在教學計畫上，然後引導我們對想要的結果採取有目的的行動。

換言之，逆向設計可以想成是有目的的任務分析：考慮到要完成一
項有價值的任務，我們如何最有效地使每個人都準備好？或者，我們可
以把它想成是使用地圖來編寫一份旅行指南：考慮到目的地，什麼是最有效率的有用路程？或者，就像前述建議的，我們可以把它想成是訓練計畫，如果學習者要有效能地表現，他們必須精熟哪些知能？哪些知能可被列為實際的學習結果證據，而不只是練習時的表現，這些結果顯示學生真正理解的能力，而且很容易自行運用理解、知識，以及能力來表現？我們如何設計學習活動，以利
學生的能力可以透過應用和回饋而發展？

當你理解之後，這些分析過程都變得相當有邏輯，但是，它們卻和
教育領域中更習慣的、更傳統的觀點「背道而馳」。當課程設計者在決
定教什麼和如何教之前，必須先開始考慮評量，那麼常見的課程設計實

注意錯誤概念！

當我們談到證明期望的學習結果時，我們
指的是在課程單元或課程的學習期間透過
各種正式的、非正式的評量所蒐集到的證
明，而不是教學結束時的測驗或最後的評
量任務。相反地，我們尋求的彙集式證據
可包括傳統的隨堂測驗和正式測驗、實作
任務和專題作品、觀察報告和對話，以及
經過一段時間所蒐集的學生自評結果。

務就會發生主要的改變。不將學習評量安排在課程單元接近結束時（也不依賴教科書商提供的測驗，因為這些測驗可能無法完全地或適當地評量我們的課程標準和教學目標），逆向設計要求在開始計畫課程單元或課程時，根據期望的評量結果編寫具體的教學目標或課程標準。

不管學習目標為何，逆向設計的邏輯都能適用。例如，從州定學科學習標準著手時，課程設計者需要決定此標準所述的或暗示的適當評量結果。同樣地，員工訓練師在設計各種工作坊活動之前，應該先決定哪些證據會指明成人已經學會預設應學的知識或技能。

學習評量使課程設計腳踏實地。假設有三位不同的教師可能全都應用相同的學科學習標準，但如果他們使用的學習評量有相當大的差異，我們如何知道哪些學生達成了哪些學習結果？對於所需的學習結果證據有一致的意見，能導致更大的課程整合，並使教師執行的評量更有信度。同樣重要的是，在關於哪些列為或不列為達到複雜標準的證據方面，教師、學生、家長能長期提高其洞見。

20

這項刻意聚焦在期望結果之觀點，幾乎一點也不急進、一點也不新穎。泰勒（Tyler, 1949）在五十多年前即簡明描述過逆向設計的邏輯：

> 教育目標成為標準，藉此標準，我們選擇教材、組織課程內容、發展教學程序，以及準備測驗和考試……
> 陳述目標的目的在指明，我們應該使學生發生什麼樣的改變，以利教學活動的設計和發展在某種程度上有可能達到這些目標（pp. 1, 45）。

Polya 在一九四五年初次出版的名著《如何解決問題》（*How to Solve It*）中曾具體提到，「逆向思考」的問解解決策略可以回溯到古希臘時代：

> 轉向的思考、遠離目標的思考、逆向的思考……有某種心理上的難度。但是，我們不必成為天才才能以逆向方式解決具體問題：任何人都可以用常識來解決問題。我們專注在期望的目的上，想像自己想要的最後情況，然後問自己：從哪些在這之前

的情況我們可以達到目的（p. 230）？

這些都是舊的見解。也許筆者在本書中提供的新知是有用的過程、有用的範例、有用的一系列工具及有用的教學計設標準，而這些使課程計畫及其產生的學生學習結果，更有可能透過設計而非好運來達到成功。就像有位來自加拿大亞伯達省（Alberta）四年級教師所說的：「當考慮過明確界定目的的方法，課程單元的其他部分會『變得條理清楚』。」

活動本位課程設計和內容本位課程設計的學生之惡反映了無法以這種逆向設計方式來認真考慮教學目的的情況。有了這個概念之後，讓我們回顧本書導言提到的兩個虛構短文。在蘋果的短文中，透過特定的、相似的物體（蘋果），課程單元似乎聚焦在特定的主題上（收成時節）。但就像短文所透露的，這個課程單元沒有真正的深度，因為學生沒有產生持久的學習結果。學生的學習「動手不動腦」，因為學生不需要（也未真正被激勵去）摘錄複雜的想法或概念連結。他們不必學習理解，他們只需要專心參與活動（噢，相對於酬賞學生的理解，只酬賞專心學習是常見的情況；專心學習是必須的，但不足以成為學習的結果）。

再者，當你檢視蘋果單元時，很容易發現該單元沒有明顯的優先順序──各項活動似乎同樣重要。學生的角色只是參與大部分很有趣的活動，而不必展現他們理解這個主題的任何核心大概念（抱歉使用雙關語）。所有活動本位──相對於結果本位──的教學都有著和蘋果單元一樣的缺點：課程設計很少要求學生從單元內容中得到知識（抱歉！）。有人可能會把活動導向的方法加上「相信學習乃逐步融會貫通而成」之特徵。每個學生有可能習得關於蘋果的少數有趣事物嗎？當然，但是教學計畫缺乏清晰的目標，學生將如何發展未來各節課可能作為基礎的共同理解？不太可能！

21

在世界史單元的短文中，教師在學年的最後一季涵蓋了大量的課程內容。然而，在他急於教完整本教科書的過程中，顯然沒有考慮到學生將會理解及應用哪些教材。教師提供哪些類別的知識鷹架來引導學生學習所有的重要概念？教師期望學生如何使用這些概念來理解許多事實？哪些學習表現目標可以幫助學生知道，如何在課程結束前做筆記以達到

最大學習效果？內容為主的教學意味著不論學生理解教學內容與否，教師只是講課，講完一個主題就打個勾，然後繼續講課。這種方式可以被稱為「帶到內容的教學」（teaching by mentioning it）。內容導向的教學通常依賴教科書，讓教科書來界定教學內容和教學順序。相對地，筆者建議，結果導向的教學應利用教科書作為教學資源而非課程大綱。

第四節　逆向設計的範例

　　描述過逆向設計的過程之後，筆者現在把這些過程整合成有用的形式──教師在設計以理解為焦點的單元時所使用的範例。

　　許多教師已經注意到，逆向設計是一種常識。但是開始應用之後，他們發現用起來感覺不自然。在懂得逆向設計的竅門之前，如此的應用方式可能會有點笨拙和浪費時間，但是努力是值得的──就像學習好的電腦軟體時產生的學習曲線一般。事實上，筆者將「重理解的課程設計法」想成是軟體：一套最終使你更有產能的工具。因此，其實用基礎是設計範例，這些範例應該能增強設計課程所需的適當心智習性，並且避開產生活動本位和內容本位雙惡課程的主要習性。

　　表 1-1 呈現了一頁式 UbD 範例的初步樣貌，其內容包含各欄的關鍵設計問題。這份表格透過視覺方式傳達逆向設計的概念，指引教師了解 UbD 的不同要素。本書後面幾章對於設計範例及其各部分，會提供更完整的詳細說明。

　　雖然一頁式的範例無法提供更多的細節，卻有幾個優點。首先，它提供了完形（gestalt）──逆向設計的整體設計，卻不會顯得過於含糊。其次，它能夠快速查核相關的連結──確認的目標（階段一）和評量（階段二）、學習活動（階段三）的連結程度。第三，此範例可被用來概覽教師或學區已經發展的既有單元。最後，一頁式範例提供了最初的課程設計架構。我們也有適合更詳細教學計畫的多頁式版本，其內容包括例如實作任務的藍本和排列關鍵學習事件用的日曆。《重理解的課程設計：專業發展實用手冊》（*Understanding by Design: Professional Development Workbook*）（McTighe & Wiggins, 2004, pp. 46-51）包括了適合更詳細教

23

學計畫的六頁式範例。

表 1-1　附帶教師用課程設計問題的一頁式範例

階段一：期望的學習結果	
既有目標（Established Goals）：　　　　　　　　　　　　　　　　Ⓖ 這項課程設計工作處理哪些相關的目標（如：學科學習標準、科目或課程的目標、學習結果）？	
理解（Understandings）：　　　　　Ⓤ 學生將會理解…… *1.* 哪些是大概念？ *2.* 期望學生理解的是哪些具體的大概念？ *3.* 哪些錯誤概念是可以預測到的？	**主要問題**（Essential Questions）：　　Ⓠ 哪些有啟發性的問題可以增進探究、增進理解、增進學習遷移？
學生將知道……（Students will **K**now...）Ⓚ *1.* 由於本單元的學習，學生將習得哪些關鍵的知識和技能？ *2.* 由於習得這些知識和技能，他們最終將有什麼樣的能力表現？	**學生將能夠**……（Students will be 　　　　　　　　　　　　able to...）Ⓢ
階段二：評量結果的證據	
實作任務（Performance **T**asks）：　Ⓣ *1.* 學生將透過哪些真實的實作任務來表現期望的學習結果？ *2.* 理解能力的實作表現會以哪些效標來判斷？	**其他證據**（**O**ther **E**vidence）：　　ⒺⒺ *1.* 學生將透過哪些其他的證據（如：隨堂測驗、正式測驗、開放式問答題、觀察報告、回家作業、日誌等）來表現達成期望的學習結果？ *2.* 學生將如何反省及自我評量其學習？
階段三：學習計畫	
學習活動：（Learning Activities）　　　　　　　　　　　　　　　　Ⓛ 哪些學習活動和教學活動能使學生達到期望的學習結果？這項課程設計將： W＝幫助學生知道這個單元的方向（where）和對學生的期望（what）？幫助教師知道學生之前的狀況（where；之前的知識和興趣）？ H＝引起（hook）所有學生的興趣並加以維持（hold）？ E＝使學生做好準備（equip），幫助他們體驗（experience）關鍵概念的學習並探索（explore）問題？ R＝提供學生機會以重新思考（rethink）及修正（revise）他們的理解和學習？ E＝允許學生評鑑（evaluate）自己的學習及學習的涵義？ T＝依學習者的不同需求、不同興趣、不同能力而因材施教（tailored；個人化）？ O＝教學活動有組織（organized），使學生的專注和學習效能達到最大程度並繼續維持？	

　　筆者經常觀察到，教師以UbD範例做課程設計之後，會開始內化逆向設計的過程。階段一要求課程設計者考慮他們要學生理解的知能，然後根據問題來架構這些理解的內容。在編寫階段一的頭兩段時，表格會提示使用者確認「理解事項」和「主要問題」，以建立安排特定單元的更廣脈絡。

　　階段二的表格提示課程設計者考慮各種評量方法，以蒐集達成期望理解結果的證據。然後兩格的圖表組體提供空白處，作為具體指定本單元所用特定評量之用。課程設計者需要根據彙集的證據來思考，而不是只根據單一的測驗或實作任務。

　　階段三要求列出主要的學習活動和各節課活動。填妥這部分的表格之後，課程設計者（及他人）應該能夠分辨我們所稱的「WHERETO」要素。

　　這份範例表格提供了簡潔呈現單元課程設計要素的方法，其「功能」是指引課程設計的過程。這份表格完成之後，可用於自我評量、同儕評論，以及與他人分享完成的單元課程設計。

　　為更了解這些範例對教師兼課程設計者的益處，請看表 1-2，該範例顯示了已完成的、以營養為單元主題的三頁式版本。

　　請注意：表 1-2 的範例透過使長期目標比單課教學計畫常見的目標更明確，來強調逆向設計的思考，而我們可以在階段二和階段三沿用這些目標，使課程設計更一貫。階段一列出的大概念，其焦點是顯而易見的，沒有捨棄更個別的知識和技能要素。最後，透過要求應用有適當差異的評量類別，這份範例提醒我們，如果理解是我們的教學目標，通常我們需要不同的學習結果及評量結果證據，而這些證據是以顯示學習遷移的實作表現為根據。

24　表 1-2　三頁式營養單元課程設計實例

階段一：確認期望的學習結果

既有目標：

> **標準 6：學生將理解關於營養和飲食的主要概念**　　Ⓖ
> 6.1——學生將使用對營養的理解，為自己和他人做適當的飲食計畫。
> 6.3——學生將了解自己的個人飲食習慣和方式，而這些習慣是可以改善的。

哪些主要問題要列入考慮？

> 1. 什麼是健康的飲食？　　　　　　　Ⓠ
> 2. 你的飲食健康嗎？你如何知道？
> 3. 為什麼某個人的健康飲食對他人而言是不健康的？
> 4. 儘管可用的資訊一大堆，為什麼在美國還是有這麼多的健康問題是由營養不良所引起？

期望學生獲得哪些理解？

> 學生將會理解……　　　　　　　　Ⓤ
> 1. 均衡飲食有助於身心健康。
> 2. USDA 食物金字塔代表了相對的飲食準則。
> 3. 根據年齡、活動程度、體重、整體健康，每個人的營養需求都不相同。
> 4. 健康的生活要求個人遵行有關良好營養的可用資訊，即使這可能意味著要打破舒適的習慣。

由於此單元的教學，學生習得哪些關鍵的知識和技能？

> 學生將知道……　　　　　　　　　Ⓚ
> 1. 關鍵術語——蛋白質、脂肪、卡路里、碳水化合物、膽固醇。
> 2. 每一類食物中的各種食物及其營養價值。
> 3. USDA 食物金字塔準則。
> 4. 影響營養需求的變項。
> 5. 營養不良引起的一般健康問題。

> 學生將能夠……　　　　　　　　　Ⓢ
> 1. 閱讀及詮釋食品標示上的營養資訊。
> 2. 分析飲食的營養價值。
> 3. 為自己和他人設計均衡的飲食。

表 1-2　三頁式營養單元課程設計實例（續）

階段二：決定可接受的學習結果

哪些證據能顯示學生理解？

實作任務：　　　　　　　　　　　　　　　　　　　　　　　　Ⓣ
1. 吃什麼，像什麼——學生創作有圖解的小冊子，以教導幼童關於良好營養對健康生活的重要性。
2. 吃下去——學生為即將到來的戶外教育宿營活動，設計三天的正餐及點心菜單。另外，他們要寫一封信給營地主任，說明為什麼應該選擇他們的菜單（透過指出營養調配符合 USDA 食物金字塔的建議，但對學生而言也相當可口）。菜單還包括了為特定飲食條件（糖尿病或素食者）或宗教信仰考慮所做的至少一項修正。

從階段一期望結果的角度而言，還有哪些證據需要蒐集？

其他證據（如：正式測驗、隨堂測驗、問答、作品樣本、觀察報告）：　ⓄⒺ
1. 隨堂測驗——食物的分類和 USDA 的食物金字塔。
2. 提示卡——描述兩種可能由營養不良所引起的健康問題，然後說明如何避免這些問題。
3. 技能檢核——說明食品標示上的營養資訊。

學生的自我評量和反省（Student Self-Assessment and Reflection）：

1. 「吃什麼，像什麼」小冊子的自我評量。　　　　　　　　　　ⓈⒶ
2. 「吃下去」宿營菜單的自我評量。
3. 反省自己在本單元課程結束時能吃得很健康的程度（與單元課程開始時比較）。

階段三：設計學習經驗

什麼樣的教學活動經驗會使學生對投入學習、對發展，以及對表現期望的學習結果做好準備？使用下列清單列出關鍵的教學活動順序，並在每一則敘述加上適當的「WHERETO」組成字母。

　　　　　　　　　　　　　　　　　　　　　　　　　　　　Ⓛ
1. 以起點問題開始（你吃的食物會引起粉刺嗎？），以吸引學生考慮營養對其生活之影響。　H
2. 介紹主要問題，然後討論本單元最終的實作任務（「吃下去」和「飲食行動計畫」）。　W

表 1-2　三頁式營養單元課程設計實例（續）

3. 注意：透過不同的學習活動和實作任務，介紹必要的關鍵詞彙術語。學生從健康教育課本閱讀及討論相關的選文以進行學習活動及任務。學生為後來的檢討和評鑑撰寫每日飲食紀錄表，以作為持續的學習活動。　E

4. 呈現以食物分類為所學概念的單課教學，然後要學生練習食物的分類圖。　E

5. 介紹食物金字塔並具體說明各大類食物的內容。學生分小組學習設計食物金字塔海報，其內容包括各大類食物的單張圖解。將海報展示在教室或走廊上。　E

6. 進行食物分類和食物金字塔的隨堂測驗（配對題形式）。　E

7. 複習及討論來自 USDA 的營養小冊子。討論問題：人人都必須遵循相同的飲食才能保持健康嗎？　R

8. 學生以合作小組的學習方式，分析一個虛構家庭的飲食（設定為營養不均衡），然後對改善其營養提出建議。教師在學生學習時觀察其討論並予指導。　E-2

9. 要各組學生分享飲食分析的結果，並進行全班的討論。　E、E-2（注意：教師應蒐集及評論學生的飲食分析報告，以找出需要以教學補正的錯誤概念。）

10. 每個學生設計一份有圖解的營養小冊子，以教導幼童了解營養對健康生活的重要性，以及與不當飲食有關的問題。這項活動要在課外時間完成。　E、T

11. 每個學生與同組同學交換小冊子，根據列出的標準進行同儕評量。允許學生根據回饋做修正。　R、E-2

12. 播放「營養與你」的錄影帶並進行討論，討論與不當飲食有關的健康問題。　E

13. 學生聆聽客座演講人（來自地方醫院的營養師）對於營養不良導致的健康問題之演講，並提出發問。　E

14. 學生回答下列書面的問題提示：描述可能是由於營養不良所引起的健康問題，然後說明如何改變飲食以避免這些問題（教師蒐集學生的答案並予評分）。　E-2

15. 教師示範如何解讀食物標示上的營養價值資訊，然後要學生使用捐出的食物包裝盒、罐頭、瓶子等（空的！）做練習。　E

16. 學生獨自學習設計三天份的宿營菜單。對宿營菜單的專題學習進行評鑑及回饋——學生使用評分指標對其專題作品自我評量和同儕評量。　E-2、T

17. 在單元課程的總結階段，學生檢討其所做的完整飲食紀錄表，然後自評飲食符合健康的程度。提醒學生注意是否標記出改變？標記出改善情形？他們是否注意到自己在感覺和外表上的改變？　E-2

18. 要學生為健康的飲食發展個人的「飲食行動計畫」，這些計畫會被保存，然後在學生參與的親師會上展示。　E-2、T

19. 學生對自己個人的飲食習慣做自評，以總結本單元的課程。要每個學生為他們的健康飲食目標發展個人的行動計畫。　E-2、T

第五節　課程設計的標準

　　伴隨UbD範例的是一套對應逆向設計各階段的課程設計標準。這套標準提供準則，以利在設計課程單元的過程中使用，以及用於控制完成的單元設計品質。由於以問題為架構，UbD 標準對於課程設計者的用處，就像評分指標之於學生的作用。在學生開始學習之前對其呈現評分指標，可以藉由確認學生應該努力達到的重要學習品質，來提供學生學習表現目標。同樣地，課程設計的標準依按照「重理解的課程設計法」之架構，具體指出有效的課程單元品質，表 1-3 以一併列出的指標呈現UbD 的四類課程設計標準。

　　這些標準能在三個方面促進課程設計的工作：

1. **當作課程設計時的參考點**──例如，教師可以定期檢核以了解所確認的理解內容是否真的是持久的大概念，或者了解評量結果的證據是否足夠。像評分指標一樣，所列出的問題在提醒注意應包括的重要課程設計要素，例如主要問題的焦點。

2. **作為自我評量課程設計草案和同儕檢討之焦點**──教師及其同儕可以使用這些標準來檢視其單元計畫草案，以找出需要修正之處，例如，使用理解的六層面以探究抽象概念的更深層意義。

3. **對完成的課程設計進行品質控制**──接下來，在教師將課程設計提供其他教師使用之前，獨立的評論者（如：課程委員會）可以使用標準來評價該課程設計。

　　教師專業領域很少讓教師設計的單元及評量經歷這種程度的批判式檢討。儘管如此，我們發現由課程設計標準所指引的結構式同儕評論有很大的益處──對教學和課程設計雙方面而言（Wiggins, 1996, 1997）。同儕評論會的參與者，會定期針對和同儕分享及討論課程與評量設計之價值提出意見。我們相信這些討論對教師專業發展是有效的方法，因為其對話聚焦在教學的核心部分。

28 　表 1-3　UbD 的課程設計標準

階段一：課程設計以目標內容的大概念為焦點，達到何種程度？

請考慮：是否……

1. 以能遷移的、屬於學科核心的大概念，作為目標的理解事項，而此事項具持久性並且需要跨內容的教學？
2. 訂為目標的理解事項是由問題架構而成，這些問題能引發有意義的連結、引起真實的探究和深度思考，以及促進學習遷移？
3. 主要問題能引發思考、可辯論，以及可能圍繞中心概念產生探究（而不是產生「部分的」答案）？
4. 已確認適當的目標（如：學科學習標準、學習表現基準、課程目標）？
5. 已確認有效的、單元相關的知識和技能？

階段二：學習評量對於期望的學習結果提供公正的、有效的、可靠的、足夠的評量方法達到什麼程度？

請考慮：是否……

1. 要求學生透過真實實作任務，表現其理解的結果？
2. 使用適當的標準本位評分工具來評量學生的作品和實作表現？
3. 使用各種適當的評量方式來產生其他的學習結果證據？
4. 使用評量作為師生的回饋和教學評鑑的回饋？
5. 鼓勵學生自我評量？

階段三：學習計畫有效能，以及使學生專注學習的程度為何？

請考慮：學生將……

1. 知道自己的方向（學習目標）、知道教材為什麼重要（知道學習課程內容的理由），以及知道教師對他們的要求是什麼（單元目標、學習表現的要求、評鑑標準）？
2. 被教學所吸引──專注於鑽研大概念（如：透過探究、研究、問題解決、實驗）？
3. 有適當機會探索及體驗大概念以及接受教學，使自己對被要求的學習表現做好準備？
4. 有足夠的機會根據即時的回饋，重新思考、演練，以及修正其學習？
5. 有機會評量自己的學習、反省自己的學習，然後設定目標？

請考慮：教學計畫是否……

1. 在處理所有學生的興趣和學習風格方面，能因材施教、有彈性？
2. 組織有序，以使學生的專心學習和教學效能達到最大？

整體設計──就所有三個階段的連結而言，整個單元的連貫性達到什麼程度？

我們再怎麼強調使用課程設計標準來定期檢討課程的重要性都不為過——包括既有的單元、既有的課程、新發展的課程等。對新任教師和資深教師而言，養成依據適當標準自評課程設計的習慣，通常是件困難的事。在我們的專業領域中，有個盛行的準則似乎是：「如果我努力做教學計畫，計畫的品質一定不錯。」UbD設計標準透過提供品質控制的方法，有助於打破這個準則。這些標準能幫助我們評價課程的優點，但也揭露需要改善的部分。

除了使用UbD設計標準做自我評量之外，當教師參與結構化的同儕評論時——其間教師相互檢視單元課程設計，並分享對改進設計的回饋和建議，課程產品的品質（單元計畫、實作評量、課程設計）也必然增強。這類「諍友」（critical friend）的評論能提供課程設計者回饋，幫助教師內化優良課程設計的品質，以及提供了解其他課程設計模式的機會（例如，「哇！我從未想過以發問來開始單元課程，我想我會在下個單元試試看。」）。

第六節　課程設計的工具

除了課程設計的標準之外，筆者發展及改善了一套通用的課程設計工具，以支援教師和課程設計者。這是困難的工作！我們發現，任何一套鷹架——提示、組體、概念單、舉例——都能幫助教師產生更高品質的課程設計。這些資源的整套內容請見《重理解的課程設計：專業發展實用手冊》。

筆者認為，優良的範例可發揮像知識工具一樣的功能。範例提供一處以上的空白以利寫下寫法，範例的焦點很集中，而且指引課程設計者在整個設計過程中進行思考，以盡可能產生高品質的作品。在實務上，課程設計者從模仿範例開始，此範例由具體的課程設計工具和穿插呈現的無數優質單元設計作品所支撐。以這種方式，我們可以和學生練習設計課程，因為已預先提供模式和課程設計的標準，以利一開始就使課程設計者的實作有焦點[1]。

筆者為什麼將範例、設計的標準，以及對應的設計工具稱為「心智

工具」（intelligent tool）？就像實質的工具（如：望遠鏡、汽車或助聽器）擴展人類的能力，心智工具會加強認知任務方面的表現，例如學習單元的設計。舉例而言，像故事地圖之類的有效圖像組體，能幫助學生以加強故事讀寫能力的方式，內化故事的要素。同樣地，經常使用範例和設計工具，使用者很有可能會在心中發展出本書關鍵概念的範例——包括逆向設計的邏輯、像評量者一樣地思考、理解的層面、WHERETO、課程設計的標準等概念。

透過將「重理解的課程設計法」之要素體現在實質的形式之中（如：範例和設計工具），我們致力於支持教師學習及應用這些概念。因此，這些設計工具就像訓練用的輔助車輪，當可能挑戰既有舒適習性的新概念引起不平衡的時候，它們提供了穩定的影響力。然而，就像學會騎腳踏車的小孩會在達到平衡和自信之後將輔助車輪去掉，當我們內化「重理解的課程設計法」之關鍵概念並經常應用之後，就不需要刻意使用這些工具了。

和巴伯・詹姆斯一起演練逆向設計

場景：我們在巴伯・詹姆斯的大腦裡，巴伯是紐頓中學的六年級教師，目前正著手設計一個以營養為題的三週課程單元。他的最終設計成品會是上述表 1-2 的單元計畫。但是巴伯以前沒有用過 UbD，因此，他的課程設計隨著時間過去會逐漸明確及修正。在本書中，隨著巴伯考慮範例構成要素的整個意義，我們會顯示他的思考——及重新思考。

㈠階段一：確認期望的學習結果

此範例要求我強調本單元的目標，對我而言，這意味著要利用到本州的課程標準。在瀏覽健康領域的課程標準時，我發現有三項學科學習標準可作為這個階段的基準：

1. 學生將理解有關營養的主要概念。

2. 學生將理解均衡飲食的要素。

3. 學生將理解自己的飲食習慣和方式，而這些飲食模式是可以改善的。

　　使用這些標準作為起點，我需要決定想要學生從這個單元帶走的能力是什麼。我總是以知識和技能為焦點，例如：食物金字塔的知識、在商店和家裡解讀食物標示的能力等等。雖然我從未刻意想到「理解」本身，但是我喜歡這個概念，而且認為它能使我的教學有焦點，以及使有限的上課時間能聚焦在本單元真正重要的部分。

　　當我思考這些時，我猜想我真正尋找的東西和理解適當飲食的要素有關，以利學生可以為自己和他人設計均衡的飲食。本單元的大概念和營養、合宜設計三餐飲食有關，所以本單元的重要問題是：什麼樣的飲食對你有益？什麼是無益的？你如何得知？什麼因素使得正確了解和正確飲食變得困難？（垃圾食物的好滋味使其變得困難！）

　　這個概念顯然是重要的，因為設計有營養的菜單是真實的、終身的需求，也是應用這方面知識的方法。雖然在這個脈絡背景下，我還是有點不明白「理解」（an understanding）的意思。我需要進一步反省「理解」是什麼，以及理解如何超越特定的知識及其應用。畢竟，營養的基本概念和菜單設計的技能都相當直接。因此，在這個單元中，有任何事物是有深度的、是刻意的內容嗎？例如，是否有更應該特別注意的典型錯誤概念存在？

　　噢，當我考慮這些時，我發現許多學生都有兩個錯誤的觀念：其一，如果食物對你有益，其滋味一定很差；其二，如果食物在常見的知名地點出售，其品質一定沒問題。在這個單元，我的目標之一是破除這些迷思，以利學生不會自然而然討厭有益健康的食物，也不會不經心地吃下許多有害健康的東西。就吸引學生注意的可能性而言——教學時不會有問題，對十歲、十一歲的孩童來說，任何和食物有關的事物都能征服他們。菜單設計還有幾個重點尚不明確（例如，費用的平衡、菜色多樣性、味道、飲食的需求等），但是對於本單元的這種思考方式，會使我更有效聚焦在這些重點上。

31　㈡階段二：決定可接受的學習結果

對我而言，這會有點像是伸展動作。通常像這個單元一樣為期三、四週的單元，我會給學生做一、兩次的隨堂測驗，會有一個由我評分的學習專題，以及以單元測驗作為總結（通常是單選題或配對題）。即使這種評量方式使得評分和解釋分數相當容易，我總覺得有點不自在，因為這些評量不能反映該單元的內容重點，而且有時專題的得分與關鍵概念較無關，但卻與學生的努力較有關。我認為我傾向於測驗容易測驗的知識，而不是為了所設定的較深入目標而評量——這些目標超越了營養方面的事實資訊。事實上，我一直覺得困擾的某件事情是孩童往往把焦點放在他們的分數上而不是放在學習上。也許我曾經使用的評量方式——多數是為了評分的目的，而不是為了促進學習的建構和紀錄，對學生的態度也有某種程度的助長效果。

現在我需要考慮哪些知能可作為焦點概念的學習結果證據在瀏覽過一些實作任務的實例，以及和同事討論過「應用」的概念之後，我暫時決定了下列任務：

> 由於我們一直在學習關於營養的知能，戶外教育中心的宿營主任請我們建議一套為後半年到該中心宿營三天的營養均衡菜單。請使用食物金字塔準則和食品標示上的營養資訊，設計一套三天份、包括三餐及三次點心（上午、下午、營火晚會時）的菜單。你的目標是：一份美味又營養均衡的菜單。

我對這個點子覺得很興奮，因為這個任務要求學生表現我真正要他們從這個單元帶走的能力。這項任務也密切連結到本單元的專題之一：分析某個虛構家庭的一週飲食，然後建議改進其飲食的方法。考慮過這個任務及專題之後，我現在可以使用隨堂測驗來檢核學生的食物分類及食物金字塔知識，也可以使用較長的測驗來檢核學生對於營養失衡的飲食如何導致健康問題之理解。這是我曾經為一個單元設計過的最佳評量計畫之一，我認為這項任務會激勵學生並證明其理解程度。

㈢階段三：設計學習經驗和教學活動

這是我最喜歡的部分──決定學生在單元課程過程中要做的活動，以及這些活動需要哪些資源與教材，但根據我正在學習的逆向設計方法，如果學生能表現我所尋求的理解程度，那麼，我必須先考慮學生需要的主要知識和技能。

噢，學生會需要知道不同的食物分類及各大類之中的食物別，以利學生理解 USDA 食物金字塔。他們也需要知道人類的營養需求，包括碳水化合物、蛋白質、糖、脂肪、鹽、礦物質，以及知道提供這些營養的各種食物。學生必須學習這些營養素的每日最低需求，以及學習營養不良引起的各種健康問題。就技能而言，學生必須學習如何解讀食品上的營養資訊標示，以及如何按比例來增加或減少食譜中的食物份量，因為這些技能對最終的專題是必要的──為宿營設計有益健康的菜單。

現在談到學習經驗的設計。我會使用我在過去幾年所蒐集的教學資源，包括：來自 USDA、以食物分類及食物金字塔之建議為題的小冊子；一捲名為「營養與你」的奇妙錄影帶；當然，以及健康教育課本（現在我計畫挑選使用）。就像過去三年所做的，我會從本地醫院邀請一位營養師來談有關飲食與健康的問題，以及談談如何設計有益健康的菜單。我曾注意到，孩子們會尊重在真實生活中使用其所學資訊的人。

我的教學方法會遵循自己的基本模式──混合直接教學法、引導教學法、合作學習小組的學習、個別的活動。

以逆向設計產生新的教學計畫一直都很有用。有了單元目標之後，現在我可以更清楚了解及陳述哪些是主要的知識和技能，我能夠專注在這個主題的更重要部分（並且減輕了沒有包括所有內容的罪惡感）。能了解到下列情況是有趣的事：即使教科書中營養方面的部分章節會特別有用（例如，對營養不良所引起的健康問題之描述），其他章節也不會比我將要使用的其他教學資源（小冊子和錄影帶）更有教育價值。就評量而言，我現在更明白需要用到傳統隨堂測驗和正式測驗所評量的知能，也明白為什麼需要有實作任務和專題──使學生表現他們的理解。我覺得對逆向設計更得心應手了！

第七節　對設計過程的評論

　　請注意，設計這個營養單元教案的過程，揭示了逆向設計的四個關鍵部分：

1. 評量──實作任務及相關證據的來源──係從課程設計之前就開始思考，直到各節課的計畫都設計完成。評量的功用是作為教學目標以加強教學焦點和修訂過去的教學計畫，因為評量以非常具體的用詞定義我們要學生理解和表現的知能。因此，教學被認為旨在使學生表現學習結果。這些評量也指出，相對於不是真正重要的內容，有哪些課程內容需要強調。

2. 熟悉的、偏好的教學活動和專題學習有可能必須根據期望學習結果而進一步修訂，這些期望的學習結果是評量設為目標的標準所需要的。例如，如果在本書導言所描述的蘋果單元是以逆向設計的過程來計畫，我們會期盼看到修訂某些活動以有效促進期望的學習結果。

3. 由於教師一直在思索為了符合課程標準學生必須產生的學習結果，因此教學方法和教材資源到最後才會擇定。例如，不因為合作學習是普遍的策略而聚焦在這項策略上，那麼從逆向設計的觀點而來的問題會變成：什麼樣的教學策略最能有效幫助我們達成目標？考慮到特定的學生和課程標準，合作學習不一定是最佳方法。

4. 教科書的角色可能從基本教學資源轉換成輔助的角色。的確，那位設計營養單元的六年級教師了解到，如果他想要達到教學目標的話，對教科書的依賴會產生限制。有了其他有價值的教學資源（USDA教材、錄影帶、營養師）之後，他不再覺得有必要逐字涵蓋教科書的內容。

　　以上淺介意在呈現課程設計方法的初步概貌，隨著對理解、對主要問題、對有效評量，以及對相關的學習活動獲得更好的洞見，巴伯‧詹姆斯將會修正他的單元設計（並且數度改變他的想法）。

第八節　以下章節預覽

　　表 1-4 呈現 UbD 方法的關鍵要素，並隨之摘要本書接下來的內容重點。在以下的章節中，經由檢視其對設計及應用評量、設計及組織課程，以及選擇有效教學方法等之涵義，筆者會「揭露」UbD 的設計過程。表 1-4 各欄的少數重點說明，能適度幫助你預先理解整本書的內容。

　　這張表的最佳解讀方式是從左到右、一次一欄，以了解逆向設計的三個階段之實際可能狀況。各欄標題強調了這套三階段設計方法的三項基本要素（期望的結果、評量的證據、學習計畫）。其順序始於關鍵的設計問題，接下來是思索如何透過明智安排的優先順序（設計的考慮事項）來縮小可能性，做自我評量及自我調整，根據適當的標準（濾網）批評課程設計的各要素，以及最終根據學習成就目標產生符合適當設計標準的成品（最後的設計應完成的成品）。

　　總之，逆向設計使期望的學習結果、關鍵的學習表現，以及教學經驗等三者之間產生更緊扣的連貫，進而造成更好的學生表現──課程設計的目的。

34　表 1-4　UbD 課程設計法整體概念矩陣

關鍵問題	本書各章	設計考慮事項	濾網（設計的標準）	最後的設計成品
階段一 1. 什麼是有價值的適當學習結果？ 2. 什麼是關鍵的、期望的學習活動？ 3. 什麼是學生應該習得的理解事項、知識、能力表現？ 4. 哪些大概念可以架構所有這些目標？	1. 第三章——澄清目標 2. 第四章——理解的六個層面 3. 第五章——主要問題：理解的敲門磚 4. 第六章——建構理解	1. 全國的標準 2. 州定的標準 3. 地方的標準 4. 地區的可能主題 5. 教師的專門能力及興趣	聚焦在大概念和核心的挑戰上	按照與清晰的目標和標準有關的持久理解，以及主要問題來架構整個單元
階段二 1. 達到期望學習結果的證據是什麼？ 2. 尤其，什麼是期望的理解事項之適當證據？	1. 第七章——像評量者一樣地思考 2. 第八章——效標和效度	1. 理解的六個層面 2. 連續式的評量類型	1. 有效 2. 可靠 3. 足夠	單元定位在可信的、有用的期望學習結果之上
階段三 哪些學習活動及教學可以促進理解、知識、技能、學生興趣、卓越表現？	1. 第九章——學習活動計畫 2. 第十章——重理解的教學	1. 研究為本位的已知教學策略 2. 有用的適當知識和技能	教學的吸引度和效能，使用 WHERETO 要素： 1. 教學的方向 2. 吸引學生 3. 探索和準備能力 4. 重新思考及修正 5. 表現結果及評量 6. 依學生需要、興趣、風格因材施教 7. 組織教學活動以達到最大的專注和效能	連貫的學習活動及教學，這些會引發及發展期望的理解、知識、技能，促進學生的興趣，以及使學生更可能產生卓越的表現

理解「理解」

除了理解發生在個人周遭世界的事情，關於心智生活最具特色的 35
事情是，人的表現常常超越了所知的資訊。

——布魯納（*Jerome Bruner*）

《超越所知資訊》（*Beyond the Information Given*），*1957*，第 *218* 頁

教育：有智慧的人藉它彰顯自己，愚笨的人則藉它偽裝自己的欠
缺理解力。

——*Ambrose Bierce*

《魔鬼的字典》（*The Devil's Dictionary*），*1881-1906*

　　本書探究兩個相關但不同的概念：課程設計和理解。在前一章中，
我們探究了一般所稱的優質課程設計及設計範例的具體要求，但在更深
入探討範例之前，我們需要退一步思考本書的另一個主軸——理解。巴
伯・詹姆斯對「理解」有點感到困惑，而他的困惑正是相當常見的問題。
當筆者要求參加工作坊的課程設計者確認期望理解的事項，並進而區辨
期望的「知識」和期望的「理解」時，他們常常覺得很迷惑。其差別是
什麼？什麼「是」理解？因此，讓我們停下來思考某個即將證明很重要
的問題：我們對「理解」的理解有多清楚？當我們說我們想要學生理解
這個或那個，我們要的是什麼？直到目前為止，筆者好像完全了解自己
所求似地撰寫有關理解的知識。但就像我們將要了解的，諷刺的是，雖

然我們全都以教師角色主張追求學生對所學內容的理解，但我們可能並未適切了解這項目標，因此這個主張似乎很古怪。教師每天都刻意以理解為目標，不是嗎？他們怎麼可能不知道瞄準的目標是什麼？然而有相當多的證據暗示，「理解」和「重理解的教學」是兩個相當含糊而不穩定的術語。

我們在《教育目標的分類：認知領域》（*Taxonomy of Educational Objectives: Cognitive Domain*）一書中，看過這些不確定的概念。該書由布魯畝及其同僚在一九五六年所撰，以利從認知上的由易到難來分類及澄清可能的知識目標範圍：事實上，意指按照理解的程度分類。如其作者常指出的，該書的撰寫受到測驗方面持續存在的問題所驅動：對於類似「很關鍵地掌握了」（critical grasp of）和「充分知道」（thorough knowledge of）等目標（測驗設計者必須使用的片語？）而言，並無清晰的意義或對其意義的共識，那麼，教育目標或教師的目標應該如何依據這樣的狀況來評量。

在《教育目標的分類》一書的前言中，布魯畝及其同僚（1956）指出，「理解」是常被引用但定義不清的目標：

> 例如，有些教師相信他們的學生應該「真正理解」，有些教師希望學生「內化知識」，還有一些教師想要學生「掌握核心或本質」。上述這些都代表同一件事嗎？尤其，「真正理解」自己在不了解時不會有哪些行動之後，學生會怎麼做？透過參考這套分類……教師應該能夠界定如此模糊不清的術語（p. 1）。

回想那位健康教育教師巴伯・詹姆斯正在思考其營養單元的情形（見第一章），他似乎不確定「理解」是什麼，也不明白理解和「知識」如何不同。事實上，由於分類法一書用詞謹慎，兩個世代以來的課程編寫者都被提醒，在課程綱要中要避免使用「理解」一詞。例如，美國科學促進協會（American Association for the Advancement of Science, AAAS）的《科學素養的基準》（*Benchmarks for Science Literacy*）一書，作者就簡明描述了他們在建構科學教學基準方面所面臨的問題：

基準使用「知道」和「知道如何」二詞作為每套基準的開頭文字。另一個方式是使用分級完善的一系列動詞，包括「認識、熟悉、領會、掌握、知道、了解、理解」（recognize, be familiar with, appreciate, grasp, know, comprehend, understand）及其他動詞，每個動詞都暗示了比前一個動詞稍高的複雜度和完整性。但分級系列的問題是，不同的讀者對什麼是適當的動詞順序有不同意見（1993, p. 312）。

可是，「理解」的概念的確和「知道」某事的概念不同。我們常說：「噢，他對數學知道的很多，但並不真正理解基礎的數學。」或者「她知道字的意義但並不理解句子。」更進一步的跡象是，在布魯敏的書出版五十年之後，許多的州定課程標準如今將理解和知識具體區分。請思考來自加州科學學習標準的這些實例，在這些例子中，「知識」很明確地被列入在更廣的「理解」之下：

牛頓定律能預測大多數物體的移動。理解此概念之後：

⑴學生知道如何解決涉及固定速度和平均速度的問題。

⑵學生知道，當各種力平衡時，不可能產生加速度；因此，物體會繼續以固定的速度移動或維持靜止（牛頓第一定律）。

⑶學生知道如何應用「F＝ma」的定律來解決涉及固定作用力的單向移動問題（牛頓第二定律）。

⑷學生知道當一個物體對第二個物體施力時，第二個物體總是在反方向產生相同大小的作用力（牛頓第三定律）……。

科學的進步是透過問有意義的問題和進行仔細的研究，作為理解這個概念及在其他四部分探討這個概念的基礎，學生應該提出自己的問題，然後進行研究。他們將會：

⑴選擇及使用適當的工具和技術（例如，連結到電腦的探針、電子數據表、圖表計算器等），以進行測驗、蒐集資料、分析關係、呈現資料。

37

(2)找出及說明無法避免的實驗誤差原因。

(3)對不一致的結果找出可能的理由，例如，誤差的原因或不可
控制的情況……。

　　雖然我們對「科學的進步是透過問有意義的問題和進行仔細的研究」
是否是一則概念陳述，可能會有模稜兩可的說法，但是學科學習標準的
涵義相當清晰：理解是心智上的建構，係由人類心智所形成的抽象概念
以理解許多不同的知識。學科學習標準進一步顯示：如果學生能理解，
那麼，他們可以透過表現所知及做某些特定的事而提出該方面的理解證
據。

第一節　理解即有意義的推論

　　然而，理解和知識如何彼此相關？在「作為理解這個概念的基礎
……」這個句子中，這兩者之間的關係仍然很含糊，理解只是更複雜的
知識形式，或者理解是與學科知識分離卻相關的事物？

　　更糟的是，我們在日常語言中，有交替使用「知道」、「知道如
何」、「理解」等術語的傾向。許多人會說我們「知道」牛頓定律旨在
預測物體的移動，我們會說自己「知道如何」修車或「理解」如何修車，
就好像這兩則陳述表達的是相同的概念。但這樣的用法也有發展的部分：
對曾經努力「理解」的事物，我們這時會說「知道」這些事物。其涵義
是，曾經需要一系列推理來掌握的某事物，不再需要用到推理了，因為
我們就是「了解它」。

　　留意到我們交替使用「理解」和「知道」二詞之後，在談及知識和
理解的差異時，哪些有價值的概念差異應該保留？表 2-1 呈現了這兩個
術詞之間某些有用的差異。

表 2-1　知識與理解的對比　　　　　　　　　　　　　38

知識	理解
1. 事實資訊	1. 事實資訊的意義
2. 一系列連貫的事實資訊	2. 賦予這些事實資訊連貫性和意義的是「理論」
3. 可以區辨的主張	3. 容易有錯的、發展中的理論
4. 非對即錯	4. 程度問題或複雜度問題
5. 我知道某件事物是真實的	5. 我理解為什麼如此及哪些內容構成知識
6. 我以所知來回答提示的問題	6. 我會判斷何時應用或何時不應用所知

杜威（John Dewey, 1933）在《我們如何思考》（*How We Think*）一 37
書中，將這個概念摘要得最清晰。對學習者而言，理解是蒐集有意義的
事實資訊之結果：

> 掌握事物、事件或情況的意義是指，了解它和其他事物之關
> 係：了解它如何運用或發揮作用、會產生什麼樣的後果、由什
> 麼原因造成、能派上什麼用場。相對地，我們稱為非理性的事
> 物、沒意義的事物，是指我們沒有掌握到這些事物的關係。
> ……「方法—結果」之關係是所有被理解的事物之核心（pp.
> 137, 146）。

請思考以下的類比以強調其異同之處：只用黑色和白色的瓷磚來鋪
地板。假定所有的知識都可以在瓷磚上找到，每片瓷磚都有明確的特徵，
這些特徵可以用相當精準的方式辨識，而且不致有太大爭議。每片瓷磚
都是一項事實資訊，但背後是串連許多片瓷磚的可見模式，有許多不同
的模式存在，其中有些模式包含許多片或少數幾片瓷磚。啊哈！我們突
然看出來，小的模式可以集結成好幾套較大的模式——但乍看之下，我
們不覺得這些模式很明顯。你可以看出的模式會不同於我們看出的模式，
因此，我們對於什麼是描述所見的「最佳」方式發生爭論。於是，就某
個重要意義而言，模式並非真地「存在」，它是被推論出來的：我們將
想法投射在瓷磚上。鋪瓷磚的人只是把黑色的瓷磚排在白色的旁邊而已，

他的心裡不需要有任何的模式，而我們可能是最先看出模式的人。

讓我們把這個類比更拉近心智活動層面。在書頁上的字詞是某個故事的「事實」。我們可以從字典查出每個字詞，然後說我們認識這些字詞，但是該故事的意義仍然可以任意討論和爭論。任何故事的「事實」都是經過同意的細節資訊：對故事的理解就是我們所指的「推敲其中涵義」（作者可能未「表達」出我們可以很有洞察力地「推論」出的意義——就像鋪瓷磚的舉例，而這也是現代文學批評的論辯之一：即使有觀點，哪個觀點應該優先）。來自識字研究的某個知名舉例，使得這個論點更巧妙：

39

> 首先你把物件分類，當然，視需要做多少而定，一疊也可能就夠了，不過有些物件的確需要和其他物件分開。弄錯的代價可能很高，最好一次只做少數幾件而不要做太多。整理的程序並不費時，當完成時，你把物件再次分成不同類別，以利它們能被放回原處（Bransford & Johnson, 1972, in Chapman, 1993, p. 6）。

如同有位作者在一本談批判閱讀技巧的書裡提到下列段落：

> 視個別讀者而定，有個部分會產生差異。在這個部分，監控自己理解狀況的讀者會了解，他們並不「了解」閱讀的內容，即使他們認識所有字詞的意義、理解每個句子的意思，以及所述事件的連貫順序……在這時候，批判式的讀者往往會放慢閱讀速度，往往會加強他們的注意力，然後嘗試不同的閱讀策略（Chapman, 1993, p. 7）。

上述第一段是洗衣服的含糊描述。更一般而言，理解的目標是汲取所有你得到的資訊來產生或發現重要的事物——超越所記憶的事實資訊和方法，以更用心利用我們所知的事實。相對地，當我們要學生「知道」中世紀的關鍵史實、要學生成為有效能的按指法打字者（touch typist），或者要學生成為特定音樂作品的稱職演奏者時，學習的焦點會是一套必

須「用心習得」（learned by heart）——意義明顯揭露的片語——的事實資訊和動作程序。

因此，理解涉及面對思考的挑戰。我們遇到心智的問題、遇到困惑的經驗或沒有意義的經驗，然後利用已具備的技能和知識來判斷如何解決問題。如布魯畝（1956）所言，理解是透過有效應用、分析、綜合、評鑑，而明智、適當地組織技能和事實的能力，因此，正確做好某件事，不能單獨視為理解的證明，其發生可能是意外或者靠背誦而成。理解就是以正確的方式來思考，通常反映在能夠說明某項技能、說明某項方法，或者說明大量知識為什麼適合或不適合某個情況。

第二節　理解即可遷移的能力

> 高估教育對形成概念的重要性是不可能的，亦即：意義是普遍的，因為不論情況的差異如何，意義可以應用於很多不同的情況……這些意義被稱為參考點（points of reference），當我們涉入未知的奇怪狀況時，我們藉由這些參考點來獲得意義……缺乏這樣的概念化過程，我們就無法將所獲得的知能延伸到理解新經驗。
>
> ——杜威，《我們如何思考》，1993，第 153 頁

> 做烘焙卻不了解烘培物的成分及其如何作用，就好像曚起眼睛做烘焙……有時候每件東西都有用。但是當成分不起作用時，你必須猜想如何改變……就是這種理解使我既有創意又成功。
>
> ——Rose Levy Berenbaum，《蛋糕聖經》（The Cake Bible），
>
> 1988，第 469 頁

當需要其他更多資訊時知道利用哪些資訊，這項能力需要的是理解——對重要內容、目的、對象、策略、戰術等的洞察。練習和直接教學可以使個別的技能和事實資訊發展成自動反應（即「熟知」），但是，這些自動反應無法使我們有真正的理解力。

換言之，理解和學習遷移有關。真正的理解力需要具備將所學遷移

至新的、有時令人困惑的情境。將知識和技能有效遷移的能力，涉及在不同的情況或問題下，自行有創意地、有彈性地、流暢地擷取所知及利用所知的能力。可遷移性指的不只是用到之前所學的知識和技能，在布魯畝的名言中，理解是關於「超越所得的資訊」：如果我們曾經以理解來習得某些關鍵的概念和策略，我們可以創造新的知識及達到新的理解。

什麼是學習遷移，為什麼它很重要？我們被期望能夠把在一節課中所學的知能應用到另一個相關但不同的情境。發展遷移個人所學知能的能力，是優質教育的關鍵（見 Bransford, Brown, & Cocking, 2000, pp. 51ff）。這是重要的能力，教師只能幫助學生習得整個學習領域中的少量概念、實例、事實資訊、技能，因此，我們必須幫助學生將原本的有限所學，遷移到其他許多情境、議題、問題之下。

請思考來自運動的一個簡單舉例。當掌握到防守的概念是指必須針對進攻者縮小其可接觸到的空間，就可以將這項理解應用到對方隊員所做的任何移動，而不是只限定用於三對三練習中常見的一兩種定位方式。我們可以處理各種程度的進攻問題，而不只是相似的情況而已。無法在真實情境下掌握及應用這個概念，其代價很高：

> （NCAA 男子英式足球）巡迴賽錦標賽的最傑出防守球員 Lavinenko 說：「當我從中場拿到球之後，我開始運球。眼看就要傳球了，但是我的隊員打開了防守空間，我只好繼續運球。當我要把球傳給 Alexei 時，兩個隊員朝他跑去，為我打開了更大的防守空間。」（紐約時報，1993 年 12 月 13 日，第 2 頁 D 版）

由於「緊縮進攻空間」（constraining offensive space）的大概念在整個運動領域是可遷移的，這個概念同樣可適用在英式足球、籃球、曲棍球、水球、美式足球、長曲棍球。在數學和閱讀方面同樣如此：為超越只是機械式的學習和回想，教師必須教導學生及評量學生的模式辨識能力，因此，他們才能把遭遇到的許多「新」問題看成是已熟悉的問題和技術之變異。而這需要教導學生如何利用大概念和可遷移的策略來解決問題，而不只是教導如何用到特定的事實或公式。

　　大概念很重要，因為它們提供了學習遷移的基礎。例如，你必須了解單一的策略是所有特定動作和特定情境的可能組合之基礎，此策略是使用各種動作及假動作使你的隊員之一能打開空間——不管對手做什麼，或情況完全就像你在練習時遇到的一樣。在學業上，你必須學著遷移認知方面的知識和技能：

41

> 學習遷移會受到學習時的理解程度之影響，而不只是記憶一系列的事實資訊，或遵循固定的程序……試圖以太快的速度涵蓋太多主題，可能會阻礙學習及隨後的學習遷移（Bransford, Brown, & Cocking, 2000, pp.55, 58）。

　　這是舊概念，將近一百年前哲學家懷海德（Whitehead, 1929）在其對於教育領域的「惰性概念」（inert ideas）之控訴，曾提出著名的看法：

> 在訓練孩童進行思考活動時，最重要的是必須注意我所稱的「惰性概念」。也就是說，這些概念只是接收到腦海中卻沒有利用過、沒有測試過，或者沒有投入到新的概念組合……以惰性概念來教育學生不僅毫無用處，更嚴重的是會對學生有害……我們應該對學生介紹少數重要的概念，然後使這些概念投入每一種新的組合中（pp. 1-2）。

　　在閱讀時，我們可能未曾讀過某位作者寫的某一本書，但如果理解「閱讀」和「浪漫詩」的概念，在遷移之前的知識和技能時就不會有太大困難。如果我們只透過反覆練習和記誦來學習閱讀，以及認為閱讀只是解碼的過程而已，那麼理解一本新書的內容將會是重大的挑戰。順帶一提，對於大學程度的進階級讀者而言也是一樣的情形。如果我們學習「讀」哲學的方式是透過逐字閱讀教科書和教授講課內容的補充，此外，如果我們未曾學過對閱讀內容的意義主動自問自答，則閱讀下一本書將會毫不輕鬆（關於此主題的更多討論，請見 Adler and Van Doren, 1940）。

　　學習遷移是布魯畝及其同僚所談的「應用」之本質。其挑戰不在於

從記憶「提取」所學知能，而是修正、調整，以及將（原本一般的）概念應用到特定的情境中：

學生不能只藉由回憶在班上解決相似問題的解決方案或準確方法來處理新的問題和情況。如果除了使用新的數量和新的符號之外，各方面完全就像曾在課堂上解決過的其他問題或情況，那麼這些問題或情況就不是新的……如果學生在特定的問題方面未受到教導或協助，那就可稱為新問題或新情況，然後教師必須做下列某些事……(1)在可以著手解決問題之前，問題的陳述必須以某種方式修正……(2)在學生可以將之前學到的通則用於解決問題之前，問題的陳述必須以某種模式呈現……(3)問題的陳述需要學生蒐尋整個記憶以找出相關通則（Bloom, Madaus, & Hastings, 1981, p. 233）。

於是，知識和技能是理解的必備要素，但這些要素並不充足。理解需要更多的能力：積極深思熟慮地「進行」不同的學習，以及自我評量、辯護、批判學習過程之能力。學習遷移涉及理解有哪些知識和技能此時很重要，也涉及常常應用所知來處理手邊的挑戰。

42　以下是個有趣的學習遷移任務，它能再次說明前述的重點。你能否利用法語發音和英語押韻的知識來「翻譯」下列歌曲？請以正常的速度將其大聲唸出來：

Oh, Anne, doux

But. Cueilles ma chou.

Trille fort,

Chatted dort.

Faveux Sikhs,

Pie coupe Styx.

Sève nette,

Les demes se traitent.

N'a ne d'haine,

Écoute, fée daine.[1]

　　此處我們討論過的所有例子都說明了，如果我們要求學生理解，想喚起學生的理解，讓學生面對需要思考的真實問題很重要。這很不同於只要求記誦及回想的上課及測驗，而學生的記憶只是根據過度提示的練習——其中，學生僅用到明確需要的事實資訊（關於進一步討論建構理解的知識和設計有意義的評量，請見第六章到第八章）。

　　顯然，在許多學習領域中，甚至連最優秀的學生都無法進行學習遷移，而數學領域的情況則最嚴重。請思考下列測驗題目實例，所有這些題目都在測驗相同的概念（在每個例子中，大約有三分之二的學生無法正確回答問題）：

取自紐約州高中畢業生大會考的題目：

從就讀的高中走回家，Jamal 先向東走 5.0 英里，然後向北走 4.0 英里。Sheila 從同一所高中走回家時，她先向東走 8.0 英里，然後向南走 2.0 英里。Jamal 的家和 Sheila 的家之間的最短距離是多少，其數據取至十分之一英里（附表使用與否請自行決定）？

取自 NAEP 的十二年級數學測驗：

在 XY 軸平面上，點（2,10）和點（−4, 2）的距離是多少？

□6　　　□14

□8　　　□18

□10

取自《波士頓全球報》（*Boston Globe*）關於麻薩諸塞州 MCAS 十年級生數學分數的報導：

數學部分最難的問題是，要求學生計算兩點之間的距離——只有 33 ％的學生答對。這個題目很容易：如果學生知道，他們可以畫出兩個點，然後使用畢氏定理——如果直角三角形的兩股長度已知，這是計算斜邊的知名公式。難度排名第六的題目也要求學生使用畢氏定理，但只有 41%的學生答對。布蘭翠（Braintree）公立學校的數學科主任 William Kendall 說：「應用畢氏定理似乎是孩子們的弱點。對於這些不是直截了當的畢氏定理問題，學生需要再多做一點練習。」（Vaishnav, 2003）。

以上三個問題都要求學生將對於畢氏定理的理解遷移到新的情境。儘管每個州的數學科學習標準都認定理解畢氏定理是關鍵的學習結果，但很可能美國大多數的學生都無法做到。

根據目前所述，我們可以不太費力地將自己的理解應用到這則新聞報導上。我們推測，$A^2 + B^2 = C^2$ 的定理被當作事實資訊來教——成為遇到已知的直角三角形及簡單任務時就做某種運算的規則。但是移除掉少數花俏的提示，學生還是無法做到學習遷移來理解問題。於是，學生不「理解」他們「知道」的事物是否有點奇怪？也因此，少數教師似乎了解，為了州測驗要學生多做練習是失敗的策略。

第三節　名詞的理解

請再次注意，理解（understand 或 understanding）一詞有動詞的意義也有名詞的意義。理解主題或學科是指能夠明智有效地利用（或布魯敏所稱的「應用」）知識和技能。理解（understanding）則是指試圖理解之後的有效結果——有成效地掌握「不明顯的」概念，或掌握能使許多個別的（也許不明顯的）知識要素有意義之推論。

真正的理解涉及另一種學習遷移。如同杜威在前述《我們如何思考》一書中所指出，我們利用大概念超越所見以理解其意義。有個學生在思索二十世紀的移民現象時，很興奮地了解到：「噢！這就像是墾拓者向

西部前進時我們所見的情況！」我們尋求的就是這類的學習遷移！其挑戰是，使理解更有可能藉由課程設計產生而非靠運氣或自然傾向產生。以明顯刻意的方式教導如何進行學習遷移（及實施經常需要這類學習遷移的評量），學習者必須吸收最初欠缺明確架構或力量的知識，然後開始理解這些知識是更大的、更有意義的、更有用的系統之一部分。缺乏使概念有趣的課堂課程設計，類似榮譽、命定說（manifest destiny；譯註：美國人在建國時期認為擴張領土和擴充生存空間，乃是他們的神聖責任）或水循環等概念，在學生被剝奪了解概念有其力量的機會時，將繼續只是被記誦的空洞片語。

因此，本節所述連結了第一章對課程設計優先事項的討論，以及使學生理解的特定目標。圍繞大概念設計課程會使教學更有效能、更有效率。如同《人如何學習》（*How People Learn*）一書的作者所指出： 44

> 理解基礎的原理和概念，看來是通向適當學習遷移的主要途徑。理解某件事物是某一更普遍情況的具體實例——理解普遍情況意指「理解更基礎的結構」，不僅能學到具體事物，也學到對可能遇到的其他類似事物之理解模式（Bransford, Brown, & Cocking, 2000, pp. 25, 31）。

學習遷移必須是學校所有教學的目標——它不是選項，因為當我們教學時，我們只能處理整個教材中相當少量的抽樣內容。所有教師都曾經在課堂教學結束後對自己說：「噢！希望我們有更多的時間！這些只是滄海一粟。」而我們永遠不會有足夠的時間。學習遷移是我們最大、最困難的任務，因為我們必須使學生處在自行學習更多的狀況——比能從我們學到的更多。

矛盾的是，學習遷移會朝向和「新」知識相反的方向前進。重理解的教育要求我們更審慎檢視之前的知識和假定，藉由這些，我們聲稱某件事物是知識。蘇格拉底就是楷模，他質疑聲稱的知識，以利理解、以利學習得更多。在得到協助以提出某些問題時——為什麼會這樣？我們為什麼這麼想？有什麼可以辯解這個觀點？哪些是其證據？有哪些爭論？

哪些是被假定的？我們就會學習到不同類別的有效遷移：使知識成為知識而非只是信念的理解能力，因此，使我們自己處在增進知識和理解的更佳情況。

第四節　專家盲點

> 教導具體的主題知識或技能，卻沒有明確說明，在某個知識領域的更廣大基礎結構之中，這些知識和技能所在的情境脈絡，是欠缺效率的作法⋯⋯
>
> ——布魯納
>
> 《教育的過程》（*The Process of Edncation*），1960，第 31 頁

因此，理解學習遷移的重要性能幫助我們理解布魯納等教育學家為什麼主張典型的教學內容是「欠缺效率」的。他怎能這麼說？這個講法似乎明顯錯誤：重理解的教學也許是最有效能的，但是教學怎麼可能有效率？與設計探究本位的學習以幫助學生自行更深入理解教材相比，我們是否無法透過講述教學和教科書進度來處理更多的教學內容？

但這是把教學和學習混淆了。請思考布魯納為什麼認為傳統課程內容取向終究是欠缺效率的三個理由：

45

> 這樣的教學使學生甚難將所學通則化，以應用到之後會遇到的情境。其次，（這樣）的學習⋯⋯就認知上的興趣而言，得到的酬賞很少⋯⋯第三，個人習得的知識若無充足的結構可以將其整合，這些知識很可能就會被忘掉。未予連結的一組事實資訊，其在大腦記憶中的半衰期短得可憐（Bruner, 1960, p. 31）。

換言之，當教師認為按內容教學有用時，就未能理解應理解的內容。我們所稱的專家盲點使教學很難發揮作用，這會導致我們（或教科書）將教學內容和學生為掌握及使用意義而主動理解的知識相混淆。許多教師的這項慣性反應等於是宣稱：「如果我的教學內容更明確，學生將『獲

得理解」並且未來能夠回想起來。因此，我的教學內容涵蓋愈多，他們學到的就愈多，測驗的表現也就愈好。」

　　然而，筆者希望讀者在讀完本書之後能了解，這項廣泛持有的假定是錯的：對大多數學生而言，從課程內容而來的「產出」其實相當低：

　　三十多年前，醫學院的教師對大一新生做了一項調查，調查他們在第一年大體解剖課所記憶的數千個新術語還記得多少。學生接受測驗之後，經過一段時間又再測，結果發現，和大體解剖課術語的遺忘曲線最密切符合的，竟是一世紀之前 Ebbinghaus 對無意義音節的經典記憶研究所發現的相同曲線。類似這些研究資料的出版在醫學教育界創下紀錄，醫學院的解剖課教學從此急遽改變（Shulman, 1999, p.13）。

　　把所有內容都包括在教學進度之中，就像是透過連線拼圖（connect-the-dots puzzle）快速講話，在過程中，教師使學生更認為理解只是在紙上畫更多的點，因此，使得圖畫比原來的樣子更不清晰、更令人困惑。按內容教學會使學生無法理解專家認為似乎很明確的整體內容：除了少數最有能力的學生之外，所有學生都迷失了方向或者覺得疏離。

　　即使是外部的測驗，教師也無法透過表面上涵蓋所有教學內容而充分提升學生的表現。其結果是學生比必然的狀況遺忘得更多或形成更多錯誤觀念，因此在學生的學校學習經驗裡，重教是需要的（我們多麼常對學生說：「我的天啊，在 X 年級時老師沒有教你們嗎？」），結果我們在許多學校看到的是（如同 NAEP 測驗結果所證明的）：一般學生都能完成低層次的學習任務，但是，在需要學習遷移的高階學習方面則普遍能力很弱。

　　學習的研究（第十三章有更詳細的探討）所支持的僅有在常識上發人深省的真相：如果為了未來的應用，學習應以有彈性的、能應用的方式持續進行，於是依賴內容教學是無用的。強調按內容進行的教學，留給學生的是很容易混淆或很容易遺忘的事實資訊、定義、公式，以利應付看起來就像涵蓋在課程內容中的僵化問題。再者，這類教學因此使學

生到後來更難以更複雜、更順暢的方式學習「相同」事物。他們對重新思考以前的知識會感到全然的困惑，也會常常抗拒重新思考這些知識。簡言之，如同卡內基教學促進中心（Carnegie Center for the Advancement of Teaching）理事長 Lee Shulman 的適切評論，傳統的教學助長了三種「病態的不當學習態度」（pathologies of mislearning）：忘記了、不了解自己的錯誤概念，以及無法利用所學。筆者曾經把這些情況取名為健忘症、幻想症、無力感（amnesia, fantasia, inertia）（Shulman, 1999, p. 12）。

46

　　因此，筆者目前的分析指出，有需要在重理解的課程設計和實施教學的過程中「跨內容」，以避免學生容易遺忘、觀念錯誤、缺乏學習遷移：

1. （透過聚焦的問題、回饋、診斷式評量）發現學生可能有的錯誤觀念。
2. 發現潛藏在非黑即白的表面陳述之下的問題、議題、假定。
3. 發現對理解學科、理解概念最具關鍵，但對新手而言不甚明顯的核心概念——以及也許是反直覺的或令人困惑的概念。

第五節　　理解的證據

> 革新的思考者和非革新的思考者其間的區別，幾乎絲毫不在於誰的事實知識更多。達爾文對於他在小獵犬號之旅所蒐集到的各種標本之知識，遠比回到英國後為他分類這些生物體的專家懂得更少。但是每一位專家都忽略了達爾文標本收藏中的革新意義。達爾文知道得較少卻以某種方式理解得更多。
> ——*Frank, J. Sulloeay*，《天生反骨》（*Born to Rebel*），1996，第 20 頁

　　如果理解是指對事實產生意義，然後將知識遷移到其他的問題、任務、領域，那麼這類理解（或缺乏理解）看起來像什麼？如果我們的學生愈益理解所學，我們應該注意什麼？這個問題的提出，是把對教學目標的討論轉移到討論目標是否達到的證據。

　　Sulloway 對達爾文的評論指出了探究的線索。請思考我們在描述最

高層次的研究時所用的字詞。相對於表面的知識，我們常將理解描述為「深入的」或「深度地」，你必須在「表面」（如：「表皮」）之下「挖掘」，以「發現」（uncover）不明確的「核心」洞見。理解「需要時間和練習」，理解「很難獲得」，無法立即可得：如 Sulloway 所指出，有許多知識的人甚至都會忽略或忽視理解。所有上述強調的字詞，其涵義在於深入表面之下、找出潛藏的洞見寶石。我們無法「蓋住」（cover）概念，然後期望它們因此被理解：我們必須「發現」概念的價值──概念是探究和爭論之後的結果。

因此，請注意，經由逆向設計抓緊與理解相關的目標（及更一般的所有教育目標），其核心所在的兩個問題之差別──即三階段設計的前兩個問題：

階段一：哪些是學生應該習得的理解？

階段二：哪些學習結果可列為該類理解的證據？

第一個問題涉及有關課程內容和學習內容的重要概念，它要求課程設計者在考慮學生遇到的概念、事實資訊、技能時，對於學生應該習得的能力要具體陳述（就像第六章的討論，要具體指明我們尋求的理解更是出人意料地困難）。第二個問題則不同，它並未指出學生應該學什麼，但涉及這些目標以可接受的方式具體化：從參與學習的學生和透過評量所決定的結果而言，什麼要素構成適當的學習表現和學習結果──教學的輸出。

第二個問題事實上包括組成逆向設計第二階段的不同問題：

1. 我們應該從何處找證據？考慮到州定課程標準，需要有效實施哪些類型的學生學習活動？

2. 不管任何特定的方法，我們應該從學生的學習表現特別找出哪些證據，以判斷學生的理解程度？

寬鬆地說，關於學習結果證據的第一個問題涉及評量學習（如：什麼是有效的任務、有效的測驗、有效的觀察結果）的設計標準，而第二個問題涉及學習結果的真實評量，這些評量係由評分指標或其他的效標相關準則產生。

除非確認哪些學習結果被認為是理解的證據，從我們不可能達到理

解目標的觀點而言——不管如何定義理解這個術語，逆向設計的爭議是可以預測的。愈提出這些細節的評量問題，許多教師就愈能開始了解，他們可能並未適當理解學生應理解的事項。

為什麼我們會不確定哪些學習結果構成理解的證據？因為如果不注意的話，往往被視為焦點的證據或更容易凸顯的證據會誤導我們。當學生提出我們要求的答案時，我們很容易會將這類的回想與理解相互合併。布魯敏及其同僚（1956）重述關於杜威的知名故事，以提醒我們注意其間區別：

> 當問題以某種方式呈現時，幾乎每個人都經驗過無法回答涉及回想的問題，然後當問題以另一種方式陳述時，我們就能幾無困難地回想……杜威的故事可以有效說明這個情形，在故事中杜威問某班級的學生：「如果你在地下挖一個洞，你會發現什麼？」沒有人回答，於是他重述一次問題，但還是得到沈默的回應。該班教師怪罪杜威說：「你的問題問錯了。」於是她轉身向學生發問：「地心是什麼狀態？」全班一致回答：「像火一樣的熔化狀態。」（p. 29）

這個故事很巧妙地說明了區辨課程目標和學習結果的需要，以及在要求學習結果證據的情形下，強調學習具可遷移性的需要。如果學童只能回答像上述構句的問題，即使其答案是正確的，我們也不能認為學童理解他們自己的答案。再者，當相同的問題以不同方式構句時，學童將無法在任何測驗或任務挑戰中利用其「所知」——就像前文提到明顯發生在州測驗的情況（譯註：畢氏定理的數學測驗題目）。

獲得理解的證據意指，設計學習評量來引發學習遷移：發現學生是否能回想學習結果，然後明智地、有彈性地、有創意地使用之。例如，目標分類一書的作者們提到，「真正的」知識涉及以新方式使用所學。

他們將其稱為「心智能力」（intellectual ability），並依據回想和有計畫的應用，來區分這類能力和「知識」的不同。相對於機械式的回想或「提取」答案，David Perkins 在《重理解的教學》（Teaching for Understanding）一書中，將理解定義為：「以個人所知有彈性地思考和行動的能力……某種有彈性的學習表現能力。」（Wiske, 1998, p. 40）已理解的人比其他人更能有效適應含糊的挑戰——亦即真實的挑戰，這類挑戰包含的不只是產生單一答案的直截了當提示（請回想本書導言中關於致答謝詞畢業生的短文，該生承認，除了在回想式測驗得到高分，她其實對所學缺乏理解）。

理解的結果是可遷移的，涉及到評量學生徹底利用知識，及在多元情境中有效應用知識的能力——亦即活用學科的能力。如同《人如何學習》的作者（Bransford, Brown, & Cocking, 2000）所述：

學生將其所學遷移到新情境的能力，對應用的學習、彈性的學習提供了重要指標……當唯一的學習評量方法是記憶時，許多教學方法看來差不多……當我們從學習如何有效遷移到新問題和新情境的觀點來評量教學時，教學的差異變得更加明顯（p. 235）。

如果學生從其學習活動中習得如何擷取基本的原理和主題知識，他們會對何時、何處、為何，以及如何使用其知識來解決新問題，發展出有彈性的理解（p. 224）。

此重點其實一點也不新穎，五十年前的布魯畝及其同僚（1956）在教育目標一書中對於「應用」也提出相同的重點。應用的評量必須涉及需要學習遷移的新任務。理想上，這涉及概念的脈絡化和實際使用：

如果情境……涉及我們此處所定義的應用，那麼這些情境對學生而言若不是全新的，就是包含了新的要素……理想上，我們尋求的問題要能夠測驗個體學到以實際方式應用抽象概念的程度（p. 125）。

49

因此，對於獲得理解的證據，我們必須以相當不同的方式進行測驗，我們需要看到學生「擷取」理解內容，然後將其應用到安排好的問題、應用到實作上──不同於只是看到學生能夠回想及提取教師或教科書提供的基本原理。

要做到這些，必須將學習評量紮根在每個領域的典型學習表現上，我們需要有效找出理解的指標，例如：設計科學實驗的能力、偵除破壞實驗的因素、修改實驗以找出物質的化學成分；或者使用歷史課所學的事實資訊和技能之能力，以寫出關於地方史實的可信記敘文（筆者將這兩個例子當作學習領域中許多「核心任務」的兩件，我們建議課程綱要和教育方案圍繞著核心任務及大概念而設計。關於核心任務的更詳細討論，請見第七章、第十二章）。我們需要知道，以可理解的有限能力，學生是否仍能做到學習遷移──亦即確認已具備的能力此時有哪些對新情境是有用的，然後有效地使用這些能力。於是，我們就可以利用更少量的有限提示，而這些提示的目的在引出對相似問題的「正確」答案。

「像火一樣熔化狀態」的例子是極端，但它給人的印象比大數人能理解或願意承認的深。當我們在自己的測驗中看到正確的、看似有智慧的答案時，我們常常太喜歡歸因為自己的理解。換言之，比所知知識更讓我們落入陷阱的顯然是自認已經理解。在高風險測驗及評分的環境中，這項困難很有可能會惡化。因為只要教育是促進貓捉老鼠的遊戲，學生藉此產生的動機就是取悅我們，以及看起來理解他們應該學習的事物（不論他們理解與否），因此，為真正的理解而進行評量變成更大的挑戰。

簡言之，我們必須謹慎注意：只要能維持「知道」和「理解」之間的真正差異，我們如何稱呼這類差異並不重要。我們所稱的「理解」並不只是語義上的問題而已，這是澄清概念的問題，藉此我們能區分借用來的專家意見和內化的彈性概念。如果學習評量過於表面化、過於以事實為中心，我們可能會在所蒐集的理解證據之中忽略兩者的區分。到後來我們把什麼稱作是理解相關的目標並不重要，但很重要的是，在提示學生答題時，我們維持了區分「理解」和「知道」正確答案的不同。重要的是，我們能把握住為學習遷移而進行評量的挑戰。

50 　　如果我們要判斷學生是否真正理解，在具體指明需要哪些類別的學

生學習及評量證據時，我們必須更加聰明。前文引用過 AAAS 所出版的《科學素養的基準》（1993）一書，其作者說，他們堅決反對以具體指明的行為動詞或可觀察的行為來釐清需要哪些類別的證據來顯示學生的理解，因為「從中選擇是武斷的作法」，以及使用特定的動詞「會造成限制，並可能暗示未被訂為目標的獨特學習表現」（p. 312-313）。

　　雖然我們承認，對理解的目標而言，沒有獨特或原本就完美的評量任務，但是某些類別的學習挑戰就是比其他的更適當。知道有哪些類別的評量能使課程標準具體化，而這正是許多教師需要的能力。請回想，這就是布魯畝為何寫教育目標分類一書的首要原因。沒有具體指明哪些應列為達到課程標準的適當證據，教師很有可能會對事實知識的測驗感到滿意，但是只有複雜的探究活動、對所用方法的辯解，以及探究的結果等，才能真實展現課程標準的最佳特質。

　　如果「正確」答案可能產生不適宜的理解證據，我們應該怎麼做才能使評量更有效區分真實的理解和看似的理解？在回答這個問題之前，我們必須先處理另一個問題：有時正確答案會暗藏錯誤的理解。這怎麼有可能發生？其對評量理解能力的涵義是什麼？諷刺的是，我們可以透過思索錯誤理解的現象，對於重理解的課程設計、評量、實施教學，獲得重要的洞見。

第六節　學生的錯誤理解和我們可學到的教訓

　　用心的、有能力的、注意學習的學生，總是能從課堂教學習得我們從未想過的學習結果。當我們談到學生時說：「他們知道所有的事實資訊，但是湊在一起就全部都錯了。」或者「他們就是不思考自己所說的事情。」我們在抱怨什麼？例如，在美國，《麥田捕手》（*The Catcher in the Rye*）是高中英文課的固定教材，但是許多學生學過之後認為這本書是關於主人翁荷頓（Holden）的「精采探險」（借用最近一部電影的片名）——一個逃學的大學預科生其生命中的嬉鬧時光。莫名其妙地，荷頓處於極大情緒痛楚的事實——以及他從心理療養院的病床上講述自己故事，卻被許多學生忽視。同樣地，在數學課，如果考慮到答案比開

始計算時的數字更小的古怪情形，就不難知道許多國小學童在學習分數的乘法時很辛苦。或者，請思考閱讀課的大挑戰：單純的解碼並不是那麼簡單。當我們把「lose」的發音唸成「loze」時，教師會說我們唸錯了，但是我們認為自己了解發音規則！為什麼「lose」的發音，和字尾是子音和「e」時發長母音的規則不一致（如：「close」、「dose」、「home」都是發長母音）。

因此，理解錯誤不等於無知，它是指在新的情境中以合理但不正確的方式顯示實用的概念。以下是一些舉例：

1. 有個孩子問：「爸，是否西班牙人和英國人使用同樣的文字，只是發音不同？」

2. 同一個孩子在幾年後抱怨說：「為什麼 4.28 + 2.72 = 7？7 又不是小數。」

3. 有個高中生在歷史課某個單元結束時，小聲地問她的老師：「路易斯安那到底買了些什麼？」

4. 有位小學老師提到她班上某個四年級學生的不滿，這個學生說，她和家人搭機橫越美國時為什麼從沒看過經線和緯線。

5. 有個學業成績達到上進階班科學課、非常聰明好學的男孩認為，科學上的「誤差」（error）其功用是避免犯錯，而非在複雜的歸納過程必然用到的原理。

矛盾的是，必須有進行學習遷移所需的知識和能力，才會有錯誤的理解。

因此，錯誤理解的證據對教師有不可思議的價值，其作用不限於該訂正的錯誤而已。理解錯誤代表試著作出看似合理的學習遷移，但未成功。其挑戰在於酬賞學習遷移的嘗試，而不會增強錯誤或使未來的學習遷移受挫。事實上，許多學生不只無法了解他人針對其錯誤理解提供回饋的價值，他們甚至覺得有點被威脅或被激怒。諷刺的是，對學生無法理解課堂教學而對他們失去耐心的教師，同樣也無法理解所教內容——又是專家盲點的情況。就注意聽講的學生而言，他們的無法「理解所學」顯示了，我們認為很清晰的內容其實並不清晰。對有些教師而言，學生的長期理解錯誤因此會有威脅性，也是可理解的，因為這表示對我們的

教學方法及暗示的目標產生疑問。當然，新手教師可能會忽視的情況是，大概念的教學鮮少成效顯著。的確，就像筆者在第一章中所指出的，它們常常是反直覺的。於是，我們給智者的建言是：如果你聽到自己對班上學生說：「可是這很明顯」時，你極可能掉入了專家盲點的陷阱！花點時間思索：嗯！對新手而言，此處有什麼是不明顯的？有哪些我認為理所當然的事很容易會被錯誤理解？為什麼他們做這樣的結論？

使事情更為緊要的是，過去二十年來的研究證實了上述現象的驚人深廣度。甚至包括最頂尖學生在內的許多學生，只有在被問到偵測理解度的後續問題或被要求應用學習時，顯示出對所學的重大錯誤理解，才似乎能夠理解自己的學習（透過測驗和班級討論顯示）。的確，不僅筆者如此認為，先驅的認知研究者也認為，在設計學習活動時，發現學生的概念及錯誤概念，並且留意這些概念，是獲得更佳教學效果的關鍵（第十三章呈現了關於重理解的教學之研究摘要）。參與「零計畫」的迦德納（Howard Gardner）、David Perkins，以及他們的哈佛大學同僚，曾在過去十年之間很充分徹底地摘要了這些發現，雖然對錯誤概念的研究可回溯到一九七〇年代科學教育的研究。如迦德納（1991）在摘要此研究時的說明：

52

> 現在，廣泛的研究文獻記載的是，許多學生——也許大多數學生——經常缺乏一般的理解程度。期望大學生能夠在新情境應用其剛在課堂上表現出足夠熟練度之物理定律、幾何學證明或歷史概念，是合理的。如果測驗的環境有些微改變，學生無法再現我們所尋求的能力表現，那麼他們就未達到理解——以任何合理的詞義而言（p. 6）。

如果測驗的設計注意到錯誤的理解，即使傳統類型的測驗也能提供這類無法理解所學的證據，在導言中，我們提到 NAEP 的數學題例子，在該例子中，大多數學生回答「32 輛車，尚餘 12 人」，請從以下更一般的狀況來思考此結果。大多數學習代數（一）的美國青少年都得到及格的成績，但是NAEP（1988）的測驗結果顯示，只有 5%的美國青少年

在要求使用代數（一）高層次知識的測驗中表現良好。第三次國際數學和科學教育研究（Third International Mathematics and Science Study, TIMSS, 1998）的某項迄今最完備的研究，在科學教育方面也得出相似的結論（*Trenton Times,* 1997）。NAEP最近一次的測驗也是一樣，該測驗顯示：「一般學生在學習基本原理方面和應用知識來說明所學方面，出現明顯的能力落差。」（New York Times, 1997）（該測驗混合單選題、結構式反應，以及實作任務的問題。）

十多年前，物理學科曾發展出具體的測驗以評量關鍵的錯誤觀念。使用最廣泛的《力學概念量表》（*Force Concept Inventory*）針對修正最常見（及出人意料一致的）錯誤概念之進步情形，提供了評量這些概念的前測和後測工具。

AAAS在其《基準》（*Benchmarks,* 1993）和《科學素養圖集》（*Atlas of Science Literary,* 2001）等兩本出版品中，對科學學科方面所期望的知識理解，提供了內容充實的說明，同時也連帶說明與這些知識相關的錯誤概念：

> 以符號來呈現事物的關係時，除了一個符號之外，所有的數字都可以被符號取代，然後可以計算出這剩下來的符號的可能數值。有時這項關係可由一個數值代表，有時多於一個數值，有時則沒有數值可以代表。
>
> - 學生在理解代數的符號如何應用方面，遇到了困難，因為他們常常不知道英文字母的選擇是武斷的。而這些困難甚至會持續到上完代數課程及上大學之後。各年級的學生常常不把等式中的等號看成是相等的符號，而將其解讀成開始計算的象徵──等式的右邊應該顯示「答案」。
>
> 兩組數據的比較應該涉及比較兩組的中數及中數上下的數值。當數據分布不平均時、有極端的高數值或低數值時，或者當分布不是合理的規律時，數據分配的中數可能會造成誤導。
>
> - 對各年級的學生而言，即使受過幾年的正規教學，仍然很難理解平均數的概念……研究建議，對「代表性」一詞的正確

概念，可能是掌握平均數、中數、眾數等定義的先備條件
⋯⋯脫離有意義的情境脈絡而提早介紹計算平均數的演算
法，可能會妨礙學生理解平均值是什麼（AAAS, 2001, pp.
122-123）。

若要發現我們有多麼容易對自認全部知道的事情理解錯誤，請思考
以下更基本的科學問題：為什麼冬天比較冷而夏天比較熱？在美國，大
概每個學生都學過基本天文學。我們「知道」地球繞著太陽轉、其繞行
軌道是橢圓形的，以及地球的南北兩極大約傾斜二十度。但是，當哈佛
大學的應屆畢業生被問到這個問題時〔此問題被錄製在由哈佛—史密桑
天文物理學中心（Harvard-Smithsonian Center for Astrophysics）製作的
「天文現象的誤解」影帶中〕，只有少數學生能正確說明原因（Schneps,
1994）[2]。被問到的人不是無法適當說明自己聲稱的知識，就是提出看似
合理但實際錯誤的觀點（例如，天氣的改變是因為地球更靠近或更遠離
太陽）。

當我們要求成年人解釋月亮週期時，也產生相似的發現：許多受過
良好教育的人將月亮的週期描述成月蝕。在一捲名為〈他們自己的心智〉
（*Minds of Their Own*）的錯誤科學概念後續追蹤錄影帶，哈佛的天文物
理學小組記錄了一位能做小學四年級生的電路題目及描述電路作用的物
理系學生，在題目以新方式構句時產生了錯誤的理解（該題目為：你能
只用電池和電線來點亮燈泡嗎？）。

在似乎直截了當又講求邏輯的科學和數學等學科，發現即使是最頂
尖的頭腦也無可避免習得錯誤概念，實際上是由來已久的情形。柏拉圖
的對話錄生動描繪了追求理解和心智習性之間的相互作用，以及可能在
潛意識裡形塑或阻礙我們思考的錯誤概念。培根（Francis Bacon,
1620/1960）在四百年前的《新工具論》（*New Organon*）一書中，對錯
誤概念提出了發人深省的闡述：我們自己不知不覺運作的心智傾向不智
地引介了錯誤概念。他指出，我們會在自己的「現實世界」中想出分類、
假定、規則、優先順序、態度、風格問題等，然後設計出無數的方法來
「證明」我們的直覺概念是真實的：「人類的理解⋯⋯在採納一個意見

54 之後，就會把所有其他事情拉在一起以支持及贊同這個意見。」（pp. 45-49）。從康德（Kant）、維根斯坦（Wittgenstein），到皮亞傑（Piaget）及其他當代的認知研究者，曾試圖解開持久的錯誤概念構成之拼圖和通常伴隨的天真堅信——以及想出超越這兩者所需的自我評量和自律。

實際上，我們必須先承認設定概念基準的需要——不只是學習表現能力，然後再開始設計學習評量。我們設計的學習評量不只需要注意大概念，也要注意這些概念會被錯誤理解的可能性——並且堅持不被其控制，如同下列 Shulman（1999）引用的生物學例子：

> 生物教師都一定努力解決過學生在演化和天擇概念上的牢固錯誤觀念。大多數學生在開始上這門強調演化和天擇的生物課之前，都像是直觀的拉馬克主義者（Lamarckians）。他們堅信這一代獲得的任何特徵都會傳給下一代。但正式的生物課教學強調，達爾文主義者反對這個觀點。這些學生可能在生物課得到 A 等或 B 等的成績，顯示他們如今理解達爾文主義的觀點，但是三個月後對他們進行小考，他們又再次成為忠誠的拉馬克主義者——其實就像我們其他許多人一樣。我懷疑高等教育機構的在學生和畢業生之中常有人有幻想曲，其許多型式會在展現自己的關鍵時刻之前休息等待多年（p. 12）。

以下是一些重要概念的常見誤解，以及破除這些誤解的理解：

1. 印象派是一種藝術，畫家在這類藝術中提出受景物激發的主觀印象或情感表達。相反的情況是：印象派是想要真實畫出景物的創作方式，不是抽象的或情感表達的方式。印象派是指哲學上的術語，藉此，直接的感官印象不同於將印象放入心智的概念中。

2. 每個月都有一次月蝕，那時會看不到月亮。月亮週期視地球、太陽，以及月亮的相對位置而定，因此，我們看到的月亮是有太陽光照射到的部分。持續的月蝕則非造成月亮週期的原因。

3. 科學關乎發現原因。科學家發現事物的相關性：對「原因」的談論被視為太哲學、被視為非科學。現代的科學、經濟學、醫學則找尋統計

的模式。這就是何以「它是由什麼原因造成？」的問題不見得是醫師能回答的問題，即使醫師能開立有效的醫藥處方。

4. 將兩個數字相乘，答案會是更大的數字。相乘不是反覆相加，分數相乘會產生更小的答案，分數相除則得到更大的答案。怎麼會這樣？學生常常把分數和小數看成是分數的數字系統：學生理解的是，學習把它們看成是代表「相同」數值的另類方式。

5. 歷史關乎事實，非關已發生的事。歷史學家是說故事者，他們不只是蒐集和調查事實而已。那麼，為什麼只有很少的學生知道，相同的重要歷史可以有也的確有非常不同的故事？

6. 游泳時手掌應該彎曲成杯狀，以利藉著「撥水」游得更快。撥水的面積愈大，力道愈大。因此，游泳時手掌應該伸平以利使推撥的水量達到最大。

7. 亮光是亮光，黑暗是黑暗。不正確。兩股在峰、谷交會的光束可能會彼此抵消而造成黑暗！消除噪音的耳機利用聲音來製造靜音效果。同樣地，光或聲音的鏡像波會相互抵消。

8. 負數或虛數不是真實的。負數和虛數不折不扣就像一般的數字。它們的存在對運算法則和邏輯法則提供了所需的平衡和延續性。

9. 演化是個有爭議的概念。錯！作為演化理論動力的天擇說才是有爭議的。演化理論可回溯到達爾文之前的幾個世紀，而且被認為並不牴觸宗教信條。

10. 美國建國者是自由主義者。促成美國獨立的革命人士認為（根據約翰‧洛克對所有權的看法），天生的權利為個人而非政府所擁有。因此，就某個意義而言，這些人是「保守主義者」（如：個人的財產權是基本人權）。

11. 命運的捉弄不是偶然。雖然幾乎每個運動播報員都誤用了這個詞，但命運的捉弄不只是偶然，它是指更聰明的人看見另一個似乎聰明的人未看到的事。觀眾看到伊底帕斯（Oedipus）沒看到的真相，而後者的自負和觀眾所知真相之間的張力，正是戲劇的力量來源。

考慮到根深柢固的錯誤概念和錯誤理解的可能性，對大多數人而言，我們需要更積極的、更陌生的學習評量設計方法。為了有效帶動理解，

55

我們必須逆向思考：如果學生已理解或尚未理解，理解看起來像什麼？我們必須能夠描述理解看起來像什麼、理解如何表現、明顯的理解（或理解錯誤）和真正的理解有什麼不同、哪一種錯誤理解最容易產生（及因此干擾我們的教學目標），以及我們是否朝向發現及消除阻礙未來理解的因素邁進。換言之，我們必須在仔細思考教學方法之前，先仔細思考學習評量。

如筆者曾提到的，任何設計都依賴清晰的目標。但是，由於混合許多外部加諸的目標（如：州定學科學習標準）和自選的目標，事情變得複雜。我們應該如何排優先順序？我們如何從這麼多的學習要求中明智選擇，以確保有效而連貫的課程設計？我們如何在持續留意許多重疊的課程目標時，設計出連貫的課程單元？下一章將討論這些問題。

澄清目標

愛麗絲對笑臉貓說：　　　　　　　　　　　　　　　　　　　　56

「請告訴我，從這裡我應該往哪裡去？」

「多半看你想去哪裡而定。」笑臉貓說。

「我不太在乎去哪裡。」愛麗絲說。

「那麼妳往哪兒去就不重要了。」笑臉貓說。

「──但願我能到某個地方。」愛麗絲補充說。

笑臉貓說：「噢，只要妳走得夠久，妳一定會到達某個地方。」

——*Lewis Carroll*

《愛麗絲夢遊奇境》（*Alice's Adventures in Wonderland*），*1865*

生活的意義要倒退回想才能理解；但我們必須向前過生活。

——齊克果（*Søren Kiekegaard*）

《日記》（*Journals*），*1843*

　　逆向設計是目標引導的。我們瞄準具體的結果，然後照著這些結果做逆向設計。階段一的期望結果指出階段二所需的評量結果之特色，然後提出階段三所設計的教學經驗和學習經驗類型。雖然引導教學和評量朝向具體目的發展是合乎邏輯的，但重要的是體認到並非所有學習目標都是一樣的。就目標的特性、目標內容的具體描述，以及對教學和評量的涵義而言，這些目標並不相同。

　　請回想在本書中，我們一直在解決課程設計一再出現的兩個問題

——學生之惡：無目標的課程內容涵蓋，以及只是（最多）讓學生專心參與卻未連結學生腦中心智目標的孤立活動。逆向設計是審慎的方法，能幫助課程設計者避免這些過於常見的錯誤。為達到該目的，我們設計了UbD範例，以幫助教師對於期望的學習結果能更思考周詳、更善於分析。為什麼？因為我們的教學目標常常不夠清楚，而且在任何課堂教學中，各類目標的教學會同時進行。因此，此範例對我們所謂的「既有目標」、「理解」、「主要問題」、「知識」、「技能」（見圖3-1）等，有其顯著重要性。在本章中，我們將摘要階段一的各項「期望學習結果」之意義，並說明為什麼我們認為這些期望的結果是必要的。

57　圖 3-1　階段一：有提示的關鍵要素

階段一：確認期望的結果

既有目標：

ⓖ欄列出一項以上課程設計瞄準的目標（如：學科學習標準、科目或課程目標、學習結果）。

期望學生得到哪些理解？

學生將理解……　　　　　　　　　　　　　　　　　　　　　　　ⓤ
ⓤ欄根據可遷移的大概念列出持久的理解事項，這些大概念賦予課程內容意義，並將其連結到事實知識與技能。

要考慮哪些主要問題？

ⓠ欄列出主要問題以引導學生探究，並且將教學聚焦在發現學習內容的重要概念上。

學生會習得哪些知識和技能作為本單元的學習結果？

學生會知道……　　　　　ⓚ　　　　　　　　學生將能夠……　　　ⓢ
ⓚ和ⓢ欄列出要學生知道的關鍵知識（ⓚ）和能夠表現的技能（ⓢ），訂為目標的知識和技能（ⓚⓢ）可以有三種類型：(1)它們是指期望的理解（ⓤ）之基礎；(2)它們是指目標（ⓖ）所陳述的或暗示的知識和技能；以及(3)它們是指「能表現」的知識和技能，這些知識和技能是達成階段二確認的複雜評量任務所需要的。

筆者所稱的既有目標（在範例中簡化成「目標」一詞）是指正式的長期目標，例如，州定學科學習標準、學區的課程計畫目標、學校的各學科目標、終結的整體結果（exit-level outcomes）──設定教學和評量優先順序的期望結果。這些是本質上持久的目標，為特定單課的、特定單元的短期目標提供依據。通常這些目標是指學業目標的複雜組合：事實的、概念的、程序的、意向的、專家表現為本的（因此，連同其他更多的學業目標和主題式目標，以下目標亦包括在內：例如，「容忍模糊情況」、「堅持面對必要的挑戰」等心智習性目標；例如，熱衷自行閱讀、介入調停遊戲場的爭執等價值和態度目標）。

我們再怎麼強調長期優先目標在課程設計過程的重要都不為過，對於該教什麼、學生該習得什麼能力、該強調什麼、該將什麼減到最少，只有在對於終結的整體目標（exit-level objectives）之相關優先事項能達到共識時，才能做出正當的決定。沒有長期目標，就沒有對課程的合理判斷，因此，我們對於教師只是根據短期目標和內容相關目標而教學的習慣就無法評核。的確，從全體來看，教師的教學計畫和課程大綱的最大缺點是，關鍵的優先認知目標──可遷移的大概念之深度理解、在核心實作任務上的能力──由於單課、單元，以及學科教學的缺陷而無法達成，因為這些教學致力於發展數千項無優先序、無連結，以及個別的知識和技能要素。這就是學科學習標準為什麼存在的原因（無論具體標準的品質）：為了訂出學習的優先順序、為了瞄準重要事物，以及為了避免知識上的貧乏和不連貫──來自於將目標界定成數百項在無情境設定之下被「教導」、被測驗的同等級個別目標。

除了目標之外，筆者也要求課程設計在階段一具體指明主要問題。這些問題當然通常不是「目標」，有些人可能會吹毛求疵地說，提出問題和確認學習結果並無真正密切的關係。相反地，我們主張主要問題強調了對課程設計很重要的大概念，也強調了需要學生探究才能習得的概念。因為許多真正的主要問題會再現，而且不會有最後的解決方案，因此相對於說「回答問題」，顯然我們說「努力探究問題」是適當的期望結果。藉由提出主要問題，我們鼓勵課程設計者避免以內容為重，而致力於真實的探究──討論、反省、問題解決、研究、辯論等發展深度理

解主要問題的先備條件。

理解可被視為任何探究和反省活動的期望結果，這些活動是課程設計者想設計的。換言之，理解是學生學習所得的建構式結果，以了解課堂教學及學習、應用探究、實作，以及反省的意義。另一方面，「知識」摘要了從教學和學習活動所獲得、相當直接了當的事實資訊和概念。杜威提到，理解必須是「被領會的」，但是知識只需要「被補捉」（第五章、第六章分別以相當的篇幅討論主要問題和理解）。

技能指的不只是個別的技術，也包括複雜的程序和方法，這時課程設計者致力的學習結果是需要引導的練習和訓練，其陳述的是學生在單元課程結束時能夠表現的能力，例如，「透過長除法來解題」或「依據讀者和寫作目的來批評著作」。相對於實作目標（如：寫出有說服力的小論文），技能相關的目標聚焦在技術、方法（如：透視畫法、長除法、跳繩）和程序（如：閱讀、研究、問題解決），這些目標是複雜而長期的學習結果，需要經過許多單元和科目的學習，以及將不同的技能整合為實作能力。

注意錯誤概念！

請注意，UbD 設計範例是從教師而非學生的觀點來組織學習活動。至少剛開始時，學習者不一定會理解範例呈現的目標、應理解的知能、主要問題。階段三的工作是將教師在階段一所確認的期望結果，轉換成對學生有效的、能吸引注意、可理解的學習。

一般來說，我們發現許多教師忽略了長期良好的學習表現之關鍵在於有用的技能。例如，在大學教授參加的工作坊中，學員最常抱怨的是他們的學生無法將上課和閱讀的內容遷移到新的問題或情況。當我們問：「你們的課程大綱有多大程度提供了學生關於如何應用概念的練習、訓練、回饋？」許多大學教授承認他們省略了這個部分，亦即，只是具體指明實作能力的要求並不能使學生做好成功學習的準備。

但是，「技能」一欄應該包括的不只是長期的過程目標（process objectives）。課程設計者在編教案時，也被要求要推斷單元實作目標、應理解的知能、問題等所需之有用技能（因此，在階段二要確認複雜的實作任務）。教師忽視這些分析是常見的事，例如，許多初中、高中的學科教學要求學生參與辯論，或以電腦簡報軟體（PowerPoint）做口頭報告，但是教師的教學計畫通常很少注意到如何發展及支持這些能力，以

確保學生最後學習結果的公平性。假定學生總是已經擁有某些關鍵的有用技能（如：學習技能、公開演說的技能、圖像設計的技能、團隊管理的技能），是極為常見的事，而其不幸的後果是：造成許多教師抱怨學生欠缺這些技能，但卻不在課程計畫中將其作為目標。幫助學生「學習如何學習」和「如何表現」既是重大任務也是常被忽略的任務。當把階段一的要素具體化和要求所有三個階段相互連結時，逆向設計將大幅減少這些關鍵能力因教學的缺陷而降低的可能性。

簡言之，「精熟內容」不是教學的目標，而是方法。學科內容知識應該被視為增進心智能力的工具和教材，藉由階段一的各方面設計而派上用場。

雖然在階段一的各種目標分類是概念上的區分，但它們實際上往往重疊，例如，在藝術課中，學生會學習透視法的概念、練習透視法的繪畫技巧，以及（我們希望）在嘗試熟練這項技巧時能開始表現出毅力。因此，有需要利用課程設計的範例，提醒我們這些可能在實務上被忽略的目標差別。

能明白以這種方式分類學習目標勝過於只做理論上的分類練習是重要的，這些目標上的區分對於更有效的教學和評量有直接的實用意涵，不同類型的目標需要不同的教學和評量方法。人們如何發展及深化其對於抽象概念的理解，基本上不同於人們如何精熟某項技能。同樣地，學生學習事實資訊的方法，不同於他們習得心智習性，以及逐漸控制大概念所用的方法：推論得出的內容理解必須來自設計良好的、有效引導的學習經驗，而大量的知識則可從閱讀或聽講習得。課程設計範例中的目標區分提醒了課程設計者，採用不同教學法是擬訂教學目標之後的合理結果，並非出於對「優質教學」的理想假定（在第九章、第十章會更完整討論教學的決定）。

請思考寫作的教學。我們可以利用記憶術來幫助學生學習記憶文法規則（知識），可以對作者所言提供引導式的討論，但是，我們必須利用其他技術來教導寫作的過程（寫作的技能發展），例如，示範、引導式練習、回饋。對學習評量而言，我們可以利用單選題來測驗文法知識，但也需要實作評量——真實的寫作樣本，以適當判斷寫作過程的整體效

60

能。學生可能知道文法規則和拼字，但是不善於透過寫作來溝通，反之亦然，因此評量必須靈敏因應這些差異。

第一節　標準提倡運動

　　當筆者在撰寫本書之初版內容時，標準提倡運動方興未艾，因此該書幾乎未曾提到。當然，如今幾乎北美洲的每一州、每一省及大多數的其他國家，都已經確認了外部訂定的學習目標。這些通常被稱為學科學習標準或學習結果的目標，具體指明學生在不同學科應該知道和應該表現的能力。

　　理論上，陳述清晰的標準為課程、評量，以及教學提供了焦點。但是實際上，全美國的教師在試圖將這些標準用於教育計畫時，會遭遇三種常見的問題。其一可被稱為「負荷過重的問題」，因為所有列出的學科學習標準數量常常超出學習這些標準可用的時間。這個問題的量化結果可見 Marzano 和 Kendall（1996）的研究報告。他們瀏覽了一百六十個國家在不同學科領域的課程標準，並將這些資料加以綜合以避免重複，然後找出兩百五十五個學科學習標準及 3,968 項個別的基準，這些標準和基準描繪了學生應該知道和應該表現的能力。這些研究者推測，如果教師每個基準投入三十分鐘的教學時間來教學（許多基準需要半小時以上的時間來學習），學生將需要 15,465 個小時額外的時間（或九個學年）來學習所有的基準！這項研究支持了許多教師曾經說過的事情——課程內容太多但教學時間不夠，尤其如果課程標準所確認的知識和技能被視為是個別的、不連結的。

　　上述不是新的問題，請思考下列說法：

　　似乎每個概括的目標都可以被分析成幾乎無數個具體目標，分析目標的衝勁導致一再努力進一步分析，以包括所有期望的具體目標，以及使這些目標盡量更明確。Pendleton 為英文科列出了 1,581 項人際互動方面的目標；Guiler 為小學一至六年級的算術課程列出了三百個以上的目標；Billings 找出了八百八十八個

61

對社會科教學頗重要的通則……有個七年級的社會科課程列出
了一百三十五個目標，另一門學科則包括八十五個目標；初中
的某一門課包含了四十七……頁的目標。

其結果是，教師對目標感到不知所措。由於目標清單如此廣泛
複雜，沒有合理的教案可以根據這些目標而發展。教師發現，
這些目標會過度限制學習，使得適當考慮學生的個別需要和興
趣變得不可能。

這些意見出現在一九三五年課程方面最廣被使用的書（Caswell &
Campbell, 1935, p.118）[1]。

第二個常見的問題更微妙一些，但同樣令人苦惱，我們將它稱為「金
髮佳人的問題」（Goldilocks Problem）。就像童話故事裡的情況，有些
標準太大了，例如，請思考以下的地理科舉例：「學生將根據地理特徵、
經濟特徵、文化特徵，以及西元一千年迄今的歷史演化，分析亞洲、非
洲、中東、拉丁美洲，以及加勒比海的區域發展。」這個標準到底期望
我們教什麼內容？什麼是應該評量的？事實上，一個人可以把整個學術
生涯專注在這個單一的目標上，顯然，過於廣泛的目標對教師和課程編
寫者沒有幫助。

相反地，有些標準太過狹小，例如，下列七年級的歷史標準：「比
較巴基斯坦印度河谷和中國黃河流域的早期文明。」類似這樣的標準和
基準重視「事實」（factlets），這些事實符合學生對什麼是重要內容的
認識，但是如果要求全州的每個學生達到此標準，就似乎有點深奧和武
斷。雖然這類型的標準是具體的、容易評量的，但它們通常少了所屬學
科的大概念，而且冒著把這個訊息傳給學生（和教師）的危險：學校的
學習不過是記憶事實，以及通過回想和再認的測驗。

在下列藝術科的課程標準舉例中，第三個問題很明顯：學生將「明
白技術的、組織的、美學的要素，如何影響藝術作品所傳達的概念、情
感、整體影響。」這項陳述模糊不清，以至於其事實上確認的是，不同
的藝術教師會以不同方式詮釋這個標準，於是，這使標準倡導運動的用
意──清晰、一致、連貫的教育目標，受到挫折。

62

第二節　解讀標準

　　多年來，筆者目睹做課程設計的教師、課程發展者，以及評量設計者，在處理其特定的學科學習標準時，努力解決這些問題（目標太多、目標太大、目標太少或目標太模糊）。我們也建議將「解讀」（unpacked）標準作為處理方法之一，以找出其涵括的大概念和核心任務，例如，世界地理的課程標準（「學生將根據地理特徵、經濟特徵、文化特徵，以及西元一千年迄今的歷史演化，分析亞洲、非洲、中東、拉丁美洲，以及加勒比海的區域發展」），可以依據下列更大的概念重新構句：「一個地區的地理、氣候、自然資源會影響該地區居民的生活型態、文化、經濟。」其伴隨的主要問題會是：「你所住的地區如何影響你的生活和工作？」透過以這種方式來解讀標準，於是我們得到較大的概念透鏡，而透過這個透鏡可以探索任何地理區域在一段時間內的發展，進而比較各區域的變化。巧合的是，我們可以使用相同的大概念和主要問題來探討狹窄的概念（「比較巴基斯坦印度河谷和中國黃河流域的早期文明」），此處的印度河谷和中國黃河流域之舉例係在探索可轉移的相同較大概念。

　　至於核心任務，大多數的課程標準將其與關鍵技能同時並列，以作為後者的一部分。在下列的舉例中，關鍵技能以號碼（1至3）來標示，實作指標以小圓點（‧）來標示，範例的學習任務則以三角形（△）來標示。這些舉例分別來自加州和紐約的社會課程和科學課程：

一、對時間順序和空間的思考

1. 學生藉由評價過去的事件和決定，以及確定所學到的教訓，來比較過去和現在。
2. 學生分析：在不同的時代中，變遷如何以不同的速度發生；學生理解：有些方面會改變，而其他方面則維持不變；學生也理解：變遷是複雜的，其影響的不只是科技和政治，也影響了價值和信念。
3. 學生使用各種地圖和文獻來解讀人類的變動，包括國內和國際人口遷

徙的主要型態、對環境偏好的改變及定居類型，以及人口群和概念普及、技術革新普及、貨物普及之間所產生的衝突。

二、歷史研究、證據、觀點

1. 學生區辨歷史詮釋中的有效論據和謬誤論據。
2. 學生找出歷史詮釋中的成見和偏見。
3. 學生評價歷史學家之間對過去的另類詮釋之主要爭論，包括分析作者使用的證據，以及分辨合理的通則和誤導的過度簡化概念。

三、科學

1. 科學研究的主要目的是，以持續的、有創意的過程來發展對自然現象的解釋。
   - 在參考資料的協助下獨立形成問題，這些參考資料很適合引導學生找尋對日常觀察所見的解釋。
   - 對自然現象獨立形成解釋，尤其透過對現象提出初步的視覺模式。
   - 陳述、呈現，以及辯護對日常觀察所見提出的解釋，以利這些解釋能被他人理解和評量。

例如，當學生有下列學習行為時，上述目標的達成會很明顯：

△教師呈現被回收的和可被回收的固體廢棄物之懸殊數量之後，將學生分成小組，並要求他們說明為什麼會有懸殊的情形存在。學生發展一套可能的說明，然後選擇其中一項以擴充學習。在其他組評論過本組的說明之後，這些說明會被修正，然後繳交教師評量。教師會依據內容清晰度、說明的合理程度，以及適宜利用研究方法擴充學習的程度等，來評定各組的說明。

請注意，對這些標準及其他許多標準而言，複雜的學習過程及熟練複雜的實作任務是很重要的，但是，教師在將這些要求轉換成學生更熟悉的課程和科目目標時，總是慢了一步——這對學生的學習表現是有害的。而每一則標準都總結了每個學門的核心概念——作為有效學習表現

之基礎關鍵概念。

就實際而言，我們需要的只是更留意這些課程標準中一再出現的關鍵名詞、形容詞、動詞，以對於教師做課程設計時的優先事項有更好的認識（見圖 3-2 的數學科舉例）。以這個方式來解讀學科學習標準有兩個優點。第一個優點是毋須辯解地講求實際。透過將具體教學內容納入大概念和核心任務這兩大更廣泛的上層綜合概念之下，我們可以管理大量的教學內容，尤其是個別的事實知識和基本技能。畢竟，考慮到時間限制和內容負荷，教師永遠無法就特定主題涵蓋所有的事實知識和技能。

65

64　**圖 3-2　解讀標準**

既有目標：　　　　　　　　　　　　　　　　　　　　　Ⓖ

透過理解數學的概念，以及理解數學及 (數學模式) 在 (其他學門、日常生活) 所扮演的角色，所有學生能把數學 (連結) 到其他的學習。

——紐澤西州數學科課程標準 4.3

以名詞或形容詞陳述或暗示的大概念：

• 在各種學門和日常生活中的數學模式。

以動詞陳述或暗示的真實實作能力：

• 舉例提出真實資料或現象的有效數學模式。
• 根據對特定真實情況的適用性來批判探討數學模式。

主要問題的概念：　　　　　　　　　　Ⓠ

• 其模式是什麼？
• 如何知道你的模式（對特定的情況）是有效的？

理解的概念：　　　　　　　　　　　　Ⓤ

學生將理解……

• 數學模式幫助我們將利用資料的經驗簡化、抽象化、予以分析，以利更理解其關係。
• 我們必須以批判的角度來看數學模式，以免被誤導。

實作任務的概念：　　　　　　　　　　Ⓣ

• 要求學生為所選擇的真實情況（如：各季節的溫度）創造數學模式，該真實情況有雜亂的資料和各種看似合理的關係模式。
• 要求學生根據對特定情況（如：以兩個向度表示世界地圖的墨卡托投影）的適用性，來批判探討數學模式。

但是，教師可以根據主要問題和適當的實作評量來組織教學活動，以聚焦在該學門中範圍比較小的大概念和核心任務上。於是，教師可以在探索更大概念和更大能力的情境脈絡之下，教導這些由學科學習標準（及標準化測驗經常評量的內容）所確認的、更具體的事實資訊、概念、技能。

由於大概念原本就是可以遷移的，因此，它們有助於連結個別的主題和技能。例如，「有效能的作家如何吸引及維持讀者的興趣？」此一主要問題，對於學習英文或語文學習標準中的許多重要技能和知識（如：不同作家的風格、文學體裁、各種文學手法），提供了一個上層的綜合概念。同樣地，數學科中「所有測量方法都有誤差」的大概念可被用來指導基本的量尺測量，以及在統計學方面的更複雜概念。

第二個以這個方式解讀學科學習標準的支持證據，來自認知心理學中關於學習的研究。請思考下列出自《人如何學習》（*Brans-ford, Brown, & Cocking,* 2000）的研究發現摘要：

> ### 注意錯誤概念！
>
> 在本書中，我們使用標準一詞來統稱在學科領域中正式具體指明的學習目標。在某些地方，標準只是指學科內容，但是在其他地方，標準亦指「實作指標」或相當的指標（例如，前面引用的紐約州科學學習標準就區分得很清楚）。不論標準指的只是「輸入」——學科內容，或者指的是期望的「輸出」——學習結果，就本書的目的而言，其意義都總括在「標準」一詞之下。但是，如果在地的課程設計者試圖在 UbD 範例中描述標準，可能有必要在階段二提出所謂的指標、基準、實作目標，因為它們所表明的達成標準之學習結果，比標準本身要來得多。事實上，許多州定標準和全國標準未清楚做出兩者之間的重要區分，因此在地方層級必須予以留意。

在學習與學習遷移的研究文獻中，有個關鍵的發現是，將資訊組織成概念架構是為了更大的學習遷移。（p. 17）

以理解來學習，比只是從課本或聽講來記憶資訊更有可能促進學習遷移（p. 236）〔本書第十三章呈現了對相關研究的更詳細討論〕。

專家會先尋求對問題的理解，而這涉及到根據核心概念或大概念來思考。新手的知識比較不可能依據大概念而組織：新手更有可能透過蒐尋正確公式，以及符合其日常直覺的恰當答案來處理問題（p. 49）。

第三節　大概念和核心任務到底是什麼

於是，假設我們使用逆向設計的過程來計畫一個課程單元，我們能確定這個單元會造成學生的理解嗎？未必。為了有型式、有效，課程設計必須連貫，並且聚焦在清晰的、有價值的、能認知的優先事項上——聚焦在我們所稱的「大概念」和「核心任務」上。以下讓我們分別討論這兩者。

考慮到每個教學主題包含的內容通常多過我們能合理處理的範圍，我們不得不做出審慎的決定，並設定明顯的優先順序。決定教哪些內容（和不教哪些內容）之後，我們必須協助學習者在要求其學習的範圍內，了解學習的優先順序。我們的課程設計應該清楚顯示這些優先順序，以利所有學習者能夠回答這些問題：在這方面什麼最重要？這些知識如何連結？什麼是我最應該注意的？什麼是（少數）最低限度的優先順序？

大概念透過建立優先順序為學習者連結個別的小知識。如同有位教師朋友提到的，教師的功能就像是「概念的維可牢線」（conceptual Vel-cro）——幫助我們在大腦中將事實資訊和技能黏結在一起！於是課程設計的挑戰是，抗拒每個主題所有可能重要的事物都教的誘惑，以找出少數的大概念，然後依據這些概念周密地設計課程。如布魯納（1960）多年前所言：

> 對小學所教的任何學科而言，我們可能會問，（這個學科）值得成人認識嗎？在兒童期認識這個學科是否會使孩童成為更好的成人？否定或含糊的答案表示該學科的教材塞滿了課程（p. 52）。

大概念可被想成是車轂（linchpin），車轂是使車輪維持在車軸固定位置上的裝置。因此，像車轂般的關鍵概念對理解很重要，若未能掌握此概念，並利用它來「聚合」相關的學科內容知識，留下的只有無法帶我們前進的零碎枯燥事實資訊。

例如，若未掌握法律字面涵義和精神的區別，學生就被認為不了解美國的憲法及法律制度——即使學生對於憲法的許多史實有豐富知識，並能清楚陳述。未聚焦在有持久價值的大概念上，學生很容易只留下容易遺忘的片段知識。因此，學生可能記得所有的憲法修正案條文，可能可以滔滔不絕地說出最高法院關鍵判例的名稱，但學生如果無法說明可如何修改法律卻繼續維持立法與民主的原則，那麼我們會判定學生的理解不正確。

再舉另一個例子，請思考一本名為《科學五大概念》（*The five biggest ideas in science*）的書（Wynn & Wiggins, 1997）之內容。該書作者提出了一系列將五大科學基礎概念具體化的問題：

問題：物質的基本組成成分存在嗎？若存在的話，它們看起來
　　　像什麼？
答案：第一個大概念——物理的原子模式。

問題：不同類型的原子和宇宙的基本組成成分之間，存在何種
　　　關係？
答案：第二個大概念——化學的週期律。

問題：宇宙的原子來自何處？其命運是什麼？
答案：第三個大概念——天文學的大爆炸理論。

問題：在地球中宇宙的物質如何構成？
答案：第四個大概念——地質學的板塊構造說。

問題：地球上的生命如何起源及發展？
答案：第五個大概念——生物學的演化理論（pp.v-vi）。

是什麼使這些成為大概念？根據 Wynn 和 Wiggins（1997）的看法，大概念的選出是因為它們解釋現象的效力很高，以及能對科學提出廣泛

的概述（p. v.）。無論你是否同意該書作者的選擇，他們的方法反映了有需要聚焦在更小範圍的一套優先概念之上，然後使用這些概念來架構教學和評量。

一、居於「核心」的大概念（相對於「基本概念」）

從某個觀點來看，「大概念」一詞恰到好處，因為我們想要指出有些概念是上層綜合概念的作用。但是從另一個觀點而言，「大」字可能會造成誤導。從涵蓋許多學科內容的含糊措詞之意而言，大概念未必內容廣泛。大概念也不是「基本的」概念。更確切地說，大概念居於學科的「核心」；它們需要被發現；我們必須深入挖掘直到到達核心。相對地，基本概念只是此術語所暗示的意義——進一步學習的基礎，例如：定義、基礎的技能、經驗法則。然而，居於學科核心的概念是透過探究、思考方法，以及知覺方法而努力獲得的結果，這些方法都屬於專家的範圍，它們不是顯而易見的概念，事實上，大多數專家級的大概念對新手而言都很抽象、都很違反直覺，以及容易造成錯誤的理解。

以對照「基本術語」的方式，思考不同領域中的某些核心概念，能更清楚了解上述重點：

基本術語	核心概念
1. 生態系統	1. 天擇
2. 圖表	2. 資料的「最符合」曲線
3. 基本四則運算	3. 可結合性和可遷移性（不能被零所除）
4. 故事	4. 投射到故事上的意義
5. 圖畫的構成要素	5. 負面空間
6. 進攻和防守	6. 分散防守，因此打開了進攻的空間
7. 實驗	7. 固有誤差，以及實驗方法和結果的不可靠
8. 事實對意見	8. 可信的論點

居於學科核心的大概念，其透過教師引導的探究和學生反省式學習而獲得的速度，有時竟然緩慢得令人驚奇的（本書稍後會提醒，「理解」

和「主要問題」應該總是指向超越基本知識和技能的學科核心）。

　　筆者之一曾經觀察一組接受特殊教育學生，如何學習發現《馬克白》（*Macbeth*）一劇的核心大概念——榮譽和忠誠。兩位授課教師很靈巧地在劇情呈現（以區塊大聲朗讀以確保識字的問題不會干擾理解），以及詢問學生對榮譽問題的經驗之間作轉換。他們所問的問題包括：發生在我們身上的事情和由我們造成的事情之間有什麼差異？什麼是榮譽？榮譽有價格或代價嗎？榮譽有那樣的價值嗎？什麼是忠誠？在《馬克白》一劇中，忠誠與榮譽之間有衝突存在嗎？我們自己的生活中有衝突存在嗎？

　　教師要求學生從戲劇和他們自己的生活中發現每個問題的答案。「你為什麼如此努力捍衛自己的榮譽？」其中一位教師如此發問時，某個本來挺直坐著的瘦高學生的目光突然有了焦點，然後他很痛苦地回答說，自己因為出於道德準則站出來護衛一位朋友而失去另一些朋友。馬克白的遭遇似乎突然更重要也更複雜，那就是「人」的影響。這個學生已經產生學習遷移，並且得到洞見：忠誠的概念其核心涉及無可逃避的兩難困境，因為忠誠常常產生衝突。學生的學習若未穿透概念的重大核心，會產生抽象、疏離、無趣的課堂經驗。考慮到我們的時間和責任，當我們說，我們想要學生理解其正在學習的知識時，我們對該知識的價值並未強調過多或想法天真。

　　數學的某個核心大概念是「單位化」（unitizing）——以某個數值代表不同數字的能力。除非學習者能領會到：「單位化的能力要求兒童不只使用數字來計算各個物體，也能計算群組——而且同時計算。於是，整體被視為是一個數字構成的群組……對學習者而言，單位形成是一種觀點轉換。」（Fonsnot & Dolk, 2001b, p. 11）。

　　因此，大概念對學習領域的連貫連結很重要，同時也是使事實資訊更能理解、更有用的概念定位。我們又再次採用了舊概念，因為布魯納（1960）以著名的「結構」一詞來描述這些概念：

> 掌握學科的結構就是，以允許許多事物有意義地相互關聯之方式來理解該學科。簡言之，學習理解結構就是學習理解事物如

何相互關聯……從數學舉例，代數是一種將已知數和未知數安排成等式的方法，以利使未知數變得可知。其三個基本要素包括……交換、分配、結合（commutation、distribution、association）。當學生掌握了由這三個基本要素所具體化的概念時，就會知道要解決的「新」等式其實一點也不是新的（pp. 7-8）。

不久之後，Phillip Phenix 在《意義的領域》（*Realms of Meaning, 1964*）一書中，指出依據「代表的概念」設計課程之重要，因為這些概念能使學習既有效能又有效率：

69　　在節省學習付出方面，代表的概念顯然非常重要。如果一個學門有某些有特色的概念可以代表它，那麼，徹底理解這些概念就等於是獲得整個學門的知識。如果一個學門的知識係按照某些模式而組織，那麼完全理解這些模式，足以使許多符合學科設計的特定要素變得清晰（p. 232）。

Phenix 並且指出，這類「大概念」有不尋常的特色：這些概念對學習領域產生新的知識，但也有助於剛開始學習的學生。

請思考某個教育評量的科目，此科目的大概念之一是「可信的證據」。概念愈技術化、愈具體（例如，效度和信度），就有愈多的技能（例如，計算標準差）可適當納入這個概念之下，因為這個概念可遷移到其他可能發現相似問題的領域（如：結果的可信度如何？我們對自己的發現有多大信心？）。某個相關的大概念是，所有的教育評量都應該像民法一樣：我們需要「證據上的優勢」以利「判定」學生達到規定的目標。為什麼需要證據上的優勢，因為每種方法都有「固有誤差」（另一個大概念），因此單一的測驗結果不適合做判定。由於無法以這種方式明智地討論一般誤差，即使修教育評量課的學生能夠正確定義「信度」或使用係數來計算信度，我們也不能說這些學生理解「信度」及信度的重要性。

我們的同僚 Lynn Erickson（2001）對「大概念」提供了有用的操作

型定義，大概念是：

1. 廣泛抽象的。

2. 由一、兩個字詞組成。

3. 應用普遍。

4. 永久的——經年存在。

5. 可由屬性相同的不同舉例來表示（p. 35）。

　　如我們所了解的，於是更一般而言，大概念可被想成是：

1. 對任何的學習都提供有焦點的概念「透鏡」。

2. 透過連結及組織許多事實資訊、技能、經驗，來提供意義的廣度，以作為理解之關鍵。

3. 需要「跨內容」的教學，因為其意義或價值對學習者而言極不明顯，而且反直覺或易造成錯誤理解。

4. 有很大的學習遷移價值：在一段時間之內，可應用到許多其他的探究主題或問題上——課程內或學校以外生活的水平遷移（跨學科）和垂直遷移（在幾年內的後來所學科目）。

　　如同布魯畝（1981）及其同僚在談及大概念的特色和價值時提到的，最後一項的遷移標準結果變成最重要的標準：

> 在每個學科領域中，都有一些基本概念，這些基本概念摘要了學者曾學過的許多知識……這些概念對許多已學過的知識賦予意義，並且提供處理許多新問題的基本概念……我們相信學者和教師的基本義務是：經常蒐尋這些抽象概念，發現幫助學生學習這些概念的方法，以及尤其是幫助學生學習如何在極為不同的問題情境中使用這些概念……學習使用這些原理，就是擁有應付世界的有效方法（p. 235）。

70

　　換言之，大概念的「大」不僅僅是由於其知識範圍，大概念必須有教育上的效用：它必須能使學習者理解過去發生的事；最值得注意的是，它必須有助於使新的、不熟悉的事物似乎更熟悉。因此，大概念不只是另一項事實資訊或含糊的抽象概念，而是概念工具，它能加深思考、連

結不一致的各項知識，以及使學生為可遷移的應用做好準備。

在教育實務上，大概念通常是明顯有用的：

1.概念（如：適應、功能、量子、觀點）。

2.主題（如：「善良戰勝邪惡」、「成年」、「向西部開拓」）。

3.持續的論辯和觀點（如：天性對教養、保守對自由、可接受的誤差邊際）。

4.自相矛盾之說（如：自由必須有限度、離家以找尋自我、虛構的數字）。

5.理論（如：經由天擇的演化、大天命、解釋明顯隨機性的碎形模式）。

6.背後的假定（如：測驗有其意義、市場機制是理性的、科學上的簡略解釋）。

7.一再出現的問題（如：「這公平嗎？」「我們如何知道？」「我們能證明嗎？」）。

8.理解或原理（如：形式隨功能而定、讀者必須對文本提問才能理解它、有相關不保證有因果關係）。

請注意，大概念會以各種形式顯示——以單詞、片語、句子或問句。用另一種方式說，核心概念、主要問題，以及正式理論都是所謂的大概念，只是以不同的方式來表達。然而，如後面幾章所探討的，架構大概念的方式很重要，它不只是方式或風格的問題。依據想要學習者開始理解的大概念來架構大概念，已成為優質課程設計工作的關鍵。

第四節　優先考慮的架構

由於通常我們面對的學科內容比能合理探討的更多，以及每件事物好像對學生都同樣重要是經常發生的情況，於是我們被迫做選擇、被迫決定優先事項。依據大概念建立優先事項的有用架構可以是如圖 3-3 使用三個重疊的橢圓形所描述的圖解。請將最大橢圓之外的空白背景看成是代表所有學科內容的可能領域（如：主題、技能、學習資源），這些內容可以在單元或科目的教學過程中被檢視。顯然，由於無法處理所有的內容，我們因此移向橢圓形內部以找出學生應該熟悉的知識。在單元或科目的教學過程中，什麼是我們要學生聆聽、閱讀、觀看、研究，或

圖 3-3　澄清學科內容的優先學習項目

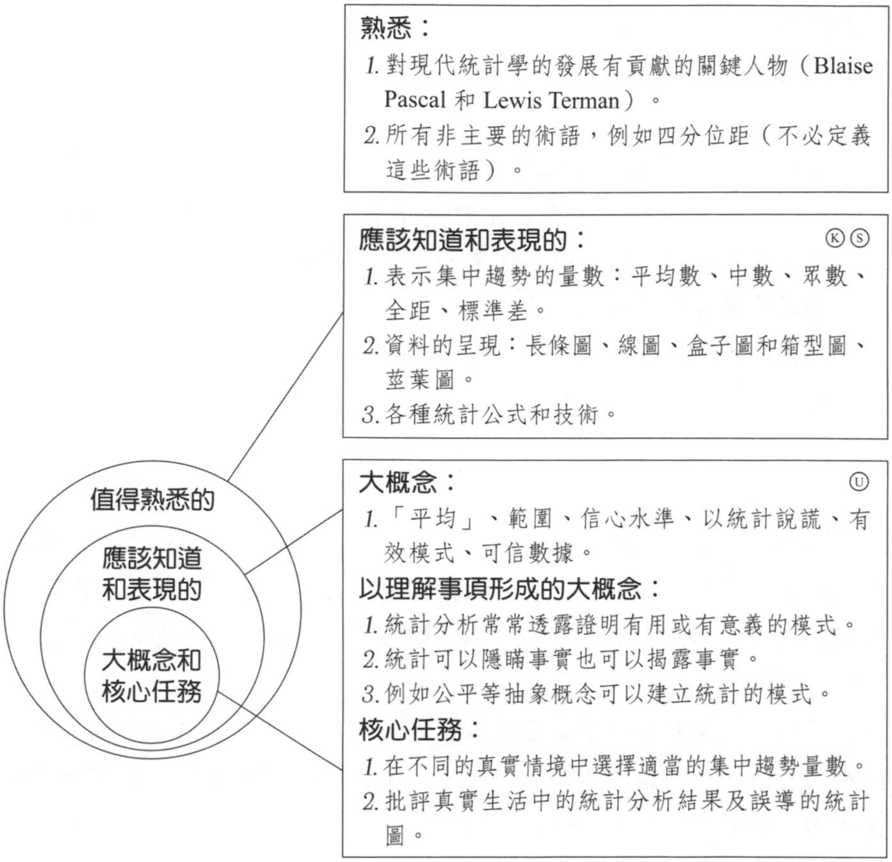

71

熟悉：
1. 對現代統計學的發展有貢獻的關鍵人物（Blaise Pascal 和 Lewis Terman）。
2. 所有非主要的術語，例如四分位距（不必定義這些術語）。

應該知道和表現的：　　　　　Ⓚ Ⓢ
1. 表示集中趨勢的量數：平均數、中數、眾數、全距、標準差。
2. 資料的呈現：長條圖、線圖、盒子圖和箱型圖、莖葉圖。
3. 各種統計公式和技術。

大概念：　　　　　　　　　　Ⓤ
1. 「平均」、範圍、信心水準、以統計說謊、有效模式、可信數據。
以理解事項形成的大概念：
1. 統計分析常常透露證明有用或有意義的模式。
2. 統計可以隱瞞事實也可以揭露事實。
3. 例如公平等抽象概念可以建立統計的模式。
核心任務：
1. 在不同的真實情境中選擇適當的集中趨勢量數。
2. 批評真實生活中的統計分析結果及誤導的統計圖。

值得熟悉的

應該知道和表現的

大概念和核心任務

以其他方式接觸的資訊？例如，在統計學的導論單元，我們可能要學生認識關鍵的歷史人物，包括 Blaise Pascal 和 Lewis Terman，以及連帶認識鐘形曲線的發展史。考慮到單元的導論性質，透過傳統隨堂測驗或正式測驗問題來評量概略知識應已足夠。

　　在中間的橢圓形，我們就這個單元的內容及其他所學單元或相關主題，透過具體指明有關聯的、有遷移效力的重要知識、技能、概念，來深化選擇和訂定其優先順序。例如，我們會期望學生開始知道集中趨勢量數（平均數、中數、眾數、全距、四分位數、標準差），然後發展各種統計圖示的數據繪圖技能。

　　但是另一方面，有另一種思考中間橢圓形的方式：該圖具體指明了先備能力——亦即學生所需要的有用知識和技能，以利有效達成關鍵的、複雜的理解結果，也就是完成學習遷移的任務。例如，某位高中數學教師藉由向學生呈現下列的實作任務，來介紹統計學：

> 你的數學教師會讓你選擇統計集中趨勢量數的方法——平均數、中數或眾數，以算出你的學季成績。請瀏覽你的隨堂測驗、正式測驗，以及回家作業的分數，以決定哪一種集中趨勢量數最適合你的情況。請寫張註記給你的教師，說明你為什麼選擇該方法，以及你為什麼相信對成績計算這是最「公平」、最「有益」的方法。

　　不同於只要求學生定義術語，該實作任務要學生以特質不同的方式，真正理解這些集中趨勢量數（以利他們能決定偏好的成績平均方式及說明理由）。此外，這項任務有可能激發學生想要理解這些量數之差異的興趣，因為這樣做對他們有利（本章稍後有更多關於把學習目標擬訂成實作任務的討論）。

　　最內層的橢圓形要求做出更細密的決定。在這個層面上，我們選出固定單元或科目主題的大概念，同時，也具體指明該學科核心的學習遷移任務。續用統計單元的舉例，最內層橢圓形會強調大概念（如：抽樣、邊際誤差、發現數據中的模式、做預測、信心水準）和關鍵的實作能力挑戰（如：針對特定的系列數據判定「平均」的意義、發展「公平」的解決方案）。

　　在排定單元或科目內容的優先順序方面，三橢圓的圖表組體已被證73　實是有用的工具。事實上，當許多該圖表的使用者已了解，與更重要的概念和過程比較，對於落入最外部橢圓形的事物只要付出最低程度的注意即可，因此教師能夠去除這些「一直在教」的事物（順帶一提，與此相同的工具已被用於實施課程稽核的巨觀層次。換言之，反映在當前課程上的是哪些優先事項？我們是否很恰當地專注在重要的、可遷移的概念上，或者我們的課程只是涵蓋了大量的資訊？）。

第五節　找出大概念的更多訣竅

　　除了三橢圓組體之外，我們建議課程設計者考慮使用下列策略來找出大概念。

1. 詳閱州定課程標準。許多州定課程標準不是具體陳述大概念就是暗示大概念的內涵，尤其在列出各項標準之前的文本敘述之中。例如，請詳閱這些俄亥俄州經濟學和物理學課程標準中的說明（我們以**粗體字**強調不同的大概念）：

> 學生以相互依賴世界中的生產者、消費者、儲蓄者、投資者、工作者，以及公民的角色，利用**經濟學的推理技能**、主要概念、主要問題、主要制度等，來做出有參考價值的決定。在幼稚園到高中階段教育的課程結束時：
>
> (1)說明**資源的匱乏如何迫使人們做出選擇**以滿足需要。
>
> (2)**分辨貨物和服務的差別**，然後解釋如何能成為貨物和服務的購買者與銷售者。
>
> (3)說明人們可以獲得貨物和服務的方法。

> 學生能表現對物理系統、物理概念、物理原理的理解，這些理解的內容係在描述及預測自然界的物理互動和事件。學生所表現的理解包括：**對物質的結構和成分之理解**、對材料和物體的成分之理解、對物質的**化學反應和保存**之理解。此外，還包括對自然的理解、**能量的轉換和保留**、運動及影響運動的力量、波動的本質，以及物質和能量之間的互動。

　　或者，請思考這些來自加州的六年級社會科標準（同樣地，我們以**粗體字**強調大概念）：

1. 學生透過人類學對於從舊石器時代到農業革命時期的早期**人類環境發展和文化發展**之研究，能描述已知的知識。

(1)描述**狩獵─採集的社會**，包括工具的發展和火的使用。

(2)指出居住在世界主要地區的人類群落之位置，然後**說明人類如何適應各種不同環境。**

74

(3)討論氣候變遷和人類的物理環境變更，這些改變導致**動植物的蓄養、種植**，以及尋求衣著和居所的新資源。

2. 圈選在課程標準中一再出現的關鍵名詞以強調大概念，並且圈選一再出現的動詞以找出核心任務，這些基本技術曾在前文提到（見圖 3-2）。

3. 參照可遷移概念的既有清單，例如，當針對特定主題尋找大概念時，請考慮這些可能性[2]：

豐饒（或匱乏）	民主	移民
接受（或拒絕）	發現	心情
適應	多元	秩序
老化（或成熟）	環境	模式
平衡	均衡	觀點
改變（或持續）	演化	產出
人物	探索	證明
社群（或群落）	公平	重複
衝突	友誼	節奏
連結	和諧	存活
合作	榮譽	符號
相關	互動	系統
勇氣	互賴	技術
創造力	發明	專制
文化	公正	變異（或變數）
週期	自由	財富
防衛（或保護）	忠誠	

4.關於主題或學科學習標準，提出一個以上的下列問題：

　　(1)為什麼要學習……？學習後又怎麼樣？

　　(2)哪些因素使……的學習「很普遍」？

　　(3)如果以……為主題的這個單元是故事，其「教訓」是什麼？

　　(4)在……技能或過程中所暗示的「大概念」是什麼？

　　(5)……背後的更大概念、議題或問題是什麼？

　　(6)若未能理解……我們能做什麼？

　　(7)在更大的世界中……如何被使用和應用？

　　(8)什麼是關於……的「真實」洞見？

　　(9)學習……的價值是什麼？

5.以衍生的相關配對和建議配對來產生大概念。這項有用的方法有兩種益處：(1)它指出必須去做的探究類別（如對比）；以及(2)它暗示學習者將會需要的重新思考，以利理解概念和發現其用處。以下是可考慮的配對清單：

吸收與反省	和諧與不協調	語意與語法
行動與反應	成語與語言	國家與人民
資方與勞方	重要與緊急	天性與教養
不變與易變	光明與陰暗	權力與統治
持續與改變	喜歡與不喜歡	記號與標示
因素與結果	本義的與比喻的	結構與功能
命運與自由	物質與能量	總和與差異

75

　　請思考「命運與自由」這組配對及其在許多學科上的應用。課程設計的一系列相關主要問題可能包括：在多大程度上，我們是自由的或受命運擺布的？在多大程度上，這是生物的或文化的命運使然？「自由意志」是天真浪漫的信念或現代思想和行動的基礎？在多大意義上，美國獨立戰爭、納粹大屠殺，或者近來的宗教戰爭是「命定」發生的——或

者在多大程度上這是失敗主義者的論調？在多大意義上，核子戰爭和全球暖化是科學進步的命定結果？數學有自由度嗎，或者所有的結果都是「命定的」（雖然也許目前對我們而言是未知的）？

第六節　教師的「新衣」

　　如果大概念原本就似乎是有效的、有意義的，那麼教育將更為容易！哎，在這個領域中，對教師或專家而言的大概念，對兒童而言往往是抽象的、無生命的、令人困惑的或無關的。在學習領域中，對專家而言可能很重要的概念，對新手而言很有可能似乎是無意義的、不明智的或少有興趣的。甚至於此處呈現的清單，對未能理解以掌握其重要性的任何人而言，看起來相當沈悶無趣。的確，重理解的教學之挑戰主要就是使領域中的大概念成為學習者腦海中的大概念。

　　這很難做到——比新手教師通常了解的更困難，因為專家盲點的效應會在每個步驟都尾隨著教師。對教師而言，大概念的效力和課堂教學的重要性是如此明確！「來！讓我對你們介紹這個有趣的概念……」當教師這樣說時，情況就像是「國王的新衣」這篇故事。你應該記得這個故事：不誠實的裁縫聲稱會以最好的金紗製作衣服——這金紗好到你必須非常有鑑賞力才能看見。如我們所知，故事的結局是，當國王裸身而行時，只有天真的孩子說出大人們不敢看或不敢說的事：「但是他什麼也沒穿！」在學校中，「好的」概念似乎常常像是國王的新衣：雖然教師、教科書作者，以及學者專家繼續對這些概念羨慕地注視著，但學生就是看不到。

　　我們很容易忘記的是，現代學科領域的核心概念通常是抽象的、不明確的，往往完全反直覺的，因此傾向於造成神秘感或錯誤理解。請思考以下的概念：對人類的觀測者而言，地球看起來沒有移動；沒有明顯的跡象顯示我們的起源是來自靈長類動物；我國民主制度的奠基者蓄養奴隸似乎是件怪異的事；《哈姆雷特》（*Hamlet*）的主題似乎和青少年的憂慮沮喪無關；以及，對初學微積分的學生而言，導數和積分並無概念上的意義（就像該理論首度提出時許多數學專家覺得無意義）。

76

　　就像在我們之前的智者一樣，我們努力掌握大概念、努力了解其價值，但是，當教師和教科書將其視為事實資訊看待之後，情況變得更糟。然而教師一旦清楚理解大概念，會傾向於認為這些大概念對學生而言也是很明確的。於是很諷刺地，重理解的課程設計和教學其挑戰也在於依賴有孩童般的觀察力，以至於大概念及其價值其實一點也不明確。這項挑戰的舉例之一是稍早提到的算術單位化概念：「把十件事物的單位變成一個（或一組）──需要幾乎全面否定原來的數字概念。對兒童而言這是很大的想法轉換，事實上，這在數學科是很大的轉換，花了幾世紀時間才完成。」（Fosnot & Dolk, 2001b, p. 11）。

　　大概念是抽象概念，其課程設計的挑戰是使這些概念有趣，以及使它們似乎很重要。因此，說到我們應該依據大概念來設計課程，會比原來所想的更具挑戰性。審慎注意學生可能的錯誤理解，對課程設計過程而言，變得更重要，因為大概念無法只透過講述和閱讀而領會，而且學生初次接觸大概念時可能會理解錯誤。

　　由於學術性的大概念對理解很重要，卻又很容易被錯誤理解，如果我們的課程設計要求學生經常重新思考大概念，然後慢慢向核心概念邁進，課程設計的效果會最好。大概念不像能被習得然後在腦海裡存檔及直接應用的定義，它們比較像是「有引導作用的猜想」（布魯納的用語），當我們學習得更多就容易修正及調整。

　　我們的課程設計必須幫助學生不時練習關於大概念的問題提問及再提問，而這種練習不同於運動練習所習得的動作。動作可以一會兒就發揮作用（如：假裝往左，實際往右），但是當動作在比賽途中不起作用時，

> ### 注意錯誤概念！
>
> 「我大部分聚焦在技能上，因此我的教學內容沒有任何大概念。」這是過去幾年中筆者聽過最常見的令人擔心事項之一，尤其體育教師、數學教師、初級外語教師、小學教師，以及職業課程教師會這麼說。我們堅信，這種信念的根源是對大概念及其在所有學習的決定性角色之誤解。而上述教師所稱的技能，可能出自於把教學目標和達到目標的方法搞混了。
>
> 當然，教閱讀、教數學、教西班牙文、教 Pascal 軟體的教師是真的想達到技能的目標：流暢使用一種語法。此流暢的能力是由許多用於實作表現的技能所組成，但是流暢的能力超越了技能層次：它是以對技能的清楚概念為基礎，然後明智地使用許多技能，包括了解某項技能為什麼有用或無用，以及何時使用該技能。根據常識和認知的研究，我們主張的觀念是：除非學習者很明智的理解與技能使用有關的大概念，否則沒有一項技能可被整合成有用的全部技能。

我們終究還是要重新思考動作的應用，因為過去有效的技能開始被認為是不當的技能。在優質的教育裡，概念的學習也是一樣：在歷史和文學中的「好人對抗壞人」概念，必須從成人生活和文學的灰色地帶（及命運捉弄）的角度來重新思考。關於做到這一點，我最喜愛的幽默實例之一出現在電影《法櫃奇兵》第三集（*Indiana Jones and the Last Crusade*）

77　　的導讀活動中。在提出「到底誰是好人？」問題的最初十分鐘之內，我們不假思索的電影刻板印象一個緊接一個被推翻：童子軍變成賊；盜賊榮獲考古學上的獎賞；壞人穿著白色衣服；警長袒護壞人；老爸一點也幫不上忙；壞人是好人，他仰慕年輕的 Indy（譯註：該片男主角的名字），而且把自己的帽子送給 Indy。

　　這就是為什麼將目標及學科學習標準轉換成問句非常重要的原因，我們不只向學生表明大概念是什麼，也明示他們其終身學習的責任是永遠繼續質疑這些大概念的意義和價值。透過有啟發性的問題和實作挑戰——概念藉此會被測試、確認、改善，以及透過將學科內容的應用作為探究的策略，使天真的想法發展為更複雜的想法。

　　「注意錯誤概念」欄的內容，指出了連結大概念和技能教學的重要性。例如，請思考將勸說文的寫作視為期望的學習結果。乍看之下，我們似乎全以由練習和回饋所習得的一套簡單技能為基礎，來處理學生的實作能力。但是在更進一步的省思之後，我們注意到此處有個關鍵的概念要素，亦即，學生必須在特定的寫作技能以外學會某種能力。如果學生的說寫要更能真正說服他人，他們必須開始理解勸說的意義及其如何運作。他們必須開始理解哪些是有效的勸說技術及為什麼，也必須學習對象、主題，以及媒介在有效的勸說過程中所扮演的微妙角色。簡言之，學習有勸服力的寫作和說話，學生必須理解寫作體裁的目的、理解判斷勸說效力的標準，以及理解在勸服特定對象時可能最有效的策略。這些都需要對勸服的意義是什麼和不是什麼有清楚的概

課程設計訣竅

在以技能學習為焦點的科目中，從下列事物尋找大概念：

1. 技能的價值——這些技能在哪些方面幫助你更有效能、更有效率。

2. 基礎的概念（如：當教導勸說文或勸說式辯論時，其背後的「勸說」概念）。

3. 策略使用的問題——包括何時使用特定技能在內的有效策略。

4. 技能為什麼有用——在技能背後的理論，以利能產生更大的學習遷移。

念。

　　這樣說來即闡明：透過寫作以外的方法很可能會發展對何謂勸說的理解，而只是練習某種格式的寫作技巧（如：五段式小論文）並不能表現對勸服的理解。例如，由於更理解勸服就能夠更有效說服他人，個體可能會被要求閱讀有名的演說、對電視廣告加以評論，以及研讀、討論像 Orwell 論語言與政治之類的文學文章。因此，勸說文的技能目標範圍涵蓋了需要理解的各項大概念。

　　以下是來自各種技能領域的某些大概念舉例：

1. 在烹飪課，用剩下的食材做湯料，可減少浪費並增加美味。
2. 在游泳時，雙手直接向後划水，以確保最高速度和效率。
3. 閱讀時要達到理解，應練習「推敲上下文涵義」而不是只解碼而已。
4. 在生活中，要發展不同生活技能的自給自足能力（如：做預算的技能）。
5. 在團隊的運動中（如：英式足球、棒球、美式足球），要創造散開防守的空間並創造進攻的機會。
6. 在科學和數學中，要理解在觀察和測量過程所產生的誤差。

第七節　從學習遷移的任務形成目標

　　我們在圖 3-3 中提到，教學優先事項的設定不只是建立在大概念的基礎之上，也可以透過學校作業的焦點，放在取材自該領域真實挑戰的學習遷移任務之上。我們所稱的核心任務是指任何領域中要求表現的最重要實作能力，例如，科學的核心任務之一是從頭設計受控制的實驗，並排除實施時的干擾因素；在戲劇課，核心任務之一是在舞台上完全地、優雅地以同理心演出所扮演的角色。真實的挑戰涉及真實的情境，而表現任務的情境脈絡會盡量忠於真實生活中所遇到的機會和困難。因此，歷史課的核心任務之一是，使用相關的資源撰寫一篇可辯論的記敘文。類似這類任務的一貫挑戰是，學習資源可能不完備、可能相互衝突。在數學課，關鍵任務之一是以量化方式把複雜的現象建立模式，但其常見的挑戰是，真實的數據總是很混亂，有許多誤差和不相干的數據。

78

　　這些類型的任務及產生這些任務的挑戰情況，反映了長期以來我們要求學生能以大概念進行的學習遷移。它們不只是有趣的學習評量而已，有真實挑戰的核心任務能具體實現我們的教育目標：學校教育的目標是使學生在生活中有熟練的、有效的表現，而不只是能以口頭或操作方式回答狹隘的問題提示。反映理解程度的學習遷移，涉及處理在核心任務中的真實挑戰，在這些任務中，學科內容的應用只是方法，更重要的是，有效的學習遷移意味著學生能夠在教師提供最少量或毫不提供線索、引導、暗示之情況下，做出良好的表現。以下是更多這類具體實現目標的任務和挑戰：

1. 閱讀某個文本時，其挑戰在於對該文本的可能意義深入理解，無論閱讀的障礙是個人的假定、偏見，或者讀者本身的有限工具和經驗（換言之，此挑戰就是避免把讀者個人的「反應」和對文本的個人「理解」搞混了）。

2. 某個歷史課的挑戰是使用可得的資源講述一個可信的、有價值的、有證據力的故事，因此各種實作表現將包括學生在不同情境中展示其學習成就的任務，例如，涉及期刊或報紙報導、博物館展覽，或對他人的演說的任務。

3. 某個音樂課的挑戰是將一套複雜的符號變成流暢的、令人感動的、勝過音符總和的整個作品。我們對某個音樂作品的演出（及批評他人的演出）會反映出對這項挑戰的掌握程度。

4. 某個科學的挑戰之一是從大量的可能性中獨立出最重要的變項。所有關鍵的實作任務都集中在特定的實驗及其設計，以及干擾因素的排除，或者在期刊中反駁其他人提出的實驗設計。不同的實作反映了我們的學習結果，例如，在小組中很有見識地討論主題、撰寫有知識價值的文章，或者寫一篇有洞見的書評。

5. 學習另一種語言的挑戰之一是正確流利地翻譯語意，而不是只做逐字的翻譯而已。許多不同的書寫或口語表達任務算是符合這項挑戰，且其難度隨著口語和成語的使用而增加。

6. 某個數學課的挑戰是當有足夠的反常現象和不相干事物，使我們不確定哪些是模式、哪些是干擾因素時，能將複雜的現象以完全量化的術

79

語建立模式（提到干擾因素，公開演講的主要挑戰是，在「這個」情境中對「這些」聽眾說話、取悅「這些」聽眾，不論在本義的或虛構的意義上有不可避免的「干擾」）。

　　為使這些學習遷移的舉例更紮實，請思考下列評分指標。此評分指標可用於任何真正應用真實挑戰的評量設計，以作為進行自我評量和同儕評量之用。

(一)學習遷移的要求（或提示的程度）

　　4 這個任務看起來很陌生，甚至怪異或令人困惑，而且在說明如何處理或解決這項任務時不給提示。任務的達成視創意程度或應用個人知識的程度而定，後者是以對學科內容和情境的理解為基礎——「長久的學習遷移」（far transfer）。學生要審慎深思這項任務要求什麼、提供什麼，以及不要求什麼和不提供什麼，或者找出最初不明顯但必須致力解決的其他問題。其結果是這項任務可能對某些人而言似乎不可行（即使之前習得的知能被有效採用的話，這項任務會被一致認為可能達成）。因此，並非所有學生都可以達成任務，有些學生可能會放棄——即使這些學生之前看起來能掌握學科內容。

　　3 這個任務看起來可能陌生，但提供提示處理方式或學科內容的線索或提示（或者在相當程度上窄化這些選擇）。任務的達成有賴於理解近來所學有哪些能應用於這項有點含糊或困難的情況——「近似的學習遷移」（near transfer）。學習者的主要挑戰是從得到的資訊想出這是什麼類型的問題。了解此任務要求的是什麼之後，學習者應該能夠遵循已知的程序來解決問題。對過去的測驗似乎很有技巧和知識的某些學習者，可能會無法有效達成這項任務。

　　2 這項任務的說明明顯提到之前習得的概念、主題或任務，但是未提及所應用的具體規則或公式。其要求的是最低程度的學習遷移。此任務的達成只要求學生根據類似的問題陳述，確認及回想能應用哪些規則，然後應用之。此唯一的學習遷移涉及處理不同於範例教學時提到的變項、分類或情境細節；也涉及從最近習得的少數明確規則，以利了解能應用哪些規則。

1 這項任務會有說明，以利學生只需要遵循指示，以及利用回想、利用邏輯思考來完成任務。學生不需要做學習遷移，他們只需把相關的技術或學科內容用到剛完成的學習或舉例。

（譯註：數字 4、3、2、1 表示各等級的分數；以下同。）

注意錯誤概念！

有些讀者可能認為，把本書內容連結到長期存在的「任務分析」文獻是不恰當的。但是，就像階段一的要素說明所暗示的，架構目標是極度困難的工作。十分矛盾地，這或許可以說是課程設計最具挑戰的部分，因此雖然任務分析在概念上和逆向設計是雷同的概念，但我們不能只以具體的目標「作開始」，然後就此疾速前進。筆者相信，任務分析持續被過度行為主義的、原子論的教育目標觀點所阻礙，因此就像近來探討任務分析的學者所提到的（Jonassen, Tessmer, & Hannum, 1999），其分析程序會因為情境脈絡和教學目標而不同，於是分析的結果一直都很令人疑惑。

如我們此處所建議的（及稍後論實作表現的幾章所說明的），我們必須從非常複雜的概念和「雜亂」的實作表現開始做逆向設計。相對地，大多數的任務分析都假定，任何根據可評量的行為和明確的次技能來設定目標的學習任務，都是有效的。我們相信，任務分析一直無濟於課程設計，因此，使得將理解作為目標的好處得以展現之原因是，任務分析一直都依賴容易處理而非最有效的目標。

居於學科核心、有挑戰性的任務有助於訂出教學目標的優先順序。如果我們把這些目標想成是一套有組織的相關知識和技能，那麼，這些任務會相當於 Phenix 所稱「代表的概念」之實作表現。因此，哪些是每個領域的「代表的挑戰任務」？（UbD 範例的第二階段：什麼是以核心學科內容達成關鍵挑戰的關鍵任務？）「活用」一門學科的意思是什麼，在「有挑戰的」、真實的環境中明智有效地利用核心學科內容的意思又是什麼（第七章會進一步探討這個重點）？這些問題如果沒有好的答案，我們會冒著只是列出大量知識和技能作為目標的風險，以至於大概念和核心實作能力的學習會不顧我們的最佳用意而落空。

因此，核心任務和具體的測驗不一樣，核心任務總結了在不同情況下對實作表現的許多相關要求，它具體實現了關鍵的州定課程標準及地方的教學目標，因此很適合放入課程設計階段一來思考。核心任務具體指明在階段二所提出、應該達成的任何實作評量，確保我們不會聚焦在武斷的專題或測驗上。課程是產生真實實作表現的方法。例如，「在每個領域和成人的生活中，什麼是最重要的任務和挑戰？」這是階段一的問題；「我們必須對學生呈現哪些具體的評量任務，以評量

他們在邁向目標方面的進步？」這是階段二的具體「學習結果」問題。

　　澄清複雜核心任務，能使我們的教學目標更有認知上的重要性和連貫性。當目標被認為只是事實資訊和技能的清單時，課程設計和教學的結果會變成抽離脈絡情境的枯燥零碎知識。換言之，作為目標的學習遷移會完全被忽視。為避免發生這種疏失，我們必須一直自問知識和技能的目標，例如：「這項學科內容會使我們具備哪些重要的能力？」而不是只問：「哪些知識和技能（可能）很重要？」因此，涵蓋廣泛的實作目標是作為決定該強調什麼和該刪除什麼的標準，就像戲劇、運動、木工等實作本位的領域所發生的情況一樣。再者，藉由某種方式把每個學科課程領域看成是思考和行動的「學門」、是「活用」學科的學門，就像教練的情況一樣，我們會變得更密切注意持續的結果（學生的「學習」）。

和巴伯・詹姆斯一起演練逆向設計

　　在這個單元中，有任何事項需要刻意進行有深度的跨內容教學嗎？噢，當然。營養需求依照個人特性而不同，是個不容易領會的概念，沒有所謂一體適用的飲食搭配。例如，是否有我應該特別注意的典型錯誤理解？噢，當我在考慮時，我發現許多學生抱持的信念（錯誤觀念）是，如果食物對你有益，它的味道一定很糟。這個單元的目標之一是，消除這項迷思，以利學生不會對有益健康的食物自動產生厭惡感。

　　使想法超越營養的核心任務會非常有用，就像專業人士和法律專家的思考方式一樣，它能幫助我越過事實資訊來思考：人們事實上如何處理營養的資訊。我想到了幾個核心任務：使用營養知識來設計健康的餐點和均衡的飲食、對食品廣告的態度變得更批判，以及調整生活型態。僅僅認真考慮這些任務，就能幫助我澄清教學目標，也給了我一些對評量的想法。

　　我的學生對於營養是否有一些典型的錯誤理解？讓我們看看《基準》（Benchmarks）「2061 計畫」之下的敘述：「小學低年級的學生……可能認為精神和力量來自於運動而非營養……在教學之後，中學生往往無法以科學用語來說明其知識。」嗯，我以前聽過第一則錯誤想法，我想

我會在這個單元的前面部分進行小考，以檢核這項錯誤觀念。

當我對錯誤觀念思考愈多，我回想起許多學生抱持的信念是，如果食物對你有益，它的味道一定很糟，而反之亦然。我在這個單元的目標之一是，消除這項迷思以利學生不會對有益健康的食物自動產生厭惡感。我想我會加入一些正式的檢核活動，以了解今年的學生是否也一樣擁有這項錯誤的理解。

第八節　總結

在整體談到我們的教學目標需要做更多認知上的澄清、需要更連貫、需要更有效之後，我們必須回到前面提到的理解，因為結果是，當審視我們所稱的「理解」目標時，目標不只一個，而是很多個。

第四章

理解的六個層面

82

理解事物有許多不同的方法，這些方法相互重疊，無法化約，因
此對應地，也產生了許多教導理解的不同方式。

——*John Passmore*

《教學的哲學》（*The Philosophy of Teaching*），*1982*，第 *210* 頁

朗　　斯：你真是塊木頭，什麼都不懂！我的拐杖比你還懂。

史比德：懂你的話？

朗　　斯：是啊，和我做的事；你看，我搖搖它，我的拐杖就懂了。

史比德：你的拐杖倒是動了。

朗　　斯：懂了，動了，完全是一回事。

——莎士比亞

《維絡那二紳士》（*The Two Gentlemen of Verona*），*1593*

目前為止，筆者對理解的分析是將其視為單一的概念，認為它不同
於稱為「知識」的事物。但是在更詳細檢視自己的用語，在致力於架構
理解有關的目標之後，就產生了問題。「理解」一詞有各種意義，其一
般的用法顯示：理解不是指一種學習成就而已，而是幾種成就，並且可
以透過不同的學習結果證據來顯示。

就名詞的理解之同義詞而言，我們會談到「洞見」（insight）和「智
慧」（wisdom）——兩者顯然都不同於知識（但有點相關）。不過，這

樣的用語也暗示了真正的理解是超越僅在「學術上」理解的事物。「蛋頭」和「尖頭知識份子」的片語暗指：只在知識上技巧高超會變成假的理解，而太多的學習有時候會阻礙理解。

我們所用的動詞同樣也是有教育性的。我們會說，如果你能教、能使用、能證明、能連結、能說明、能辯護、能理解涵義等等，才算是真正理解。實作評量的主張是必要的而非多餘的，其主張明顯連結到下列用處：學生必須以知識做出有效的表現以說服教師，其確實理解隨堂測驗和正式的簡答測驗，只是指出他們得到知識而已。此外，特定的理解會有所不同。我們談到從有趣的觀點觀察事物，會意味著複雜的概念常常合理地產生多元的觀點。

但是，動詞的理解也有其他的意義，它有人際的和認知上的意義。雖然在英語中是暗指；但是在其他語言則是明指（例如，法文中的savoir和 connaître）。我們試著理解概念，但也會致力於理解他人和情境。在社會關係的脈絡情境中，我們會談到「開始理解」（coming to understand）或「達到理解」（reaching to understanding）；而有時在非常努力理解複雜的事情時，我們會不經意地談到「改變心意」（changing our mind）和「改變態度」（having a change of heart）。

《牛津英文辭典》指出，動詞的理解意指「領會某概念的意義或領會其重要性」。最初，這個概念是從法律制度決定個人受審判的能力發展而來，意指理解個人行為的重要性之能力——不論是關於有能力障礙的兒童或成人。當我們以更複雜的意思來思考意義或重要性時，我們指的是像智慧，以及擺脫天真的、欠考慮的或無經驗的觀點等之能力。我們常常將這項能力稱為「合理判斷」（perspective）——跳脫情感、跳脫意向，以及跳脫當下的支配性意見，以做出最符合慎重省思的行為之能力。

雖然，有時我們需要對立的距離以「真正理解」，但也需要努力維持關係，就像這段話：「孩子，我真的了解你所經歷的……」未能達到人際上的理解通常涉及，未能考慮或想像有許多不同的觀點存在，以及不在乎「設身處地為別人想」（皮亞傑在幾年前曾諷刺地提到，自我中心的人只有一種觀點——自己的觀點）。在兩性關係中有句話已成為當

83

事人所說的陳腔濫調，那就是：「你就是不了解……」Deborah Tannen
（1990）的暢銷書《你就是不明白》（*You Just Don't Understand*），是以
對話方面的兩性差異為主題。她在書中提出：人際間的理解，需要掌握
未說出但很真實的不同對話風格和不同目的。同樣地，欠缺同理心的理
解在跨文化的衝突中明顯可見，就像幾年前《紐約時報》有關中東突發
暴力事件的報導所揭示的：

> 雙方都對夙仇重現的速度和狂暴程度嚇了一大跳，但是有些人
> 預測，這場大火會產生新的看法，認為雙方人民不能彼此比鄰
> 而居卻無法達成某種型式的相互了解。
> 「我們會在疲乏之後產生（和平的想法）。這個想法的產生是
> 出於非常痛苦的了解，那就是，戰爭之路把我們帶到絕境。」
> （MacFarquhar, 1966, p. A1）。

　　以有智慧的觀點產生互敬的共識，和對問題形成「有智識」的洞見
之間，是否有所連結？美國政府中東政策的失敗可能是缺乏同理心的作
用而非有人欠缺知識，當然是看似合理的說法。也許在學校中的學習也
是相同的情況。要真正理解小說、科學理論或某時期的歷史，對於作者
可能理解某些你不知道但能使你因理解而受益的事物，你必須有足夠的
敬意和同理心。課堂討論也是一樣的情況，因為許多學生有時會「沒聽
到」他們不尊重的同學所做的發言貢獻。

　　簡言之，有時理解需要獨立為之；有時則需要與他人或與概念靈犀
相通。有時我們將理解想成是高度理論化的內容；有時則看作是能有效
真實應用的知能。有時我們將理解想成是不帶感情的批判分析；有時則
看成是投入情感的回應。有時我們認為理解依賴直接經驗而獲得；有時
則視其為透過獨立省思而獲得的知能。

　　至少，這些觀察暗示我們更需要謹慎小心。理解是多層面的、複雜
的，有不同類型、不同方法，並且和其他認知目標的概念重疊。

　　由於這問題很複雜，確認理解的不同（但重疊的、理想上整合的）
部分是合理的。對於構成成熟的理解之要素，我們已發展出多層面的觀

點——六面概念的看法。亦即,當我們真正理解時,我們:

1. **能說明**——透過通則和原則,對於現象、事實、資料等提出可辯解的、有系統的敘述;做出有洞見的連結,並提出闡明性的舉例或例證。

2. **能詮釋**——講述有意義的故事;提供適當的翻譯;對概念或事件提出能揭示歷史或個人層面的說明;使所理解的對象擬人化,或者可透過圖像、軼事、類比、模式而使其易於說明。

3. **能應用**——在多元、真實的情境中有效利用及採用已知的知能——能「活用」這個學科。

4. **有觀點**——能透過批判的眼光和聽力看出、聽出觀點;能照見全局。

5. **能有同理心**——在其他人可能覺得怪異、異類或看似不合理之處發現價值;根據之前的直接經驗能敏感地覺知。

6. **有自知之明**——表現後設認知的覺察力;覺知個人的風格、偏見、心理投射,以及能同時形塑或阻礙個人理解的心智習性;察覺我們未能理解的事物;省思學習和經驗的意義。

　　這些層面顯現我們具有學習遷移的能力。我們利用這些不同但相關的層面來判斷理解的方式,和利用不同的標準來判斷複雜的單項實作表現是一樣的。例如,我們說「優良的論文寫作」是由有說服力、有組織、敘述清晰的論文所構成。所有這三項標準都必須符合,但是每項標準都不同且有點不依賴其他兩項。某論文作品可能敘述清晰但不具說服力;可能內容組織良好但只有一點點說服力。

85　　相似地,學生也許能說明複雜的理論但卻無法應用該理論;學生可能會隔著批判的距離來觀察事物但卻缺乏同理心。這些層面反映了我們在第三章所討論的不同涵義之理解。從評量的觀點而言,這六個層面對理解提供了不同的指標——視窗。因此,它們能指引學習評量的選擇及設計,以測出理解程度。從更廣的教育觀點而言,理想上,完全成熟的理解涉及所有六種理解的全面發展。

　　現在,讓我們透過下列方式更詳細檢視這六個層面:

1. 以簡短的定義介紹每個層面,接著舉出一兩則適當的引用語和問題。對某些想理解的學生而言,這些是有代表性的引用語和問題。

2. 對每個層面舉兩個例子，其一來自日常的公共生活，其二來自課堂教學，另外再包括一則缺乏理解的例子。

3. 提出對各層面的分析，並簡短概述本書稍後探討的教學和評量應用。

第一節　層面一：說明

說明：複雜而適當的理論和例證，這些理論和例證對事件、行動、概念等提供有知識的、合理的敘述。

令我著迷的不只是甜點的味道，也包括甜點由少數原料所產生的各種質感。在讀遍食譜的過程中，我接觸到蛋糕和奶油的無窮變化……但沒有一處說明它們如何彼此匹配……對我而言，變得更加明顯的是，所有這些看似無窮盡迥異的食譜存在著某些基本公式。

——*Rose Levy Berenbaum*
《蛋糕聖經》，*1988*，第 *15-16* 頁

我們看見某個東西在移動、意外聽到某個聲音、嗅到某個不尋常的氣味，於是我們問：這是什麼？……當發現這些指的是：一隻奔跑的松鼠、兩個人在對話、火藥爆炸的氣味，於是我們說自己理解了。

——杜威
《我們如何思考》，*1933*，第 *137*、*146* 頁

何以如此？有什麼能說明這樣的事件？有什麼能描述這樣的行為？我們如何證明？這件事連結到什麼？什麼是舉證的實例？它如何作用？它暗示了什麼？

✓ 廚師說明，為什麼把一點點芥末加到油和醋之中，會使兩者混合在一起：因為芥末的作用是乳化。

✓上物理課的九年級學生，對於為什麼汽車在機場跑道上的加速方式就像道路斜度不同時的加速方式一樣，提出了很有說服力的說明。

✗十年級的學生知道物體因重力而加速的公式，但是不知道公式中各個符號的意義，也不知道如何利用此公式來計算具體的加速速率。

層面一涉及在合理的理論中所出現及自行揭示的理解類別，這些理論的敘述使令人困惑的、孤立的，或者難懂的現象、資料、情緒或概念等變得合理。透過學習表現和學習結果揭示的就是理解的內容，而這些理解的內容清晰地、徹底地，以及有教育性地說明了事物如何作用、暗示了有哪些意義、在哪些地方有關聯，以及為什麼發生。

一、關於原因和方法的知識

因此，理解不只是事實知識而已，也是以具體的證據和邏輯對原因和方法所作的推論——有洞見的連結和例證。以下是一些舉例：

1. 我們可以列出畢氏定理，但什麼是畢氏定理的證明？此定理依賴的原理是什麼？定理的下一步應用是什麼？為什麼這個定理這麼重要？

2. 我們可能知道不同的物體會以相同的加速度落地，但是為什麼會這樣？為什麼質量不會造成不同的加速度？從這個意義來理解，就是將事實連結到概念——往往似乎怪異的、反直覺的、牴觸的事實和概念，然後產生有用的理論。

3. 我們可能知道如何為吉他裝弦線和彈出合調的歌曲，但是卻未理解所應用的和音原理和物理學。

如同杜威（1933）的說明，以某個意義來理解某件事物，「就是去認識該事物和其他事物的關係：去注意事物如何運作或作用、產生什麼後果，以及是由什麼原因造成。」（p. 137）。我們超越所得到的資訊以做出推論、連結、關聯——產生有用的理論。有效的、有洞見的模式或例證是理解的結果，能獨力把看似個別的事實資訊結合成連貫的、全面的、闡明性的敘述，因此，我們能夠預測未尋求的、未檢視的結果，也能夠闡述被忽略或似乎不重要的經驗。

我們所說的有用的理論是什麼意思？首先，讓我們思考一項有效的

成熟理論——現代物理學的例子。伽利略、克卜勒，以及後來的牛頓、愛因斯坦，接力發展了能夠說明所有物體之運動的理論——從掉落的蘋果到慧星。該理論能預測潮汐、行星、慧星的位置，以及如何把撞球的九號球打到角袋裡。

　　該理論並不淺顯，也不只是事實的分類結果。該理論的作者必須想像出一個沒有摩擦力的世界，並且把地球上的物體運動看成是特例。當然，他們的批評者會以地球到處都有一種遠端施力的地心引力之概念來大做文章，但其批判卻是透過沒有分辨力的方法，而且指責該理論主張物體的重量不影響其落地速率（乃違反古希臘的觀點和常識）。不過，該理論終究勝過所有匹敵的理論，因為除了反直覺的要素之外，該理論對現象的說明、規則分析，以及預測方面的效力，勝過任何匹敵的理論。

87

　　相似地，能說明為什麼表面上蒸氣、水、冰雖然不同但都是相同化學物質的某個中學生，對於 H_2O 的理解優於無法說明的學生。能說明鞋子的價格及其波動是受到市場力量作用的大學生，對於鞋子價格的理解優於無法說明的學生。當學生可以將抽象知識轉換成提供有用架構和邏輯之完整敘述，以及提出證明來支持主張時，他們會透露對事物的理解狀況——也許是經驗、教師授課內容、觀念，或他們自己的表現。

　　理解涉及到更有系統的說明，在其中回答被納入在一般的有用原理之下：

> 分配性質的理解是（個）大概念。了解 9×5 的解答是 5×5 加 4×5，或者任何一組總和為五的數字加九次，都涉及到理解其牽涉到的部分與整體之關係（Fosnot & Dolk, 2001a, p.36）。

　　對於達到層面一的理解，教師在做出學生理解所教內容的結論之前，應給予學生指定作業和評量，而這些作業和評量要求學生說明已知知識，以及提出支持該知識的有效理由。

二、支持自己的意見

　　因此，只是將教科書上或教師教到的正式理論在測驗時回答出來，

不能證明理解。我們需要說明為什麼自己的答案是正確的、為什麼這項事實存在、為什麼這個公式有用；我們需要支持自己的意見。當進行評量時，教師要求學生使用支持、證明、通則化、預測、確定、證實之類的動詞，來揭示他們的理解程度，然後從學生的答案找尋有效的說明。

無論學科內容、學生年級，以及學生的成熟度如何，當學生以層面一的意義來理解時，他們就有能力「表現自己的學習」。此處也必然包含了評量，亦即，必須讓學生接觸新的事實資訊、現象或問題，以了解學生能否獨自將資訊納入正確的原理之下，然後辯解明顯的反面主張和反例。這類的說明涉及在布魯畝的教育目標分類法中，被標示為「分析」和「綜合」的能力。

就上述意義而言，有深度理解的學生會比那些理解更有限的學生有更大的控制力——對資料和紮實的概念連結。這類學生會掌握目前學習內容中比較微妙的舉例、涵義、假定，教師常常將這類理解描述成合乎洞見的、徹底的、細微的或深思的（相對於只是膚淺的、孤立的、油腔滑調的、總括的或浮誇式的理論化）。通常，缺乏這種理解而做出的說明，與其說是有錯誤，不如說是天真或不完整。氣候依賴風的情況、所有三角形都是相同的，或者減少糖份攝取會使你減重的說法，並沒有錯；更確切地說，這些講法傳達了天真的或過度簡化的觀點（相對於合乎條件和資料支持的概念）。

從設計的觀點而言，層面一要求課程設計者根據需要學生提出理論和說明的疑問、議題、問題來建構課程單元，例如，那些在問題本位學習和動手實作、動腦思考的科學課程中的單元。至於對學習評量的涵義則是直截了當的：使用要求學生自己提出說明的評量（如：實作任務、專題、問答、正式測驗），而不是只要求他們回想；要求學生以更大的概念連結具體的事實，並證明這些連結；要求學生表現他們的學習，而不只是提出答案；以及，要求學生支持自己的結論。

第二節　層面二：詮釋

詮釋：提供意義的詮釋、敘述、翻譯。

Juzo Itami 的電影（譯註：Juzo Itami 是日本知名導演伊丹十三），
對日本人揭露了他們從不知道的事實——即使這些事實就在日常
生活之中。「他能針對人們認為了解但其實並不了解的事物，呈
現其內幕故事。」影評人 Jun Ishiko 說。

——Kevin Sullivan

華盛頓郵報（*Washington Post*），*1997 年 12 月 22 日*，*C1 版*

對敘述內容的意義詮釋，必然是多重的。

——Jerome Brunnr

《教育的文化》（*The Culture of Education*），*1996*，第 *90* 頁

那是什麼意義？那有什麼要緊？那有什麼關係？就人類的經驗而言，
它說明或闡述了什麼？這和我有什麼相關？什麼是有意義的？

✔有個祖父講述了大蕭條時期的故事，以說明未雨綢繆的重要。

✔某個大學新鮮人指出《格列佛遊記》（*Gulliver's Travels*）可以解讀成
對英國知識份子生活的諷刺；這本書不只是童話而已。

✘某個中學生能翻譯句子中的所有西班牙字詞，但是無法領會句子的意
思。

詮釋的對象是意義，不只是做出看似合理的敘述。詮釋會以有力的
故事而非抽象的理論反覆形成洞見。這種理解發生於某人對於現在或過
去的經驗，做出有趣的、有意義的說明時。但是，有趣的詮釋總是可被
質疑的，就如 Bruner 所指出之「必然的多重」，而且也像下列對 Leon
Kass 所著《智慧的發端：解析創世紀》（*The Beginning of Wisdom: Read-
ing Genesis*）一書的書評摘錄：

Kass 先生的鉅作很不同凡響。整本書的主題經過認真的處理，
需要讀者貫穿兩千年歷史的解說，付出相當的心力來閱讀。作
者的觀點並非全都有說服力，而且有時讀者需要借助歷史背景

89

來理解，但是，本書的分析和假說肯定會讓讀者改變對創世紀的了解（Rothstein, 2003, p. B7）。

的確，在二十一世紀的開始，Kass為父權制呈獻了一部費力撰寫的辯解書。在書中，他把創世紀轉變成對當代篤信上帝的世人之教訓……對本身已是講父權的書加入父權的偏見，Kass找出了他原來就相信的事物……本書充滿奇異的道德主義，使得創世紀的父權思想比原貌更嚴峻……根據Kass的看法，創世紀卷並不適合啟發我這位書評者的智慧；相反地，它是愚行的開端——受到以父權思想研究聖經的熱忱鼓舞（Trible, 2003, sec. 7, p. 28）。

講述故事以利理解不只能充實心智；引用齊克果的話，沒有了故事，我們只剩下恐懼和顫抖（Kierkegaard, in Brunner, 1996, p. 90）。

我們重視優秀的故事講述者是有理由的，好的故事既啟發智慧又吸引注意；它也幫助我們記憶和連結知識。清晰的、吸引人的講述能幫助我們，從以往看似抽象、無關的事物中發現意義：

寓言的特色透露了為什麼寓言是有效的教學策略，其具體性、特定性，以及敘述式的內容組織吸引我們的注意。其深遠意義——寓言表示的涵義多過於單純的故事本身，能吸引我們思考。想要明白故事「想告訴我們」什麼，於是我們會開始沈思故事的寓意。寓言的深奧——反對簡單的解讀——給予我們省思的素材（Finkel, 2000, p. 13）[1]。

無論是歷史的、文學的或藝術的故事，故事都能幫助我們理解自己和周遭他人的生活。當然，我們能發現的最深刻、最超越的意義是在故事裡、在寓言裡、在奠立所有宗教的神話裡。故事不是消遣，最佳的故事能使我們的生活更可理解、更有焦點。

一、意義：轉換理解

　　但是，「故事」一詞超出了語文上的概念。我們對所有事件、資料，或者經驗所歸因的意義和模式，會轉換我們對特定事實的理解和觀感。擁有這種理解的學生會顯現事件的重要性、透露資料的重要性，或者提出引起認可或共鳴的詮釋。請思考，金恩博士（Martin Luther King Jr.）令人難忘的華府大遊行演講（「我有一個夢想」），其話語和想像如何使民權運動背後的許多複雜概念化為具體。或者，請思考最優秀的報紙編輯如何理解複雜的政治潮流和概念。

　　當然，意義存在於觀察者的心中。想想一九六三年十一月二十二日（美國總統甘迺迪被刺殺的日子）對於在一九六〇年代長大成年的我們有什麼意義，或者二〇〇一年九月十一日對所有美國人的意義。或者，請思考某位母親、警官或在寄養家庭中的青少年，對於報紙上相同的嚴重虐童事件報導，可能會有多麼不同的觀感。就理解層面一的意義而言，社工人員和心理學家對於兒童受虐很可能會有公認的理論，但是自從理解事件之後，事件的意義可能就和理論沒有什關係；例如，理論可能只是科學的陳述，和受虐者對事件、對世界的個人觀點都沒有關係。

　　就最廣義而言，理解——他人的故事或實證的資料——涉及到轉譯和詮釋。無論我們想到的是努力修讀初級德語課程的學生、研究《李爾王》（*King Lear*）的十二年級生、思索在一系列資料中暗示曲線的六年級生、細心研究《死海卷軸》（*Dead Sea Scrolls*）的研究生，或者正在理解銀行紀錄和通話紀錄的警探，其挑戰都是相同的：當整體的意義對讀者是個謎題，或者各項事實並未說出不證自明的故事時，我們必須理解某個「主題」（text）的意義。在歷史學和考古學的領域中，我們必須從歷史紀錄提供的線索重建事件和歷史人物的意義。在經濟學中，意義來自於詮釋最重要的消費者指標和商業指標，以決定總體經濟趨勢。在數學中，詮釋來自於從有限的數據下結論。有了這類的理解，教師就能要求學生就故事加以理解、加以說明重要性、加以解譯，或使其有意義。

90

二、挑戰：把任何「主題」帶進生活

在課堂教學中，這個層面——詮釋——常常大多數在討論書、藝術作品，或者過去及現在經驗之重要性時，才容易顯現。教學的挑戰是，透過研習和討論顯示如何把任何「主題」帶進生活中，讓它說出我們關心的事項。例如，我們都努力維持和父母的關係，只要我們能理解《李爾王》劇中令人深思的話語之意義，就明白莎士比亞對此其實提供了很有用的洞見。

理解不只是關於邏輯上可辯解的理解（就像層面一），也和結果的重要性有關。這點在數學科也是一樣，如同著名的法國數學家 Henri Poincaré（1913/1982）提醒我們的：

> 什麼是理解？對全世界而言這個字詞有相同的意義嗎？理解公式證明的方式，就是有效檢視三段論法的每個部分，然後確認其正確性、確認其符合思考規則嗎？……對某些人而言，是的；當他們完成這些，他們會說自己理解了。對大多數人，則否。幾乎所有的事情都更費力了；他們不只希望知道三段論法……是正確的，也想知道它們為什麼以這種順序而非以其他方式連結在一起。就他們而言，理解似乎是因善變而產生，不是因為總是注意到結果達成情況的理解力，因為他們不相信自己理解（p. 431）。

如作者指出的，在詮釋時，學生會在主題和他們自己的經驗之間來回思考，以發現合理但不同的詮釋。不像科學解釋的領域，在詮釋的領域中，對相同「主題」（書、事件、經驗）的不同理解不只被接受，也有可能被鼓勵。的確，由於即使是作者的觀點都沒有特權的觀念，以及不顧作者的意圖文本可以沒有特定意義和價值之觀念，現代的文學批評已經變得更有朝氣。對文本或說者的話語，總是有不同的有效解讀方式，而所有的詮釋都受限於發生這些詮釋個人的、社會的、文化的、歷史的脈絡。

　　另一方面，不是所有的理解結果都相同。我們對有些文本、藝術作品、個人或事件的理解，會比其他的理解更有洞見或更能辯解；由於其連貫性、全面性、記錄的內容，閱讀、歷史或心理學的例子比其他例子更有力。例如，教育專業的極致是個人的博士論文及其學位考試。

　　因此，說明和詮釋之間有相關但不相同。理論是一般的；詮釋是特定的、依賴脈絡情境的。詮釋的行動比建構理論及測驗的行動更伴隨著固有的含糊性：我們可能不同意正確的理論解釋，但都期望最後只有一個理論勝出。然而，就像世上有許多深思的詮釋者存在一樣，世上也有許多的意義存在。例如，某個試著理解一樁兒童虐待案件的陪審團，他們看重的是案件的重要性和犯意，而不是來自科學理論的公認一般發現。理論家對於稱為虐待的現象建立客觀的一般知識，但是小說家或記者可能對於「為什麼」有虐待現象提供同樣多或更多的洞見。我們可能知道相關事實或理論原理，但是我們會問、也仍然總是問：「那到底是什麼意思？」「那有什麼重要性——對我、對我們？」「我們應該如何理解這個特定的案例？」

　　理論必須是真的才能有用，故事則只需要逼真及提供闡釋。相同的物理現象存在著三個互相匹敵的理論，在認知上是無法接受的，但是，相同的人造事件存在著許多看似合理、有洞見的不同詮釋，不只是可以接受的，也是意義充實的。

　　理論也提供各種不同的意義——有時導致遠離創立者的超然概念。Sulloway（1996）曾強調此重點：事實上或甚至理論上，達爾文著作中的革新部分並不在於演化（因為已經有人提出演化的理論），而是在於演化透過無法預測的（如：「無目的的」）適應而發生——這個概念至今仍威脅許多人的世界觀和宗教感受力。

　　我們為了表達自己及介紹所處世界而學習的故事，指出了建構論的真實意義。當我們說學生必須建構他們自己的意義時，指的是教給學生事先組裝好的「詮釋」或「意義」陳述，而不讓學生學習整個議題，是無用的作法。沒有人可以為其他人決定達爾文主義的意義——即使在科學上有稱為「演化理論」的公認理論存在。對於了解所有的詮釋其實都是可論證的，以講授的方式來教詮釋，會誤導學生。

92

三、發展詮釋

特定主題、特定資料、特定經驗的固有含糊性，使我們必須透過教育使學生——不只是教師和教科書撰寫者——發展詮釋，以及確保學生的概念得到所需的回饋，以促使他們對於詮釋的內容持續測試和修正。學生必須要有學習活動和評量，這些活動和評量要求他們詮釋原本就含糊的事物——和通常有「正確答案」的測驗有極大差異。學校教育不能要學生學習某人認為重要的某些事物，除非是作為示範意義建構的模式，或者作為測試詮釋的先備活動，以利教師更有效了解評量的可能性。

為了學習和成人一樣的自主理解能力，學生必須知道如何從內在建立學科的理解內容。例如，鼓勵學生從分開的訪談撰寫口述歷史，從雜亂的資料形成數學的結論，以及為了同儕評論而根據詳細的閱讀創造藝術詮釋的主題。簡言之，如果學生稍後要去發現知識的意義，他們對於創造及修正知識的歷程，必須有第一手的知識。

第三節　層面三：應用

應用：在新的情況和多元真實的情境脈絡下，有效使用知識的能力。

我（所稱的理解）指的只是充分掌握概念、原則、技巧，以利能處理新的問題和情況，決定哪一種方式才足以表現能力，以及哪一種方式可以習得新的技能和技術。

——迦德納
《超越教化的心靈》（*The Unschooled Mind*），*1991*，第 *18* 頁

使用它或喪失它。

——佚名

我們能在何處及如何能使用這項知識、技能、過程？我們的思考和行動應該如何修正，以符合這個特定情況的需要？

✔某對年輕夫妻使用經濟學的知識（例如：複利的作用和信用卡的高成本），來發展對儲蓄和投資的有效財務計畫。

✔七年級學生使用他們的統計學知識，為學生經營的糖果雜貨店正確預測下一年的成本和需求。

✘物理學教授無法檢查及修理壞掉的燈具。

93

　　理解就是能夠使用知識，這是美國教育的舊想法。的確，這個美國實用主義及文化的長期舊想法瞧不起象牙塔的學術思想，年輕人和老年人聽到的都一樣：「你必須起而行，不能只是坐而言。」布魯畝（1956）及其同僚認為應用對理解很重要，而且很不同於在許多課堂上看到的那種無止盡提取式、填空式的假表現：

　　　　教師常常說：「如果學生真的理解某個事物，他就能夠應用這
　　　　項事物……」「應用」不同於知識及簡單理解的地方在兩個方
　　　　面：教師不會問學生特定知識的問題，也不會問落伍的問題（p.
　　　　120）。

一、使知識符合情境脈絡

　　理解涉及到使我們的概念、知識，以及行為符合情境脈絡。換言之，理解涉及到巧妙運用此術語的舊意義，此術語在 William James（1899/1958）將其指為教學所需的機智時聲名大噪，那就是「具體情境的知識」（相對於層面一的理論式理解，如：兒童心理學的學術知識）。

　　教學和評量的應用直截了當，而且居於實作本位（performance-based）革新運動的重要地位，我們在過去二十年都是該運動的一份子。我們透過利用某事物、採納某事物，以及對某事物因事制宜，來表現理解。當我們必須成功應付不同的限制、不同的社會脈絡、不同的目的、不同的對象時，我們會以技能表現的方式來揭示我們的理解——技能表現是指以機智、在壓力下之從容態度有效完成任務的能力。

　　因此，理解的應用是情境依賴的技能，需要在評量中使用到新的問

題和多元情況。布魯畝（1981）及其同僚提到類似的情況：

> 顯然問題或任務必須是新的……而且，如果學生要將其概念
> ……或經驗連結到新問題、新任務，看來學生很可能在定義問
> 題或任務方面，必須有極大的自由（p. 267）。

事實上，布魯畝（1981）及其同僚強調的重點正是貫串本書的重點——根據所應用的理解，為實作而教育是最高的優先事項：

> 綜合思考是熟練的員工最常被期待的能力，學生愈早有機會獨
> 立綜合思考，他們會愈早覺得學校的生活對他們及他們在大社
> 會將過的生活會有點貢獻（p. 266）。

94　二、真實的問題

我們為學生發展的問題，應該盡可能接近學者、藝術家、工程師或其他專業者動手解決這類問題的情況。例如，允許學習的時間和條件應該盡量不同於典型受控制的測驗情境。布魯畝、Madaus、Hastings（1981）採取下列觀點：

> 最後學習結果的適當性可依據下列來判斷：
> (1)對讀者、評論者或觀眾的影響。
> (2)完成任務的適當性。
> (3)其發展過程的適當性（p. 268）。

或像迦德納（1991）所指出的：

> 理解的測驗所涉及的既不是反覆評量習得的資訊，也不是評量
> 熟練的實務表現能力。相反地，它涉及的是對新提出的問題或
> 難題能適當應用的概念和原則……雖然課堂上的簡答測驗和口

頭回答能提示學生理解的內容，但是更深入檢視學生的理解通
常是必要的……為達到這些目的，新的、陌生的問題，以及緊
接著的開放式實地訪談或詳細觀察，能提供……達到理解程度
的最佳方法（pp. 117, 145）。

瑞士兒童心理學家皮亞傑（1973/1977）更激進地指出，學生的理解
會藉由其在應用方面的革新而揭露。他提到，許多稱為應用的問題——
尤其是數學的問題，其實並不新穎，因此也沒有顯示理解程度的作用。

觀念或理論的真正理解，指的是學生自己能重新創造理論。當
學生有能力重述某些概念，以及能在學習的情境中應用到這些
概念中的一些，學生常常就能給人理解的印象；不過，這樣的
表現並不符合重新創造。真正的理解應該是藉由新的自發應用
而顯現（p. 731）。

於是，應用到層面三的教學及評量，需要強調實作本位的學習：學
習聚焦、累積於更真實的任務，而且由傳統的測驗加以補充（見Wiggns,
1998; McTighe, 1996-1997）。

如果要擴大發展理解，學生必須有清晰的實作目標，而教師應要求
學生在學習時常常留意到這些目標。法學教育的個案教學法和醫學教育
的問題本位教學法能舉例說明這一點。透過專注在這方面的努力，學生
會學習到，他們並不只是因為努力學習、遵循指示，以及交出學習結果
就「完成」一個專題或課堂學習。教學、設計核心的挑戰和實作任務，
必須要求學生依據標準，不斷自我評量自己的表現和學習結果。

第四節　層面四：觀點

95

觀點：批判的、有洞見的看法。

教育的益處是，它給予個人能穿透表層的辨別能力……個體知道

聲音和感覺之間的差異，知道什麼是強調、什麼是區別，知道什麼是明顯的、什麼是重要的。

——杜威，在 *A. H. Johnson* 編著
《杜威的才智和智慧》（*The Wit and Wisdom of John Dewey*），
1949，第 *104* 頁

顯現理解力的重要徵兆是，以幾個不同方式呈現問題，以及從不同的有利位置獲得解決方案的能力，單一、僵硬的呈現方式不可能足夠。

——迦德納，《超越教化的心靈》，*1991*，第 *13* 頁

從誰的觀點？從誰的有利位置？需要變得更明確、需要考慮的假定或未說明的是什麼？有適當的證據嗎？這個證據合理嗎？這個概念的優缺點是什麼？這些優缺點看似合理嗎？其限制是什麼？那又如何呢？

✓ 某個十歲的女孩對電視廣告利用知名人物宣傳產品，指出其謬誤。
✓ 某個學生說明，以色列和巴勒斯坦贊成和反對加薩走廊新開墾區的論據。
✗ 某個聰明但古板的學生拒絕考慮有另一個以數學方式將此現象模式化的方法。她只「知道」一種方法——她自己的。

就上述意義而言，理解是從無趣的、無熱情的觀點來看待事情，這類的理解和任何學生的特定觀點無關，而是關於成熟地承認，對某個複雜問題的任何答案通常涉及某個觀點；因此，某個答案常常是許多合理的可能說明之一。有觀點的學生會注意研究問題或理論中被視為理所當然、被假定、被忽略、被故意避談的事物。

觀點涉及將未言明的假定和涵義明確化，觀點常常透過問「那又怎樣？」的問題而揭露，也透過把答案——即使是教師或教科書的答案——看成是觀點的方式來揭露。這類觀點是洞見的有效形式，因為透過觀點轉換和以新的角度闡述相似的概念，個體可以創造新理論、新故事、新

應用。

一、觀點的益處

就「觀點」的批判思考意義而言，有觀點的學生會提出有疑問的，或者未經檢視的假定、結論、涵義。當學生有觀點或能夠得到觀點時，他們會從習慣的或反射的信念、感覺、理論，得到可做批判的距離，但是，看起來這會使他們成為比較不細心、不謹慎的思考者。

觀點涉及訓練自己問：「從另一個觀點看起來會怎樣？」例如：「我的批評者會怎麼看待事情？」在達爾文（1958）的傳記裡，他提到這種批判的態度是他能有效為自己引發爭議的理論辯護之關鍵：

> 我……遵守的重要規則是，當我隨時無意間發現，任何出版的事實報導或新的意見、想法和我的一般研究結果相左時，我會馬上記筆記以免錯過；因為我從經驗中發現，這些反對我的事實和想法比贊成我的事實和想法更容易遺忘。由於這個習慣，和我的看法不同的反對意見，我很少未注意到或未予回應（p. 123）。

因此，觀點構成理解的一部分是自然而成的，觀點是指我們從不同的有利位置來理解概念的不同樣貌。那些正開始邁向熟練之路的初學者，即使當他們無法對事物徹底說明時，也可能透露出自己的觀點（請思考在「國王的新衣」故事中說出真相的孩子）。但是就定義而言，就像本小節開頭迦德納的引言所指出的，新手缺乏慎重接納及思考多元觀點的能力。

更微妙的觀點涉及掌握教師及教科書說明背後的觀點。關於什麼是真實的、已證實的、重要的事物，美國歷史教科書和物理教科書作者們的觀點是什麼？作者有共同的觀點嗎？不同的專家、教師，以及作者是否設定了不同的優先事項？如果是，有什麼證明，或者有什麼優缺點？這種似乎過於奧秘的發問方式，顯示我們多不可能提供學生所需要的觀點。

布魯納（1996）提到：「以一種方式來理解某件事物，並不排除其他的理解方式。就該觀點所追求的理解而言，任何方式的理解只是從這個特定觀點來看是『對』或『錯』而已。」（pp. 13-14）。請思考下列這段以美國獨立戰爭時期為主題的教科書摘錄：

那麼，什麼原因造成美國的獨立革命？過去有人主張，革命是因為英國政府的暴政而引起。這個解釋不再為人所接受，現在的歷史學者承認，英國的殖民統治是世界上最自由的，人民享有其他帝國的人民所沒有的權利和自由……英國政府對於未能了解美國的情況覺得很內疚……。

即使在印花稅法頒布之後，大多數的殖民地人民還是很效忠。他們對於大英帝國及其給予的自由感到自豪……在頒布印花稅法之後的幾年，只有極少數的激進份子開始追求獨立，他們密切注意每一個可以製造麻煩的機會（U. S. Department of Health, Education, and Welfare, 1976, p. 38）。

97

啊，聽起來有些怪異？這是因為這段摘錄是來自加拿大的高中歷史教科書。此處我們可以很快了解到的是，如果美國的學生對教科書內容達到真正的理解（相對於只是正確的回想），他們可以很順利地處理其他「相同」歷史讀物所提到的歷史及歷史編纂問題（換言之，觀點涉及權衡不同的、看似合理的說明和詮釋）。

人人都知道以報紙來傳達觀點的問題，那麼，報紙為什麼不引用各版本教科書內容來探討問題（或者，更典型的作法是採用單一教科書的內容）？人人都知道作者的觀點會決定內容、強調的重點、寫作風格，那麼，我們為什麼不利用這些語文技巧來幫助學生理解教科書？這些教科書的作者接受了哪些問題和假定？就此而言，像歐幾里德、牛頓、湯瑪斯‧傑佛遜、拉瓦澤（Lavoisier）、亞當‧史密斯（Adam Smith）、達爾文，以及其他原創思想家想要成就的是什麼？他們根據的是哪些假定？有哪些盲點存在？教科書在試著簡化這些概念或滿足不同對象的需

要時，在多大程度上扭曲了這些思想家們的概念？

因此，對觀點的主要觀點涉及確保所有課程學習活動都問到及回答：那又如何？哪些是假定的？哪些是後續的學習？在重理解的教學裡沒有離題的或「額外加分的」的問題：全都是主要的問題。我們的教學和評量策略需要更強調博雅教育的方法和目的，亦即，對主要問題有更大的控制，以利學生在求知的生活中能了解內在和外在的價值。的確，在《牛津英文辭典》中，動詞的理解之定義包括「知道某件事物的『意義』」，根據這項定義，即使最好的學校及大學，在使學生產生理解方面會多有效？只有少數學生是帶著對學校課業價值——學習各學門所需要的「學門」價值——的理解而畢業。

層面四提升此概念：教學應該包括提供學生明確的機會，使學生接觸有關大概念的另類理解和不同看法——不只是因為學生能聽到其他同學的不同看法，而且也是課程學習活動和教材設計的結果，後者能呈現專家對相同概念提出的不同觀點。

在稍早時期，Joseph Schwab（1978）根據觀點的轉換提出了大學階段重理解的教育之課程願景。他發展出自稱是「折衷的」（eclectic）課程設計法：審慎設計課程學習活動，以促使學生從非常不同的理論觀點來了解相同的重要概念（如：在人格發展上的自由意志對命定論）。我們以Schwab（及在他之前的杜威、在他之後的布魯納）之想法為基礎，建議如果要產生理解的學習結果和避免只是將內容列入教學，對「內容」的各次討論都必須從不同觀點考慮內容的意義和價值。

第五節　層面五：同理心

98

同理心：進入另一個人的情感和世界觀之內。

理解就是體諒。

——法國諺語

當閱讀重要思想家的作品時，先尋找文本中荒謬的地方，然後問

自己，一個有理智的人怎麼會寫出這樣的文字。當你找到答案，當這些句子讀起來合理時，你會發現，以前你認為理解的那些更重要句子，它們的意義已經有了改變。

——孔恩（*Thomas Kuhn*），〈論科學文本的閱讀〉，引自 *R. Bernstein*，《超越客觀主義和相對主義》（*Beyond Objectivism and Relativism*），

1983，第 131-132 頁

這對你而言好像是什麼？他們了解哪些我不了解的事物？如果我想理解的話，我需要什麼樣的經驗？作家、藝術家，或者表演家的感覺、想法、理解是什麼，他們想要使我感覺和理解的是什麼？

✓ 某個青少年很同情其臥病祖母的生活受到限制。

✓ 以下是英國全國測驗的題目：以《羅密歐和茱麗葉》（*Romeo and Juliet*）第四幕為準，想像你是茱麗葉，寫出你的想法和感覺，說明為什麼你要採取如此致命的行動。

✗ 某位成為教練的天生運動員常常責罵其年輕選手，因為他無法理解他們學習競技的辛苦，而那些競技對他而言很容易。

同理心，設身處地的能力、脫離自己的回答和反應以體會其他人的回答和反應之能力，對於口語常用的「理解」一詞是重要的。當我們試著理解另一個人、另一群人或另一種文化時，就是在努力發揮同理心。這不只是對我們很無力控制的事物表現出帶感情的回應或同情，而是有教養地試著像其他人一樣地感覺、一樣地理解。下列對某位稱為娃娃臉（Babyface）的歌星之訪談摘錄，說明了這一點：

「女人是不是曾經走過來對你說：『你怎麼知道這些？你怎麼感受得到？』」我問道。這是他第一次看著我，心平氣和地說：「對，那是正常的反應。」接著，他用突然不那麼害羞的聲音回答：「並不是我比其他人更了解女人，而是我了解感覺……你必須做的只是想像那個女孩會遭遇到什麼，只是把情況

轉向自己，然後讓自己設身處地感受……我們全都是一樣的人。」（Smith, 1997, p. 22）

同理心不同於以觀點來理解，後者是從可做批判的距離（critical distance）來理解，是把自己抽離以利更客觀地理解。以同理心來理解，我們是從這個人的內在世界來理解，我們設身處地，全然接受隨著專注其中而來的洞見。同理心是溫暖的，觀點是冷淡的、分析的抽離。

德國學者 Theodor Lipps 在二十世紀初首創「同理心」一詞，以描述觀眾在理解作品或表演藝術時必須做到的事。同理心是試著刻意在其他人的想法和行動中發現看似合理、明智或有意義的事，即使這些想法和行動是令人困惑或討厭的。同理心不僅能導引我們重新思考某個情況，也能使我們在開始理解以前似乎怪異或截然不同的事物時，改變態度。

一、同理心就是一種洞見

同理心就是一種洞見，因為它涉及到超越怪異的、截然不同的、似乎奇怪的意見或人物，以發現其蘊含的意義。就像孔恩的評論所指出，如果我們要理解由於自己的假定而太快拒絕的概念，發展理智上的同理心很重要。所有學者都需要有同理心，「就像人類學家 Stephen Jay Gould（1980）所說，如果我們嘲笑前輩的理解，我們就無法『理解他們的世界』。」（p. 149）。同樣地，學生必須學習如何開放胸襟接受似乎奇怪的、令人討厭的，或者只是難以接近的概念、經驗、文本，如果他們要理解這些事物、理解這些事物的價值，以及理解這些事物和其他更熟悉事物之間的聯繫。學生必須理解，當我們克服習慣的反應，則不尋常的或「愚笨的」概念其實似乎內涵豐富；他們也需要理解，習性會阻礙我們了解另一個人所理解的知識。

我們需要同理心的簡單例子可在美國的政府制度中找到。很少學生知道，曾經有一百多年的時間，美國的議員是被任命產生而非普選產生的；而甚至更少學生了解，為什麼這樣的策略在當時似乎是個好主意。把先人想像成誤入歧途或偽君子會很容易，但是，我們可以考慮在作業或評量上要求學生扮演美國憲法起草人的角色，以利學生覺得這樣的看

法似乎比較不怪異（即使我們現在覺得不能接受）。這項作業或評量的挑戰在於，提供充分理由使一群公民相信，任命官員是為了公民們的最佳利益。而作為補充說明，我們可以要求學生對美國現行普選制度的優缺點寫一篇小論文或報導，以利他們思考總統選舉團的價值——如果有任何價值的話。

二、改變態度

就如我們在前述討論語文時所指出，在人際意義中的理解指的不只是在認知上改變心意，也包括態度上的重大轉變。同理心要求的是尊重與我們不同的人，我們對他們的尊敬會使我們的胸襟更開闊，以及當別人的意見與我們不同時，能謹慎思考他們的看法。

於是，為了刻意要學生接觸奇怪或怪異的文本、經驗、概念而構思學校課業，以了解他們能否超越討厭學習的事物，會變成更容易之事。布雷德雷歷史教學委員會（Bradley Commission on the Teaching of History）主張，歷史教育的基本目的在幫助學生擺脫種族中心或以現在為中心的史觀，以對於生活在不同時空的人們產生同理心（Gagnon, 1989）。事實上，這在強調文化議題的外語教學是常見的活動。

三、更多的學習經驗

這類理解暗示了某些人覺得苦惱的先備經驗。如果某人要把經驗比擬為貧窮、虐待、種族主義，或高難度的競賽運動，然後說：「你沒有親身經歷是無法理解的。」其涵義大概是來自經驗的洞見對有同理心的理解是必需的。為確保對抽象概念有更多的理解，學生必須有更多有關這些概念的直接經驗或模擬經驗——多過於目前大多數教科書驅動的課程所允許的範圍。請考慮某個認知上的拓展訓練（Outward Bound）：學習活動必須做好準備，使學生直接面對決定、概念、理論、問題的學習結果——及影響。就像探討錯誤觀念的文獻所揭示的，學校很少提供這些經驗的情況，可以解釋為什麼學生誤解了許多重要概念，以及為什麼學生的學習結果如此薄弱。評量也必須更注意到學生在他們的答案和說明之中，是否已經克服了自我中心主義、種族中心主義，以及以現在為

中心的觀點。

第六節　層面六：自我認識

自我認識：有智慧地了解自己的無知，以及了解自己的思考和行為模式如何影響理解、如何構成偏見。

> 所有理解最終都是對自己的理解……一個理解事物、理解自己的人……這類理解始於某件事物談到了我們……從根本上停止我們自己的偏見。
>
> ——*Hans-Georg Gadamer*
> 《真理與方法》（*Truth and Method*），*1994*，第 *266* 頁

> 人類的理解力之作用是，理解有些事物是無法被理解的，以及這些不能被理解的事物是什麼。
>
> ——齊克果，《日記》，*1854*

「我是誰」的概念如何形成我的看法？我的理解有哪些限制？我的盲點是什麼？我會因為偏見、習性或風格而容易錯誤理解哪些事物？

✓ 有位母親了解到，她對女兒的害羞有挫折感，可追溯到自己小時候的問題。

✓ 留意到自己的學習風格之後，某位初中學生刻意使用圖表組體來幫助學習。

✗「當你僅有的工具是鐵鎚時，所有問題看起來都像是釘子。」

深入的理解最終都會連結到我們所稱的智慧。要理解外在世界，我們必須先理解自己，而透過自我認識，我們也可以理解本來並不理解的事物。就像希臘哲學家常說的，「認識你自己」是那些真正理解的人的行為準則。就某個意義而言，蘇格拉底是深諳理解之道的聖哲，他知道

101

自己是無知的,而大多數人則不了解自己無知。

在日常生活中,我們能正確自我評價及自律的能力,反映出理解的程度。後設認知是指關於我們如何思考、為何思考,以及我們偏好的學習方法和理解結果(或欠缺理解)之關係的自我認識。因此,不成熟的心智不只是無知或笨拙的,也是魯莽的。無論如何聰明、如何博學,天真的學生缺乏自我認識,而未能:了解概念何時「在那裡」(out there)或者只是自己投射的想法;了解概念何時在客觀上是真實的,但事實上只是符合自己的信念;或者,了解觀感的範例或架構如何形塑了理解方法和理解內容。

一、認知上的合理化

認知上的盲點使我們傾向預先將事物合理化:不斷將經驗同化到信念,以及同化到似乎不只是看似合理也是客觀事實的事項之中。我們很容易不斷認同我們所偏愛的,以及未經檢視的模式、理解、類比、觀點。

以非此即彼的觀點而論的思考,是這類天性的常見例子,例一是我們在教育改革過現象看到的蔓延想法,例二是杜威認為的不成熟思想之詛咒。學生常常以二分法來思考,不了解這些分類是狹隘的推斷,例如,他們會說:「她很酷」、「他是個笨蛋」、「他們是運動員,不是沒用的人」、「老師喜歡我、討厭你」、「數學不是女生學的」、「美式足球是動物玩的」、「這是事實,那是錯的」。

沙林傑(Salinger, 1951)在《麥田捕手》一書中,很出色地善用了這種傾向。主角荷頓傾向於將其他青少年男孩和大人看成是「騙子」,而他隱藏起來的偏見比透露的多。我們對於荷頓的疏離行為了解得很多,事實上,透過他自己的承認,當他考慮到像是爵士鋼琴演奏者 Lunts 和自己的老師時,他把人分成騙子、非騙子的二分法就失效了。當我們超越簡化的分類,以了解也許是未期望的差異、特點,或者人和概念的驚人之處時,所表現出的成熟態度會很明顯。

教師也常常不假思索就相信、就滿足於簡單的分類和引人注意的隱喻,然後在事實揭露了很久之後,才了解它們的限制和主觀程度。大腦真的像電腦一樣嗎?兒童真的喜歡將自然的物體或現象被看作是「孤立

的」、同等的變項，以利可以仿效科學實驗的程序產生標準化測驗嗎？以「提供教學的服務」（經濟學的隱喻、比舊式工廠模式更現代的異體詞）來談教育，或者提出教育需要「行為目標」（根植於史金納學派動物訓練的用語）的說法，就是在使用隱喻，這些隱喻未必有益。

> 根本的事實是，我們擬訂規則……然後當我們遵守規則時，事情並未變成像我們假定的一樣，因此我們好像被自己的規則套牢。這些把人套牢的環結就是我們想要理解的事項（Aphorism 125）（Wittgenstein, 1953, p. 50）。

102

近三百年前，培根（Francis Bacon, 1620/1960）對於由思考習性和自我認同的文化脈絡所導致的錯誤理解，有徹底的闡述：

> 有其自我特色的人類理解力傾向於假定，外在世界比人類所理解的更有秩序和規律……（而）當我們採納某個意見時，我們會拿其他所有事物來支持它、贊同它……認知上長期的特定錯誤，更容易被肯定而非否定的事物所感動及引發興奮……簡言之，情緒上的感動使理解被渲染的方法是無數的，有時其感染力甚至難以理解（Book I, Nos. 45-49, pp. 50-52）。

但是，把理解看成一向有錯、有害，也是一種偏見。例如，迦德納（1994）和海德格（Heidegger, 1968）主張，人類的偏見和人類的理解密不可分。如同吳爾芙（Virginia Woolf, 1929）提到的，有自覺地揭露自己的偏見可能是獲得洞見的關鍵：

> 也許，如果我暴露了該想法，這些偏見就會藏身在這項陳述之下「女人必須有自己的錢和房間才能寫小說」，而你會發現女人和小說之間有點關係。無論如何，當某個主題有高度的爭議時──以及有任何關於性的問題，人不能希望自己講出實話。人只能顯示自己如何開始抱持自己的意見，只能給自己的讀者

為他們自己下結論的機會——當他們觀察到述說者的限制、偏見、癖性時。這時，小說才可能比事實包含更多的真相（p. 4）。

二、自我認識的要求

自我認識是理解的關鍵層面，因為如果我們要變得更能理解——更能夠超越自己而理解，它會要求我們自覺地質問自己了解世界的方式。它要求我們要有找出不可避免的思考盲點或疏忽之處的訓練，要求我們要有勇氣面對潛藏在有效的習性、天真的自信、強烈的信念，以及似乎是最終的完整世界觀之下的不確定性和不一致性。當我們談到學科主題的「訓練」（disciplines）時，請注意其根本意義：有一種「訓練」涉及要求發揮勇氣和毅力，因為合理的理解使我們質疑，甚至有時候放棄自己的強烈信念。

就實際而言，更注意自我認識意味著，我們必須把廣義型自我反省的教學及評量工作做得更好。在某些學校教育領域，我們做得相當好：有許多課程和策略幫助學習困難的學生，培養更好的後設認知能力和對於學習風格的自覺；以及，有最佳的寫作和表演藝術課程大幅增進學生的經常自我反省。但是，學校需要更注意學生對認知表現的持續自我評量，以及他們是否更理解「認識論」的哲學能力（認識論是哲學的分支，探討對知識和理解的了解，以及探討知識和信念、意見的不同）。

第七節　理解層面對教學的關鍵涵義

理解的六個層面應該貫串逆向設計所有三個階段的思考。這些層面能幫助澄清期望學生達到的理解，澄清必要的評量任務，以及澄清很可能增進學生理解的學習活動。這些層面會提醒我們，理解的內容不等於事實，以及需要安排某些學習活動和實作評量，使學生產生所需的理解。

換言之，這些層面幫助我們避免工作上的專家盲點，以免成為下列講法的犧牲品：「由於我了解這項事物，我會告訴你我的理解，然後使

教學更有效率。」噢，但願教學有這麼容易！哎，在把理解的內容減縮成資訊的過程中（因此，評量成了回想或「提取」記憶的測驗），我們產生對學習的永久誤解：學生開始相信，他們的責任是為日後的回想來記憶所理解的內容，就好像這些理解的內容只是事實資訊而已。換句話說，如果理解是教學的目標，我們必須根除這項對學習的誤解，並且幫助學生了解，他們常常會被期望做出多過於吸取知識的表現——亦即從有問題、不明確的事物找出意義。

優質的課程設計會建立這個概念：明確要求學生理解教師所教的內容。換言之，如果理解是教學的目標，課程設計必須使某些事實資訊和技能的意義轉換成問題，而不是輕率的答案。這種狀況發生於概念、事實、論據或經驗被設計成能同時說明事物和提出問題。

請思考這些使「需要理解」的目標更清晰的簡單舉例。我們必須閱讀一篇文章，其中我們認得所有的字詞，但卻無法使內容產生任何合理的意義（例如，這是在閱讀哲學作品或詩歌時的常見問題）；教師引導我們做實驗，但我們對於實驗產生的非期望結果覺得很困惑；考慮到我們迄今已經學過的所有數學公式，教師認為我們呈現的一系列數據看起來並不合理；我們接觸到兩個對相同事件有不同因果關係說明的歷史文本；英式足球教練告訴我們，在進攻時即使負責防守的隊員也要很勇猛。

因此，任何重理解的課程設計必須幫助學生了解，他們的責任不只是吸收課程「涵蓋」的內容，也必須積極「發現」在事實的表面之下所存在的事物，並且思索其意義。當然，這正是建構主義的意義：意義無法教導，必須透過有技巧的課程設計及教師的有效指導，才能使學生對所學建構意義。因此，為發展學生的理解力而設計的課程，其部分作用是「教導」學生，他們的責任不只是學習事實資訊和技能，也包括質疑它們的意義。「跨內容」一詞摘要了引導式探究的課程設計哲學，透過這一類的教學，知識被建構得更為連結、更有意義、更有用。

雖然從理論上來說，確保課程設計的工作更聚焦在學習的結果、大概念、六個理解層面，聽起來完全合理，但也許對很多讀者而言，這對於課程設計有什麼具體涵義，還是不夠清晰。如果理解是由六個層面所構成，它們實際上看起來像什麼？如何準確區分已理解和未理解的學生？

104

在仔細考慮逆向設計方面,現在可以詳細介紹如何在階段一架構大概念;以及,稍後在階段二設計評量以更能引發學生的理解(以及區分已理解和未理解,或錯誤理解)。

我們先轉到UbD範例的某個要素,它既超越設計階段又最容易說明如何以大概念架構教學,那就是主要問題。

主要問題：理解的敲門磚

考慮到特定的學科主題或特定的概念，問瑣碎的問題就很容易……
問毫無難度的問題也很容易。其訣竅在於找出可被回答又能使你
有進步的中間問題。

　　　　　　　　——布魯納，《教育的過程》，*1960*，第 *40* 頁

發問意指明白地陳述、公開地提出。一個人只有在有疑問時才能
夠擁有〔真正的理解〕。

　　　　　　　　——*Hans-Georg Gadamer*，《真理與方法》，*1994*，第 *365* 頁

任何複雜的學習單元或科目自然都會同時涉及許多教育目標：知識、
技能、態度、心智習性、理解。但是如我們曾說過的，如果教學目標是
要幫助學生有效理解及利用所學，那麼，課程設計（及產生結果的教學）
必須明確聚焦在將所有個別的事實和技能加以連結並賦予意義的大概念
上。

　　我們如何更刻意地持續聚焦在大概念上？我們如何選擇大量的課程
內容知識，然後將其形塑成能吸引注意、能激發思考，以及有效的學習？
我們如何避免活動為本和內容為本的課程設計所造成的學生之惡？在
UbD中，該焦點的形成一半是透過根據我們所稱的主要問題來架構教學
目標（後面幾章所討論的其他方法，係在具體指明期望的理解和關鍵的
實作任務）。

我們指的是哪些類別的問題？不是任何問題都可以列入。請思考下列的問題舉例，然後注意這些問題和日常課堂教學及教科書常常提到的問題有什麼差異？

1. 什麼是真正的朋友？
2. 我們必須有多精確？
3. 在多大程度上，藝術反映或形塑了文化？
4. 故事必須有開始、有中段、有結尾嗎？
5. 每件事物都可以量化嗎？
6. 假設語氣是必須的嗎？
7. 在多大程度上，DNA 的組合是命定的？
8. 在哪些方面幾何學是真實的，在哪些方面又不是真實的？
9. 在多大程度上，美國歷史是一部進步史？
10. 科學事實、科學理論，以及強烈的意見之間有何差異？
11. 英雄必須毫無瑕疵嗎？
12. 什麼是我們應該恐懼的？
13. 誰有資格擁有它？
14. 哪些因素使寫作的作品值得閱讀？

這些問題是結論式的短句無法回答的——這正是重點。這些問題的目的在刺激思考、激發探究，以及引發更多的問題——包括學生提出的有深度的問題，而不只是脫口而出的答案。這些問題範圍很廣，充滿了學習遷移的可能性。對這些問題的探索，能使我們發現某個主題的真正深度，否則就會被教科書的輕率描述或教師的例行講述所遮蔽。我們必須超越單元的事實資訊所能回答的問題，以觸及能突破主題界限的問題。深度的、可轉換的理解端賴於根據這類問題來架構學習活動。

請回到本書導論中的蘋果短文，以了解透過引發思考的問題來定位課程的益處，而這些問題暗示了有利的（抱歉！）探究途徑。如果所建議的一連串「有趣」活動因為缺乏認知上的焦點而受害，請注意如何透過一套引起爭論的問題來架構單元內容，而能提供較佳的觀點和動力來做深入的探討。這些引起爭論的問題，例如：播種、成長，以及收穫的季節如何影響美國人民的生活？兒童在收穫季節的角色如何隨著時間而

改變？和其他的食物比較，蘋果對你而言有多好？今日的蘋果果農在經濟上可以生存嗎？

　　這些問題的要求無疑大過於只是自助餐式的學習和孤立單元中的片斷知識。課程單元提出這些問題、注重這些問題，以產生對問題的鑽研及最終的學習遷移。這些問題暗示，跨內容是優先的事項，而不是學習其他「東西」之後，如果尚餘時間的點綴式或選擇性活動。適當利用之後，這些問題就能夠正確表達理解即教學目標的訊息。

第一節　大概念的路標

　　最佳的問題會指向大概念、強調大概念。它們的功能是作為入口，透過這個入口學習者可以探究關鍵的概念、主題、理論、議題，以及也許尚未發現的、存在於課程內容的問題：正是透過引起爭論的問題來經歷積極「審視」課程內容的過程，使得學生能深化其理解。例如，「出自不同時空和地點的故事和我有什麼相關？」的問題，可以引導學生習得的大概念是，偉大文學作品的普遍主題是探究人性，以及幫助我們從自己的經驗中獲得洞見。同樣地，「在多大程度上，人可以正確預測未來？」的問題，可作為檢視統計學領域大概念的出發點（如：抽樣變項、可預測的變項、信心水準、相關對因果關係）。

　　如同布魯納（1996）所言，好的問題是「提出兩難困境、破壞明顯或標準的『真相』，或者使我們的注意力不相稱的問題」（p. 127），好的問題能引發有趣、另類的看法，並且顯示有需要聚焦在我們得到某個答案、辯護某個答案時所用的推理思考，而不只是聚焦在我們的答案是「對」、是「錯」。好的問題會針對我們從之前的課堂學習和從自我生命經驗帶到教室來的知識，引發有意義的連結。這些問題的再現能夠（也的確）產生益處，使我們重新思考自己認為曾經理解的事物，並且將概念從一個情境轉換到其他情境。

　　除了刺激思考和探究之外，問題也可以被用來有效架構我們的課程內容目標，例如，如果學科學習標準要求學生學習關於政府三大部門的知識，那麼，例如，「政府如何捍衛權力而不濫用權力？」的問題會有

107

助於刺激學生思考：為什麼我們需要制衡、憲法的草創者想要達成什麼，以及政府平衡權力的其他方法。

　　現在你自己試一試。不把課程內容想成是教學進度涵蓋的事物，而將知識和技能想成是探究問題的方法，對於理解所教學科的關鍵議題很重要。這個概念上的改變提供了教師和課程委員會確認重要學科內容概念的實用策略，同時，也使學生專注於理解所要求的那種建構式思考。

　　簡言之，最佳的問題其功用不只促進學生理解單元或特定主題的內容；它們也激發概念的連結，以及將概念從一個情境遷移到另一個情境。我們稱這類問題是「主要問題」。

第二節　什麼因素構成主要問題

　　在哪些意義上，某個問題應該被視為是「主要的」？最佳的問題促使我們進到事物的核心——精髓。什麼是民主？它如何運作？作者的意思是什麼？我們能證明它嗎？我們應該做什麼？它的價值是什麼？認真探求這些問題，不只導致更深入的理解，也衍生更多的發問。

　　但是，主要問題不需要如此廣泛，它們可以進到特定主題、問題或學習領域的核心。如此，我們就能說，每個學術領域都可藉由其主要的問題來界定。請思考這些舉例：

1. 在評量方面，哪些誤差是無法避免的，哪些邊際誤差是可以容忍的？
2. 在哪些方面，政府應該規範市場制度？
3. 我們如何知道作者的態度是嚴肅的？
4. 大爆炸理論的優點和限制是什麼？
5. 在運動方面，誰是「贏者」？
6. 在文學方面，作品受歡迎和作品很偉大之間的關係是什麼？
7. 在多大程度上，音樂是一種受限於文化的美感判斷？
8. 哪些因素使數學的論據令人信服？
9. 國家的政府形式和其人民的經濟繁榮之間有什麼關聯？
10. 在烹飪方面，什麼時候擺脫食譜是聰明的作法？
11. 在護理的專業中，「照護」和「首先，不造成傷害」（First, do not

108

harm）的意思是什麼？

*12.*聆聽先人的教誨有多重要？

　　這類最佳問題不只可作為其所屬領域的象徵，也是真實的問題，因為人們常在學校以外提出及爭論這些問題！最重要的學門限定（discipline-bound）問題會開展每個人的思考和可能性——包括新手和專家在內，這些問題顯示，發問和開放的胸襟對專家技能的養成很重要，我們必須不斷地學習。就更實際的意義而言，如果學生真的專注在該問題上，如果該問題似乎是真實的，而且與學生有關，以及如果該問題能幫助學生對所學獲得更有系統、深入的理解，那麼該問題就是活的問題。

　　就其他意義而言，像「哪些邊際誤差是可以容忍的？」之類的問題很重要。它們可做跨學科的學習遷移，不只在評量和統計上連結課程單元和科目，也連結到例如工程、製陶術、音樂等多元學科。在這個意義上，所謂主要的問題是指那些鼓勵、暗示，甚至要求我們的學習遷移要超越初次接觸這些問題的特定主題問題。因此，它們應該在幾年之內重複出現，以促進概念的連結和課程的連貫。

一、四個涵義

　　正如第四章所描述的六個層面代表理解的不同方式，當用來描述問題時，「主要的」一詞也有四個不同但重疊的意義。第一個意義涉及「在生活各方面重現的重要問題」。這類問題的本質是範圍廣泛、超越時代，長期以來一直有爭議，例如：什麼是正義？藝術是品味的問題或原則的問題？我們可以把自己的生物特性和化學特性擅自改變到什麼程度？科學和宗教能相容嗎？作者的觀點有決定文本意義的特權嗎？我們可以自己掌握或經過幫助而掌握對這些問題的理解，但是很快就學到，這些問題的答案常常是暫時的。換言之，我們可能改變心意，以適應經歷生活之後關於這類問題的反省和經驗，而改變心意不只是期望中事也是有益的。優質的教育係以這類終身的問題為基礎，即使當聚焦在精熟學科內容時，我們有時會忽略了這些問題。大概念問題顯示，教育不只是關於「答案」的學習，也是關於如何學習的學習。

　　「主要的」一詞的第二個涵義是指「學門內的核心概念和問題」。109

就這個意義而言，主要的問題是指那些指向學科的核心大概念，以及指向技術知識新領域的問題。它們有歷史的重要性，並且是該領域非常歷久彌新的問題，例如，「什麼是健康的飲食？」在今日的營養專家、醫師、飲食提倡者，以及一般大眾之間會引起熱烈的辯論（除了關於營養的許多已知事實之外）。又如，「是否有任何歷史能脫離其撰述者的社會及個人歷史？」一直是過去五十年來學者廣泛熱烈辯論的問題，並且促使新手和專家同樣思索在任何歷史敘述中都可能出現的偏見。

「主要的」一詞的第三個涵義是指學習核心學科內容的問題。就這個意義而言，如果一個問題能幫助學生有效探究及理解重要而複雜的概念、知識、技能，我們就可以認為此問題是主要的。技能是連接學科發現的橋樑，專家認為這些是學科中被接受的發現，而學習者則尚未掌握或了解其價值。例如：在哪些方面，光的作用就像波？最優秀的作家如何吸引及維持讀者的興趣？哪些模式最能描述商業活動的週期？積極探索這類問題能幫助學習者達到重要的理解，以及在學科內容知識和技能方面達到更大的連貫性。又如，如前所述，在英式足球賽中，球員必須了解反覆問以下問題的重要性：「我們如何在防守上創造更大的空間？」（如：散開防守及占據開放的空間以增加得分的機會），以利探討下列更重要的問題：「我們如何贏得更多的比賽？」

「主要的」一詞的第四個涵義是指，問題能吸引一群特定而多元的學習者。在事物的大架構方面（專家和教師都認為的大架構），有些成人所問的問題可能重要，但是對特定的學生而言，並沒有明顯的相關、意義、興趣或重要性。就這層意義而言，如果問題能吸引及維持學生的興趣，就是主要的問題。

因此，將某個問題稱為「主要的」會含糊不清。一方面，即使學生初次聽到問題時未能掌握其力量，該問題仍是重要的。如我們曾指出的，大概念抽象而不明顯——在某些情況下甚至反直覺。另一方面，如果問題不能很快透過有興趣的或有用的問句和洞見來對學生陳述，那麼該問題的狹隘焦點可能會造成反效果。但也需要注意：簡潔有力的問題可能會引起學生之間的熱烈討論，可是它們並不指向大概念或單元目標。課程設計及教學的挑戰是，使主要問題（就前兩個「目標」的意義而言）

可以入手、啟發思考、有挑戰性、有優先性——愈早愈好。此挑戰能以不同方式來克服：透過能「自然而然」產生主要問題的刺激經驗，或者透過具體的導入的問題——討論哪些問題指向核心概念和議題。因此，實際上這是階段三的問題——其挑戰是將階段一的期望學習結果轉換成教學上適合學生的用語（第九章會提供轉換的訣竅）。

　　上述「主要的」一詞之不同涵義，暗示了問題類型的更細密區分，本章稍後將檢視這些區分。現在，讓我們思考不同主要問題的常見特徵——「主要的」部分。筆者主張，某個問題是主要的，如果其目的在：

1. 對大概念和核心內容引起相關的真實探究。
2. 啟發深度思考、熱烈討論、持續的探究，以及新的理解和更多的問題。
3. 要求學生思考其他的選擇、權衡證據、支持自己的概念、證明他們的答案。
4. 激發對大概念、對假定，以及對以前的課堂學習進行重要的、持續的重新思考。
5. 對之前的學習和個人經驗激發有意義的連結。
6. 自然而然地重現概念——產生將概念遷移到其他情境和學科的機會。

二、目的的重要

　　使用這些效標必須很謹慎。請注意，這些效標不是指任何問題本身的內在特徵，而是問題在情境脈絡中的力量。沒有任何問題原本就是主要的（或瑣碎的、複雜的、重要的），這全都要歸結到目的、對象、影響：身為教師兼課程設計者，你想要學生如何處理問題？你的目標是要學生熱烈討論，或者是回想單一的正確答案？上述六項效標清楚闡述，教學目標必須使問題被認為是主要的：目標必須堅定、必須揭示探究的主題，以及導向更深入的理解和新的問題。

　　當我們提出所謂的主要問題時，是為了顯示與理解相關的目標，以及暗示本單元的探究主題，例如，以下在六項效標之前所列出的斜體字句幹：「在多大程度上此問題意指……」問題的重要程度，端賴於我們「為什麼」提出問題、「如何」要學生處理它，以及期望學習活動和評量的結果是「什麼」。我們是否預見公開的探索，包括根據「公開的」

議題所做的辯論，或者我們計畫只引導學生回答事先規定好的答案？我們希望我們提出的問題，能激發學生提出他們自己對於該主題的問題，或者我們期望學生做出傳統的詮釋？我們想要學生面對常見的錯誤觀念，然後試著去「解開」謬誤之處嗎？我們的問題應該在單元結束之後繼續存在和重現，或者我們期望該問題能在單元結束時解決？

因此，如果我們只看到問題的字面意義，沒有情境脈絡的依據，我們將無法分辨該問題是主要的或非主要的。例如，請思考「什麼是故事」之問題。此問題要求的似乎是常見的特定答案，但是無論該問題是否是主要的，我們不看整個課程設計就無法確定——尤其是評量。顯然，如果我們發問時，想要學生回應的是「情節、角色、情境、主題」，那麼根據六項效標而言，這項（追查的）問題就不是主要的了。但是，如果提出該問題只是想先引導學生回答顯著的故事要素，然後透過後現代的小說顛覆對故事的傳統定義，那麼該問題「就是」主要的。而問題的重點幾乎被改成：「故事是什麼？」

更一般而言，類似「什麼是 X？」之類的問題，可能要求我們回答複雜、探索的問題，或者可能要求簡單的定義。類似「為什麼 Y 會發生？」的問題，可能要求高層次的研究，或者只要求學生回想教科書的內容。缺乏設計良好的教學及刻意的探究作為發問之後的後續活動，即使聽起來是主要問題的問題，最後會變成只是修辭而已。相反地，乍聽起來相當平庸的問題，會隨著答案變得愈益自相矛盾而愈有啟發性，而課程設計清楚闡述了更深入探究問題是必要的。

三、不止是形式

因此，我們不能只根據問句的措辭就指出該問題是或不是主要的問題。但是，許多教師所接受的教導是，問句應該以某種方式來措辭，以顯示其目的在激發探究、討論或爭論，而不是回想所學到的事實資訊。於是新任教師被告誡：如果教學目標是批判思考或探究時，避免使用「是（否）」或「誰（什麼、何時）」來建構問句，是常見的事。雖然我們理解，教師必須對學生清楚表達教學目的乃重點所在，但筆者認為，對問句的措辭訂定非遵守不可的規則並不是關鍵議題。相反地，攸關成敗

的是整個課程設計：對學生而言，他們是否清楚自己的責任是探究？

例如，我們可能會建議某位教師修正「光是粒子或波？」的問句，因為其措辭暗示答案要求的是確定的事實。雖然這個建議有點合理，但是，當該問題的提出先於刻意去設計產生含糊結果的實驗，實際情況就有所不同。如此一來，該問題的較深入目的很快就被自相矛盾的實驗結果所揭露，因為實驗結果是，光表現出既像波又像粒子的特性。

事實上，許多「是、否」、「此、彼」、「誰、什麼、何時」的問題可能會激發學生令人印象深刻的好奇心、思考、反省，端賴如何提出這些問題，以及其後續教學活動的特性。請思考以下的舉例，以及其可能引發的熱烈討論、持續思考、洞見等：

1. 宇宙正在擴張嗎？

2. 歐幾里得幾何學對我們居住的空間是否提供了最佳的描繪？

3. 誰應該出來領導？

4. 《麥田捕手》是喜劇或悲劇？

5. 「限制自由的民主」是個自相矛盾的用詞嗎？

6. 什麼是「第三世界」？有「第四」世界嗎？

7. 何時能確認勝利？

8. 有必要使用標點符號嗎？

9. 數字是實數嗎？

我們可以改變重點：如果問題似乎鼓勵探索和爭論，但是討論及後續的學習卻阻礙這些，那麼我們達成的學習結果就很少。教師有時會問有趣的問題，以進一步安排非常特定的、不夠刺激的教學，就好像暫時的專心討論會對於熟練恰當的課堂學習活動建立足夠的動力。我們都理解，類似「三角形內角總和是多少度？」和「什麼是難以忍受的行為？」等問題，都導向特定的事實型答案。但是，類似「若沒有人權法案，在美國的生活會像什麼樣子？」和「這水是乾淨的嗎？」等，似乎都是答案開放，而且的確可能引起熱烈對話的問題，可以在人權法案講述教學，或者預錄的科學實作示範之前作為單純的引起動機的發問活動——此類教學活動似乎從不進行討論。同樣地，教師所問、聽起來像是期望有許多不同答案的問題——「在多大程度上……？」「在哪些方面……」可

112

能最後變成只有一個從教科書得來的「正確」答案。如果問題能夠引導學生提出深思熟慮的、不同的回答，但最後對於班級教學的指導或學習活動的設計並無影響，那麼這些問題除了似乎是答案開放的形式之外，只是修辭問題而已。

那麼根本上，只看問題的構句、甚至只看教師在階段一所述的目的，並不重要。我們必須看整個的課程設計然後思考：設計者對於所尋求的問題有多認真看待？這是UbD第四階段的設計標準所考慮的許多連結之一。我們總是需要考慮更大的情境脈絡——指定作業、評量、預見的後續問題，以決定該問題最後是否成為主要問題。

第三節　在技能領域的主要問題

有些教師曾主張，主要問題在歷史、英文或哲學等某些學科會發揮良好作用，但在數學、化學、閱讀、體育、外語等學科則否。事實上，有些教師甚至說，在技能領域就是不能有任何的主要問題。在某個工作坊中，某位教師曾經告訴我們，就科目本質而言，她教的科目沒有大概念或主要問題存在。筆者問她：妳教什麼科目？她毫無諷刺之意地回答：生活技能。我們認為這位教師已經不了解自己的教學目的了，她的工作不只是教導一套簡單的技能，而是教導學生某些技能以發展他們的自給自足能力——這是產生許多重要問題的大概念。例如，「我最需要哪些少數技能，才能夠自給自足？」「我必須學會做哪些事（相對於其他人幫我做），以使自己達到最大程度的自給自足？」

113　　事實上，大概念——及因此產生的重要問題——強調所有技能的熟練，對於流暢的、有彈性的實作能力而言，對這類問題的思考是學習的關鍵。我們已發現，主要問題的順利建構可以根據關於有效技能學習的四大概念：(1)關鍵概念；(2)目的和價值；(3)策略和技巧；以及(4)應用的情境。讓我們思考來自體育的某個舉例。對涉及以擺動技能為長期目標的任何運動而言，例如，棒球、高爾夫球、網球，其關鍵概念包括了施力、扭轉、控制。因此，我們可能會為了探索這些概念而形成某個問題，例如，「在施力之後如何扭轉？」我們可以提出「你如何達到最大的施

力而不至於失去控制？」的問題，來幫助學生發展有效的擺動策略（如：一直注視著球，然後完成動作）。與情境相關的第三個問題則是：我們如何輕柔地擺動？

相同的分類在學科技能領域也是有用的，例如，在閱讀領域：「你如何知道自己理解所閱讀的內容？」（關鍵概念）；「為什麼讀者應該常常監控自己的理解？」（目的和價值）；「當未能理解文本時，優秀的讀者會怎麼做？」（策略）；以及「我們何時應使用『修補』的策略？」（應用的情境）。

筆者曾指出，就像整個學習活動的設計和學習結果所反映的，在判斷問題的重要程度時，考慮目的最重要。同樣地，只有針對真實情境的實作任務提出技能領域的問題，才可稱為主要的問題，因為這些實作任務需要持續的評量。技能是方法，不是目的：技能教學的目的是產生流暢、有彈性、有效的實作表現。這需要在情境脈絡下從具備的技能做出聰明選擇的能力：當面對複雜的實作任務時，理解哪些技能應在何時使用、如何使用，以及為什麼使用。例如，「其模式是什麼，你如何知道？」的問題，對於所有數學的思考和問題解決都很重要，但如果評量只要求在無情境設定的練習中，根據簡單的提示以簡化的數據提出單一的答案，那麼，這些問題會忽略對真實實作表現很重要的議題。因此，技能領域似乎難免被認為缺乏主要問題，因為很不幸地，最常用的評量並不要求學習遷移，也不評斷學習結果。

第四節　主題式對總括式的主要問題

更複雜的是，主要問題的範圍有所差異，例如，教師常常問：「我們應該從越戰得到什麼教訓？」和「最優秀的推理小說作者如何吸引及維持讀者的興趣？」，來幫助學生對所學單元有特定的理解。這些問題具體指向主題（如：越戰、推理小說），而且應該在單元課程結束前被回答──教師心裡想著只要暫時有答案就好。

但是，更概括的主要問題會帶我們超越任何的特定主題或技能；它們指向更一般的、可遷移的理解。這些問題不是指學科主題內容，而是

114 超越單元和科目的大概念，例如，「從美國軍隊涉入外國的地區衝突，我們學到什麼教訓或者沒學到教訓？」是個更概括的主要問題，而該問題連結到越戰有關的問題；「最優秀的作家和演講者如何維持他們的讀者群或聽眾？」則是連結到推理小說寫作問題的更廣問題。

筆者將更特定的主要問題稱為「主題式」問題，將更概括的問題稱為「總括式」問題。我們相信，最佳的單元建立在這類問題的相關組合上，表 5-1 列出了這兩類問題在不同學科領域中如何搭配的實例。

115 表 5-1　總括式和主題式的主要問題

總括式的問題	主題式的問題
1. 在哪些方面，藝術反映文化並且形塑文化？	1. 儀典的面具揭露了什麼樣的印加文化？
2. 這是來自誰的觀點，產生了什麼樣的差異？	2. 美國原住民如何看待西部的「殖民」？
3. 不同的身體系統如何互動？	3. 食物如何轉變成能量？
4. 在多大程度上，我們需要制衡政府的權力？	4. 在多大程度上權力的分散（如：政府三大部門、國會兩院）會造成政府的運作停頓？
5. 是否有方法可以區分科學中的固有誤差和可避免的誤差？	5-1 在這個實驗中，哪些是測量誤差的可能來源？
	5-2 這個實驗比上一個實驗有更大的邊際誤差嗎？
6. 強權國家的興衰是否有共同的因素？	6-1 羅馬帝國為什麼崩解？
	6-2 大英帝國為什麼會終結？
	6-3 什麼因素可說明美國的崛起成為世界大國？
7. 作者如何應用不同的故事要素來設定角色的心境？	7-1 John Updike 如何利用場景來設定角色的心境？
	7-2 海明威如何應用語言來設定角色的心境？
	7-3 Toni Morrison 如何使用意象和象徵來設定角色的心境？

　　第二欄的問題在解答時，會導向理解某個單元之內的特定主題。但是在第一欄中的問題就不同，它們沒有提到單元中的特定內容，它們超出單元主題內容，而指向更廣的、可以遷移的理解，這些理解跨越了第二欄所提及的單元。請一併注意，第二欄最後三則相關問題顯示，在我們能有效全面處理某個範圍的總括式問題之前，可能要先進行少數幾項主題的探究。

　　因此，總括式問題對於根據真實的大概念來架構學習的科目和課程（如：幼稚園到高中的健康課程）是有價值的。作為概念支柱使用，這些問題可以強化多年期的課程，使其更連貫、更連結（對於根據廣泛的、重複出現的，以及有更大遷移力的主要問題來設計科目和課程，第十二章會有更徹底的探討）。

　　看起來，似乎主題式的主要問題其實並不是主要的，因為它們似乎常常要求「正確」答案。但是另一方面，我們必須注意只從語言下判斷的問題。如果我們的教學目標是真正進行探究，這會反映在我們確實要求學生以階段二、階段三的問題去做（或不做）的活動。是否學習活動清楚說明，學習結果不可以是簡單的答案？是否評量任務要求解釋和證明，而不只是要求對或錯的答案？就像諺語所說的：「布丁好不好，吃了才知道。」（The proof is in the pudding）所有「好的」主題式問題都是主要的嗎？不是，因為相同的原因：任何應該很快獲知某個事實或達到完整結論之問題都不是主要的，因為這類問題的目的不在或並不保證持續的探究及爭論。我們有時稱這些問題是「導入的」問題，因為教學目的與其說是促進思考和探究，不如說是強調我們要學生注意的重點。

　　稱某個問題是「導入的」並無責難之意！導入的問題在教學和評量方面有其位置，就如蘇格拉底在《對話錄》（*Dialogues*）一書中多次證明的（換言之，導入的問題屬於階段二和階段三）。我們提出不同類型的問題以適合不同的教育目標，我們的重點是，導入的問題——即學生現在最常面對的問題類別——不可能是為理解所做的課程設計之基礎，因為它們集中於事實資訊，並且要求學生只需回想而不是深思熟慮地利用大概念。

115 ## 第五節 主要問題的更細密樣貌

注意錯誤概念！

考慮到筆者提出的六個效標（尤其是指重現概念的問題和聚焦在大概念的問題），有些讀者會懷疑，主題式問題到底能否成為主要問題。換言之，他們可能偏好將主要問題定義成總括式開放問題。雖然這是合理的看法，但是，我們已經決定將最佳的主題式問題稱為「主要的」，因為注意到前述所提「主要的」之第三則廣義涵義：對學生而言，有些主題式問題對於理解核心內容是主要的，因為它們指向或暗示了大概念。

或者，有些讀者會藉由指出所有的主題式引導問題都是導入的問題，而表示反對，因為這些問題常常指向具體答案。不過，雖然導入的問題和主題式主要問題可能聽起來一樣，它們的目的卻相當不同。導入的問題指向事實知識及明確答案，而有焦點的主要問題則意在鼓勵真實的探究，以導向最終的理解──從事實獲得的推論當然是暫時的而不應該是最終的答案。導入的問題只要透過回憶所聽講或閱讀內容，或者知道從書本何處找到答案就可以回答；主題式主要問題則要求分析、詮釋、建構論據──換言之，即真正的思考。

於是，分類不同類型主要問題的有用架構，便由前面討論的兩種要素──目的和範圍──互動形成。表 5-2 指出了四種類型的主要問題：這些問題的作用是作為課程設計的工具，以混合產生單元和課程的主要問題。

檢視表 5-2 的四類問題之後，會產生幾個重要的洞見：

1. 無論問題多麼引起爭論，或者和核心的學科內容有多麼相關，以聚焦在特定概念和過程的主題式問題來架構一個單元的內容，無法保證產生學習遷移。主題式問題對於將學習的焦點放在優先的單元內容上是必要的，但是，這類問題並不足以產生學生需要的廣泛理解，以連結不同單元的學習結果。因此，考慮到主題式問題的特性，僅使用這類問題是不可能引發我們要求的那種廣泛連結和重新思考。

2. 只用總括式及開放式問題來架構單元內容，會使教學不知不覺進入漫無目的之討論，而未能觸及和學科學習標準及核心內容有關的特定理解。這些問題的特色是沒有固定答案，因此可能會使有些學生（及其家長）受到挫折──如果課堂討論和單元內容無關則更是如此。只偏好最開放的、最總括的問題通常無法符合第一項效標（與核心內容連結），並因此難以在學習結果為焦點的課程設計中證明其合理性。

117

表 5-2　主要問題列表

關於目的	關於範圍	
	總括式	主題式
開放：挑戰學生對於一再出現、未解決的重要問題，能進行更深入、更有創意的思考。 教師提出這些問題為策略，以吸引學生像該領域專家一樣地思考。	這些廣泛而入深的問題仍然明確存在於學門之中——也許永遠都存在。它們超越了單元、科目，以及（有時甚至是）學科的界限。 1. 在多大程度上，美國的歷史是一部進步史？什麼又是「進步」？ 2. 在多大程度上 DNA 是命定的？ 3. 誰是真正的朋友？	這些問題能刺激學生對單元之內的重要概念之探究和深入理解，這些問題不是在單元結束時才要求回答的。 1. 美國國會在 1950 和 1960 年代可以如何更有效保護少數族群的權利？ 2. 我們應該要求每個罪犯提供 DNA 樣本嗎？ 3. 青蛙會被誤認為蟾蜍嗎？
引導：引導學生對大概念的更深入理解進行探究。 教師提出這些問題為策略，以發現學生是否達到期望的理解。	這些是超越單元、科目，以及學科界限的概括問題，但會產生一項以上期望的理解。 1. 自立國以來，美國的民權有多大進步？ 2. 遺傳學的近來發展如何影響有關天性和教養的爭論？ 3. 可共安樂但難共患難的朋友有什麼特徵？	這些單元特定的問題整合了一個或幾個重要概念的固定理解內容。 1. 民權運動有哪些決定性的關鍵時刻？ 2. 如何確保 DNA 測試的信度？ 3. 在哪些方面，故事中的青蛙表現得就像朋友一樣？

3. 只以引導的問題來架構單元內容，使學生不可能有認知上的自由，不可能被鼓勵提出問題——旨在教導理解的課程所需要的問題。認為跨內容的教學非常重要的想法會被忽略了。

4. 主題式問題的重要性取決於其和總括式問題的明確搭配。這對學習者顯示的是，學習的過程有階段和節奏，藉此導向其他問題及新的探究項目之答案，暗示了有需要重溫之前的答案。由於這類答案與較大概念、較大問題無關，導向最終的或無可反駁的答案之主題式問題，更適合放在階段三以作為教學的一部分。

第六節　主要問題：強調多項問題

　　就如這節的討論所顯示的，單獨一則問題無法畢竟全功。考慮到「主要的」一詞有不同意義，以及課程設計者有不同的目標，思考主要問題的最有用方法，就是根據幾組相關的問題來思考。根據多樣而平衡的主要問題來建構最佳的單元，是最有效的作法。請思考以下的少數舉例：

- 主題式主要問題：我們從海倫凱勒的《我的一生》（*My Life*）和《安妮的日記》（*The Diary of Anne Frank*）這兩本書學到什麼？你如何對比她們兩人的人生？她們各自「觀察到」和「未觀察到」的事物是什麼？

- 總括式主要問題：「小說」在非小說之間如何走出自己的路？自傳的作者無法觀察到的事物是什麼？作家能觀察到哪些其他人觀察不到的事物？

- 主題式主要問題：位值（place value）有什麼價值？

- 總括式主要問題：數學用語的優點和缺點是什麼？數學表達方式的限制是什麼？每件事物都能被量化嗎？

- 主題式主要問題：什麼是磁性？什麼是電力？什麼是地心引力？

- 總括式主要問題：如果無法直接看到力，我們如何知道力的存在？相對於只是推測，我們如何建構「科學的」理論？在哪些方面，物理學上的力和人類行為中無實體的「力」很相似？心理學比較像物理學，或者比較像歷史學？

　　這幾組問題不只顯示了主題式、總括式、引導式，以及開放式問題之間的平衡，同組群的問題顯示了如何在狹隘的問題和廣泛的問題之間反覆靈活發問，如何在暫時的理解和深入的理解之間反覆靈活發問，以及提出更進一步的問題。重理解的教學之技巧需要巧妙混合開放式問題和引導式問題，以及混合主題式問題和總括式問題。藉由達到正確的平衡，我們就能顯示，伴隨著專家們最有效的洞見，學生心智上的自由和

118

創造力也受到重視。

第七節　產生主要問題的訣竅

如何為架構課程單元提出最佳的問題群組？我們可以利用「機會」（Jeopardy）的問答節目形式找出有用的主題式問題。考慮到教科書所呈現的內容——所學習的「答案」，就教科書提供的完整摘要而言，什麼是關於大概念的重要問題（及其暗示的相關研究）？不要陷入前述問題類型的所有差別之中——只需腦力激盪產生一份有效的問題清單，以利固定課程單元的架構。

讓我們回到「政府三大部門」的舉例。如果這個片語是答案，那麼，什麼是幫助學生開始理解其背後概念及價值的有效問題？「為什麼需要平衡政府的權力」或「什麼是替代方案」的問題如何？或者，我們可以這樣形成該挑戰任務：「什麼是我國開國元勳會問他們自己的一些問題，而這些問題引導他們提出了建議方案？」對這個單元更具體的問題可能是：「為什麼聯邦體制的支持者倡議平衡權力，反對者的論據是什麼？」

當我們找出一則以上的主要問題之後，我們需要考慮更廣泛的問題，這些問題會使我們以引起爭論的、可充分學習遷移的方式再超越具體的課程內容。請思考以下問題：「引用《聯邦支持者報》（*Federalist Papers*）『並非所有人都是天使』的說法，什麼樣的政府組織最能適合這項事實？如果你反對這項對人性的假定，接下來你對於政府組織會怎麼想？」我們再提出更廣泛、更引起爭論的問題：「何時分享權力是有智慧的？我們何時會藉由分享權力而得到權力（及可能失去權力）？」所有這些更總括的問題都能激發思考、都有學習遷移的價值、都連結到之前的知識，以及都需要核心內容。換言之，這些問題都符合我們的效標。

另一個實用的方法是從國定或州定的學科學習標準產生主要問題。瀏覽一系列標準及找出重複出現的關鍵名詞（如：重要的概念），然後以這些名詞作為問題的基礎。在以下的舉例中，請注意我們如何從直述句形成疑問句。

119

- 生命科學：所有學生都會把對細胞的理解應用到多細胞生物體的功能，包括細胞生長、發展、如何複製（取自密西根州學科學習標準）。
- 主題式主要問題：我們如何證明細胞構成有生命的物體？如果我們都是由細胞構成，為什麼我們看起來不一樣？
- 總括式主要問題：科學家如何對事物提出證明？
- 舞蹈：理解舞蹈是一種創造意義和溝通意義的方式（取自全國藝術教育課程標準）。
- 主題式主要問題：我們可以透過舞蹈來表達哪些概念？
- 總括式主要問題：藝術家會以哪些方式來表達他們的想法和感覺？在哪些方面，媒體會影響訊息？藝術家能做到哪些非藝術家做不到的事？
- 體育（六年級）：應用移動的概念與原理來學習及發展動作技能（取自全國運動及體育課程標準）。
- 主題式主要問題：我們如何以最大力量出擊，而不至於失去控制？對距離和速度而會，完成動作（follow-through）有多重要？
- 總括式主要問題：什麼樣的練習能達到「熟能生巧」？哪些回饋最能增強或改進動作表現？

另一個相關程序是，從階段一確認的持久理解事項來產生主要問題，例如，對於「生物體會適應環境，以利在嚴苛或變化的環境中存活」之理解，會自然而然產生伴隨的問題：「生物體會如何適應環境以利存活？」

除了在階段二作為理解的指標之外，理解的六個層面也可以作為產生爭議性問題的有用架構，表 5-3 即呈現了每個層面的問句句型。

顯然，學習計畫要求課程設計者針對如何理解易懂的到深奧的內容，擬訂合理的進度，但是階段一的挑戰是和逆向設計有關：

課程設計訣竅

參加 UbD 工作坊的教師經常問：一個單元應該有多少主要問題？筆者提出改自海軍陸戰隊招募標語的建議，那就是：我們在尋找少數的優質問題。如果問題的確是主要的，它們能（也應該）設定優先事項，並且有助於發現所有的關鍵概念。不要列出你不想透過討論、研究、問題解決，以及以其他方式積極探究的問題。

表 5-3　六個理解層面的問句句型

說明

1. 誰_____？_____是什麼？何時_____？如何_____？為什麼_____？
2. 什麼是_____方面的關鍵概念？
3. 哪些是_____的實例？
4. 哪些是_____的部分？為什麼會如此？
5. 我們如何證明（證實、辯解）_____？
6. _____如何連結到_____？
7. 如果_____，可能會發生什麼事？
8. 什麼是關於_____的錯誤觀念？

詮釋

1. _____的意義是什麼？
2. _____揭露了_____？
3. _____如何與_____（類比、隱喻）相像？
4. _____和我（我們）有什麼相關？
5. 這有什麼關係？為什麼這很重要？

應用

1. 我們何時及如何利用_____（知識、過程）？
2. _____如何應用到更廣的領域？
3. 如何利用_____來克服_____（障礙、限制、挑戰）？

觀點

1. 什麼是關於_____的不同觀點？
2. 從_____的觀點而言，這看起來可能會怎麼樣？
3. _____如何類似（不同於）_____？
4. 對於_____的其他可能反應是什麼？
5. _____的優點和缺點有哪些？
6. _____的限制有哪些？
7. _____的證明是什麼？
8. 這項證據可靠嗎？足夠嗎？

同理心

1. 如果為_____設身處地著想，這可能會怎麼樣？
2. _____對於_____可能有什麼感覺？
3. 我們對於_____可以達到什麼樣的理解？
4. _____試著想讓我們感覺（觀察）的是什麼？

表 5-3　六個理解層面的問句句型（續）

自我認識

1. 我如何認識＿＿＿＿＿＿＿＿＿？
2. 對於＿＿＿＿＿＿＿＿＿，我的知識有哪些限制？
3. 對於＿＿＿＿＿＿＿＿＿，哪些是我的盲點？
4. 我如何能有效顯示＿＿＿＿＿＿＿＿＿？
5. 我如何透過＿＿＿＿＿＿＿＿＿（經驗、假定、習性、偏見、風格）形成對於＿＿＿＿＿＿＿＿＿的觀點？
6. 我在＿＿＿＿＿＿＿＿＿方面的優點和缺點是什麼？

什麼是我們要學生最終能有效處理的問題，不論我們認為他們現在能否處理這些問題？畢竟，這是主要問題何以在階段一提出的原因：提出問題及徹底考慮這些問題的能力是期望的課程設計結果，而不只是教學的策略。

第八節　使用主要問題的訣竅

以下的實用建議能幫助你在課堂教學、學校，或者學區之中應用主要問題：

1. 根據主要問題來組織課程、科目、課程單元、各節課教學，並使課程或教學「內容」能回答這些問題。
2. 選擇或設計明顯連結到主要問題的評量任務（預先設計）。這些評量任務及實作表現標準應該澄清，這些問題的可接受探究方式和答案看起來的實際樣貌如何。
3. 使每個單元的問題數量合理（二至五則），符合少即是多的原則。為學生擬訂學習的優先事項，使學習清楚聚焦在少數關鍵問題上。
4. 以所需要的「孩童用語」來架構主要問題，使這些問題更容易懂。修訂主要問題的用語，盡量使這些問題對該年齡層學生有吸引力、能引發討論。
5. 確保每一位兒童理解主要問題及其價值。必要時進行調查或資訊的回

饋，以確定做到這一點。

6. 為每個主要問題設計特定的具體探索活動及有關的具體問題。

7. 將主要問題排序，以利它們自然而然彼此連結。

8. 在課堂教學時提出這些主要問題，然後鼓勵學生根據這些問題來組織筆記內容，以清楚闡述這些問題對於學習和記筆記的重要性。

9. 幫助學生將主要問題個人化，要他們分享實例、個人故事、預感。鼓勵學生將剪報和人工製品帶到課堂上，使這些問題成為活的問題。

10. 為「解讀」問題分配足夠的時間——檢視次要的問題並探索其應用，分配時注意學生的年齡、經驗，以及其他的教學責任。使用問題和概念圖來顯示問題的相關性。

11. 和其他同事分享你的問題，使跨學科的課程設計及教學更有可能趨向連貫。為推動總括式問題在全校的應用，要求教師在教師辦公室、學科教師會議或課程設計專區，張貼他們所設計的問題；在教師通訊上編印這些問題以廣為流通；在教師會議和親師會時報告及討論這些問題。

第九節　根據開放式問題架構學習內容的重要性

> 讓我（針對更深入和避免過度涵括）建議一個衍生自過去經驗的答案。正是由於使用有組織的猜測……（這些猜測發揮）兩項功能，其中一項很明顯：將觀點放回特定的細節上。第二個功能則比較不明顯也更教人意外。但這類問題似乎常常作為決定的標準，決定（學生）從何處獲得理解及理解的程度如何。
>
> ——布魯納，《超越所知資訊》，*1957*，第 *449-450* 頁

教育的重點不只是學習爭議最少的發現，學生需要了解，有穿透力的問題和論據如何產生知識和理解。如果重理解的教學其關鍵是學習遷移，課程設計必須清楚闡述，問題不只是引發學生更有效理解，也是產生所有教學內容的「方法」。

122

　　換言之，學校教育必須使學生從內在明白如何產生理解、測驗理解，以及透過探究、批評、證明來鞏固理解。我們的學生所需要的課程是，能把自己當成可能的演出者而非旁觀者對待。他們需要體驗自己的探究討論——探討如何和專家的探究討論在「本質上」相仿，甚至體驗公認的關鍵理解可能如何因為持續的探究而逐漸改變。以這種方式，相對於從教師和教科書學習只是「在那裡」、不知來源的事實，學生由於探究而開始更深入理解知識。

　　對學習者而言，自己的提問似乎常常不重要，但是「我知道這聽起來很笨……」這句話經常是絕妙問題的前言。學生為什麼要自我貶低？這不只是身心發展的現象或害羞的作用。不斷接受直截了當的課程內容，以及接受學校是教導「正確答案」的場所之觀念，很容易使學生認為：似乎專家都沒有問題，只有愚笨無知的人才有問題。

　　當真實的認知思考問題只是口頭說說，聲稱必須按內容教學的教師又不斷延遲探討這些問題時，我們會付出可怕的代價。不斷提出導入的問題，會減少大多數學生提出下列少數常見問題的機會：這個部分考試會考嗎？這就是你要的答案嗎？報告必須寫多長？

　　當學習規定的答案是學生唯一的目標時，教學「掩蓋掉」重大問題的情形會在學習過程中自然而然發生——結果造成學生比較不專注、理解得更少。只將目前信以為真的資訊不斷納入教學進度，終究會抑制認真思考的發問，就像哲學家 Gadamer（1994）主張的：

> 對抗意見的固著，發問會使客體及其可能性更容易改變，擅長發問「技巧」的人就是能避免發問被主流意見抑制的人……會抑制問題的正是人們的意見（pp. 364-365）。

　　為了二〇〇三年的創刊二十五週年紀念，《紐約時報》的「科學時代」版特別刊出當前最重要的二十五則科學問題。請思考下列少數例子：

1. 身體有多少部分是可以取代的？

2. 什麼是我們應該吃的？

3.男人有必要存在嗎？女人有必要存在嗎？

4.機械人會變得有自我意識嗎？

5.下一次的冰河時期何時來臨？（D版第1頁）

請注意，這些問題在品質上不同於那些充斥於傳統科學教科書中的無趣問題，以上所有問題是「歷久彌新」的問題，但在某種程度上，也可以被考慮納入幼稚園到高中的科學教育——如果學校要成為適宜的增能場所，就應該考慮納入這些問題。為了經常將問題呈現在學生面前，由主要問題架構而成的課程使學生不僅對於知識的本質印象深刻，也會對自己心智自由度的重要性和力量印象深刻。

因此，跨內容不只是良好的策略或教育哲學；對我們而言，利用問題來架構課程也不只是美感的或理念的要求而已。可能有人會說，未透過真實的發問和持續的探究來探索課程內容的關鍵概念，就像是不審問法庭證詞和證據，只採納信仰之說。如此的教學會導致不分優先次序的概念和事實之大雜燴，結果使學生覺得好像有太多隨便的意見。對課程內容一定要有審慎的探討，以利學生能了解到，關鍵的理解是來自概念的連結和推論（相對於必須採信權威的教科書或教師所說——作為記憶用的「事實資訊」）。

雖然這樣的措辭聽來有點怪異，但它針對我們所有人——包括新手與專家——如何達到理解，指出了重要的事實。我們必須給予學生相當於專家初次獲得理解時感受到的「啊哈」經驗，畢竟這是先驅者如何理解未知事物的方式：提出問題然後測試概念，就像學習者所做的一樣[1]。此即何以皮亞傑很有智慧地說「理解即發現」：

當學生有能力重述某些概念，並在學習的情境應用這些概念時，他常常會覺得自己理解了；然而……真正的理解會顯現在新的自發應用之上……對概念或理論的真正理解指的是（學生）自己重新發現理論（Piaget, in Gruber & Voneche, 1977, p. 731）。

相對地，許多學科學習標準和地方的課程錯將課程內容目標架構成事實資訊般的句子，認為可透過直接教學使學生習得，於是以最壞的情況而言，他們有推動按「內容」教學的風險[2]。因此，內容為重的取向對教師和學生掩蓋了關於學習及達到課程標準的兩項關鍵理解：(1)理解來自於問題和探究；以及(2)要達到智識上的標準不只需要採納專家的意見，也需要探索、甚至質疑這些意見。

因此，在邁向學科的成熟理解之路時，學生面對的、相互匹敵之概念、理論，以及觀點有哪些？在達到共識之前，不同的教科書作者有哪些問題和論據？如果學生想了解理解即「努力建構的概念」與理解即「隨時可知的知識」之間的差異，以及如果學生將要學習把理解看成是判斷或推論——根據證據和論據而不是根據被涵蓋的、為回想而學習的無疑義事實，那麼這些概念的發展史很重要。

總之，如同布魯納的引句所暗示的，最佳的主要問題有令人驚喜的益處，這些益處超越了它們提供更佳洞見和更佳觀點的能力——如果我們承諾根據這些問題來做課程設計。這些問題可作為判斷學生學習進步情形的標準，使我們聚焦在問題上而非答案上。

因此，主要問題不只是一種手段或階段三的教學策略。主要問題架構教學目標，提出及探求這些問題是教師與學生的責任——這就是為什麼它們是屬於階段一的問題（而更偏向「教師的」問題則屬於階段三）。於是，對這些問題的探求能使也是課程設計學習者的教師測試教學活動與作業的教育效力，確保學習不只是參與活動或涵蓋所有的課程內容。在回答這些問題方面，我們要自問：在這節課和這個單元是否有進步？（如果沒有，學生和教師就需要調整。就像有效能的教練和運動員根據動作表現的結果做調整，有效能的課程設計者必須在教學途中開放修正其課程設計。）

無論教師（或全班學生）選擇哪一個具體的觀點作為學習的焦點——畢竟不是每個好的問題都能被實際探索，我們應該確信的是，混合主題式和總括式的問題會使課程設計更有焦點，以及使學生更適當地扮演理智的、積極的角色。沒有這樣的焦點，學生留下的是一大堆不連結的活動和未發展的概念——沒有觀點也沒有清晰的認知活動議題。沒有探求

問題的需要，學科內容就不會轉化為課程設計核心的問題探究，進而使學生變得不自覺地被動學習，使「聆聽、閱讀、回想或提取所學的內容」成為明顯的教學指令。如果我們未能承擔根據主要問題設計課程的任務，無論教師有多風趣或個別的課堂教學有多活潑，沒目標的按內容教學和偏重活動的學生之惡會伺機而動。

和巴伯・詹姆斯一起演練逆向設計

巴伯・詹姆斯根據進一步考慮主要問題的結果，而重新思考他原來的課程設計。

我喜歡這個想法，那就是使某個主要問題出現在所有的學習活動中，並且引導更深的探究；但同時，我也利用每一個精確探索的問題或後續問題來深化理解。從開始執教，我一直試著藉由提出深化概念的問題使學生擴展他們的思考，例如，我會問：你能再舉另一個……的例子嗎？這個和那個有什麼相關？如果……會發生什麼事？你同意……嗎？為什麼？雖然我認為自己很擅長提出這些日常的問題，但我了解到，對於營養這個單元，我必須多思考此處所描述的更廣問題。

嗯，我的單元問題──「什麼是健康的飲食？」顯然連結到總括式問題──「什麼是健康的生活？」或「什麼是保健？」在整個健康教育的課程中，任一則問題都可以使探究和討論產生焦點。而我們可以在每個科目繼續問該問題，以及透過反覆評量漸漸地探求它。

利用單元問題來架構課程的想法確實能引發我的思考。我尤其對這個概念感到好奇：如果教科書內容包括了答案，那麼其對應的問題是什麼？當我反省自己的教育經驗時，我無法想起有任何科目其內容是明確根據重要的、激發思考的問題而建構的。我的某些老師或教授會在課堂上提出激發思考的問題，但這裡所談的單元（及主要）問題是不同的。我了解到，如果正確實施，這些問題對於精熟所有的學習和知識可能提供哪些焦點。我現在感覺到有點被之前的經驗誤導了，因為我正開始了解這些總括式問題在學科或主題之內指出大概念的效力。

為了解自己是否方向正確，我把我的想法和正在教師辦公室午餐的少數教師分享，而他們也的確對這些想法有興趣！對於我的問題，我們

125

進行了一場有趣的討論，然後導出了其他問題：如果讓兒童自主，他們會吃所需的營養食物嗎？我們長大之後口味會改變嗎——朝健康飲食的方向？如果會，為什麼？那麼在動物的領域又會怎麼樣？年幼的動物會自然而然吃有益的食物嗎？垃圾食物的廣告在影響兒童和成人的飲食模式方面，扮演什麼樣的角色？不幸的是，當二十分鐘的午餐時間結束，我也必須離開以督導學生下課之時，我們還在「快炒」這些概念。我想，這些問題還需要再「燉煮」一會兒。

第十節　展望

如果主要問題既能根據大概念來架構單元內容，又能超越自身而指向總括的概念，那麼我們可以瞄準什麼樣的教學結果？依照架構學習的主要問題而言，我們可以尋求什麼樣的理解內容？我們所稱的獲得「理解」是什麼意思，以及這和獲得「知識」和「技巧」有何差異？接下來我們就轉而探討這些問題。

第六章

建構理解

如果……所敘述的假設是真的——任何學科都能以某種直接的形式教給任何兒童，那麼隨之而來的應該是，課程應該根據大議題、原理，以及價值而建構，而這些議題、原理，以及價值被認為值得社會成員繼續關切。

——布魯納，《教育的過程》，1960，第 52 頁

課程內容應該如此選擇以利舉例說明學門中代表的概念。代表的概念能促進理解學門知識的主要特徵，它們不同於次要或附屬的概念；它們顯現了學門的特色。它們是學科的要素，能代表整個學科的重要部分……它們是學科的縮影。

——Phillip Phenix，《意義的領域》，1964，第 322-323 頁

　　在第二章，我們摘要了「理解」的意義，強調理解涉及掌握大概念，就像經過深思的有效學習遷移所反映的。這類學習遷移常常透過實作表現顯現出來，這些實作涉及一個以上在第四章所討論的理解層面。現在我們將更詳細檢視期望的理解之特色。在單元課程結束時，我們特別要求學生理解的是什麼？我們正試著使學生了解的是什麼，雖然這些理解的內容不明顯，但是很重要？我們如何在階段一架構這些期望的理解內容？

　　不提供立即的答案，我們將躬行己說，然後要求讀者根據這些問題

126

143

設計一些建構式的學習活動。我們的方法是採用稱為「概念獲得」（con-cept attainment）理解教學技術。讀者的責任是試著透過比較表 6-1 的實例和非實例，以想出什麼是理解。換言之，第一欄內的實例看起來像什麼？哪些特色使它們和第二欄的非實例不同？

127　表 6-1　實例和非實例

理解的實例	理解的非實例
1. 有效的故事會藉由設定關於後續情節的緊張狀態來吸引讀者——透過問題、神秘事件、兩難困境、不確定的事。	1. 對象和目的。
2. 當液態的水消失時，它會轉變成水蒸氣，然後當空氣冷卻時又會變成水。	2. 水涵蓋了四分之三的地表。
3. 有相關不一定保證有因果關係。	3. 事情總是在改變。
4. 為理解意義而閱讀時，解碼有必要但不足以應付閱讀。	4. 別出聲，看圖片。

第一節　區辨理解的特徵

請看表 6-1，若和非實例比較，我們對於理解的實例可以歸納出什麼通則？第一個觀察發現是，所有實例的結構都是完整的句子，這些句子提供了對一般意義的特定主張——亦即它們都具體說明了某些被理解的事物。其次，這些實例聚焦在大概念上——抽象又可遷移的。它們就像是有用的原理，有助於引導理解複雜的領域。第三個特徵是，理解和獲得理解有關。學習者能在聽到或讀到之後立刻完全理解內容的意義是不可能的，他們需要吸收資訊、需要思考，然後和這些訊息互動。換言之，理解需要透過發現，因為理解是抽象的、非直接明顯的。

現在讓我們思考非實例，以進一步強調其與實例的區分，以及深化剛發現的對理解的理解。第一個非實例（「對象和目的」）是片語，不是句子。它指的是某個大概念，但未對於這個大概念提出具體的主張。由於是以片語來陳述，我們不知道課程設計者對於對象和目的所尋求的

理解是什麼。第二個非實例（「水涵蓋了四分之三的地表」）的確是個句子，但並未指出某個抽象的或可以遷移的概念；相反地，它只是陳述直截了當的事實，因此不需要探究即可理解這個聲稱。第三個非實例（「事情總是在改變」）是公認的真理，但是它未能具體指明，對於改變的歷程之本質，我們明確想要學生理解的是什麼。以上這些整體的聲稱並未如其陳述，提供新的洞見或意義。第四個非實例（「不出聲，看圖片」）是指一套技能，但對於這套技能並未提出任何有用的、可遷移的原則或策略。換言之，它未提供任何有利理解的具體概念。

128

　　了解實例和非實例之間的區別之後，讓我們思考取自不同學科、不同年級的其他實例。請注意，這些實例符合上述正確實例之特徵，同時也避免了非實例所呈現的問題。

1. 沒有任何賣方能以同樣的產品讓所有消費者滿意——考慮到消費者的背景特徵和消費喜好的差異，因此，他們必須決定自己能滿足哪些消費者群。（取自某大學商務課程）

2. 生物體被設計成能以個體和物種的形式生存，但是，以個體或社群來生存常常需要使另一種生物體死亡。（取自二年級的「生物體的基本需求」單元）

3. 從另一個人的觀點來寫作，能幫助我們更了解世界、更了解自己、更了解他人。（取自九年級的「來自田野的洞見」單元，此課程教材係由和平工作團所設計）

4. 對這混亂的「真實」問題，有時正確的數學答案並非最佳的解答。（取自高中的數學課程）

5. 不可見的多元性使得所有班級的組成都是異質的。（取自大學部的教育方法課程）

6. 照片反映觀點，而且能夠誤導或揭露觀點。（取自四年級「歷史透過照片而揭露」的科際整合單元）

　　如這些實例所暗示的，被理解的事項係根據事實和經驗來摘要想達到的課堂教學。它摘要了我們最終想要學生掌握的、可遷移的概念，它也從構成課程內容的不同事實資訊做出結論。

第二節　對理解的界定

　　讓我們藉由強調理解的幾個特點，來摘要理解的定義。

1. **理解是重要的推論，取自專家的經驗並陳述為具體有用的通則。**

2. **理解是指可轉移的大概念，這些概念有超越具體主題的持久價值。**

　　持久的理解應用到個別的事實或技能，以聚焦在更大的概念、原理或過程。它們來自於學習遷移，同時也能產生學習遷移：在學科之內或之外，這些理解都可以應用到新的情境。例如，我們學到英國大憲章的頒布是特殊歷史事件，因為大憲章對法治（rule of law）此一較大概念有其重要性，而成文法透過此概念具體指明政府權力的限制和個人的權利，例如，合法訴訟程序。這項大概念的意義目前已經超越其十三世紀的字根，而成為現代民主社會的基石。學生可以將這類的理解概念應用在新的情境，例如，學習未開發國家的新興民主制度。

3. **理解涉及到抽象的、反直覺的，以及容易錯誤理解的概念。**

4. **獲得理解的最佳方式是「發現」學科內容（如：必須以歸納的方式發展、由學習者建構）和「活用」學科技能（如：在實際的情境中以真實的問題利用概念）。**

　　課程設計的目的是幫助學生做成推論。要達到理解，學生在產生新的理解時，必須能表現實務者的專業行為；亦即，他們要思考、提議、測試、發問、批評、證明。理解不是盲目接受，而是研究和證實之後再接受。

　　最適合作為「跨內容」的教材，是最容易造成錯誤理解的那些概念和原理。這些概念和原理通常並不明確，而且可能反直覺。例如，在物理學，學生學習有關地心引力、質量、力、移動等概念時，常常學得很辛苦。當被要求預測大理石球或保齡球之中，哪一個在一起落地時會先撞擊地面，許多學生會因為錯誤選擇保齡球，而揭露了他們的常見錯誤觀念。學生難以掌握或經常誤解的重要概念或過程是什麼？他們經常學得很辛苦的是什麼？他們可能持有錯誤觀念的大概念是哪些？這些都是可以選擇和發現的有益主題——重理解的教學之主題。

5.理解摘要了技能領域重要的策略性原理。

　　許多技能只有在被聰明地用於實作表現，成為流暢有彈性的部分先備能力之後，才會被有效熟練。其需要的不只是練習，而是洞見——判斷何時使用哪些技能的能力，亦即，理解適用的相關策略性原理。例如，運用理解來閱讀故事時，需要應用到作者不一定陳述出來的概念——意義存在於上下文之間，而不是在句子裡。這類理解設定了使用特定理解策略的情境，例如，摘要、對文本提問、預測，以及使用背景脈絡中的暗示來產生意義。

　　此處我們必須提到 Lynn Erickson 關於理解的大作。和 Lynn 的討論及通信，以及在本書第一版出版後仔細閱讀過她的著作之後，使我們了解到有必要深化我們對理解的理解！我們發現，有點令我們覺得尷尬的是，我們看待理解的方式已經和本書的第一版不一致，尤其是以下這些實例。正是透過 Lynn 關於通則化的撰述（在第三章曾提到），我們才能對於什麼是理解，發展出更連貫、更徹底的闡述。

> 通則化被正式定義為……以關係陳述的概念。普遍的通則和概念有相同的特徵：
> 1. 範圍廣而抽象。
> 2. 應用普遍。
> 3. 通常長期有效——應用數個世紀。
> 4. 藉由不同的實例來表現（Erickson, 2001, p. 35）。

而 Erickson 在她的書中反過來反省了我們在修訂版中的想法：

> 通則是持久的理解、是「大概念」、是對於學習中「那又怎樣」問題的答案（Erickson, 2001, p. 33）。

第三節　主題式和總括式理解

在第五章，我們討論了主要問題的範圍差異，包括總括式問題和主題式問題之間的差異。相似的區分也適用於期望的理解：有些問題是廣泛的，有些問題是具體的。此處也是一樣，我們區分了總括式和主題式理解的不同。請思考表 6-2 一系列配對的實例。

表 6-2　總括式和主題式理解之實例

總括式理解	主題式理解
1. 總統職權不能凌駕法律。	1. 水門事件是重大的憲政危機，而非（像尼克森的幕僚所說的）「三等的竊盜」事件，或者只是政黨之間的選舉惡作劇。
2. 民主社會需要有勇氣的新聞界，而不只是自由的新聞界。	2. 荷頓·卡菲爾是疏離的反英雄，而不是正在進行「卓越探險」的一般兒童。
3. 現代小說顛覆了許多傳統的故事要素與規範，以述說更真實、更吸引人的故事。	3. 太空船在降落時的垂直高度而非角度和距離，決定了實際的「濺落」速度。
4. 重力不是實體的東西而是術語，該術語在描述所有墜落物體在加速時的恆常速率，就像透過實驗所發現的現象一樣。	4. 不論其呆板及類似定理的特色，平行的假定是歐幾里德幾何學的關鍵基礎。
5. 在任何公理系列（axiomatic system）之中，假定有邏輯上的優先，但其形成則後於事實的陳述，以利證明關鍵的定理。它們既非真實的也非不證自明的，但也不武斷。	5. 棒球卡的價值取決於誰想要這些卡，而不只是卡的情況及可得的同類卡有幾張。
6. 在自由市場的經濟活動中，價格是供需互動的作用。	6. eBay 的銷售數字透露，一個人眼中的垃圾是另一個人眼中的珍寶。
7. 在某些運動中，得分機會的增加來自於創造攻擊的空間，以利分散防守並讓隊員「除去障礙」。	7. 創造空間和竭盡所能利用之，是英式足球的致勝關鍵。
	8. 在英式足球比賽中，防守者必須避免攻擊的對方在中場打開空間。

如同這些實例所指出，理解可以根據不同的抽象程度或通則化程度而編排。第一欄的理解比其第二欄的搭配陳述更概括，它們超越了主題或單元的具體細目而指向更可遷移的知識。描述總括式理解有助於處理學生在學習上的常見問題，這些問題似乎沒有更大目的，例如：「那又怎樣？」第二欄的實例是主題更特定的洞見：我們將其稱為主題式理解。這些理解確認了我們希望對具體主題所培養的特定理解。

我們鼓勵教師在建構學習目標時，同時具體指明主題式理解和總括式理解[1]（就像我們在第十二章所詳細闡述的。在該章中，我們討論課程設計，我們鼓勵學科和課程領域的設計團隊根據總括式理解及主要問題來架構課程，以作為個別教師設計課程單元時設定明確優先學習事項的方法）。

如同主題式和總括式問題一樣，沒有嚴格的規則可以分辨主題式和總括式理解。課程內容範圍、學科主題的優先順序、學生的年齡、單元分配到的時間，以及其他因素，都會影響訂為目標的理解之深廣程度。最好能將總括式理解視為最終尋求的可遷移洞見，而不是把差異看成有絕對大小或絕對範圍。換言之，考慮到你期望的具體單元之理解內容，在多大程度上這些洞見可以被通則化，以提供學生連結到其他學習上的效力？換個方式來說，哪些重複出現的概念——就像透過這項主題式理解在本單元具體化的概念，應該用來架構你的課程學習活動？

第四節　理解對事實知識

理解係運用事實知識來做出陳述，它是某人根據證據和邏輯而做的結論。事實是理解的原料；事實是資料。理解提供了以資料或以詮釋為本的理論。因此，就像前節所述，杜威（1933）主張，事實是得來的，理解是領悟來的。為「獲得」事實，我們只需要掌握字詞的意義或解讀資料；為「獲得」理解，我們需要更多：即使在明白所有字詞或資料的意義之後，我們可能還是不了解整個意義。我們必須提出關於事實的問題，把問題連結到其他事實，然後試著在不同情境應用這些事實知識。理解必須能像適當有用的結論一樣徹底適用，而且可以證實，而不是只

像事實陳述般地被接受。

任何精緻的卡通或有挑戰力的字謎遊戲，都能說明這一點。對「領悟」笑話或線索而言，事實知識是必要但非充足的條件，我們必須超越字面上的意義，然後形成連結、考慮不同的可能性、測試理論，以及推論。在理解任何領域的抽象概念方面，需要的是相同的程序。

因此，理解係從事實資訊做推論。雖然我們稍早已澄清其概念上的區分，實際上，這種區分很容易被忽略——尤其對學生而言。請思考下列兩項陳述：(1)三角形有三個邊、三個角（事實）；以及(2)有三個等邊的三角形會有三個等角（理解）。這兩個句子看起來、聽起來一樣，但是請注意第二個句子，雖然就句法而言，它和第一個句子（事實）相似，不過從對師生的理解要求而言，它很不相同，它代表了透過證明證實的推論，但第一個句子就定義而言看起來是事實。

因此，理解不是直截了當假定的事實，而是應用假定的事實推論出來的結論。這就是為什麼「跨內容」是必要的：看起來學習者似乎可能純粹接受的某件事物，實際上在產生真實的理解之前，需要分析（分解成小部分）和綜合（以學習者自己的話或詮釋予以整合）。當教學只是涵蓋課程內容而沒有進行探究時，我們犯的錯誤很可能正是所貶抑的錯誤理解和記憶喪失症。

133 第五節　關於技能的理解

就如前面提到的，有些教師相信，UbD無法應用到技能教學上。他們相信，技能的學習只是練習和改善的問題而已；亦即，技能的學習沒有什麼需要理解之處。我們強烈反駁這種論點。請思考以下的舉例，這些例子取自通常被認為是技能領域的學科：

1. 透過全幅移動（full range of motion）而收縮的肌肉，會產生最大的力量（取自體育課的高爾夫單元）。
2. 知道的字詞更多，我就能更有效分享自己的想法和理解他人的想法（取自二年級語文課的詩詞單元）。
3. 肢體語言可以使直述句變成疑問句，使肯定句變成否定句——並且影

4.大多數人在烹飪時會丟棄的廢料和配料，可被用來當作湯料以加強味道，同時也可以省錢（取自高中烹飪課的湯料單元）。

這些舉例強化了前述對於重理解的教學及主要問題所指出的重點，聚焦在技能發展的單元和課程必須明確包含期望的理解。換言之，學生對於技能背後的概念、為什麼該技能很重要、它有助於達成什麼、哪些策略及技術可使其達到最大效能，以及何時使用這些技能，應該達到理解。就如研究和實務所確認的，理解為本的技能教學會比只依賴機械式練習更能使技能發展得更流暢、更有效能、更自發熟練（見第十三章關於理解為本的技能教學之需求的研究發現摘要）。

注意錯誤概念！

在學科學習標準或教學計畫有個常見的片語是：「學生會理解如何……」做某件事。這個片語代表示了 UbD 中某個混淆觀念的可能來源。

事實上，當期望的學習結果其實是個別的技能（如：寫草體字、製作電腦簡報的圖片）而不是理解時，這個片語常常被鬆散地應用為「學習如何……」的同義語。而這些個別的知識目標和技能目標在 UbD 設計範例的各欄係以「K」和「S」來取代。

不過，當「理解如何……」指的是一系列技能，而且也需要仔細注意其背後的概念和原理時，那麼我們在處理的就是理解（和技能）。在這種情況下，前面提到的訣竅會應用得上。

第六節　學科學習標準和理解

外部人士對教師依照學科學習標準教學的期望，使許多教師質疑他們採用的課程標準如何連結到 UbD。理想上，所有州定標準和地方的標準都會編擬成「大概念」的理解事項，而事實上，少數的州定標準已經這麼做了。例如，下列兩則州定標準已經清楚反映了大概念的架構：

1.所有生物體都有基本生存需要（如：水、空氣、營養物、光）；植物和動物在生長、存活、繁殖方面，針對不同功能有不同的結構；生物體的行為會受到內在暗示（例如，飢餓）和外在暗示（例如，環境的改變）的影響。

2.在美國、加拿大，以及拉丁美洲的各族群移民已經造成文化融合，因為人們從一地遷移到另一地時，會帶著自己的想法和生活方式。

134

　　但基本上，課程標準的呈現方式在各州之間有很大的差異，而且同州之內各學科領域也常常有很大差異。有些課程標準以條列或個別的目標來呈現，有些則以概括的方式敘述。有些所謂的理解結果變成相當直截了當的事實或技能，就像下列取自維吉尼亞州學習標準的舉例：

1. 地球是沿著軌道環繞太陽的行星之一，而月球則環繞地球而行。

2. 學生透過標示中國和埃及在世界地圖上的位置，來發展使用地圖的技能。

　　有些課程標準太過含糊而無助於任何學生學習，就像下列同樣取自維州的標準：

1. 重要的歷史人物和團體對於加拿大、拉丁美洲，以及美國的發展貢獻重大。

2. 有某些因素影響了消費者的需要。

　　當教師試著根據被指定的標準來建構課程、評量、教學時，這些問題就顯露出來。為處理這些關切的事項，有幾個州已經發展出補充的資源指南來協助教師應用課程標準。少數幾州也確實根據 UbD 方式的理解及主要問題來重新架構該州的課程標準[2]。以下是出自維吉尼亞州（歷史、社會科學）和密西根州（科學）的舉例。

1. 學生能說明生產者如何使用自然資源（水、土壤、林木、煤）、人力資源（工作的人），以及資本資源（機械、工具、建築）為消費者生產貨品和服務。

理解：貨品和服務的生產者受到自然資源、人力資源，以及資本資源的影響。

主要問題：生產者如何使用自然資源、人力資源，以及資本資源來產生貨品和服務？（取自維吉尼亞州課程綱要——教師資源指南）

2. 所有學生能把對細胞的理解應用到多細胞生物體的功能，包括細胞如何生長、發展、複製。

主要問題：我們如何證明細胞構成生物體？如果我們都是由細胞所構成，為什麼我們看起來並不完全一樣？（取自密西

根州科學能力基準說明；即「MICLIMB Science」）

　　無論國定、州定或地方的課程標準如何陳述，大多數教師都有義務把課程焦點放在這些標準上。下一節將針對如何利用課程標準找出持久的理解，提供實用的建議。

第七節　找出及架構理解事項的訣竅

　　我們在第一組的實例中指出，對理解的陳述係採用完整句的通則或陳述。亦即，考慮到內容主題，學生在學習結束時所習得的理解事項，有哪些係根據推論所建立的通則？

　　聽起來夠簡單，但是做起來出乎意料的困難。在建構理解方面常見的問題是，教師會不自覺地重述主題，例如，「我想要學生理解南北戰爭」或「我想要學生真正理解友誼是什麼」，的確是關於學習主題的句子，但所陳述的並非期望的理解。換言之，這些陳述並未具體指明對於南北戰爭或友誼，學生在學習結束時應該習得的理解是什麼。

　　這項建議似乎夠清楚了，不是嗎？但有些教師只是透過窄化課程內容焦點來回應，比如說：「我想要學生了解南北戰爭的起因」。問題依然相同：這只是以更詳細的方式陳述內容目標，並沒有闡述學生對於成因應該習得的學習結果。教師應該自問：對於南北戰爭的起因，你要學生獲得哪些理解，以及為什麼這些理解很重要？

　　「啊，我現在了解了。我要他們理解南北戰爭有幾個相關的重要起因：蓄奴的道德問題、對於聯邦政府角色的基本觀點差異、區域經濟的不同型態，以及文化上的衝突。」沒錯！這正是具體摘要專家洞見的理解事項舉例。

　　如此例所顯示的，建構學習任務的實用方法是以假定或原理來陳述理解。由於所理解的不是事實而是推論，你必須考慮能總結所有結論的通則是什麼，而這些結論是你（或教科書作者）從許多事實資訊和論據所獲得的。

　　已證明特別有用的某個簡單提示是，要求課程設計者完成這個句子：

「學生應該理解……」如此措辭可以確保答案是完整句，以及避免課程設計者退回到只以主題陳述（例如，南北戰爭）或只以概念陳述（例如，友誼）的情況（這就是我們為什麼在課程設計範例中將這個提示列在「U」欄的原因）。

以完整句的陳述來建構期望的理解是必要但非充分條件。當然，不是所有陳述都涉及持久的理解。「學生應該理解，冰淇淋在美國人的生活中扮演令人驚奇的重要角色」不可能構成三週長的學習單元。主張我們想要學生理解「歷史上曾發生的怪異事件」，也不是適當的目標。雖然這樣的陳述當然暗示了一些有趣的可能性，但是對於單元或課程設計而言，這是無用的、無可救藥的含糊陳述。另一方面，「學生應該理解，在人類歷史中，意外產生的歷史性大變動多過於事先設計的改變」，是一則激發思考的陳述，能夠作為歷史的學習目標。

因此，為成為有價值的理解事項，所陳述的目標必須能「持久」。對於「持久」這個術語，筆者提出兩個不同的涵義：

1. 該理解的持有係經過一段時間並且超越了文化，因為它已經被證明很重要、很有用。
2. 該理解應該被學生保存在腦海中，因為它能幫助學生理解學習內容，並能造成關鍵概念的學習遷移。因此，當課程單元結束或測驗完成時，學生應該牢記所習得的理解事項。

決定應習得理解事項之價值，並以充分發展的通則來建構該理解的實用策略是，採用類似圖 6-1 的問題「濾網」來瀏覽一遍。

第八節　理解和發展的議題

迄今，我們已經說明過理解的直截了當概念。當然，有些讀者也已發現事實並不是這麼一回事！的確，我們面臨了明顯的兩難困境。對一年級的學生或某個領域的新手而言，許多所謂的事實其實並不明確。無論是否考慮到年輕學子的缺乏經驗或人類思想的歷史，我們必須面對的是，實際的思想發展會把事實和理解相混淆：那些最初費解的推論，在經過一段時間之後被接受為「明確的」事實。因此，如同主要問題一樣，

圖 6-1　找出主要問題及期望的理解

有提示的課程設計工具

使用一則以上的下列問題來過濾主題或大概念，以找出可能的主要問題及期望的理解。

主題和大概念

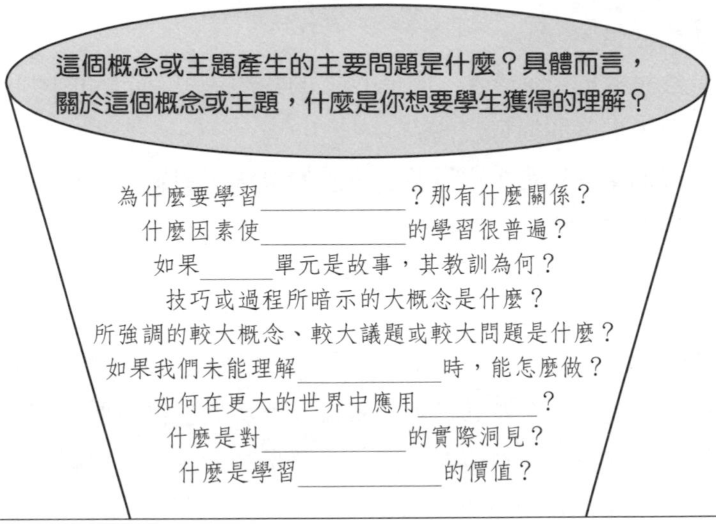

這個概念或主題產生的主要問題是什麼？具體而言，關於這個概念或主題，什麼是你想要學生獲得的理解？

為什麼要學習＿＿＿＿＿＿＿＿？那有什麼關係？
什麼因素使＿＿＿＿＿＿＿的學習很普遍？
如果＿＿＿＿＿＿單元是故事，其教訓為何？
技巧或過程所暗示的大概念是什麼？
所強調的較大概念、較大議題或較大問題是什麼？
如果我們未能理解＿＿＿＿＿＿＿時，能怎麼做？
如何在更大的世界中應用＿＿＿＿＿＿＿？
什麼是對＿＿＿＿＿＿＿＿的實際洞見？
什麼是學習＿＿＿＿＿＿＿＿的價值？

主要問題： ⓠ

理解： ⓤ

沒有任何的陳述原本就是事實或理解，端賴學習者是誰，以及其之前的經驗是什麼而定。

　由於我們認為是事實的許多事物，其實是努力習得的理解，課程設計的工作因此變得更具挑戰性。例如，請思考地球的構成及運動。這些

「事實」在「被理解」及接受之前，經歷過引起爭議的辯論（意外地，兩者都需要某些頗為神秘的經驗來證明，例如，觀察星辰時的視差、不同緯度同時看到日出的時間）。我們自認是事實的許多事情其實未經過個人的證實，即使並不全然理解，但我們視其為「被授予的知識」而接受之。更糟的是，我們必須教給學生的許多大概念，可能就像是為了後來回想的事實一般，由老師教給了我們。

136 　　以下是實用的測試，用來顯示理解和事實之間的區別有時相當微妙，以及為什麼先前的經驗很重要。你如何將下列述敘加以分類──它們是事實或理解？

1. 顏色產生心情。

2. 在非歐幾里德的幾何學中，沒有相似的圖形，只有全等的圖形。

138 3. 溝通涉及人們之間對意義的協議。

4. 相同字母的不同組合，可以產生不同的唸法、字詞、意義。

5. 翻譯不是溝通。

　　這些陳述有的看起來似乎是公認的真理，有的似乎很神秘或很新奇。如果你是語文科的教師，你的答案可能不同於數學教師；如果你的教學對象是幼童，你的答案可能不同於教成人的教師。因此我們必須做的是，仔細考慮學生是誰，以及我們稱為事實或理解的事物對他們而言是否也一樣（如我們在後面幾章所討論的，這就是為什麼對錯誤觀念進行前測及持續查核如此重要的原因）。

　　筆者在第五章中曾指出，沒有任何一則問題原本就是主要或非主要的──這要靠教學目的決定。同樣地，沒有任何句子在檢視之下，可以聲稱是無情境設定的事實或理解。至於透過優質的課程設計和練習，能否使學生因理解而掌握這些句子，或者只能藉由主動理解而認識這些句子，端賴課程設計者的觀點而定。這些句子要求的推論愈多，要求掌握的「跨內容」概念愈多，以及要求克服常見的錯誤觀念愈多，就愈能被稱為是理解事項的陳述。愈認為學生可以只透過聆聽和閱讀而理解這些句子，就愈應該認為這些句子是事實陳述，以及（如果重要的話）將其放在 UbD 範例的知識欄之中。

　　在決定了適當的理解事項之後，能否達成培養學生理解的目的，就

有賴於教師能否努力抗拒頑固的直覺：將理解事項當作事實資訊來教。的確，就「涵蓋內容」一詞的負面意義而言，僅僅（由教師或教科書）陳述理解事項是重大錯誤：把複雜的推論視為可以簡單吸收的字詞，而不看作是需要設計優質的學習活動以解決的問題。

以下舉例顯示小學教師往往比其他階段的教師做得好。通常小學教師都很明白，成人「知道」的許多事物對孩童而言一點也不明確、一點也不合理。最優秀的小學教師了解，教學必須不斷「發現」成人的知識，不能直接就「教導」這些知識。學生的年級愈高，我們就愈假定一呈現教材，學生就能夠對專家級的知識一目瞭然。唉喲！關於學生錯誤理解概念的研究文，已經揭露這樣的假定是輕率無知的。

筆者在整本書中稱這個問題是專家盲點，亦即無法領悟到，關鍵的課堂教學涉及到必須建構理解事項，而不是傳遞事實資訊。當專家盲點發揮作用時，我們就忽略了這種對理解的理解。對我們而言很明確的事物，對新手而言很少是明確的；其實這些事物對我們而言也曾經不明顯，只是我們忘記自己以前的看法和辛苦掙扎（包括皮亞傑和 Duckworth 在內的研究者已經記載過兒童的這類現象：兒童不只忘記他們曾經聲稱的事情，事實上也否認他們曾經聲稱過——即使面對自己被錄下來的說話！）[3] 高中及大學階段的教師很容易忘記，許多我們稱為知識的事物，在過去曾被視為是反直覺的概念，而這些概念必須被探索、測試，以及重新放在一起以獲得真實的理解。

就理解的六個層面之用語而言，專家們常常發現，即使他們試著去做，要對新手有同理心還是很困難。這就是教學為什麼不容易進行的原因，尤其對於新手教師的領域專家而言。積極來說，如果想要有效地教學，教師必須不斷努力理解學生如何辛苦學習概念。

專家盲點的類似實例是，我們假定新手必須學習專家所使用的所有術語——在缺乏能賦予這些詞彙意義的經驗之下：

> 知識主要是二手的……容易變成只是言詞而已。這並不是反對由言語所包裝的資訊；溝通必須透過言語而產生。但在這個程度上，我們所溝通的事物無法建構成學生的經驗，它只是變成

言語：亦即……缺乏意義。於是，溝通的進行是為了喚起機械
式的反應……

學生學習符號，卻不知道其意義的關鍵所在。學生吸收大量的
技術資訊，卻沒有能力以學習目標及所熟知的方法來追溯其連
結——他們通常只是習得特定的詞彙……（只）知道定義、規
則、公式等等，就如同只知道機器各部分的名稱，而不知道機
器如何運作（Dewey, 1916, pp.187-188, 220, 223）。

從專家的觀點而言，術語和簡短的片語使簡易有效的溝通成為可能：
但對於新手而言，它們在理解方面常常是令人討厭的障礙。重理解的教
學之挑戰是，當這些詞彙由於教師的課程設計最有助於澄清經驗和概念
時，能向學生介紹這些詞彙。

本書的簡單舉例有助於說明重點。如果在本章開始時只是定義理解，
然後轉到課程設計的其他部分，你會理解什麼是理解嗎？在提供效標之
前，筆者藉由應用簡單的概念、提高讀者可預測的興趣，以及思考實例
和非實例，來逐漸導入理解的定義。預先呈現效標，而不說明為什麼需
要及如何應用這些效標，許多讀者會感到困惑。否則，你會把理解事項
解讀成定義，而無法使用該定義去建構和評量理解（實際上，你可能還
是未做好建構有效理解事項的準備，而這是為什麼我們要透過學習及反
省實作表現而獲得理解的另一個實例）。

140 第九節　回到畢氏定理的討論

筆者在第二章討論到學習畢氏定理時常見的無效學習遷移，因此，
讓我們更深入地重新探討這項大概念。所謂「$A^2 + B^2 = C^2$ 對任何直角
三角形都是真的」是一項理解，代表什麼意思？為什麼不將其稱為事實？
就「設計課程」方面應該做（及不應該做）的事而言，將其稱為理解事
項的涵義是什麼？

這項定理有深遠的應用性（例如，在繪圖方面的計算距離和斜率，
或者按比率畫出任何正確的圖），即使在學習幾何學之前，這些應用並

不明確。但是，除了為人所熟悉之外，這個定理不是直截了當的事實，在經過檢視之後也不是明顯真實的定理。的確，如果你單看直角三角形的繪圖，這個定理似乎一點都不正確；其陳述意味著需要證明：「如果你在三角形的各邊畫一個正方形，兩個較小邊長的正方形面積加起來會等於最大邊長的正方形面積——永遠如此；無論直角三角形的形狀如何。」但這並不明確，其實際應用也不明確（假設這項定理是明確的，它就不需要證明——它會是一項定理）！

既然如此，即使該定理的陳述為人所熟知，但是，將其當作事實納入課程內容，並留作後來回想之用，甚不合理。把不明確的、大概念的理解事項當作事實資訊，會使我們變得非常類似在第二章中 Shulman 所述的情況，那就是得到健忘症、無力感、幻想症。任何人都能在很不理解其意義的情況下，將這項定理當作事實來陳述。只知道句中符號的意義——知道如何將該句轉換成文字說明，並不等於理解該句子。

那麼，什麼是我們想要學生獲得的理解？必須克服哪些錯誤的理解才能達到真正的理解？以下非典型的明白闡述說明了許多相互連結的概念和暗示的事實，這些闡述極少出現在教科書或課堂教學中，但是對於理解概念及其應用是必需的：

1. 畢氏定理對任何大小或形狀的直角三角形都適用。
2. 事實上，這項定理的聲稱對所有可能的例子都適用。
3. 由於我們能就所有可能的例子證明該定理，整個三角學都變得合理可行，對似乎不能比較的形狀和面積做比較也一樣變得合理可行。
4. 我們甚至不用依賴圖形就能聲稱某個定理是真的。事實上，當定理的聲稱只靠邏輯論據就能證明為真時，圖形會藉由使該定理似乎只有透過檢視圖形的繪製才能適用，而誤導我們。
5. 換言之，證明定理的過程是演繹而非歸納。結論並無令人懷疑或不確定之處，因為結論係來自原理、邏輯、之前的定理。

這些聲稱沒有一則是顯而易見的，我們只能透過努力證明，以及使自己確信該結論是可辯護的結論及重要的概念來理解 $A^2 + B^2 = C^2$。假使這樣，這正是皮亞傑所謂的「理解即發現」：在某些情況下，學習者「發現」可作證明的證據。

141

第十節　以理解為目標

　　階段一要求課程設計者具體指明一個以上的期望理解，以作為單元或課程的學習結果。再次注意階段一的對象是課程設計者而非學生是很重要的，對學生而言，這些書面陳述的理解事項可能不是可理解的格式。如同主要問題，我們不該將對於期望的學習結果（階段一）之想法，和造成這些結果的學習計畫（階段三）相混淆。其重點不在於使學生以我們寫出的文字來記誦理解的內容，而是在於為我們自己（及同僚）建構清晰的教學目標。請思考「課程設計者」寫給「契約簽訂者」（譯註：即學生）的理解事項書面陳述。它是建構學習計畫的藍本，而不是完成課程設計的素材。這份藍本的完成——亦即發展期望的理解——繫於課程設計的目標。學生最終的理解結果，會在階段二以他們自己的文字、話語，或透過不同的實作表現而有效揭露，並且在階段三透過教學、體驗式活動、討論，以及反省等方式促成。

　　請思考以下某個單元的課程設計在階段一所提出的理解事項：

1. 如果作用力以適當程序和正確時機被應用在單一的方向，其整體作用力會等於身體各部分產生的作用力之總和。

2. 當所有的作用力在適當時機被依次應用到相同方向，會達到最大的加速度和作用力。

3. 內作用力或肌肉的收縮可以產生、可以抵抗，以及可以停止外作用力。

4. 內作用力的產生有賴於涉及的肌肉數量、肌肉大小、伸展的反射動作、肌肉收縮的長度，以及移動的速度。整個身體都必須投入動作之中，而這些動作需要大量的作用力。

5. 透過全幅移動的肌肉收縮會產生更大的作用力。

6. 完成動作會使身體各部分減速，然後對於放鬆或出擊產生更大的動能，因此可以增加產生最大作用力的可能性。

　　聽起來像是大學物理學或生物工程學，不是嗎？但這些期望的理解是來自前節引用過的體育課高爾夫單元。我們不希望高爾夫運動的新手能以這些文字重述這些概念，而是以可遷移的理解來掌握其真實性，以

及能就高爾夫球課、室外高爾夫球練習場、輕擊區等，反省其動作並進行自我評量。

因此，我們要提醒讀者避免常見的錯誤觀念：認為理解的目標所代表的是學生必須在課堂教學結束時「回饋」的學習結果，或者對較年幼的學生或學科新手而言，理解的事項必須過度簡化。相對的觀念則是：對於使用中的有效概念，其理解仍然是有價值的教學目標。

這意味著教師永遠不應該說出陳述的理解事項，也不應該將其轉換成孩童的用語嗎？筆者並無此意。的確，在階段三你要考慮如何連結專家的理解和新手的理解之間的落差，但我們只是提醒讀者，口述知識不是重點所在，重理解的教學並不要求學生主要以字詞陳述作為理解的證據。

第十一節　留意可預測的錯誤理解

學生不是空白的石板，他們帶著先前習得的知識、經驗，以及很可能會有的某些錯誤理解來到學習的情境中。相對於混淆的概念或不在乎學習，這類錯誤的理解通常來自於先前的經驗以及根據這些經驗所生、看似合理的推論。因此，發展理解能力的挑戰在於幫助學生變得更胸襟開闊、更謹慎。為什麼？因為既有的錯誤觀念會阻礙理解，必須找出來然後根除。為掌握新的、改進的思考方式，學生必須質疑舊的「事實」，質疑思考和行動的習性，甚至有時略過不學。

因此，達到理解更像是發展高爾夫球的揮桿動作，或發展不同的口音。我們可能會很意外地發現，許多更有能力、更成功的學生會抗拒接受新的理解，因為他們已習慣舊的理解。設計教學活動的目的若不在積極發現及根除最可預測但最無用的思考，學生的成見在教學後可能仍然不變。

就務實面而言，筆者鼓勵課程設計者在腦海中檢討可預測或可能的錯誤觀念。請思考這些問題：學生對於主題持有的錯誤訊息是什麼？什麼是教學時不論多麼努力都會突然出現的典型「困難點」（rough spots）？

弔詭的是，找出可能的錯誤觀念能幫助我們更理解所尋求的理解，以及重視無可避免的阻礙。例如，對於游泳的某個可預測錯誤理解（有時係由父母所灌輸）是，你必須將手掌呈「杯狀」以「挖」水。雖然這種講法有直覺上的意義，但它違反了運動物理學的原則，亦即，藉由增加與水接觸的表面積，我們可以產生更大的作用力。於是，我們要初學游泳者理解，在應用手臂划水時，他們的手掌必須保持平板的姿勢，而不是杯狀。

143 第十二節　了解單一的理解可能不存在

要求持久理解的學習結果，可能會引起某些讀者質疑，當同時要求開放的主要問題和重視重新思考的需要時，我們是否有觀點不一致之處。「但如果期望的理解並沒有正式、單一，以及公認的理解呢？」那麼，該理解就是你要學生最後得到的理解。你可能會更進一步，對莫衷一是的見解有更具體的說明，例如：「關於南北戰爭的主要成因，歷史學家有不同意見，有些史學家聚焦在蓄奴的惡行上，有些則聚焦在各州權利的議題上。」Grant（1979）在指導對偉大文學作品的詮釋性閱讀及討論時，喜歡利用下列警句作為相關理解事項：

> 對於文本的主題是什麼，沒有正確答案存在。但這不代表所有的答案都是相等的。雖然可能不會有正確答案，但是某些答案會比其他的答案更好，而思考這是什麼意思和為什麼會如此，是你們的主要任務之一。

的確，如果以理解為目的的課程要達到的目標是幫助學生了解學習是對於理解的不斷探究，而不是尋求由「權威人士」傳下來的「最終事實」，那麼，教學就必須產生思考上的關鍵轉移。

第十三節　理解的虛妄和多元性

想一想當我們說：「嗯，我的理解是……」我們的意思是什麼？我們認為，片語的美妙之處是，它能適當地暗示洞見和虛妄。每一項理解總是代表某個人的想法；人們——甚至專家——既容易犯錯又使用著不完整的知識。那是你的、她的或他的理解，從來不曾是現代民主社會的共同理解。理解可以不同——在二十一世紀裡所有領域的理解的確都不相同，就定義而言，大學是多元論述的「世界」，是同意各持己見或形成共識的地方，以及能根據新的論據及證明來自由下定決心或改變心意的場所。由於理解是根據有限證據所做的推論，對於每個重要議題，人人很可能會達成不同的結論。

可理解地，這個概念可能會困擾某些人，他們可能會像舊時電視節目【警網】（Dragnet）裡的 Friday 警佐一樣地爭論：「就是這些事實而已，女士。」的確，對類似演化和哈利波特等主題的不斷爭辯，可被視為是一種懷舊心態——在感情上為了回到真理的神秘時期之努力，使得關於什麼是未知的「相對論的」和「政治正確的」空洞無聊想法能清除乾淨；關於這點，筆者的回應是：現代世界從未曾有過這種情況。所有專家的主張依然是人類的理解，因為它們是真實的人物經過考慮所做的結論。沒有任何理論是事實；理論都是理解之述，包括牛頓的理論、上一代飲食學家的理論，以及當前最高法院提出的理論在內。單在「硬」科學（譯註：指自然科學）方面，想想在我們一生中出現的新理解及被顛覆的舊理解：黑洞、串列理論（string theory）、分形幾何（fractals）、模糊邏輯、幾十種新的次原子粒子、黑物質（dark matter）、疾病的遺傳學基礎等。或者思考更世俗的理解：胃潰瘍是由壓力所引起？錯，是由細菌所引起。USDA 的食物金字塔？哪一個版本？地中海式的飲食怎麼樣？

藉由建立學科學習標準來具體指明有價值的知識和技能，是將教育合理化的卓越努力。但這項努力不應該混淆成有一套永久、正式，以及未變的「理解」。秘密懷著這樣的想法是反智的，而且會在充滿各專業

144

領域自由思想者的民主世界裡註定失敗。我們不希望長期存在的理解是漠視回饋和抗拒改變的可怕法西斯主義意義。

　　無論我們是孤單的教師、學校或學區委員會或各州課程標準小組，任何人能盡力去做的是，回想我們的所有研究有多麼像學生一樣的坦率。其挑戰在於考慮適當可得資源及我們的目標，來達到合理的理解。我們會注意專家說了些什麼以更仔細考慮問題，我們會達到理解，以及對獲得的理解提出檢討——例如博士論文的提交及口試。然後我們維持該觀點，同時總是對重新思考問題持開放態度——如果出現令人信服的新論據時，就準備改變想法。

　　沒錯，最佳的理解會持久存在。我們的責任是和學生分享專家的理解，及其曾有過的理解，以及身為教師我們曾獲得的理解是什麼。但是，以知識上的尊重來對待學生也是我們的責任，我們必須在達到理解、證明理解，以及包括批判理解方面，給予學生練習。這就是現代學科的理解所以有效的原因——我們測試主張然後強化或顛覆它們。因此，我們能幫助學生活在有專家存在，但專家也會爭論和改變想法的世界中，在這個時空中，自由思考是他們與生俱來的權利。

和巴伯・詹姆斯一起演練逆向設計

　　根據此處討論的概念，我們虛構的教師巴伯・詹姆斯重新思考了他對「理解」的原先想法（請把這些想法和第一章末所述的原始想法相比較）。

　　我想，我過去一直互換使用「知道」和「理解」這兩個詞；但如今我在思考，學生常常能夠正確回答我在測驗中列出的知識回想問題，然而我知道他們並不真正理解教材。我也了解，擁有許多知識並不代表能夠應用所知。我想起去年班上有兩個最優秀的學生，他們在營養單元的所有小考和正式測驗都得到優等成績，但卻不能分析自己家裡的菜單設計及採買以產生更有營養的飲食計畫（我也注意到，他們在午餐時吃的大部分是垃圾食物）。因此，我猜想「知道」、「知道如何」，以及「理解」之間是有差異的。

　　更重要的是，我開始了解這個單元原先設定的教學目標並不適當。

145

我只是找出關切的部分——良好的營養，以及認為州定學科學習標準足以說明我所追求的目標。但是，營養方面的學科學習標準並未具體指明學生應該獲得的特定理解事項，它們只是陳述學生對於良好的營養應該理解的要素，因此我必須更具體：學生應該理解的概念及應從本單元習得的是什麼？由於曾經認真徹底思考這個問題和UbD的練習，我現在更明白如何根據具體的假定來建構單元目標。現在我會聚焦在三個主要的理解事項：(1)均衡的飲食有助於身體和心理的健康；(2) USDA 食物金字塔為營養調配提供了相關的準則；以及(3)根據年齡、活動程度、體重，以及整體的健康，飲食的需求各人不同。

啊！這很困難，我已經了解深入界定目標的好處，尤其是深入界定學生需要理解的事項。對我而言，完成評量及各節課課程設計以產生這些理解，會變得更為容易。

第十四節　總結

以下四項經驗法則能幫助課程設計者建構、選擇，以及修訂所提出的理解事項：

1. 期望的理解是優先事項。課程單元應該聚焦在少數關於理解的陳述、可遷移的大概念上——否則就真的沒有優先事項了。

2. 期望的理解最好能用建議事項的形式來陳述，例如：「學生將會理解……」[4]。

3. 雖然和一般或抽象的概念有關，期望的理解必須以清晰、不含糊的詞語來陳述——就像具體、有洞見的通則一樣。

4. 理解有兩種：主題式理解和總括式理解。主題式理解有單元的限定，而總括式理解更廣泛，並且（如其名稱所示）可以連結到其他單元和科目。

像評量者一樣地思考

我們透過有彈性的實作表現來確認理解的事項……當人們能根據所知有彈性地思考和行動，理解就會顯露出來。相對地，當學生無法超越背誦式、例行性的思考和行動，就代表他們缺乏理解……理解意味著能有彈性地表現行為。

——*David Perkins*，〈什麼是理解〉，在 *Martha Stone Wiske* 主編，
《重理解的教學》，*1998*，第 *42* 頁

最重要的教育方法……總是包括驅策學生做出實際表現的方式。
——愛因斯坦
《想法和意見》（*Ideas and Opinions*），*1954/1982*，第 *60* 頁

146

　　澄清如何在階段一建構期望的結果之後，現在我們轉到逆向設計的第二個階段。此處我們透過提出（及再提出）下列評量者應問的問題，思考評量在課程設計開始階段之涵義：

1. 哪些證據能顯示學生已經達到期望的結果（階段一）？
2. 哪些評量任務及其他證據將會作為奠立課程單元的基礎，然後引導我們的教學？
3. 我們應該尋求什麼，以決定學生的理解程度？

　　表 7-1 列出逆向設計的三個階段，並且呈現適用的考慮事項和設計標準。階段二摘要了擬從評量蒐集證據時應考慮的要素。

表 7-1　UbD 課程設計法整體概念矩陣：聚焦在階段二

關鍵問題	本書各章	設計考慮事項	濾網（設計的標準）	最後的設計成品
階段一 1. 什麼是有價值的適當學習結果？ 2. 什麼是關鍵的、期望的學習活動？ 3. 什麼是學生應該習得的理解事項、知識、能力表現？ 4. 哪些大概念可以架構所有這些目標？	1. 第三章——澄清目標 2. 第四章——理解的六個層面 3. 第五章——主要問題：理解的敲門磚 4. 第六章——建構理解	1. 全國的標準 2. 州定的標準 3. 地方訂的標準 4. 地區的可能主題 5. 教師的專門能力及興趣	聚焦在大概念和核心的挑戰之上	按照與清晰的目標和標準有關的持久理解，以及主要問題來架構整個單元
階段二 1. 達到期望學習結果的證據是什麼？ 2. 尤其，什麼是期望的理解事項之適當證據？	1. 第七章——像評量者一樣地思考 2. 第八章——效標和效度	1. 理解的六個層面 2. 連續式的評量類型	1. 有效 2. 可靠 3. 足夠	單元定位在可信的、有用的期望學習結果之上
階段三 哪些學習活動及教學可以促進理解、知識、技能、學生興趣、卓越表現？	1. 第九章——學習活動計畫 2. 第十章——重理解的教學	1. 研究為本位的已知教學策略 2. 有用的適當知識和技能	教學的吸引度和效能，使用 WHERETO 要素： 1. 教學的方向 2. 吸引學生 3. 探索和準備能力 4. 重新思考及修正 5. 表現結果及評量 6. 依學生需要、興趣、風格因材施教 7. 組織教學活動以達到最大的專注和效能	連貫的學習活動及教學，這些會引發及發展期望的理解、知識、技能，促進學生的興趣，以及使學生更可能產生卓越的表現

在這個階段中，逆向設計的程序脫離傳統課程設計實務的程度，勝過其他。取代從目標轉到教學活動的方式，我們問的問題是：哪些可當作有效學習的證據？在我們設計教學活動之前，我們要問的第一個問題是，哪些期望結果的評量在邏輯上是依據階段一而來？以及，具體而言，哪些可當作所尋求的理解之證據？

本章及下一章的要訣是，像評量者而不是像教師一樣地思考。請回想表 7-2 顯示的逆向設計邏輯。連結到第一欄和第二欄的內容顯示了像評量者一樣思考的意思。

如同逆向設計的邏輯提醒我們的，我們有責任考慮尋求的學習結果所暗示的評量證據，而不是將評量想成基本上是產生分數的策略。考慮到教學目標的話，哪些實作表現的證據顯示這些教學目標已經達成？考慮到主要問題的話，哪些證據顯示學生已經深度考慮過這些問題？考慮到理解內容的話，哪些證據能顯示學生已經「懂了」？筆者敦促教師在設計評量時考慮某個司法的類比。像陪審團審視被告一樣地看待學生：除非以數量取勝的證據多過於間接推測的證據來證明其有罪，否則被告（理解、技能等等）是清白的。在講求標準本位績效責任的領域中，這種方式很重要。

以下的真實故事，說明了無法仔細考慮所需證據而產生的問題：

1. 某位幼稚園教師要每個學生在上課的第一百天，把有一百件物品的海報帶到學校來。當被要求為其評量提出證據時，這位教師指向州定課程標準，說她參考的是數字和位值的概念。但是，學生只是將一百件物品貼到海報上，他們並未被要求使用或說明行、列、模式。因此，我們真正有的證據是學生能數數到一百，但這不同於理解「百位數」是連結到十進位數和位值概念的觀念——如課程標準所期望的。事實上，由於海報是在家製作的，我們無法證明學生在沒有家長的協助下，自己完成數數。

2. 某位七年級科學概論課教師藉由宣布學生將吃下下次科學實驗的結果，以吸引學生的活力和想像力。但是考慮到可用的時間，吸引人的事物未必是最有效的、最適當的。在這個例子中，對於指派做實驗的這週而言，製作花生酥糖對學習大概念和持久的理解沒有什麼助益。

146

148

表 7-2　逆向設計的邏輯

階段一	階段二
如果期望的學習結果是要學生…… ➡	那麼你需要學生證明其有能力……
達到課程標準…… ⑥ **標準 6：學生將會理解關於營養和飲食的主要概念。** 6a：學生將使用對於營養的某項理解，來為自己或他人設計適當的飲食。 6c：學生將理解他們自己的飲食模式和方式，而這些模式是可以改進的。	1.為不同地區、不同類型的人設計飲食計畫。 2.能顯示理解，USDA 準則不是絕對的，而是「指引」——以及有其他的指引（和情境變項）存在。 3.詳細指出及分析他人與自己的習性，以及對於人們為什麼照自己的方式進食，做出合理的推論。
理解…… ⑪ 1.均衡的飲食有助於身心健康。 2.USDA 食物金字塔為營養調配提供了相關的準則。 3.根據年齡、活動程度、體重，以及整體的健康，飲食的需求各人不同。 4.健康的生活需要個人奉行關於良好營養的有效資訊，即使這意味著要打破舒適的習性。	**建議有必要設計像下列的具體任務或測驗……** ⑦ 1.為不同的團體設計三餐飲食。 2.對他人所做過分嚴苛或鬆散的飲食計畫做出回應。 3.對人們真正吃的食物及為什麼這麼吃，做有效的調查。 ⑨ 隨堂測驗：針對食物分類和 USDA 食物金字塔。 提示：敘述可能是由營養不良所引起的健康問題，然後說明如何避免這些問題；反省個人和他人的飲食習慣。
深思這些問題…… ⑩ 1.什麼是健康的飲食？ 2.你吃得健康嗎？你如何知道？ 3.對某人是健康的飲食為什麼對另一個人會是不健康的？ 4.儘管可用的資訊一大堆，為什麼在美國有這麼多的健康問題是由於營養不良所導致？	
知道及能夠…… ⓚⓢ 1.使用關鍵術語——蛋白質、脂肪、卡路里、碳水化合物、膽固醇。 2.確認食物所屬的類別及其營養價值。 3.精通 USDA 食物金字塔準則。 4.討論影響營養需求的變項。 5.確認由營養不良所引起的特定健康問題。	

3.某大學的歷史教授特別為期末考準備了一百道單選題和簡答題,因為在其課程大綱中強調以第一手的資料來「活用」歷史。

　　如果透過個別的課堂教學來看,以上所有評量方式可能都有些益處,但每個方式都需要和課程目標有更大的連結。更嚴密的逆向設計——一般而言,從目標(尤其是將被理解的關鍵概念)到其暗示的相關評量,已經提供了這類的連結。上述例子中的錯誤很常見,而且不是孤立事件。事實上,過去十年來我們觀察到,少數教師對於效度已有正確的理解,但很多教師對於評量則有更普遍的錯誤理解——如同在其意見和課程設計作品所反映的。

　　再談談以理解為焦點的部分,許多教師自編測驗傾向於聚焦在知識和技能的正確,而非根據如何有效應用知識和技能的大概念,把焦點放在可做學習遷移的證據上。前述對於六個理解層面和學習遷移需求的討論,能適當提醒課程設計者透過實作評量,注重蒐集證明學生理解的證據;不過,為了使期望的學習結果更豐富、更複雜,也有必要蒐集多元的證據。

150

第一節　三個基本問題

　　像評量者一樣地思考可以歸結到少數幾則基本問題。第一個問題是,我們需要哪些證據以發現教學目標的特點?在設計特定的測驗或評量任務之前,考慮實作任務所包括的一般類型是很重要的。例如,無論課程內容為何,理解通常要透過對比或摘要關鍵概念來表現。在敘述評量的一般方法之後,我們會接著發展評量的細目。

　　第二個問題,假定某些特定的評量任務已被發展出來,關於這部分我們接著提問:在學生的回答、作品或實作表現方面,我們應該檢視哪些具體特徵,以決定期望的學習結果達到什麼程度?這就是標準、評分指標,以及範例起作用之處。

　　第三個問題與檢驗評量的效度和信度有關:課程計畫建議蒐集的證據能使我們推論學生的知識、技能或理解嗎?換言之,該證據(階段二)和我們的教學目標一致,而且學習結果毫不含糊嗎?當評量的設計已臻

完善時，僅有少數教師習慣檢驗他們的課程設計，然而，這類自我檢驗是獲得更有效學習結果和確保評量公平性的關鍵。

在本章中，筆者討論像評量者一樣思考的三方面之首：從一般的角度討論，普遍評量各類學習目標和具體評量理解所需要的證據類別。下一章則探討與標準相關，以及與效度和信度相關的其他兩個問題。

第二節　不自然的過程

在擬訂課程計畫之前先像評量者一樣地思考，對於許多教師而言是不自然、不容易的事。有了課程目標之後，我們更習慣於像活動的設計者或像教師一樣地思考。亦即，我們很容易不自覺地跳進第三個階段——教學內容設計、教學活動設計、評量設計，而未能先自問，我們需要教導學生表現的實作能力和作品是什麼。

逆向設計要求我們克服這項本能和習性，否則我們的課程設計可能會更不連貫、更不聚焦在期望的學習結果——學習結果更可能是由於機會或學生的能力所導致。事實上，UbD 範例和逆向設計過程的主要價值，是針對使心智習性避免忽視評量的公正性，提供工具和設計的程序。表 7-3 摘要了兩種思考方式的差異——像評量者一樣地思考，和像活動設計者一樣地思考。

第一欄的問題源自期望的學習結果，而且有可能使得最終的活動和教學策略指向最適當的評量策略。雖然從教學和活動設計的觀點看來是合理的，但第二欄的問題會使所採用的評量策略更不適當。事實上，當我們只像活動設計者一樣地思考時，很可能會得到像本書導言中的蘋果單元一樣的結果。雖然有些學生的學習結果可能是形成重要的理解和達到某些標準，但這更有可能是由運氣和意外造成，而非課程設計所致。（見第八章關於效度的其他考慮）

在學校教育的正式績效責任要求評量符合課程標準之後，目前對於地方學區的評量品質之注重更甚以往。除非我們經常謹慎使用逆向設計，否則地方學區的評量甚難提供告知教學結果，和加強學習所需的指定回饋。然而，根據課程設計標準而更注意自我評量和同儕評論，可以大幅

改進學校本位的評量。

表 7-3　關於評量的兩種思考方式　　　　　　　　　151

像評量者一樣思考時，我會問——	（只）像活動設計者一樣思考時，我會問——
1. 哪些是充分表現理解程度的證據？ 2. 考慮到教學目標的話，哪些實作任務必須作為課程單元的基礎，並且使教學工作有焦點？ 3. 哪些是階段一期望的學習結果所需的不同類別證據？ 4. 我們將依據哪些標準來考慮教學，以及評量教學品質的程度？ 5. 評量策略是否能揭露及區分真正理解和只是看起來理解的學生？我是否明白學生犯錯背後的理由？	1. 在這個主題上，哪些是有趣好玩的活動？ 2. 在這個主題上，學生可能希望做哪些專題？ 3. 根據我的教學內容，我應該給予學生哪些測驗？ 4. 我要如何給學生打分數？（以及向學生家長說明理由） 5. 這些活動的效果如何？ 6. 學生在測驗上的表現如何？

第三節　從快照式評量到剪貼式評量　　152

　　有效的評量更像是紀念品及圖片的剪貼簿而不像是快照。在教學結束時，有效能的教師兼評量者會使用各種方法和形式，在教學過程中蒐集大量的證據，而不只使用一種單一測驗。因此，當我們計畫蒐集學生理解所學的證據時，應考慮例如圖 7-1 所顯示的一系列評量方法。

圖 7-1　系列的評量策略

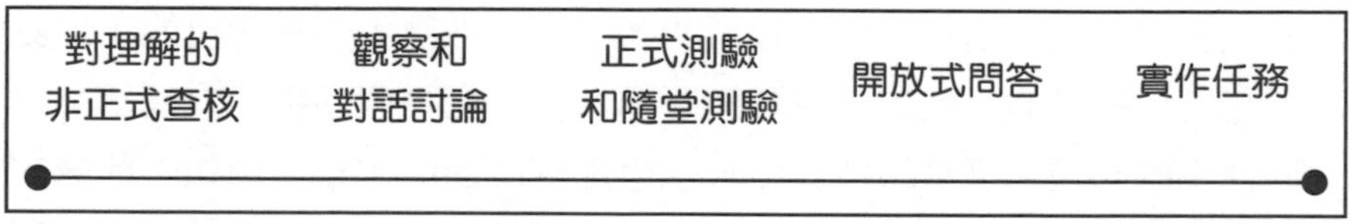

對理解的 非正式查核	觀察和 對話討論	正式測驗 和隨堂測驗	開放式問答	實作任務

這條評量的連續線包括對理解的非正式查核（例如，口頭問題、觀察、對話討論）；傳統的隨堂測驗、正式測驗、答案開放且有提示的問題；以及實作任務和專題。就範圍（從簡單到複雜）、時間限定（從短期到長期）、情境（從不設定情境到真實情境），以及從結構（從高度指示的到無結構的）的觀點而言，這些評量各不相同。因為理解的形成是由於持續探究和重新思考的結果，所以對理解的評量應該被視為經過一段時間所蒐集的證據，而非單一「事件」的證據——就像實務上常發生的、教學結束當時的單一測驗。

考慮到某個理解的焦點，實作任務或專題自然而然會是單元或科目的基礎，因為這些評量策略能證明學生能夠在情境脈絡之下使用其知識。筆者的理解論主張，情境化的應用是激發及評量持久理解的適當方法。更傳統的評量策略（隨堂測驗、正式測驗、有提示的學業測驗、題組式問題）藉由評量有助於使實作表現達到最優的主要知識和技能，使得評量的設計更圓滿。表 7-4 摘要了用於評量的不同類別證據。

153　第四節　真實實作表現──非裝飾用的必須品

實作表現會揭露學生的理解，對於各種情境之下有挑戰力的任務，理解會以可遷移的核心概念、核心知識，以及核心技能之形式顯露。因此，對理解的評量必須以真實實作表現為本的任務為根據。

所謂真實任務的意義是什麼？如果符合以下情況，評量的任務、問題或專題即是真實的：

154　1. 評量的情境很實際。評量任務被設定在實境故事（scenario）之中，這些實境故事複製或模擬在真實情況中測驗人們知識和能力的方式。

2. 評量要求評價和創新。學生必須明智而有效地應用知識和技能，以處理相當無結構的挑戰或解決這類問題。不採用具體的提示或暗示來測驗個別的知識，真實的挑戰要求學生理解問題的本質，例如：此處採用的是哪些類別的知識和技能？我要怎麼解決它？即使當目標可能相當明確時，學生也必須發展計畫及程序來解決問題或探討議題。

表 7-4　用於評量的證據類別

(一)實作任務　Ⓣ

仿照成人面對的議題和問題編製的複雜挑戰，涵蓋範圍從短期任務到長期的、多階段的專題，這些任務會產生一個以上的實質作品和實作表現，與有提示的學業測驗之不同處在於：

1. 涉及真實的或模擬的情境，以及成人會在相似的情境中（如：真實的情境）所發現的類似限制、背景「干擾因素」、激勵物、機會等。
2. 通常需要學生對確認的對象表現能力（真實或虛擬的對象）。
3. 根據與對象有關的特定目的。
4. 讓學生有更多機會將任務個人化。
5. 不夠保密：實作任務、評鑑標準、以及實作標準事先告知學生，然後引導學生學習。

(二)開放式問答題　ⓄⒺ

要求學生以批判方式思考的開放問句或問題，而不只是要求回想知識。學生要準備具體的學科答案、作品或實作表現。這些問句或問題：

1. 要求在正式學校考試的情況下，對具體的提示做出有結構的回答。
2. 「開放式」的，無期望能解答問題的單一最佳答案或策略。
3. 通常是「建構不良的」，需要發展建構問題的策略。
4. 涉及分析、綜合、評鑑。
5. 通常要求說明或辯解提出的答案和使用的方法。
6. 根據評分準則和實作標準，要求評價為本的評分。
7. 可能保密也可能不保密。
8. 涉及通常只向學校學生提問的問題。

(三)隨堂測驗和正式測驗　ⓆⒺ

學生熟悉的評量格式，包括簡單的、內容為焦點的題目，這些題目：

1. 評量事實資訊、概念、個別的技能。
2. 使用選擇式反應方式（如：單選題、是非題、配合題）或簡答題格式。
3. 聚斂的，通常有單一的最佳答案。
4. 很容易使用答案鍵或機器來計分。
5. 通常很保密（如：事先不知道題目）。

(四)對理解的非式查核　ⓆⒺ

作為一部分教學過程的持續評量，實例包括教師發問、觀察、檢視學生作品、放聲思考等。這些評量策略能對教師和學生提供回饋，通常不計分或不評等。

3. 評量要求學生「活用」學科。不必透過表現所學或已知知識，以達到背誦、重述或複述的結果，學生必須進行探索，然後在科學、歷史或其他任何學科的規範中學習。學生付出的努力會類似或模擬該領域者所做的工作。

4. 評量方式複製有挑戰力的關鍵情況，在這些情況中成人會在職場、公民生活，以及個人生活中被真實的「測驗」。真實的挑戰所涉及的具體情境帶有「混亂性」和有意義的目標：有重要的限制、有「干擾因素」、有目的，以及有能起作用的對象。相對地，幾乎所有的學校測驗都是不設定情境的（即使書面的提示試著指出目的和對象）。在真實生活中——不像學校，如果有任何關於成功的目標或標準之秘密，這些秘密也很稀有。再者，實作者對「施測者」或上司問問題是有益的，而持續的回饋通常得自於同僚。學生需要體驗人們在職場及其他真實生活情境執行任務的感覺，而這些情境會相當複雜而混亂。

5. 評量在評估學生為成功應付複雜、多階段的任務，而有效率地使用所具備的知識和技能之能力。大多數傳統測驗題目涉及的是孤立的知識項目或實作要素，類似運動的場外練習，這些練習不同於比賽所要求的整合應用知識、技能、回饋。雖然練習和測驗時常都很適當，但是實作的要求總是大過練習的總和。

6. 評量提供了演練、練習，以及參考相關資源的機會，並且對實作表現和作品進行回饋及修正。雖然有「保密」測驗的存在，這類測驗對試題保密並限制學生接觸教材資源，但如果我們想要聚焦在學生的學習，並改進學生的實作表現，這類測驗必須和更清楚的學習評量共存。如同商業中的學徒模式所證明的，當以「表現—回饋—修正—表現」的循環過程來引導生產著名的高品質產品時——根據公認的實作標準來評價，學習會達到最大程度。如果我們想要學生藉由在情境中應用資訊、技能，以及相關資源所做的實作表現來證明其理解程度時，「秘密進行的測驗」將沒有存在的空間。

155　　　對於講求標準的世界而言，要求測驗具有更高的真實性已經不是新鮮事或不恰當之事。四十年前，布魯畝及其同僚曾在描述「應用」之意和闡述「綜合」的意義時，表示過這類評量的重要性。他們認為「綜合」

是：「發散式思考的一種，（其中）某個問題的正確解決方案是不可能事先設定的。」（Bloom, Madaus, & Hastings, 1981, p. 265）。

　　根據真實的學習而產生的評量方法，要求學生（及教師）達到兩方面的重要理解：首先，了解成人在超越學校的更廣領域中，如何使用或不使用學校所教的知識和技能；其次，個別的課堂教學如何變得有意義，亦即，這些教學如何導致高品質的實作表現或精熟更重要的學習任務。就像棒球員必須忍受不斷揮球出界的無趣練習，以及吹笛者必須忍受演奏樂譜的單調活動——兩者都夢想達到真實成就，因此，學生對於從值得付出的練習和小考產生更好的實作表現，已有過太多的經驗。

第五節　根據問題而不僅是練習來設計評量

　　課程設計者通常會發現，對於棒球和吹笛例子所暗示的更一般問題來進行考慮，有助於深化評量的設計，例如：測驗是否就等於不設定情境的簡化式練習？或者，評量策略要求學生在有真實議題、真實需求、真實限制，以及真實機會的問題情境下，實際明智應用知識和技能來「做出表現」？要獲得關於真實理解的證據，我們需要引發學生在真實實作表現之中做出判斷，而不是了解他們對於只要求回想、提取記憶又容易領悟的提示如何反應。

　　換言之，在真實的評量裡，我們必須確認已向學生呈現真實的問題，以產生杜威在幾乎一百年前所做的適當區分：

關於為引發（及顯露）學習所設定的任何情況或經驗，我們可提出的最重要問題是，其涉及的問題性質是什麼……但是區辨真實的問題和……仿造的問題是不可避免的。下列問題可能有助於這方面的區分……在某些情況或個人經驗中，這些問題是否會自然而然地浮現？或者這些問題與……疏離？某種嘗試是否會引起在學校之外的觀察活動及投入試驗？（或者）給學生問題是因為除非學生回答被評量的問題，否則他們無法得到需要的分數、無法升級或無法得到教師的讚許（1916, p. 155）。

與杜威不同的區分方式可以在所有實作領域找到，其中我們可區辨出練習和實作問題的不同。練習涉及在不設定情境下，直截了當執行某些「動作」；而在實作的過程中，其問題是要實作者在情境中思考所面對的許多選擇和挑戰。籃球的單手投籃就是練習：球員排成兩列，一列傳球、一列投球，並且互換自由投射。然而，在比賽時，這項技能（擦板或投空心球）的應用需要投球者也隨著另一隊的防守而移動。

相似的情況也發生在科學領域，典型的科學實驗室代表的是練習而不是問題：該練習有正確的方法、正確的答案存在，因此對我們的理解而言，並無固有的難題或挑戰。相對地，必須設計有效、可行、花費有節制的實驗並加以偵錯，以理解令人困惑的現象，而這些反映的都是真正的問題解決過程。所有的學科「操作」都涉及解決問題，因此，對於理解的評量必須根據真實的問題，而不只是根據要求個別單獨應用事實和技能的練習。

數學和歷史很可能是最需要透過這類區分來思考的課程領域。在幼稚園到高中階段，幾乎每一項數學和歷史的測驗都是一系列的練習，不具有前文討論到的問題意義：學生只需要對提示做出正確的反應即可。主題是分數的相加或理解民權時期並不重要，因為學生常常接受有正確答案的明確測驗。與分數或歷史相關的真實問題必須就像打一場籃球比賽一樣——只是順利投入空心球，或者只是取用明顯的方法或事實是不夠的。

注意錯誤概念！

逆向設計階段二的目標是找出適當的評量證據，而不是設計有趣的專題活動或任務。雖然課程設計的目標一直都應該是使評量有趣又能激發思考（因為藉此能引發最佳的、最徹底的學習），但這不是階段二的重點。許多專題活動既有趣又有教育性，可是它們對於階段一所尋求的理解結果，可能無法提供足夠的證據——尤其如果學習活動涉及方法、內容、表現方式的協同合作和自由選擇時。有許多練習活動比複雜的實作任務更無趣，但是對於特定的理解或技能而言，它們有時會產生更明確的證據。我們必須確信，專題活動是從所需的評量證據逆向設計而成，而非先考慮學生的興趣。請留意那些評量證據有效，但令人困惑的有趣實作任務或專題活動。第八章會更詳細討論這個部分。

真實的解決問題過程，要求實作者決定何時使用哪些方法、哪些事實，例如：使用分數或小數就能最有效解決問題嗎？民權時期可被理解為宗教的或世俗的運動？

只根據練習來建構數學和歷史的評量（如我們常做的），會忽略掉實作評量在這些領域中的本質。就如我們曾說過的，真正的實作總是涉

及學習遷移——亦即根據特定的挑戰而彈性使用知識和技能。這類實作要求設法想出及理解某個情況的要求，而這些要求非常不同於只是回答尋求正確答案的高結構化練習。「學習的可遷移性就是理解」，這句話揭露的是：在不簡化教師的提示或暗示之下，實作者必須自己想出哪些知識和技能對解決實際問題是需要的。

　　表 7-5 有助於澄清問題和練習之間的不同。請注意練習是必要的，但不足以發展表現能力的實作表現；練習對於實作能力也不一定是可靠的指標。

表 7-5　問題與練習的差異

	問題	練習
任務的架構	問題陳述很清晰，但如果有的話，只有少數暗示或提示係關於如何有效架構問題或解決問題。	關於挑戰的本質或如何進行任務以迎接挑戰，其陳述不是很簡單就是透過具體的暗示或提示而簡化。
方法	有可能採用不同方法。想出這是或不是哪些性質的問題，是這項挑戰的關鍵部分；亦即，策略的使用是必要的。另外，有可能需要結合邏輯方法和嘗試錯誤。	有最佳方法存在（雖然可能未陳述出來），而練習的構成方式暗示了最佳方法。學生找出及使用「正確」策略的能力，是此練習的關鍵目標。
情境	實際上，複雜、有干擾性的因素通常涉及不同的——有時相互匹敵的——變項，而且這些變項與對象、目的、評價學習的標準等有關。	情境被簡化，以確保唯一的「變項」是訂為目標的技能或知識（類似運動的場外練習或音樂的指法練習）。
解決方案	目標即適當的解決方案，此目標注意到不同的需要、注意到也許相互匹敵的變項，以及注意考慮成本效益。可能會有正確答案，但答案來自於合理的推理及有支持力的論據或方法。	目標即正確答案。練習的設計在確保只有一個正確答案，雖然這可能是令人困惑的挑戰，但是透過回想及提取之前的知識——略修正或不需修正，可以找出一定的正確答案。
有效證據	焦點從答案轉移到方法和解決方案的合理證明。	答案的正確性和選擇「正確」答案的方法。

第六節　使用 GRASPS 來架構實作任務

　　我們可透過其特徵，來區辨真實實作任務和其他類型評量策略的差異。實作任務通常會對學生呈現問題：在具有挑戰和可能性的情境範圍內所設定的真實目標。學生會為了確認的對象（有時是真實的、有時是模擬的）而發展實質的作品或實作表現，而評量的效標和實作標準對評量任務而言是適當的——事先已告知學生。

　　由於這些要素構成了真實評量的特徵，我們可以在設計評量任務時使用這些要素。我們創造了使用 GRASPS 頭字語的設計工具來協助發展實作任務，GRASPS 的每個字母都對應一個任務要素——目標（Goal）、角色（Role）、對象（Audience）、情境（Situation）、實作（Performance）、標準（Standard）。表 7-6 以相對應的提示呈現了每個要素，以幫助課程設計者建構實作任務。教師可以常常使用 GRASPS 來轉換現有的評量，或設計吸引學生的學習活動。

158

　　以下是一則使用 GRASPS 所建構的科學領域實作任務實例，目的在評量對於多因子實驗設計的理解程度：

1. 目標和角色：作為一名消費者研究團隊的科學家，你的任務是設計一項實驗，以判定四種品牌洗潔劑中的哪一種最能有效清除棉織品上的三類不同污漬。

2. 對象：你的目標對象是《消費者研究》（*Consumer Research*）雜誌的測試部門。

3. 情境：你有兩部分的挑戰：(1)為獨立出關鍵變項而設計實驗程序；以及(2)清楚說明實驗的程序，以利測試部門的同仁能執行實驗，判定哪種洗劑對各類污漬是最有效的。

4. 成品：你必須提出書面的實驗程序（遵循特定格式），其內容條列出各步驟的順序。你可以隨著書面說明附上一份摘要或圖解。

5. 標準：你的實驗設計必須完整正確地遵循良好的實驗設計準則；適當地獨立出關鍵變項；包括一份清晰正確的書面實驗程序說明（協助測試人員的摘要或圖解為選擇性資料）；以及，能使測試部門同仁判定

表 7-6　GRASPS 實作任務設計的提示　　　　　　　　　　　　159

目標
1. 你的任務是＿＿＿＿＿＿＿＿＿＿＿＿＿＿＿＿＿＿＿＿＿＿＿＿。
2. 評量目標是＿＿＿＿＿＿＿＿＿＿＿＿＿＿＿＿＿＿＿＿＿＿＿＿。
3. 問題或挑戰是＿＿＿＿＿＿＿＿＿＿＿＿＿＿＿＿＿＿＿＿＿＿＿。
4. 需要克服的障礙是＿＿＿＿＿＿＿＿＿＿＿＿＿＿＿＿＿＿＿＿＿。

角色
1. 你是＿＿＿＿＿＿＿＿＿＿＿＿＿＿＿＿＿＿＿＿＿＿＿＿＿＿＿＿。
2. 你被要求要＿＿＿＿＿＿＿＿＿＿＿＿＿＿＿＿＿＿＿＿＿＿＿＿。
3. 你的工作是＿＿＿＿＿＿＿＿＿＿＿＿＿＿＿＿＿＿＿＿＿＿＿＿。

對象
1. 你的服務對象是＿＿＿＿＿＿＿＿＿＿＿＿＿＿＿＿＿＿＿＿＿＿。
2. 你的目標對象是＿＿＿＿＿＿＿＿＿＿＿＿＿＿＿＿＿＿＿＿＿＿。
3. 你需要說服＿＿＿＿＿＿＿＿＿＿＿＿＿＿＿＿＿＿＿＿＿＿＿＿。

情境
1. 你發現自己所處的情境是＿＿＿＿＿＿＿＿＿＿＿＿＿＿＿＿＿＿。
2. 實作挑戰涉及到處理＿＿＿＿＿＿＿＿＿＿＿＿＿＿＿＿＿＿＿＿。

成品、實作、目的
1. 你要創造＿＿＿＿＿＿＿＿＿＿＿＿＿＿＿＿＿＿＿＿＿＿＿＿＿。
　 以利＿＿＿＿＿＿＿＿＿＿＿＿＿＿＿＿＿＿＿＿＿＿＿＿＿＿＿。
2. 你必須發展＿＿＿＿＿＿＿＿＿＿＿＿＿＿＿＿＿＿＿＿＿＿＿＿。
　 以利＿＿＿＿＿＿＿＿＿＿＿＿＿＿＿＿＿＿＿＿＿＿＿＿＿＿＿。

有效的標準和準則
1. 你設計的實作需要＿＿＿＿＿＿＿＿＿＿＿＿＿＿＿＿＿＿＿＿＿。
2. 你的設計會藉由下列來評價＿＿＿＿＿＿＿＿＿＿＿＿＿＿＿＿＿。
3. 你的成品必須符合下列標準＿＿＿＿＿＿＿＿＿＿＿＿＿＿＿＿＿。

哪種洗劑對各類污漬是最有效的。

　　不是每一種實作評量策略都需要藉由 GRASPS 來建構，但是我們建議，在評量主要單元或科目之理解內容方面，至少有一項核心實作任務能以這種方式來發展。許多教師已經發現，以此種方式建構評量任務能

提供學生清晰的實作目標，以及提供在不設定情境的測驗中或有提示的學業測驗中無法找到的真實意義。

第七節　實作任務的舉例短文

　　以下短文簡短描述了實作任務在評量學生理解方面的可能應用。請注意這些實作任務如何反映了 GRASPS 要素。

1. 從山巔到海濱（歷史、地理；六至八年級）。由九位外籍生組成的一個小組正在你的學校做為期一個月的訪問，這是國際交流計畫的一部分（別擔心，他們會說英語！）。校長請你的班級設計四天的維吉尼亞州之旅，並提出經費預算以幫助這些訪客了解該州對於美國歷史及國家發展的影響。你必須規劃行程，以利這些訪客能造訪一些最能表現維吉尼亞州影響國家發展的景點。你的任務是準備一份旅遊導覽手冊，包括說明為什麼選擇這些景點，以及附上描繪四天旅途的地圖和一份旅遊的預算。

2. 花園的設計（數學，六至八年級）。你受邀為組織標誌有平行雙圈、三角形，以及四角形的公司設計一座花園。最後完成作品應該是一幅有比例縮尺的圖畫，以及一份列出需要多少各種類別、顏色的植物才能完成設計的清單。

3. 文學名人堂（英文，十至十二年級）。藝術與文學協會宣布要設立一座名人堂，來表彰美國著名作家和藝術家的作品。由於你的班級剛剛結束美國文學的課程，你受邀提名一位作家為入選名人堂的參考人選。請完成一份你認為值得推薦的作家提名表，你的推薦說明應包括分析這位作家對美國文學的貢獻，以及你推薦這位作家的理由依據。

4. 郵購朋友（語文，幼稚園至二年級）。想像你有機會透過電話從郵購目錄中訂購一位朋友。請考慮你想要從這位朋友身上看到的特質，在透過電話訂購朋友之前，請練習如何要求你想要這位朋友具有的三項特質，並就每個特質各舉一例。請記得說明清晰、音量夠大，以利銷售員明確了解你所尋求的條件。你的要求會被錄音下來，並依據清晰度的評分指標，以及你的要求顯示了多少想法被評量。

5. 走吧！搬家小貨車（數學和寫作，六至九年級）。你為一家搬家公司工作，該公司計畫參加某個標案──將一棟公司的內部所有物搬到另一個新地點。你負責決定必須搬遷的傢俱和設備之最小體積，作為範例的物體會考慮到：(1)物體可堆棧的程度；(2)非立體物件能加以組合的特性；(3)保護傢俱的填塞物；以及(4)打包小物件所需的紙盒數量和大小。你要準備一份書面報告，內容說明被搬遷物體的體積大小及如此決定的理由，並且附上圖表顯示這些物體如何置放，以使所需的總體積達到最小。

6. 為家裡裝板壁牆（數學，八至十年級）。當承包商提出房屋修繕的估價時，我們如何得知價格是否合理？在這項任務中，你將要判定某個板壁牆的承包商是否提供了正確的資訊，或者他試圖對無知的消費者提高收費？你會得到房間大小、材料價格，以及工資的資訊。

7. 夏安族印第安人──到底發生了什麼事（歷史，大學三、四年級）。你將要研究可能發生在南北戰爭時期的一場屠殺，關於這場屠殺並沒有留下詳細的書面記述。你會讀到參議院保留的手稿及各種相互衝突的第一手報導，這些導致你在某一本歷史書寫下你自己的結論。你的作品會被同儕審視，並由擔任教科書編輯的教授評價。

8. 體適能訓練計畫（體育和健康，中學階段）。基於在健康俱樂部扮演訓練師的角色，你需要發展體適能的計畫，包括針對新顧客的有氧運動、厭氧運動、彈性運動。體適能計畫需要考慮到顧客的生活型態、年齡、活力程度、個人體適能目標。計畫之前，你會得到不同顧客的詳細資料。

第八節　使用六個層面作為評量的藍本

161

　　評量理解內容的基本要求是，我們需要知道學生隨同「答案」或解決方案一起的思考過程。學生對為什麼這麼做的說明、為什麼支持該方法或該答案的說明，以及對反省學習結果的說明，使我們對學生的理解程度可能獲得更完整的洞見。缺少理由及支持力的答案通常不足以「證明」學生的理解，這就是為什麼我們要求博士學位的取得必須寫論文和

通過口試的原因。當我們更充分使用口頭評量、概念網絡圖、學習檔案，以及各類建構式反應題目，以允許學生表現其學習和揭露其思考時，對理解的評量效果就會增強。選擇式反應的題型——單選題、配對題、是非題———對於理解或欠缺理解，通常無法提供足夠（有時甚至是誤導）的證據。

理解的六個層面所表示的實作類別，是我們所需要的有效評量策略。就一般而言，它們仔細訂定了我們所需的實作證據，以利有效區辨事實知識和對事實的理解。當我們將六個層面加到前面提到的逆向設計圖表——如表 7-7，六個層面的價值變得更為明確。

這六個層面透過提醒我們，一般而言理解看起來像什麼，而對第二欄提供了有用的鷹架。我們可以使用對各個層面很重要的不同能力，指引在階段二的課程設計過程，例如，層面一涉及以自己的話說明、具體指明或證明立場的能力。可從「真正理解的學生……」的句幹開始，然後從各個層面加上關鍵字詞，以產生我們需要的各種評量目標，例如表 7-8 所示。

對評量理解的詳細計畫而言，這份新產生的清單提供了有用的起點。無論教學的主題或學生的年齡大小，清單上的動詞都暗示了所需的評量類別，以判定學生的理解到達什麼程度。因此，在表 7-7 的第三欄，透過下列提問，我們可以使評量更為具體：哪些類型的任務適合階段一列出的具體期望結果和所教學生？哪個層面或哪些層面最能適當指引特定評量任務的設計，包括具體實作表現、過程或作品的要求？

以下是一些根據六個層面的理解為基礎的實作任務初步想法。

一、層面一：說明

「說明」要求學生以自己的話說出「大概念」、建立連結、展示作品、說明理由，以及從資料歸納理論。

1. 數學——減法。設計一份使用操作型教具的教學計畫，以教導班上某個新的學生什麼是「減法」。

2. 社會科——地理和經濟。製作一份圖表組體，以顯示兩個不同地區的環境、自然資源，以及經濟之間的關聯。

3. 科學——電學。為電路系統編寫一份處理問題的指南。

4. 外語——語言結構。編寫一份參考手冊，其內容說明不同的過去式時
態之差異，以及何時這些時態應該或不應該使用。

表 7-7　以六個層面做逆向設計的邏輯

159

階段一	階段二	
如果對學生的期望學習結果是……	那麼你需要證明學生有能力……	因此評量策略需要做到……
理解…… 1. 均衡的飲食有助於身心健康。 2. USDA 食物金字塔為營養調配提供了相關的準則。 3. 根據年齡、活動程度、體重，以及整體的健康，飲食的需求各人不同。 4. 健康的生活需要個體奉行關於良好營養的有效資訊，即使這意味著要打破舒適的習性。 **深思這些問題……** 1. 什麼是健康的飲食？ 2. 你吃得健康嗎？你如何知道？ 3. 對某人是健康的飲食為什麼對另一個人會是不健康的？ 4. 儘管可用的資訊一大堆，為什麼在美國有這麼多的健康問題是由於營養不良所導致？	**說明** • 均衡的飲食 • 營養不良的後果 • 為什麼有人會不顧可用的資訊，使自己營養不良 **詮釋** • 食物的營養標示 • 速食對飲食模式之影響的資料 **應用，透過……** • 設計健康的菜單 • 評量各種飲食計畫和方案 **從某個觀點理解** • 就飲食信念和習慣而言的其他文化、其他地區之人們 **反省** • 個人的飲食習慣 • 有益的食物是否總是嚐起來很糟	1. 設計小冊子，以幫助較年幼的學生理解均衡飲食的意義，以及由於飲食不當所引起的健康問題。 2. 討論速食的普遍性，以及在今日講求快速的世界中吃出健康飲食所面臨的挑戰。 3. 為全班學生參加的派對設計一份菜單，包括健康美味的點心在內。 4. 以多元飲食（如：南極地區、亞洲、中東之飲食）對健康和長壽的影響為題，進行研究及發表研究結果。 5. 若由於醫療的原因（例如糖尿病）而必須忍受飲食上的限制，請描述你的生活如何受到影響（及可能的感受）。 6. 反省：在多大程度上你吃得很健康？你如何吃得更健康？

表 7-8　使用六個層面來設計評量理解的策略

真正理解的學生……

層面一：能說明——證明複雜的說明力和洞見。能夠……

(1)根據有用的證據和論據——說明或闡明某個事件、事實、主題或概念，提出複雜、有洞見、可信的理由——理論和原則；呈現有意義的連結；利用有用而生動的心智模式提出有系統的說明。

- 做出精微的區分；適當使想法稱得上是意見。
- 對哪些事物是重要的進行理解和爭論——對大概念、關鍵的時刻、有決定性的證據、關鍵問題等等。
- 做出有效的預測。

(2)避免或克服一般的錯誤理解，以及膚淺或過度簡化的觀點，例如，能避免過度簡化、過度陳腐或過度不精確的理論或說明。

(3)能對某個學科揭露個人的、深思的、連貫的掌握，例如，透過反思的或系統的探究來表現自己所知。因此，這些探究將會部分根據具體概念或情緒的重大適當直接經驗或模擬經驗。

(4)以合理的論據和證據證明或證實自己的觀點。

層面二：能詮釋——提供有效、有意義的詮釋、翻譯、敘述。能夠……

(1)敏銳地有效詮釋文本、資料、情境。例如，推敲上下文涵義，以及對任何「文本」（書、情況、人類行為等等）的許多可能目的和意義提出合理的闡述。

(2)對複雜的情況和人物提出有意義的、闡述的說明。例如，藉由提出歷史的、生平的背景之能力，以使概念更易懂、更相關。

層面三：能應用——在情境脈絡中使用知識；有技能知識。能夠……

(1)將知識有效用於多元的、真實的、實際的雜亂情境脈絡中。

(2)以新穎有效方式擴充或應用所知（以革新的意義來發想，如皮亞傑在《理解即發想》[1]一書中的討論）。

(3)在表現所知時能有效地自我調整。

層面四：以觀點了解——能夠……

(1)批評及辯護某個立場，亦即，以某個觀點來了解；使用技能和意向，它們能落實嚴謹有序的懷疑論和對理論的測試。

(2)將事實和理論放入情境脈絡中；了解知識或理論即所面對問題（或難題）之答案或解決方案的。

(3)根據概念或理論來推論假設。

(4)知道某個概念的限制和效力。

表 7-8　使用六個層面來設計評量理解的策略　（續）

164

(5)看穿有偏見的、偏袒的或有意識型態的論據或用語。

(6)了解及說明某個概念的重要性或價值。

(7)採取批判的立場；有智慧地應用信念和批判態度（如 Peter Elbow 的格言所摘要的能力，當我們細心地「在他人懷疑時相信，在他人相信時懷疑」[2] 就可能達到更有效地理解）。

層面五：證明同理心──即能夠……

(1)將自己投射進去，以及去感覺、去理解另一個人的情境、情感、觀點。

(2)依據下列假設行事：即使顯然怪異或含糊的意見、文本、人物或一系列想法，都可能包含值得理解的洞見。

(3)了解不完整的或有瑕疵的觀點其實是合理的，甚至是有洞見的，即使這些觀點有時有點不正確或過時。

(4)理解及說明某個概念或理論極易被其他人錯誤理解。

(5)很敏銳地觀察和傾聽，以及理解其他人常常不理解的事。

層面六：揭露自我認識──即能夠……

(1)認清自己的偏見和風格，以及它們如何渲染理解的內容；了解及超越自我中心主義、種族中心主義、懷舊主義、只重目前，以及非此即彼的想法。

(2)專注於有效的後設認知；認清自己的心智運用風格和優缺點。

(3)質疑自己的堅定信念；就像蘇格拉底一樣，從證明合理的知識中梳理出強烈的信念和習性，在智識上誠實表現，以及承認自己的無知。

(4)正確地自評，有效地自律。

(5)毫不防禦地接受回饋和批評。

(6)經常反省個人學習和個人經驗的意義。

1　Jean Piaget. (1973). *To Understand Is to Invent: The Future of Education.* New York: Grossman's Publishing Co.

2　Peter Elbow. (1973). *Writing Without Teachers.* New York: Oxford University Press.

二、層面二：詮釋

「詮釋」要求學生理解故事、藝術作品、資料、情境或主張。詮釋同時也涉及把以某種媒介表達的概念、感覺或完成的作品轉譯成另一種媒介。

1. 歷史——美國歷史。選擇五至十首美國從南北戰爭開始就出現的歌曲，利用這些歌曲來探索下列問題：這是我們試圖建立的國家嗎？我們曾經如何將自己視為一個國家？哪些態度已有所改變，哪些未曾改變？

2. 文學——《麥田捕手》和《蟾蜍是好友》（*Frog and Toad Are Friends*）。請回答下列問題：荷頓有什麼不對勁？研究主要角色的言行和其他角色的反應，以幫助你理解荷頓‧加菲爾。請思考下列問題：誰是真正的朋友？研究主要角色青蛙和蟾蜍的言行，尋找其言行模式來幫助你回答問題。

3. 視覺及表演藝術——任何媒體。透過拼貼、舞蹈、音樂作品或其他媒體來重現強烈的情緒（例如，恐懼和希望）。思考這些媒體如何影響訊息的傳達。

4. 科學和數學——資料模式。就任何複雜的現象（如：氣候的變項）蒐集一段時間的資料，分析及呈現這些資料以發現模式。

三、層面三：應用

已理解的學生會在新的情境中，應用他們的知識和技能。請以真實或模擬的對象、目的、情境、限制、背景干擾因素，把重點放在真實情境脈絡下的應用。

1. 數學——面積和周長。考慮到特定量的圍籬建材，設計院子的圍籬剖面圖，使新收養的小狗有最大的遊玩面積。

2. 社會科——地圖繪製技能。繪製一份有比例尺的學校地圖，以幫助新生找出方向。

3. 健康——營養。在有限的預算之內，為五口之家設計一份一週的健康三餐及點心之菜單。

4. 科學——環境研究。對地方上的溪流水質進行化學成分分析，以監控水質的乾淨程度，並將你的發現告知地區的 EPA 部門。

四、層面四：觀點

當學生能從不同的論點理解事物，能詳細闡述另一面的情況，能看出全局，能找出背後的假定，以及能採取批判的立場時，就能表現出其

抱持的觀點。

1. 歷史——對比。檢視英國、法國，以及中國的教科書中關於美國獨立戰爭的敘述。找出每本教科書中的歷史觀點，然後在模擬的學校教育委員會會議中，辯護或反對將其用作教學資源。

2. 算術——不同的表徵。比較小數、分數，以及百分率以不同方式表達相同數值的優缺點；並以不同的圖形及符號象徵來表示。

3. 英文或語文——文學的分析與寫作。假設你是某家重要出版社的編輯，請檢查某篇投稿的短篇故事，以確認其是否是抄襲之作（教師並未告訴學生，他們將要檢視的這篇短篇故事，其作者是今年學到的某位作家）。然後，寫一封有技巧但是態度堅定的回信，告知作者其原稿的可能出處。

4. 幾何。比較三個不同地方其兩點之間的最短距離，例如：學校建築的實體走廊、地球表面、歐幾里德空間。

5. 音樂。想像自己是和某位當紅歌星一起決定錄音版本的製作人，聆聽同一首歌曲的三種不同錄音版本，然後批評每一個版本。

五、層面五：同理心

　　認知上的想像對理解很重要，想像力的顯現不只在藝術和文學方面，更普遍透過理解想法和行為不同於我們的人而顯現。其目標不在於要學生接受他人的言行思想方式，而是幫助學生更有效理解世上的多元想法和感覺；亦即，發展學生能為他人設身處地著想的能力。學生以這種方式來理解，會避免形成刻板印象，並且，學習到昨日的怪異想法如何變成今日的平凡之事。

1. 歷史。使用「心智匯談」（Meeting the Minds）的形式，和其他同學分工扮演各種角色，並且討論或辯論某個議題（如：西部墾拓者和美國原住民對大天命的看法、杜魯門總統對日本投擲原子彈的決定、蘇聯政體崩解的原因）。

2. 英文或語文——寫作。想像你自己成為歐盟新選出的桂冠詩人，並且被委託寫一篇關於中東時事的十四行詩。這首詩會被刊登在《伊斯蘭時報》（*Jerusalem Times*）和《開羅日報》（*Cairo Daily News*）上，

166

而你的寫作目的在喚起苦難局勢中雙方受苦人民的同理心。

3. 科學。閱讀及討論前現代期（premodern）或目前未被採信的科學著作，以找出看似合理或「有邏輯的」理論（考慮到當時的可得資訊），例如，托勒密（Ptolemy）對於為什麼地球必定處於休止狀態的解釋，以及 Lamarck 對於生物發展的描述。

4. 文學——莎士比亞。想像你自己是《羅密歐與茱麗葉》劇中的茱麗葉，並且在思考那可怕的最後一幕演出，然後寫下最後一段日記描述你的想法和感受（請注意：這段題目曾被用於英國的全國會考）。

六、層面六：自我認識

要求學生自評過去和現在的學習是很重要的，只有透過學生的自我評量，我們對於學生在將要精熟的任務、效標，以及標準方面的看法有多複雜、多正確，才能獲得最完整的洞見。

某個簡單的策略是，使任何科目的第一項和最後一項書面指定作業題目相同，然後要求學生寫下自我評量的補充說明，以描述他們在理解方面的進步心得。以學習檔案蒐集學生作品樣本的教師採用的是相關方法，該方法要求學生檢討自己的學習檔案，然後回答反省的問題：你的學習如何顯示自己已達到的進步情況？哪些學習任務或指定作業最具挑戰力，為什麼？哪些作品選集是你最引以為傲的，為什麼？你的學習在哪些方面說明了自己在學習上的優缺點？

以下是適用於任何學科、任何年級的某些自評及後設認知方法：

1. 我來了！在學年結束時，寫一封信給明年的授課教師，介紹你自己這位學生。描述你的學業長處、需求、興趣、學習風格。根據對過去一整年的學習表現所做的自評結果列出你的具體學習目標（理想上，這些信件會被有系統地蒐集起來，然後在暑期時寄給指名收信的教師）。

2. 我學到了什麼？在任何科目的書面報告上加入補充說明，在其中你必須冷靜地自評優點、缺點、所用學習方法或答題上的落差，並且回答下列問題：知道自己目前的學習狀況之後，下次我會有什麼不同的作法？

3. 我認為自己過去的表現如何？國中生、高中生，或者大學生可以依據

評量學習所用的標準（評分指標），編製一份書面或口頭的自我評量表。自評的正確度占學期成績的一小部分〔請注意：這項練習被威斯康辛州米爾瓦基市的艾爾弗諾（Alverno）社區學院用於各項主要的指定作業〕。

七、各層面中的首要層面

一般而言，我們必須將第一個層面「說明」，納入任何涉及其他五個層面的學習任務之中。我們必須知道學生為什麼有那樣的表現、他們認為學習任務的意義是什麼，以及哪些可以證明學生的方法合理，而不只是證明他們學過了。換言之，在實作為本的理解評量中，學習任務和實作表現要求學生以盡量清晰的推理或根本理由來反省、明確地自我評量，以及自我調整。

第九節　使用主要問題來評量

如果我們根據主要問題將課程單元架構得很好，那麼，會有另一個有用的方法來徹底思考及測試評量的合理構思程度。而實作任務必須直接或非直接地要求學生探究主要問題。

回顧本書一再出現的營養單元（表 7-9），請注意這些主要問題如何提供有用的架構，使正確的學習任務類型能據以建構。

你可以只從假定主要問題就像是大學的藍皮書小論文測驗（blue-book exam）問題，來開始設計課程——藉由將評量問題視為最後的小論文測驗題目。然後看看你能否採用該題目來設計 GRASPS 的情境問題，在其中，相同的問題會以更真實的方式被探討。

如果某個 GRASPS 的情境似乎頗為造作，或者你認為傳統的書面題目能提供最適當的評量策略，就使用主要問題來聚焦學習內容，並將其作為最後測驗的一部分。以此種方式應用主要問題，對於教師和學生都提供了教學的焦點，並且使評量的過程比其必要的狀況更不神秘、更不武斷。

168

表 7-9　導致產生實作任務的主要問題

主要問題	主張的實作任務
1. 為什麼人們這麼難做到正確的飲食？	1. 學生蒐集並分析調查所得資料，以發現他們三餐最常去的用餐地點。
2. 對你有益的食物一定嚐起來很糟嗎？反之是否亦然？	2. 學生調查各種食物的營養價值，以比較其味道和對健康的益處。
3. 對於飲食準則，哪些是專家常常反對的地方？在反對聲浪中哪些是同意的部分？	3. 學生比較及評鑑各種維持良好營養攝取的方法——USDA、阿特金（Atkins）、地中海式，最後以海報和口頭報告呈現結果。

第十節　使學習結果圓滿

　　像評量者一樣地思考時，我們會問的問題是：（考慮到期望的結果）什麼是需要的學習結果證據？在回答該問題方面，我們應該沒有哲學上的另外打算。我們應該使用最有效的評量類型，如果適當的話，宜包括簡答題和選擇式反應的隨堂測驗。身為教師，我們過於常常只依賴一、兩種評量策略，而這項錯誤又因為下列作法而加重：強調最容易藉由單選題或簡答題而測驗及評分的課程內容。換言之，認為評量的革新意味著完全依賴真實評量是常見的錯誤觀念。情況絕非如此，因為許多期望的學習結果其證據通常已經足夠，尤其是個別的知識和技能評量、客觀的隨堂測驗、正式測驗，以及帶有查核單的觀察等。透過思考圖 7-2 的圖解，我們能以視覺方式描述各種評量類型和課程優先內容的關係。

169

　　我們也經常無法思索出正式測驗和其他評量型式之間的差異，而後者尤其很適合蒐集理解的證據。事實上，以理解作為目標時，我們常犯下的錯誤是假定學習結果的證據蒐集需要正式的、總結的測驗。而其必然的後果則是假定被評量的每件事物都必須評分。

圖 7-2 課程的優先內容和評量方法

在有效的評量策略中，我們觀察到評量類別或型式與達到期望結果所需的證據之間會相互搭配。如果教學目標是要求學生學習基本的事實和技能，那麼，紙筆測驗和隨堂測驗通常可提供適當的、有效率的評量結果。然而，當教學目標是深度的理解時，要依賴更複雜的實作表現來決定教學目標是否達成。下列圖解揭露了評量類別與學習結果證據之間的一般關係，它們提供了不同的課程目標。

評量方法

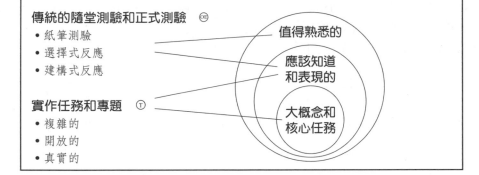

傳統的隨堂測驗和正式測驗 Ⓞᴱ
- 紙筆測驗
- 選擇式反應
- 建構式反應

實作任務和專題 Ⓣ
- 複雜的
- 開放的
- 真實的

值得熟悉的

應該知道和表現的

大概念和核心任務

相反地，如同「查核理解」和「回饋」等片語所示，持續的正式評量對於揭露學生的理解和錯誤理解很重要。持續評量理解程度的簡單策略之一是採用「一分鐘小論文」測驗。在每節課結束時，學生會被問到兩個問題：(1)你今天在這節課學到的大重點是什麼？(2)你今天下課後遺留未能回答的主要問題是什麼？快速瀏覽學生的回答，能使教師對於學生的理解程度（或未能理解）得到立即回饋。的確如此，哈佛大學的教授曾將這項技術稱為他們在教學方面最有效的革新之一（Light, 2001）。

在筆者自己的教學上，我們曾經要求學生每天將書面問題帶到課堂上。上課一開始就讓學生兩、三人一組討論他們的問題，接著，將各組最重要的問題向全班同學提出以供思考。然後，透過問題所形成的網絡及答案來尋找模式。下課前幾分鐘，我們會要求一兩位學生摘要課堂對話的重點，並要求每個學生記筆記。Perkins（1992）曾提出許多其他的策略，而本書第九章也建議了其他這類的理解檢核策略。

第二階段對於各種評量結果的需求，係由課程設計範例來表示，此

範例的某一欄是「關鍵實作任務」，另一欄則是所有的「其他證據」。在教學上，各類評量策略的平衡使用即是有效的測驗方式及明智的策略。

初次思考評量策略時，筆者就想到透過從階段一的期望結果來做評量的逆向設計。我們強調，當理解是教學的焦點時，學習結果的證據必須以真實的實作任務為基礎（需要時，則以「其他證據」為補充），這些實作任務涉及的是真實的問題，而不只是練習。理解的層面幫助我們找出正確的任務類別，GRASPS 則幫助我們進一步修正各項任務以確保其真實性。要提醒讀者的是，找出各種學習結果證據的需要永遠都存在。

> **注意錯誤概念！**
>
> 當談到理解的證據時，我們指的是在某個學習單元或科目的教學過程中，透過正式和非正式的評量策略所蒐集的證據。我們指的不只是教學結束時所用的正式測驗或最後的實作任務。相反地，我們尋求的證據可能包括觀察和對話、傳統的隨堂測驗和正式測驗、實作任務和專題，以及經過一段時間所蒐集的學生自我評量結果。

170 和巴伯‧詹姆斯一起演練逆向設計

現在，我需要考慮哪些知能可真正作為理解結果之證據。對我而言，這件事會有點需要一段時間。通常像這樣三至四週的單元，我會安排有評分的一兩次隨堂測驗和專題，然後以單元測驗作為結束（通常是單選題或配合題）。雖然此種評量方式使評分（及合理解釋評分）相當公平，但我開始了解，這些評量策略對於該單元最重要的理解結果，不一定都能提供適當證據。我測驗的往往是容易測驗的內容，而不是評量最重要的內容——後者指學生在超越營養的事實資訊以外，應該習得的理解和態度。事實上，總是困擾著我的某件事情是，孩童往往把焦點放在他們的分數上，而不是放在學習上。也許是我曾經使用的評量方式——多數是為了評分而不是為了記錄學習結果，助長了學生的態度。

現在我需要考慮，哪些知能可確實作為持久理解之證據。在瀏覽過一些實作任務的實例，以及和同事討論過想法之後，我決定了下列任務：

> 由於我們一直在學習關於營養的知能，戶外教育中心的宿營主任請我們建議一套為後半年到該中心宿營三天的營養均衡菜單。請使用食物金字塔準則和食品標示上的營養資訊，設計一

套三天份、包括三餐及三次點心（上午、下午、營火晚會時）
的菜單。你的目標是：一份美味又營養均衡的菜單。

這項任務也密切連結到本單元的專題之一：分析某個虛構家庭的一
週飲食，然後建議改進飲食的方法。考慮過這個任務及專題之後，我現
在可以使用隨堂測驗來檢核學生（對於食物分類及食物金字塔之建議）
的先備知識，然後，使用正式測驗來檢核學生對於營養失衡的飲食如何
導致健康問題之理解。這是我曾經為一個單元設計過的最佳評量計畫之
一，我認為這項實作任務會激勵學生，並且提供關於其理解程度之證據。

第十一節　前瞻

現在我們需要考慮，像評量者一樣思考的第二、三項核心問題：實
施評量時，我們應該尋求什麼？我們如何有信心地說，我們主張的評量
策略能有效而可靠地推論回階段一的目標？下一章將轉而探討這兩項問
題。

效標和效度

評量和回饋在幫助人們學習方面很重要，與學習原理一致的評量和理解內容應該：

1. 仿效優質的教學。

2. 持續發生，但不是突然成為教學的一部分。

3. 提供關於學生正達到的理解程度之資訊。

　　　　　　　——*John Bransford, Ann Brown, and Rodney R. Cocking,*

《人如何學習》，*2000*，第 *244* 頁

核心的問題是……最廣泛應用的學業成就評量，係以有關學習和能力的高度受限信念為基礎。

——評量基礎委員會（*Committee on the Foundations of Assessment*）編，

《了解學生所知：教育評量的科學和設計》（*Knowing What Students Know:*

The Science and Design of Educational Assessment），*2001*，第 *2* 頁

　　在第七章中，筆者把焦點放在需要的評量類別上，這些評量是提供期望的學習結果之適當證據。我們指出，要求各種學習結果證據的需求一直存在著，而評量的設計必須根據真實的實作任務。我們也發現，理解的評量需要採用實作評量：我們必須了解學習者如何在情境中處理實作任務的挑戰，以及學生被評量時的思考歷程為何？

172

第一節　對效標的需要

　　由於評量理解所用的開放式問題和實作任務之類別，並無單一正確答案或解決過程，學生的學習評量就必須以效標所指引的判斷作為基礎。清晰正確的效標具體指明了，哪些是判定學生理解程度應該檢視的事項，而且極有助於使評價為本的過程既連貫又公平（Wiggins, 1998, pp. 91-99）。那麼，我們如何提出適當的效標、如何使學生明白這些效標？

173

　　適當的效標強調最重要、最能揭露學習的部分（如果考慮到目標的話），而不只是學習內容中最容易了解或評分的部分。例如，在閱讀故事時，我們想要融入故事中，想要激發我們的想像力或燃起我們的興趣。最棒的故事會透過有效結合情節和角色，來吸引及維持我們的興趣。因此，判斷故事的關鍵效標是「吸引度」（engagement）。另一項效標可能是作者在運用有效文學手法和用語選擇方面的「寫作技藝」（crafts-manship）。第三項效標可能和角色的深度與可信度有關——或「角色發展」。判斷故事優劣的效標不是任意決定的，每一本故事書都應該有吸引力、寫作技藝良好，以及以刻劃完整的可信角色為基礎。

　　雖然這三項效標是相關的，但也互相獨立。除了卡通式的角色之外，某個故事可能很吸引我們；該故事可能很吸引人，但是充滿了不銜接的情節和打字錯誤。因此，確認了適當的效標之後，我們必須釐清一系列影響我們判斷品質的「實作表現獨立變項」。於是這些效標能具體說明，任何實作表現必須符合才能稱為成功的情況；就操作上而言，這些效標界定了實作任務的要求。

　　許多教師所犯的錯誤是，只依賴容易了解的效標，這些效標對於實作表現及其目的而言，並不重要。因此，以下是常見之事：研究報告只因為有許多註腳（而非論據充分）就得到很高的評分；報告者被推論理解所知，是因為報告內容很詼諧（而非內容通徹）；或者，作品展示被評價為成功，是因為這些展示多采多姿又有創意（相對於提供正確的資訊）。就像需要從教學目標和理解內容設計評量策略，我們也需要從教學目標設計評量的效標。

第二節　從效標到評分指標

評分指標（rubric）是以效標為根據的評分指南，其內容包括了固定的量尺（四點、六點或任何適當的尺度），以及對於每項分數的特色描述。評分指標沿著一條連續線來描述品質程度、精熟程度或理解程度（如果要求的評量反應只要決定是或否、對或錯，就採用查核表而非評分指標）。評分指標回答下列問題：

1. 實作表現應藉由哪些效標來判定或區分？
2. 對判斷實作表現的結果而言，哪些是我們應該檢視和尋找的效標？
3. 應該如何描述不同的品質程度、精熟程度或理解程度，並且區辨其相互之間的差異？

有兩種一般的評分指標——整體式和分析式，被廣泛用來判斷學生的作品和實作表現。整體式評分指標對於學生的學習提供了一般表現的描述，並且對於作品或實作表現產生單一的分數或等級。

分析式評分指標將作品或實作表現分割成不同的特徵或層面，並且分開評分。由於分析式評分指標就所找出的特徵各自獨立評分，每個特徵就有個別的分數。例如，在寫作方面的某個常用分析式指標，其查核的特徵有六個：(1)概念發展；(2)內容組織；(3)作者心聲；(4)字詞選擇；(5)句子流暢；(6)體例的應用。學生的寫作作品會依據在每個特徵上的實作表現層次來評分，例如，某篇作品可能在概念發展上（特徵一）得到三分，在慣例的應用上（特徵六）得到四分。西北地區教育實驗室（Northwest Regional Educational Laboratory）已經編製了一套廣泛實施的分析式評分指標，這套涉及六項效標（第七項可自由選擇使用）的評分指標被稱為「6＋1」，而所有特徵都會以每項效標的最高層次描述語來評分——如表 8-1 所示。

當需要了解整體表現時，雖然整體式評分指標是合適的評分工具，但筆者建議在評量學生的理解時，採用分析式評分指標。為什麼？因為將評量歸結到單一的（整體）分數，給予學生的回饋，其品質會藉著效率之名而犧牲。例如，有兩篇勸說文可能註定要被評為不佳，但是它們

174

175

表 8-1 取自 NWREL 寫作評分指標的最高層次描述語

> 1. 概念發展：報告內容清晰、有焦點，能維持讀者的注意力，相關的旁支敘述和細節也豐富了核心主題。
> 2. 內容組織：內容組織能加強顯示核心概念或主題，資訊的排列順序、結構、呈現令人信服，而且能透過文本感動讀者。
> 3. 作者心聲：作者以個人的、令人信服的、吸引人的方式直接向讀者說話。作者的寫作能表現對讀者和寫作目的的覺察與尊重。
> 4. 字詞選擇：所用字詞以精確、有趣，以及自然的方式傳達了有意的訊息，所有字詞既有力又吸引人。
> 5. 構句流暢：文章的起承轉合、韻律，以及節奏都很從容。句子建構良好，能以有力的不同句型引起表情生動的朗讀。
> 6. 體例應用：作者顯示了對於標準寫作體例的良好掌握……以及能應用體例來加強報告的可讀性。內容的錯誤往往很少，以至於只需要稍微修改就能夠準備出版。
> 7. 呈現：文本的格式和呈現能增進讀者的理解能力和連結訊息的能力，整個報告看起來很舒服。
>
> ───────────
>
> 資料來源：©NWREL，波特蘭市，奧瑞崗州（2000）。經准許後重製。
> 註：在五分的量尺上，每個層次都有許多有用的指標。此外，對於低年級學生而言，更多適合讀者程度之版本已經完成編製。關於這份評分指標、其他評分指標，以及設計和填寫評分指標的更概括探討，見 Arter & McTighe（2001）。

的缺點相當不同。其中一篇有寫作技巧上的缺失但是充滿極好的論據；另一篇的文筆清晰、文法正確，但其結論包含了膚淺的推理又欠缺支持力。然而，如果我們被迫使用整體式評分指標來給分，會不經意地誤導學生、學生家長，以及其他人認為學生有相同的實作表現。在實作表現方面總是存在著可用的個別效標，尤其當教學目標是理解時，因此，我們應該在適度不同的效標與效標的可行性之間，試著取得平衡。

第三節　以評分指標評量理解

為進入對於評分指標和理解的效標之一般探討，請回想，所謂理解是指某條連續線上的程度差別問題。理解不是單純的對錯問題，但或多

或少是淺顯或複雜的問題、或多或少是膚淺或有深度的問題。因此,用於評量理解的評分指標,必須對於關鍵的評量問題提出具體答案,這些問題包括:理解看起來像什麼?在實務上,複雜的理解和淺顯的理解之間有何差異?一系列的說明看起來像什麼——從最淺顯或最簡化的到最錯綜複雜的說明?

讓我們看看兩個描述理解的評分指標實例。最近被用於美國歷史進階編班測驗的某個普版評分指標,在某個程度上,要求評分者注意到只是描述歷史事件和有支持力的論文之區別,例如:

1. 論文內容清晰、建構良好,並以複雜的方式包含(關鍵)要素……

2. 內容清晰、有結構,並且包含(關鍵議題)……

3. 論文內容普通,淺略地論及所有要素……

4. 分析得很少或沒有做分析……(教育測驗服務社、大學委員會,1992,第 25 頁)

這份指標很明顯地提示評分者,首先要評量學生的理解程度(複雜分析對只是重述);其次,勿將史事類的錯誤引述次數或寫作品質,與學生對該歷史時期的理解相混淆。

以下是取自加拿大省級語文測驗的評分指標,該指標提醒評分者,應區辨學生的洞見與任何特定詮釋的優點表現之間的差異:

5 熟練的:能以有洞見的方式,有效建構對閱讀選文之理解。學生無論對直接陳述或暗示的意見,都具有洞察力,並且有具體細節陳述的適當支持。支持論點的論據很精確,且其選擇經過深思熟慮。

4 有能力的:考慮周到的理解……意見經過深思……支持的論據定義完整、內容適當。

3 適當的:能建構及保持看似合理的理解。學生的意見很傳統但有合理的論據支持,該論據雖概括但實用。

2 有限的:所理解之事有些有證據支持,但有些則不一定可以辯護

176

或維持，學生的意見可能很膚淺，而且缺乏論據或論據含糊。

1 不足的：充滿不合理的推測⋯⋯如果學生表達了意見，也是不當或難以理解的意見，而支持的論據同樣不當或欠缺。

對答題的評量必須根據學生實際閱讀及思考過而提出的證據力，評分關鍵不在於學生能否以成人方式來思考，也不在於學生的答案和成人的答案是否一致。

在這兩個例子中，評分指標聚焦在描述理解的程度，亦即被列入評分的特徵。至於基本技巧、寫作技藝、內容組織等其他特徵，則應該分開來評量。

筆者建議評量者至少考慮兩個不同的特徵，無論描述語的編排是只有一件評分指標表格或兩件分開的評分指標。我們建議分別使用評量「理解」的評分指標，和評量「實作」品質的評分指標（如果適當，應包括作品和歷程的評量），而學生在後者的評量中必須表現理解能力。

第四節　從評量效標和評分指標做逆向設計

> 學生自己找出某個範例專題的特徵是有用的，因為他們對於整體的各部分會有更清晰的理解。這意味著：使學生接觸更多由學生撰寫的專業寫作實例，指引學生實際找出使作品有力（或無力）的因素是哪些，確認學生所需的寫作技巧，以及教導這些技巧。學生現在對每個單元已有一張「地圖」，（這）似乎使他們對於課程設計的過程有更大的學習熱忱。藉著清晰界定的單元、更有目的的教學計畫，以及更有熱忱的學生，UbD 使教學產生更多樂趣！
>
> ——六年級語文教師

逆向設計對於處理評量效標和評分指標，提出了另一種方法——雖然是反直覺的方法。其結果是，即使在設計特定的評量任務之前，在階段一的任何明確目標都指出了階段二所需的評量效標。例如，請思考，賓夕法尼亞州的六年級學生需要在寫作中包含哪些要素，才能顯示他們

達到了州定的課程標準：

（學生將）以清楚界定的立場或意
見及支持的細節論據──必要時引
註來源，來寫勸說文。

無論學生寫的是勸說文、政策理念或給
編輯的一封信，下列（直接取自課程標準
的）評量效標，應該被用來評判學生的寫作
能力：

1. 清楚界定的立場或意見。
2. 所提供的支持性細節論據。
3. 所引用的（所需要的）適當參考資料。

評分上的應用

尤其在中學和大學階段，效標本位的評分指標和查核理解的多元方式，對於評分有多項涵義。許多高年級教師有兩個會產生反效果的長期習慣：他們常常給學生的作業評分，卻沒有闡明評量效標及每個效標的適當權重，以及他們往往在一段時間之後，將這些分數平均起來以得出最後的分數。當根據理解的目標及評分指標來做長期評量時，後面這項策略尤其很不合理：把學生對某個複雜概念的最初理解程度和最後理解程度平均起來，並不能正確代表學生的理解狀況。參見 Guskey, 2000; Wiggins, 1998; Marzano, 2000。

177

第五節　六個層面與評量效標

由於我們曾主張，理解乃透過六個層面來揭露，這些層面對於找出評量效標及建構評分指標以評量理解程度方面，證明是有用的。表 8-2 根據六個理解層面，就可應用的評量效標提供了部分清單。

那麼，考慮到這些效標，我們能如何增進對六個理解層面的控制？表 8-3 呈現的評分指標對於做出有用的區分和合理的判斷，提供了一般

表 8-2　各理解層面相關的評量效標

層面一 說明	層面二 詮釋	層面三 應用	層面四 觀點	層面五 同理心	層面六 自我認識
正確的 連貫的 經證明的 有系統的 可預測的	有意義的 有洞見的 重要的 說明的 闡述的	有效用的 有效率的 流暢的 能適用的 得體的	可信的 揭露的 有洞見的 合理的 不尋常的	敏感的 開放的 接受的 洞察力強的 有技巧的	自我覺知的 後設認知的 自我調整的 反思的 明智的

的架構。這套評分指標反映了某個適用於各層面的連續線——從淺顯的理解（低層）到複雜的理解（高層）。

178　表 8-3　六層面的評分指標

說明的	有意義的	有效的	就觀點而言	同理心的	反思的
複雜的、總括的：不尋常地徹底的、流暢或有新意的敘述（模式、理論、說明）；完全有支持力的、具體說明的、經過證明的；廣泛深刻；順利超越所得的資訊。	有洞見的：對於重要性、意義、顯著性，做出有力、闡明的詮釋或分析；述說內容豐富、有洞見的故事；提出揭露概念的歷史或情境脈絡。	熟練的：流暢的、有彈性的、有效率的，能夠理解知識和技能，以及在多元、不同的情境下有效調整理解——熟練學習遷移的能力。	有洞見和連貫的：提出深思的、審慎的觀點；有效地批判和包含其他的合理觀點；對涉及的議題採取長期的、理性的批判觀點。	成熟的：有修養的；有了解和感受他人的了解和感受的意向及能力；不尋常地開放及願意找出怪異的、疏離或不同的事物；能夠理解對他人而言似乎是怪異的主題、經驗、事件。	明智的：深刻察覺自己和他人理解的界限，能夠認清自己的偏見和自我投射；正直誠實——有能力並願意實踐所理解的概念。
有系統的：非典型的、揭露概念的敘述，超越明確的資訊或明顯所學；做出微妙的連結；由論據和證據所支持；展現新奇的想法。	顯露的：對重要性、意義、顯著性做出深思熟慮的詮釋；述說內容豐富、有洞見的故事；提出有用的概念發展史或情境脈絡。	有技巧的：有能力使用知識和技能，以及在各種適當的、要求的情境脈絡下應用理解的概念。	徹底的：提出發展完全、調適過的批判觀點；透過公平思考其他觀點的合理性，而使自己的觀點更合理；做出適宜的批評、區分、條件限制。	敏覺的：有了解和感受其他人的了解和感受之意向；對不熟悉或不同的事物態度開放；能夠了解他人所不了解的價值和付出。	審慎的：覺察到自己和他人的無知；覺察到自己的偏見。

表 8-3　六層面的評分指標（續）

說明的	有意義的	有效的	就觀點而言	同理心的	反思的
有深度：所做陳述反映某些深刻的個人想法；學生自力學習，超越所學；有理論支持，但不足以作為或不適合作為證據和論據。	有知覺的：對重要性、意義、顯著性做出合理的詮釋或分析；述說清晰、有益的故事；提出揭露概念的歷史或情境脈絡。	有能力的：在知識和技能的適應式和創新式應用上雖然能力有限，但持續發展中。	深思的：在自己的情境中，以合理的批判和概括角度來看主要的觀點；能闡明其他的觀點也有合理之處。	覺察的：能知道、感受到其他人是以不同的方式去了解和感受，以及有時能夠和其他人有同樣的感受。	深思的：通常能知道自己理解或不理解的事物；能夠覺察到偏見和自我投射如何在無意中發生。
發展中的：所做陳述不完整，但有一些適宜的、有洞見的想法；擴充及深化了所學的某些概念；有些陳述需要推敲其中涵義；所做陳述提出的支持細節、論據、資料或總括的通則有限；所提理論只經過有限的測試，證據也有限。	詮釋的：對於重要性、意義或顯著性，做出合理的詮釋或分析；以故事來理解；提出有效的故事或情境脈絡。	學徒程度的：依賴有限的既有慣例，能夠在單純的或比較熟悉的情境中做出良好的表現；對於回饋或情況的回應有限，所應用的判斷也有限。	覺察的：知道不同的觀點，有點能夠形成自己的觀點，但不擅於思考每個觀點的價值或批判每個觀點，尤其是自己的觀點；對於未言明的假定無批判力。	無重心的：在設身處地為他人著想方面，有些能力或有些自我修養，但基本上仍受限於自己的反應和態度，對不同的感覺和態度感到困惑或心煩。	無效能的：通常未覺察到自己的具體無知；通常未覺察到成見如何渲染了理解。

179

表 8-3　六層面的評分指標（續）

說明的	有意義的	有效的	就觀點而言	同理心的	反思的
淺顯的：所做陳述頗膚淺；平淡的敘述多過於分析的或創意的敘述；零散或簡略說明事實和概念；黑白分明的陳述；理論少於未經檢視的預感之言或借用的概念。	表面字義的：過度簡化或膚淺的解讀；機械式的翻譯；解碼而沒有詮釋或極少詮釋；未覺察更大的重要性或意義；重述已學或所讀到的內容。	新手程度的：只有在經過訓練之後才能表現，或者表現時需要依賴高度預先設計的、單一「提取的」（演算程序式的、機械式的）技能、程序或方法。	無批判力的：未察覺不同的觀點；傾向於忽視或忽略其他的觀點；難以想像還有其他理解事物的方式；傾向於人身攻擊式的批評。	自我中心的：在超越對他人的理性覺知方面，沒有同理心或同理心很少；只透過自己的想法和感覺來理解事物；對於不同的感覺、態度、觀點，予以忽視、覺得被其威脅或感到困惑。	無知的：完全未察覺自己的理解限度，以及未察覺自我投射和偏見在個人意見和理解的意圖方面所扮演的角色。

修正及引用自 Wiggins and McTighe（1999）。經准許後重製。視導與課程發展協會版權所有（©1998）。

　　就如評分指標所闡明的，理解可被視為一條連續線——從錯誤的觀念到洞見，或從自我意識的覺醒到流暢的自動化技能。再者，其反映的事實是，個體對於相同的概念和經驗可以有多元但有效的理解。換言之，從另一個人的觀點來看，對某個人的剖繪（profile）可能非常不相同，即使我們大體上把兩者都描述成是「複雜的」（同樣地，我們對於包含分析式特徵之不同模式的寫作表現，都給予整體的分數）。

180
　　自從評分指標問世之後，評量效標就不斷堆積如山！處理此種複雜情況的實用策略之一是，按照理解、知識、技能的最少關鍵差異來架構多重的評分指標。以下是一套數學方面的五項評量效標實例（經過筆者編輯，只呈現五個評分指標的最高分部分），該指標可用來評量最複雜的關鍵數學實作能力：

1. 數學的洞見：能顯示對所涉及主題的複雜理解程度。所建構的概念、證據、論據，提出的問題，以及使用的方法，都是專家級的洞見，它們能順利超越對這個主題的掌握——通常屬於這個層級能展現的。能掌握問題的本質，並且應用最有效的工具來解決它。學習結果顯示學生有能力做出細微的區分，並且能將特定問題連結到更重要、更複雜或更綜合的數學原理、數學公式或數學模式。

> **注意錯誤概念！**
>
> 最適當的評量效標和指標出自於何處？評分指標如何從一般的描述語發展成具體的描述語？其答案涉及的仍是逆向設計的另一個要素：欲令描述語適當、詳細、有用，這些描述語必須從許多具體學習樣本的檢視過程中分析出來。描述語反映了在該層次堆積如山的作品所顯示的差別特徵。因此，評分指標在被用於評量學生的學習之前，都是不完整的，而不同學習層次的分析結果則被用來深化這些描述語。

2. 推理：對於解決問題，能顯示在方法上、邏輯上的精確計畫。採用的方法和獲得的答案自始至終都是明顯詳細的、合理的（無論知識的應用是否複雜或正確）。能以精確的論據證明所有的聲稱：反面的論據、有問題的資料，以及內隱的前提全都充分闡述。

3. 解答的效力：對問題的解答有效力而且往往有創意。問題的所有主要細節、對象、目的，以及其他的情境脈絡問題，都以有條理、有效的方式予以充分探討。在許多方面，解答可能都有創意，例如：非正統的方法、以不尋常的聰明方式操縱衝突的變項、帶入不明顯的數學方法或想像的證據。

4. 作業的正確度：作業從頭到尾都內容正確，所有的計算過程都正確，而且顯示適當程度的精確性和測量誤差，標題也標示得很清楚。

5. 報告的品質：報告的表現具有說服力，而且表現得異常良好。以高度吸引人、有效率的方式來摘要研究重點和待解決的問題，並且注意到報告的對象和目的。最後作品的製作技巧明顯可見，有效地善用有支持力的材料（如：視覺資料、模型、投影片、錄影資料）和團隊成員（當適宜時）。聽取報告的對象表示了對報告者的熱忱和信心，認為他們了解自己所說的內容，也理解聽眾的興趣。

　　如果認為使用這麼多項的評分指標似乎有點壓力過大，可以考慮從小的評分指標開始。請回到兩項基本的評量效標——所理解內容的品質

181

和實作表現的品質。適當的話可以加上過程作為第三項效標，如果時間和興趣允許，可再加上其他指標項目。稍後，當你已經找出多項指標項目之後，針對每項作業的適合程度，只使用部分的指標（在討論總體課程設計的那一章，筆者會提出理由說明，這類的整套評分指標應該建構在課程的層次上）。

第六節　根據學生的學習來設計及修正評分指標

評鑑學生理解程度和精熟程度的重要效標，最初取自階段一的期望結果，然而就如「注意錯誤觀念」欄所闡明的，建構及修正評分指標的過程也依賴對學生的實作表現之分析。對於分析學生的實作表現，以下摘要 Arter 和 McTighe（2001, pp. 37-44）所建議的六階段過程：

步驟一：蒐集學生實作表現的樣本，這些樣本能舉例說明期望的理解程度或精熟程度。

盡量選擇一系列大量的、多元的樣本。

步驟二：將學生作業分類成不同「堆」，然後寫下分類的理由。

例如，把學生的作業樣本分成三堆：強、中、弱。將學生的作業分類後，寫下把學生作品分為不同堆的原因。如果將某個學生的作業分在「複雜」那一堆，請寫下其不同的特點：哪些特點暗示你，這項作業反映了複雜的理解程度？當你將某項作業分入某一堆時，你會對自己說什麼？當你把作業發還給學生後，你會對學生說什麼？你找出的品質或屬性會透露重要效標的指標，繼續分類學生的作業，直到你的屬性清單無法再增加新的項目。

步驟三：將分類的理由歸納成實作表現的特點或重要層面。

目前在這項練習所使用的分類程序是「整體的」，這項過程的參與者最後產生的是一份以高、中、低為評量結果的清單；任何單一的學生作品都會得到一個整體分數，在列出評量結果時，評分者可能會說出大意如下的一段話：「把這份報告

分到這一堆或那一堆時，我遇了到困難，因為它在這個特點上比較強，在那個特點上比較弱。」這個疑問引發對分類法之特點進行分析的需要：例如，以一個以上的層面來評量每個學生的作業或實作表現。

步驟四：寫下每個特點的定義。

　　這些定義應該是「價值中立的」──它們描述該特點是什麼，而不是優質的實作表現看起來像什麼（對某特點的優質實作表現之描述，與評分指標的「最高」評分是一致的）。

步驟五：選擇學生實作表現樣本，這些樣本能舉例說明每個特點的每個分數。

　　就每個特點找出能舉例說明強、中、弱等實作表現程度的學生作業樣本，這些樣本有時被稱為「評分依據」（anchors），因為它們對於某個評分指標的各層次提供了具體的實例。這些評分依據可被用來幫助學生理解「優良」看起來像什麼（請注意：提出一個以上的實例很重要，如果你只向學生展示優質實作表現的單一實例，那麼學生可能會模仿或複製它）。

步驟六：繼續修正。

　　評量效標及評量指標會隨著使用而改進。當你試驗這些效標和指標時，你常常會發現某些部分的評分指標有效，某些則無效。增加並修正某些描述語，以利它們能夠更精確地表達，然後選擇能夠具體說明你的想法的更佳評分依據。

第七節　效度的挑戰

　　像評量者一樣思考所處理的第三個問題是，留意所引起的最適當證據，亦即在階段一的期望學習結果之證據。我們不僅要在階段二設計出有趣而真實的評量任務，也要為階段一所建構的期望結果，找到最適當的證據。這就是效度的挑戰。

　　效度指的是我們能否適度使特定證據有意義，包括傳統測驗相關的

證據。我們看到某個學生在遊樂場做出和善的行為，對於學生的「和善」傾向我們可以推論出哪些事情？這就是效度的挑戰：我們應該檢視哪些事件或資料，以對於更普遍的能力得到最有效的證據？

　　請思考目前傳統型班級所面對的挑戰。麥翠柯斯（Metrikos）老師是一位服務於卡森中學（Carson Middle School）的六年級教師，她以「分數」為題編製了一份有二十道問題的測驗卷。喬斯（Jose）對了十一題，於是老師推論喬斯對整個分數單元的領悟能力很不穩定。這是有效的結論嗎？不一定。首先，我們需要檢視測驗題目，然後判定這些題目是否代表了各類別的分數問題。考慮到喬斯是最近才移民到美國的學生，也許他的英語能力很弱而數學能力很強，因此，這份測驗是否排除掉英文因素，而使我們只能了解他的數學能力？這份測驗是否充斥應用題，以至於它實際上是英文理解能力測驗？各道問題的相對難度如何？每道題目的計分都一樣，但如果有些題目比其他題目更難呢？

　　在評分時，麥翠柯斯老師只聚焦在正確的答案上，忽略了每個學生用來建構及解決問題所用的解題程序。正確度是理解的指標嗎？不一定。最佳的測驗題卷可能只反映所涉及的回想和公式，而不是測驗關於這些公式為何有用的理解能力。再者，當喬斯追著試卷跑出來，手背在後頭說明他對於分數的理解，以及他的錯誤為什麼「只是」粗心之過時，我們應該怎麼推論呢？這會影響他的得分，或者影響我們對他的理解之了解？也許麥翠柯斯老師晚上在檢查測驗結果時，她了解的不只是喬斯似乎在應用題的英文方面有困難，他在相異分母的算術方面也有困難，但是卻能正確說明計算的規則，以及為什麼需要算出共同的分母。因此，根據錯誤的答案指出喬斯「理解不足」是無效的結論。

　　聚焦在理解上，使得效度的挑戰成為各評量的議題。假設珍妮（Jenny）在二十題中有十九題是對的，但她錯的那一題是要求說明為什麼需要相同的分母。假設莎拉（Sara）在歷史測驗的歷史事實單選題得到全對，但是在要求用同樣時間分析主要事件的文獻為本的問題上卻全軍覆沒？假設依恩（Ian）做出一份極好的水循環海報，但隨堂小考卻不及格，該怎麼辦？這些都是我們要面對的挑戰，我們必須確保，所要求的實作表現適合我們所尋求的特定理解。已經理解的學生仍然會忘記主

要事實或將其混在一起嗎？會，就是會──這種事情總是發生。當評量學生的學習時，我們想要避免可疑的推論，但是在評量學生的理解時，學生尤其會發生這類事情。

如前述指出，理解是程度的問題。就像「分數」一例所暗示的，我們通常過度注重正確度（部分原因是，按正確度評分會使評量更容易、更「客觀」──機器就可以做到這一點），而很少注意到理解的程度（其中學生必須做出有效的判斷）。因此，理解很容易落入測驗及評分的典型缺點。

常見於實作評量設計過程的混淆概念，使得這項問題更嚴重。許多教師兼課程設計者將有趣、吸引人的學習活動，與來自實作表現的適當證據相混淆；但是，只因為實作表現是複雜的而學習任務是有趣的，不表示其結果是，我們從學生的專題學習所得到的證據適合期望的學習結果。

我們可在下列關於維吉尼亞州五年級教師的故事中，對效度的挑戰做出總結。這位教師打算要求學生建造布景模型，以評量他們對於南北戰爭的學習標準之精熟程度。她在工作坊中編寫了一個南北內戰的學習單元，其教學目標有兩方面：找出有創意的方式來探討州定標準，以及彰顯UbD的概念。她試著透過利用吸引人的實作任務，來評量學生對南北戰爭的原因和結果之理解。

她問筆者，是否能使用某個試用過的真正專題活動（某個「學生喜愛」的活動），

> ### 關於維持洞見的主要問題
>
> 關於效度的討論，並未直接探討或解決長期存在於哲學家和心理學家之間的爭論：理解的行為是否主要涉及與實作表現分離的心智圖像（mental picture）。若將其建構為認知研究的主要問題，此爭論涉及到的問題是：實作能力的表現必然接在心智模式的作用之後嗎？或者，理解更像是成功的爵士樂即興演奏──它本來就是實作能力和敏覺度，在過程中，之前的刻意思考扮演的並非關鍵角色或決定的角色？雖然我們尚未決定立場，但是，對這個議題有興趣的讀者可以閱讀 Gibert Ryle 所著的《心智的概念》（*The Concept of Mind,* 1949）一書、Perkins 在《重理解的教學》一書中的專章（Wiske, 1998），以及《洞見的本質》（*The Nature of Insight*）（Sternberg & Davidson, 1995）一書。

因為它涉及實作並能產生可評量的作品。我們回答，從理論上說，沒有理由不可以，只要這個專題能產生正確類別的證據。她不確定我們的意思是什麼，因此，我們要求她描述該專題如何進行。她說，噢，學生必須為一座虛擬的博物館建造南北戰爭某場大戰役的背景模型，此模型必

須有地圖、說明立板、相關的自製品。因此，我們要求她找出州定課程標準的細目：

南北戰爭與重建時期：1860 年代到 1877 年

USI.9　學生將透過下列，證明他們對於南北戰爭的原因、重要事件，以及結果之知識：

1. 描述使國家分裂的文化問題、經濟問題、憲法問題；
2. 說明蓄奴問題和州政府的權利問題，如何促進區域的緊張；
3. 在地圖上找出當時從聯邦脫離和仍留在聯邦的各州；
4. 描述林肯、戴維斯、格蘭特、李將軍、傑克遜、道格拉斯（Abraham Lincoln、Jefferson Davis、Ulysses S. Grant、Robert E. Lee、Thomas "Stonewall" Jackson、Frederick Douglass）等人，在導致戰爭發生或戰爭期間之角色；
5. 使用地圖來說明該戰爭的重要發展，包括主要的戰役；
6. 從聯邦的觀點，以及南部邦聯的軍人（包括黑人士兵）、婦女，以及奴隸的觀點描述戰爭的結果。

我們的回應是，要求她根據以下兩個問題，對於自己計畫的評量任務進行自評。以下的可能性有多大：

• 某個學生可能在這項實作任務上有很好的表現，但事實上無法證明你所尋求的理解結果？
• 某個學生可能在這項實作任務上表現很差，但他（她）仍然明顯理解概念，並能以其他方式表現理解力？

如果任何一個問題的答案為「是」，那麼評量可能無法提供有效的證據。

「哦，當然！」她很快地回答。「我怎麼一直這麼笨？我的教學計畫只達成一小部分的課程標準，完全忽視了原因和結果的問題。我怎麼會忽略了這些方面？」

185　　她的錯誤是常見的錯誤——將有趣的專題學習或真實活動，與有效的評量策略相混淆。在這個例子中，她將專題活動和課程標準（主要的軍事轉捩點）做了很小的連結，然後試著從無法擔保的學習結果證據來

下結論。好的一面是，當要求她根據兩個效度問題自評時，她立即看出問題；壞的一面是，大多數人並不依據任何課程設計的標準，來自評其計畫的評量策略。階段二的目標不在於設計吸引人的學習活動，而是根據訂出的目標，找出判斷學生學習成就的有效證據。

這個故事也提醒我們，從教學目標產生一般效標的重要性。考慮到學科學習標準聚焦在南北戰爭的原因和結果，如果教師在設計具體的背景模型製作任務之前，先考慮與課程標準相關的適當效標，她就可以避免效度的問題。就評量史事起因的推理而言，學生的任何實作表現都需要：(1)找出多項原因；(2)找出多項結果；(3)符合正確的史實；以及(4)包括清晰的說明。從這方面來思考也暗示了設計其他更適當任務的可能性，例如，以一幅因果關係的海報來顯示戰爭的多重原因和結果。

上述分析很適切地說明了在自行設計評量策略方面的矛盾：拋開自己的直覺而看出效度問題，是很困難的事。然而，依據正確的課程標準（更不用提某些快速的同儕評論）做一點點經過訓練的自我評量，我們就可以解決所遇到的大多數問題。

第八節　發揮救援效果的逆向設計

請回想前述版本的範例（表 7-2，第 170 頁），並且了解它要我們如何細察階段一和階段二之間的邏輯連結。請注意在表 8-4 中，逆向設計如何利用六層面之中的兩個層面幫助我們更能「像評量者一樣地思考」。

為了更注意效度問題，課程設計者被敦促，要經常將表 8-5 的自我測驗應用到他們目前的（或過去的）評量策略，這項工具以提問的方式來擴展，並且能適用於過去或未來的任何評量設計之概念以改善效度。

當然，你的答案有可能比較不確定，效度並無規則或公式可言，有時我們只是必須留意自己的空想，然後做出深思熟慮的判斷。但不要低估自我評量在課

> **注意錯誤觀念！**
>
> 效度是關於推論，而不是關於測驗本身。效度關切的是證據的意義：我們要求學生做的活動，以及如何評量所產生的學習結果。換言之，效度是關於我們所理解的學習結果，而不是關於測驗本身。我們必須在言談中更加留意，雖然每個人偶爾會使用「有效的」和「無效的」二詞作為「測驗」的形容詞修飾語，嚴格說來這是不正確的，因為效度是關於試著從特定測驗結果所做的推論。而加強這些推論的效力攸關能否成為更優秀的評量者。

186　表 8-4　使用逆向設計促進如評量者般的思考

階段一	階段二	
如果期望的學習結果是要學生…… ➡	那麼你需要證據證明學生有能力…… ➡	因此評量必須包括下列類似策略……
理解…… ⓤ 1. 統計分析和圖表的呈現，通常揭露了資料的模式。 2. 找出模式就能夠做預測。 3. 來自資料模式的推論，可能合理但卻無效（或者不合理但卻有效）。 4. 有相關並不代表有因果關係。 審慎思考以下問題…… ⓠ 1. 顯現的趨勢是什麼？ 2. 接下來會發生什麼事？ 3. 資料和統計會以哪些方式揭露事實或「說謊」？	應用： 1. 哪些應用的結果，能使我們推論學生對所學的理解程度？ 2. 如果學生做得好的話，哪些類別的實作表現和學習結果，可以作為區分理解和只是回想的有效方式？ 說明： 對於推論學生的真實理解程度，哪些是學生就其所學必須能夠說明、證實、提出支持，以及回答的事項？如何評量學生的概念和應用，以確認他們是否真正理解自己的所言所行？	ⓣ ⓞⓔ 1. 使用男子和女子馬拉松比賽過去的表現，預測二〇二〇年男子和女子馬拉松的速度紀錄。 2. 以儲蓄為題的課程圖示不同的實境故事（如：為上大學、為退休）。提出財務管理的建議，並說明複利的不合理之處。 3. 分析過去十五年來的愛滋病病例，以判定其趨勢（請注意：這些資料剛開始時會呈線性關係，然後變成指數關係）。 4. 為什麼關於馬拉松比賽的分析會是合理卻錯誤的？寫一篇新聞報導或寫一封信給報社編輯。 5. 為想成為投資者的人士編寫一份小冊子，其主題是：為什麼早點開始的小額儲蓄會優於較晚才做的大額儲蓄。 6. 繪製一幅附帶的書面解釋圖表，以舉例解說愛滋病例呈指數增加的特色。

程設計上的力量，它能解決你的許多問題，然後使你更有信心和勇氣做個評量者：以利評量真正重要的知能，而不只是評量容易理解和評分的知能。

表 8-5 評量設計的構想之自我測驗

階段一	期望的結果：
階段二	計畫的評量：

一、透過下列方式，學生有多大可能會在評量上有良好表現？

	非常可能	有點可能	很不可能
1. 根據有限的理解做出聰明的猜測？	☐	☐	☐
2. 機械式模仿或提取所學知識，回想的內容正確但並未理解或理解有限？	☐	☐	☐
3. 非常努力認真學習，但是理解程度有限？	☐	☐	☐
4. 產生可喜的學習結果和表現，但是理解程度有限？	☐	☐	☐
5. 應用與生俱來的闡釋能力和智慧，但對於有疑問的內容理解有限？	☐	☐	☐

二、透過下列方式，學生有多大可能會在評量上有很差的表現？

6. 除了對大概念有深度理解之外，無法達到實作表現的目標（例如，評量任務與目標無關）？	☐	☐	☐
7. 除了對大概念有深度理解之外，無法達到評分和評等的效標（例如，有些效標很武斷，過度強調或不當強調與期望的結果，或者與這類任務的真實卓越表現極少相關的事物）？	☐	☐	☐

目標：使你的所有答案「很不可能」

　　效度也會影響評分指標的設計。效度問題來自評分指標，而不只是 來自評量任務。我們必須確保已經應用正確的效標來判斷學生的理解程度（或任何其他目標），而不只是應用易於計算或評分的策略。在針對理解進行評量時，我們尤其必須注意勿將正確度或表現的技能（如：寫

作、電腦簡報系統、圖表的呈現）混淆成理解程度。在評量方面的常見問題是，許多評量者會假定：相對於答題錯誤或表達能力差的學生，知道所有事實資訊或表達流利的學生，他們所理解的內容更多。但如果我們發現，內容有錯誤的報告事實上是有洞見的報告，而根據事實寫得很好的報告其實內容很膚淺，這時該怎麼辦？弄明白我們能從證據做出哪些結論和不能做出哪些結論——這一直都是效度方面的問題，此事適用於我們如何評分，而不只是就哪些事項評分而已。

實際上，前述兩個問題之類似問句，也可以幫助我們自評效標及評分指標的效度。考慮到你擬提出的效標，以及從這些效標草擬的評分指標，請思考：

1. 是否擬提出的效標可以達到，但是學生仍然無法證明深度的理解？
2. 是否擬提出的效標無法達到，但是學生仍然可以表現其理解程度？

如果其中任何一個題目的答案為「是」，那麼，擬提出的效標及評分指標仍不足以提供有效的推論。

第九節 信度：我們對某個模式的信心

討論評量所得證據的適宜性非常重要，但是仍有不足。我們不只需要有效的推論，也需要有價值的推論。我們對於評量結果所反映的模式必須有信心，如果明天再接受一次測驗，也許喬斯二十題錯九題的情況，會變成只是五十題錯九題。再測可能很適當，但是再測所得到的單一結果可能不可靠或反常。這是信度問題，也是為什麼第七章主張要有剪貼簿式的證據而非快照式的證據之原因。

請思考你最喜歡的常勝運動隊，以了解信度的問題。他們在比賽中的表現當然是其戰績的適當評量依據，就定義而言，比賽的結果會產生關於運動比賽成績的有效推論，但是，任何一場比賽的結果可能都不具代表性。請想想，該隊伍某一天晚上被有史以來最弱的隊伍擊敗，當我們比較過去多場比賽的結果，其比數真是異乎尋常的低——令人難以置信，因為該隊伍在整個賽季中的表現都很好。信度的評量揭露了可信的模式、清晰的趨勢。

請注意，不同的評價結果是否相互一致乃屬另一個問題，通常被稱為「評分者信度」（inter-rater reliability）。在該情況下，我們想讓多位評量者的評價形成可靠的模式，但是這些評量者還是只負責評分一次。在該情況下，評量者可能很可靠，亦即他們可能全都評出相同的分數，雖然學生當天的表現可能「不可信」，或者未做出典型的表現模式。

在建構評量的挑戰方面，我們想使用的第二個警語（除了「在證明有罪之前是清白的」之外）是比奈（Binet）的名句。比奈是智商測驗的發明人和現代測驗技術的奠基者，他說：「只要測驗是不同的、多樣的，所使用的是什麼測驗並不重要。」這就是我們為什麼在重理解的課程設計法中，要求課程設計者在一段時間之內混合利用各類不同證據的原因。

第十節　一般準則

藉由下列在建構自編理解評量策略方面應思考的問題和準則，我們可以總結第七、八章所關切的事項：

1. 證明理解需要的證據，原本就比從知識和技能的客觀測驗得到的證據更間接、更複雜，我們必須更細察，而不是只看到正確答案的百分率而已。何以如此？有時，答出正確答案是由於機械式回想、有效的答題技巧，以及幸運猜到答案所致。在針對理解所做的評量中，我們必須查出答案背後的理由，以及學生對學習結果所了解的意義。

2. 對理解的評量，要求的是出現在實作表現或作品中的「應用」證據，但這會使評量的結果複雜化。當某項複雜的實作表現有一些不穩定的部分，但我們卻從內容中看出清晰的洞見時，這時該怎麼做？或者，評量結果尚可，但我們認為需要一點點洞見來完成此專題，我們如何設計實作評量，以利對不同的實作部分能做出精確的評價？

3. 由於理解涉及到六個層面，有些層面是否比其他層面更重要？在哪些情境下，哪些實作表現最為重要？例如，學生在「應用」和「說明」的策略，表現很強，對情境的「詮釋」卻很弱時，我們會如何推論？或者，特定的「應用」是無效的，但是，口頭的分析和自評卻闡明了學生對於內容和過程有紮實的理解？

189

4. 試著應用不同評量模式對相同的知能進行並列的評量。換言之，以相同內容的簡單隨堂測驗來抵銷某個複雜任務的「雜亂」結果；或者，就相同的內容使用建構式反應題的題型，以確保缺乏理解就答不出正確答案。有機會時，以不同的格式進行並列的評量，能改善期望學習結果的品質。

5. 試著預測關鍵的錯誤理解，然後編製快速的前測和後測，以發現這些錯誤的理解是否被克服了——無論你使用的其他評量任務是什麼。例如，下列快速評量任務揭露了，學生是否理解將變項獨立出來的過程是科學調查的一部分：

190

> 羅藍（Roland）想要判定兩種去漬劑的哪一種最有效。首先，他把去漬劑 A 用在有水果污漬和巧克力污漬的 T 恤上；接著，他把去漬劑 B 用在有草漬和鏽漬的牛仔褲上；然後，比較兩者的結果。羅藍的實驗設計是否有問題，因為會使他很難知道哪一種去漬劑最有效？請說明。

6. 考慮到單一的應用或學習結果不一定連結到更大的目標，要經常要求學生「展示他們的學習」、對答案提出理由說明，以及指出答案和更大的原則或概念之連結。

7. 考慮到清楚闡述的說明更可能是口語表達能力和知識的作用，而不是真正的理解，請要求學生把口頭說明「轉換」到新的或不同的問題、情境或議題上。

8. 利用不同的層面以擴展學習結果的證據：當要求學生實作應用時（層面三），也要求學生詮釋（層面二）和自評（層面六），以確保最後的學習結果不會被高估。若有機會，宜要求學生混合「觀點」和「同理心」的層面。

第十一節　本章結束前的提醒

雖然本章一直強調更正式、更總結的理解評量策略，但是，教師每

天的查核才是監控學生是否理解的最佳工具。理解的反覆重現之特色、發生混淆或錯誤觀念的可能性，以及需要互動的證據，事實上使得此事成為當務之急：教師知道如何利用持續的評量來了解自己的教學及所需的調整。由於階段二是關於總結性評量，我們把進一步思考如何進行理解的非正式查核，延後到階段三。

　　筆者將教師通常都最喜歡做的事，延後了好幾章才討論，那就是，學習計畫的設計。如果考慮到的不只是期望的理解和評量的證據，而是學生是誰、他們的最佳利益是什麼，階段三現在正向我們招手，那麼，在這個階段我們會更完整地決定學習計畫需要完成的事項。

學習活動計畫

在達到相當進階的理解之前，最基礎的概念通常不適宜作為明確 191
的教材內容……。

最能代表概念的所在……不是教師的唇舌，而是教師的大腦，因
為大腦指導教師選擇能舉例說明其概念的學習經驗。

因此在最初階段，代表的概念是為了引導教師（或課程編製者），
而不是直接為了引導學生。後來這些概念對學生而言可能變得更
明確，而且就像對教師的作用一樣，它們可以證明，在提升和歸
納學生的理解方面，這些概念也是有用的。

——*Phillip Phenix*，《意義的領域》，*1964*，第 *327-8* 頁

（筆者自訂強調句）

聞言易忘，過目不忘，親為則悟。——中國諺語

（I hear, I forget. I see, I remember. I do, I understand.）

（譯註：此段英譯引用頗廣，但出自哪一原典尚待查考。）

關於將焦點放在大概念上，筆者已經澄清過「期望結果」的意義，
而且也討論過強調理解為結果的適當評量策略。現在我們準備探討階段
三的問題，然後設計居於班級生活重心的適當學習活動。重理解的課程
設計其學習活動看起來像什麼？如何使人人達到理解，成為更可能的事
情？

　　課程設計的挑戰是以另一個觀念達到新的階段。我們現在正從只考

慮課程設計者想要達成哪些目標，轉移到考慮誰是學習者——課程設計的終端使用者，以及他們的個別需求和整體需求是什麼，以利能夠達到階段一的期望結果，並且能在階段二所計畫的評量任務上有良好的表現。就像電腦軟體的設計者，我們必須做更多的事，以確保程式和功能都能起作用。我們必須注意使用者是誰，然後再做設計，以利使用者都能達到最大程度的參與和生產力。我們的設計必須真正適合使用者，換言之，不能只是知識上可以辯護而已。

192

我們對第三階段的處理，其目的在提出建議而非列窮舉一切。我們試著強調遵循逆向設計之邏輯和注重理解之本質的課程設計思考，我們選擇這個方法的部分原因是，在職教師熟悉學習計畫，以及目前有許多有用的資源能支持重理解的教學。再者，單元課程計畫所需要的細節程度低於每日教學計畫所需，而後者是來自於單元設計的內容。

藉由重溫前幾節使用過的矩陣——此次強調階段三，我們再度概覽課程設計的各階段（見表 9-1）。

現在教師兼課程設計者必須做到的最重要事情是，抗拒退回到熟悉的輕鬆技術之誘惑。逆向設計的本質是審慎提出這項問題：考慮到期望結果和訂為目標的實作表現，我們需要利用哪些類別的教學方法、教學資源，以及經驗來達成這些目標？換言之，下列是階段三的主要問題：考慮到期望結果，學生需要的是什麼？考慮到實作表現的目標，課內、課外的學習時間應如何安排最有效？就本書從頭到尾所討論的營養單元而言，表 9-2 顯示了如何解決這些問題。

請注意，這兩張表都未強調「教學」一詞，相反地，我們強調其焦點必須放在計畫適當的「學習活動」，根據在階段一和階段二所找出的目標和證據，「教學」（直接教學）只是許多學習活動之一。這樣說並非含糊其詞的語義轉移，相反地，其反映的是，要成為更優秀的教師必須做到的基本概念轉移。如我們一開始就提到的，教師的挑戰是，少考慮「教學」、多考慮所追求的「學習」。無論我們的教學長處、喜好的教學風格，或者覺得舒適的習慣是什麼，逆向設計的邏輯要求我們根據階段一和階段二的細節來考驗任何計畫的學習活動，包括「教學」在內。（在第十章，我們會充分討論不同類別的教學及其最佳應用。）

表 9-1　UbD 課程設計法整體概念矩陣：聚焦在階段三 　　　　　193

關鍵問題	本書各章	設計考慮事項	濾網（設計的標準）	最後的設計成品
階段一 1. 什麼是有價值的適當學習結果？ 2. 什麼是關鍵的、期望的學習活動？ 3. 什麼是學生應該習得的理解事項、知識、能力表現？ 4. 哪些大概念可以架構所有這些目標？	1. 第三章——澄清目標 2. 第四章——理解的六個層面 3. 第五章——主要問題：理解的敲門磚 4. 第六章——建構理解	1. 全國的標準 2. 州定的標準 3. 地方訂的標準 4. 地區的可能主題 5. 教師的專門能力及興趣	聚焦在大概念和核心的挑戰之上	按照與清晰的目標和標準有關的持久理解，以及主要問題來架構整個單元
階段二 1. 達到期望學習結果的證據是什麼？ 2. 尤其，什麼是期望的理解事項之適當證據？	1. 第七章——像評量者一樣地思考 2. 第八章——效標和效度	1. 理解的六個層面 2. 連續式的評量類型	1. 有效 2. 可靠 3. 足夠	單元定位在可信的、有用的期望學習結果之上
階段三 哪些學習活動及教學可以促進理解、知識、技能、學生興趣、卓越表現？	1. 第九章——學習活動計畫 2. 第十章——重理解的教學	1. 研究為本位的已知教學策略 2. 有用的適當知識和技能	教學的吸引度和效能，使用 WHERETO 要素： 1. 教學的方向 2. 吸引學生 3. 探索和準備能力 4. 重新思考及修正 5. 表現結果及評量 6. 依學生需要、興趣、風格因材施教 7. 組織教學活動以達到最大的專注和效能	連貫的學習活動及教學，這些會引發及發展期望的理解、知識、技能，促進學生的興趣，以及使學生更可能產生卓越的表現

194 表 9-2　逆向設計的邏輯

階段一	階段二	階段三
如果期望的學習結果要學生…… ➡	**那麼你需要學生證明其有能力……** ➡	**學習活動必須……**
達到課程標準…… ⓖ **標準 6：學生將會理解關於營養和飲食的主要概念。** 6a：學生將使用對於營養的某項理解，來為自己或他人設計適當的飲食。 6c：學生將理解他們自己的飲食模式和方式，而這些模式是可以改進的。 **理解……** ⓤ 1. 均衡的飲食有助於身心健康。 2. USDA 食物金字塔為營養調配提供了相關的準則。 3. 根據年齡、活動程度、體重，以及整體的健康，飲食的需求各人不同。 4. 健康的生活需要個體奉行關於良好營養的有效資訊，即使這意味著要打破舒適的習性。 **深思這些問題……** ⓠ 1. 什麼是健康的飲食？ 2. 你吃得健康嗎？你如何知道？ 3. 對某人是健康的飲食為什麼對另一個人會是不健康的？ 4. 儘管可用的資訊一大堆，為什麼在美國有這麼多的健康問題是由於營養不良所導致？	1. 為不同地區、不同類型的人設計飲食計畫。 2. 能顯示理解，USDA 準則不是絕對的，而是「指引」——以及有其他的指引（和情境變項）存在。 3. 詳細指出及分析他人與自己的習性，以及對於人們為什麼照自己的方式進食，做出合理的推論。 　　　　　　　　　ⓣ **建議有必要設計像下列的具體任務或測驗……** 1. 為不同的團體設計三餐飲食。 2. 對他人所做過分嚴苛或過分鬆散的飲食計畫做出回應。 3. 對人們真正吃的食物及為什麼這麼吃，做有效的調查。 　　　　　　　　　ⓞᴱ 隨堂測驗：針對食物分類和 USDA 食物金字塔。 提示：敘述可能是由營養不良所引起的健康問題，然後說明如何避免這些問題；反省個人的和他人的飲食習慣。	1. 以微妙有趣的方式吸引學生思考，營養對自己的生活及他人生活的影響。 2. 幫助學生不止理解食物金字塔的內容，同時也包括理解其背後的理論、不同的利益對於其所呈現的方式之影響，以及還有其他的可能性。 3. 告知學生如何實際編寫食譜和營養計畫。 4. 教導學生，讓學生練習如何編製、執行、分析調查，並且給予回饋意見。 5. 透過探究、分析，以及討論飲食習慣如何連結到健康問題和體適能問題，提供能幫助學生獲得了解的活動。 6. 使學生具備各種所需的技能和機會，以獨力編製食譜及評論其他人所編的食譜。 7. 幫助學生理解習慣的作用，以及習慣如何使我們所有人認為，自己的飲食習慣比其實際上的更好。

在階段三，我們尤其鼓勵課程設計者也許應以不熟悉的新方式，來思考持續利用評量作為改進學生學習的關鍵。考慮到學生可能會錯誤理解關鍵概念和做出錯誤的實作表現（不必然代表差勁的教學或學習），課程設計必須確保教師和學生能得到他們所需要的回饋，以利重新思考、修正，以及改善表現。就實務現場、舞台或室內工作場合的學習而言，納入回饋及給予使用回饋的機會，對有效的學習計畫而言是很重要的部分（某個工作坊的學員在評鑑表上指出了這個「啊哈」（譯註：頓悟）的情況：「在課堂教學上我要更像教練，在實務現場上我要更像教師。」）。

第一節　最佳開始：吸引注意和有效

按照目標而言，所謂的優質學習計畫到底是什麼意思？任何計畫必須要具備哪些要素才是「優質的」計畫？我們的最簡單答案是：它必須吸引注意、必須有效。

「吸引注意」的意思是，（各類型）學生發現學習活動的設計的確能激發思考、的確很迷人、的確令人充滿活力。這類活動使所有學生更深入學習，使他們透過安排於周圍的要求、懸疑事物或挑戰而必須專注學習。課程設計的目標是對學生產生多層面的影響；課程應該不是枯燥的學術內容，而是有趣的相關學習，在理性上令人信服又有意義。學生不應該只是享受學習；課程必須以大概念和重要的實作挑戰為中心，使每個學生投入值得付出的腦力。

「有效的」的意思是，學習活動的設計使學生在值得學習的活動上變得更有能力、更有生產力。學習結果是達到高標準的表現，並且超越了一般的期望水準。當達到確認的目標時，學生發展出更好的技巧和理解、更好的知識力和自我反省能力。換言之，課程設計的回報是實質的、有附加價值的學習活動。所有學生都達到某些知識上的實質進步，而且學生知道自己有進步。

吸引注意和有效能的象徵是什麼？我們如何將這些特點「納入設計」？為使這些問題的答案盡量被理解、有助益，我們為一起合作的教

192

195

師規劃了兩個建構式的工作坊練習活動，其中他們需要應用到身為教師和學習者的經驗。這兩種練習都可以在《重理解的課程設計：專業發展實務手冊》（McTighe & Wiggins, 2004, pp. 250, 281）一書中找到。在第一項的練習，我們將學員分成兩組（A 和 B），然後問 A 組學員下列問題：在校內和校外，學生什麼時候最完全投入學習？什麼事情會使他們如此投入，以及繼續如此投入，我們可從這些範例中找出哪些可遷移的要素？我們給予 B 組學員相關的問題：何時學生的學習最有效？在什麼情況下學生的生產力最高？在什麼情況下會產生最高品質的學習？哪些因素構成最有效的學習，從這些範例中可以找出哪些可遷移的要素？然後，各組的學員分享他們自己的實例，並且一起找出共同要素。

關於學生最投入學習的時刻，通常 A 組學員會回答：

1. 要求動手實作。
2. 涉及懸疑的事物或問題。
3. 提供有變化的活動。
4. 提供機會以適應、修正挑戰，或者以某種方式將挑戰個人化。
5. 能平衡合作與競爭、自我與他人的差異。
6. 以真實或有意義的挑戰為基礎。
7. 使用能刺激互動的方法，例如，個案研討、模仿的審判，以及其他類別的模擬挑戰任務。
8. 包含真實的對象或其他型式的學習結果「真實」績效。

B 組學員通常發現，當教學有下列情況時，學生的學習最有效：

1. 學習聚焦在明確有價值的目標。
2. 學生理解學習的目的和理由。
3. 提供模式和範例。
4. 清晰的共同效標，以利學生能正確監控自己的進步。
5. 在不會遭到不公平處罰之下，學生對努力以赴、冒險，以及從錯誤中學習的恐懼有限，而且得到最大的誘因。
6. 具體呈現概念，以及實際透過活動將學生的經驗連結到學校以外的世界。
7. 有許多根據回饋來做自我評量、自我調整的機會。

之後，這兩組學員合成一大組，比較他們各自的答案，然後填寫維恩圖（Venn diagram）的中間部分，以了解有無重疊的答案。換言之，混合的答案可以揭露學習何時是高度吸引注意的、高度有效的。屬於認知上的專注有許多核心特點（如：實際應用有意義的真實問題、活用學科的實作機會、在整個過程得到有用的回饋），能加強學習的效能，反之亦然。

第二項工作坊的練習是第一項的變化。筆者要求學員以過去身為學生的經驗回想某個課程設計實例，其學習活動對自己及同班同學是既有效又吸引注意的。在小組中分享過教學活動特質的故事之後，我們要求各組歸納：從課程設計的觀點來看，對所有的學習經驗而言，什麼特質是常見的？我們帶領全部學員分享各小組的看法，並以各組報告人的確實用語，將答案記錄在電腦簡報軟體的文件內。最後，我們展示得自之前工作坊的答案，以強調全組的答案有客觀的合理性，以及教師專業的「常見」觀念。

第二節　最佳課程設計的特徵

第二項練習的答案，揭露了教師專業領域對於哪些因素構成良好的學習活動設計，有一貫的清晰看法。以下是一份最常被引用的特徵清單：

1. 根據真實明顯的挑戰任務，設定清晰的實作表現目標。
2. 整個學習過程都採用實作的方法；比傳統教學更少側重前面部分的「教學」。
3. 聚焦在有趣的重要概念、問題、議題、難題之上。
4. 明確的真實應用，因此學習對學生有意義的。
5. 有效的回饋方式，使學生有機會從嘗試錯誤中學習。
6. 個人化的取向，學生有一種以上的方式可以進行主要任務，也有使學習過程和目標適應個人風格、興趣，以及需求的空間。
7. 清晰的模式和示範。
8. 安排焦點反思的時間。
9. 有不同的學習方法、分組方式、學習任務。

197

10.可供冒險的安全環境。

11.教師的角色類似於引導者或教練。

12.沈浸其中的經驗更勝於傳統的課堂學習。

13.提出整體的說明而且一直說明得很清晰，在部分與整體之間很明白地來回轉換。

　　這些答案是由各教育階段的教師所提供的，包括從幼稚園教師到大學教授、從第一年的初任教師到資深的行政人員、從藝術教師到數學教師，以及從都市的公立學校教師到郊區的私立學校教師等。在改善教師個別和整體的課程設計方面，有某項「共識」可以應用（很偶然地，在建構在地適用的課程設計標準和將其用於自評及同儕評論方面，這些答案變成了有用的第一個步驟。因為這些「標準」是由參與的學員所產生，在促使傳統上私下從事的課程設計工作更適當地公開、更以標準為本、更受到審視方面，這些標準會比較可信、比較被接受。）

　　因此，重理解的課程設計法其達到成功的程度為，筆者對於學習活動的建議及學習活動的組織都具實反映了這些共識。這只是我們在一開始想要做到的——在一套課程設計的經驗法則和標準之中具體實踐教師的共識。於是，作為 UbD 的作者，我們達到的成功程度是，UbD 的範例及策略以高度明顯實用的方式反映了「已知的」原則。

　　這些優質課程設計的一般特徵，如何更刻意地納入學習計畫之中？UbD 如何具體以教師的共識作為基礎？這就是 WHERETO 的頭字語派上用場。

第三節　教學計畫中的 WHERETO 要素

　　為有效彰顯我們在某種程度上已知的原則，WHERETO 強調下列關鍵考慮事項：

W——確保學生知道這個單元的方向（where）及為什麼（what）。

H ——在一開始就引起（hook）學生的興趣，並在整個學習過程中維持（hold）其注意力。

E ——使學生以所需的經驗、工作、知識、技能做好準備（equip），以

達成實作表現的目標。

R——提供學生許多機會來重新思考（rethink）大概念、反省（reflect）
自己的進步，以及修正（revise）他們的學習。

E——安排機會讓學生評鑑（evaluate）自己的進步及進行自我評量。

T——因材施教（tailored）以反映個別不同的才能、興趣、學習風格、
學習需求。

O——教學活動有組織（organized），以使相對於理解淺顯課程內容的
深度理解能達到最大程度。

198

第四節　W——課程單元的方向設定及理由

我們朝何處前進？我們來自何處？我們為什麼要朝該處去？哪些
是學生實作表現的具體責任？有哪些效標被用來判斷學生學習後
的理解程度？

在關於最佳課程設計的練習活動中，經過數年來的學員們所找出的
第一個特徵是，對學生提供「清晰的目標」。不只是陳述或澄清我們自
己的教學目標，課程設計者必須使目標對學生而言很清晰，而這意味著
大概念、主要問題、期望的實作表現，以及構成所尋求學習結果的評量
之神秘面紗，必須完全去除。教學者必須對於期望的學習活動提供理由
說明——以確認哪些知能最重要（哪些不是），及它們為什麼值得學習。

除了澄清目標並予以合理化之外，「W」提醒教師要幫助學生明白，
並注意期望的實作表現（以及伴隨的評分資源，如舉例和評分指標），
這些會揭露他們的理解程度。就學生自己的最終實作表現責任而言，他
們鮮少知道一節課或一個單元的前進方向。雖然學生對於教學活動將如
何進行不需要知道太多，但是理解「學習」要求他們最終要做什麼是很
重要的事。知道主題、知道哪些章節必須閱讀、知道每個活動的說明，
或者知道學習結束時會有測驗，並不足以集中注意力、引導努力，以及
確保學生理解、達到學習目標。於是，學生應該盡快知道所學習之單元
或科目的關鍵問題及實作表現細節（如：任務、測驗、指定作業、評量

199

效標、相關的實作標準等），這些是學生在學習結束時必須達到的結果。

要做到上述目的，課程設計的要求比乍看之下更嚴格得多，這意味著期望的學習、其目的，以及最後的學習責任對學生而言全都必須很清晰。隨著學習活動的進行，學生必須能夠回答根據教師設計的活動和教材而來的下列問題：

1. 在單元結束時，我必須獲得的理解是什麼，這些被理解的知能看起來像什麼？

2. 我最終的學習責任是什麼？我必須精熟哪些知識、技能、任務，以及問題，才能達成這些責任，以證明我的理解和精熟度？

3. 哪些支援學習和實作表現的資源是可以獲得的？

4. 我的立即任務有哪些？這項任務如何幫助我達成總括的學習責任？

5. 今天的學習和之前的學習有什麼相關？關於今天的學習，哪些是最重要的知能？

6. 我應該如何分配學習時間？這項作業及未來的作業有哪些部分最需要注意？我應該如何計畫？接下來我應該做什麼？就事物的一般規律而言，哪些是優先事項？

7. 我最終的學習會被如何評價？我目前的實作表現有哪些是強項，哪些是弱項？我能做些什麼以改善學習？

注意錯誤概念！

筆者強調，WHERETO 就像理解的六個層面，可作為查核課程設計要素的分析工具，而不是如何編寫課程設計的選單或順序（第十一章、十二章會更深入討論這一點）。請回想布魯畝之《教育目標的分類》（1956）一書，其描述的是針對認知難度判斷評量題目和任務之方法，而非規定的教學順序。相同地，WHERETO 描述的是檢驗課堂教學和單元課程的方法，而非建構這些教學活動的公式。

以說故事的方式來應用類比時，所說的故事必須有情節、人物、場景，這些是故事的要素，就像WHERERTO摘要課程設計的要素一樣。但是，這些要素如何形塑成最吸引注意、最有效的整體？就像說故事者可能會從片段的會話或人物敘述開始，然後再進入情節說明（反之亦然），課程設計的工作也一樣，順著許多路徑及程序走來之後，經過一段時間才會出現。因此，某位教師可能會以預先的格式所呈現的最後任務來開始某個單元，例如書面草稿。

一、有目的的學習

如前述 W 類問題所暗示的，從學生的觀點而言，學習必須有目的，以利適當集中注意力和提供指導。無論關鍵概念多麼抽象，課程設計必須將這些目標轉換成學生可盡快掌握的、可理解的，以及實際的學習任務和效標。

　　以下實例顯示，某位英文教師如何為小說《麥田捕手》的單元提供這類資訊。請注意，這位教師如何從實作挑戰任務和主要問題開始該單元的教學，以闡明學習的進展方向、指定閱讀應該如何進行，以及學生最後的實作表現將如何評價。這位教師對全班學生說：

> 在詳細閱讀《麥田捕手》之後，你將扮演醫院個案檢討同儕委員會的一員，在這所醫院裡，主角荷頓說出他的故事。取得荷頓的口述紀錄，再加上選擇過的其他相關資料，你要為醫院寫出一份診斷報告，以及寫一封處方信給荷頓的父母，說明荷頓出了什麼問題（若有問題的話）〔這項任務的評分指標在第一天就發給學生了〕。
>
> 除了這項最後的實作表現任務之外，你會有三次指定閱讀的隨堂測驗及一次寫作練習，在這項練習中，你要從其他角色的觀點來描寫荷頓。在下一節課開始前，請隨著每一份指定閱讀作業，在「閱讀—回應」的日誌上回答下列兩個問題：在小說的這個部分，你學到哪些關於荷頓的重要事情？在小說的這個階段，什麼是關於荷頓的、尚未解答的最重要問題？你對這些問題的答案會納入每日課堂討論的開始和結束部分。
>
> 在該單元結束時，你需要根據學習日誌逐日記載的內容，反思自己對這部小說的理解如何轉變。單元課程最後幾天要回答的問題則是：隨著這本書的內容發展，你看出荷頓在哪一方面有了改變？以及，如果像某些人所聲稱的，當你接觸新的資料時，「誤解是無法避免的」，在學習這個單元的任何時候，你有哪些錯誤的理解？最後，如果你要對明年修這門課的學生教這部小說，你要如何做，以確保他們理解這部小說，而不是只知道某些事實而已？

200

　　請思考，此一文學教學方式多麼不同於傳統的單元開始策略，後者把書發給學生、帶學生瀏覽指定閱讀的進度，以及檢視評分的要求。在這個例子中，教師給予學生閱讀目的和背景脈絡，以及連帶的實作挑戰

任務（如：想出荷頓發生了什麼問題？）。從第一天起，學生就知道教師對他們的期望，以及自己的學習將被如何評價。也請注意，不同的評量類別如何對於學生的理解提供「相片集」式的證據。學生定期撰寫的各則日誌不僅對教師提供了學生理解程度的證據，也能吸引學生應用有效的閱讀策略（如：摘要文本內容及提出問題）。

就實用策略而言，第一天就使學生轉移到單元及科目的主要問題，是對學生顯示優先學習事項的輕易方式。於是，藉由知道主要問題——及架構主要評量策略的那些問題，學生能以極佳的清晰度、焦點，以及自信心來閱讀、做研究、做筆記、問問題。

二、「去何處？」和「來自何處？」

W的另一個層面提醒課程設計者提出下列問題，以及在課程設計時考慮其答案：學生來自何處？學生帶來了哪些先前的知識、興趣、學習風格、才能？學生可能有哪些錯誤的觀念？這些問題強調，在做學習計畫初期將診斷式評量包括在內的重要性。

有個有效率又有用，而且廣泛使用的診斷技術被稱為「K-W-L」。在開始新的單元和科目時，教師要學生找出關於該主題已知（或認為已知）的事項，而學生的答案會列在「K-W-L」表格上。這份表格能讓教師立即了解全組學生的先前知識，同時揭露學生可能存在及需要處理的錯誤觀念。接著，教師要學生找出關於該主題他們可能想要學習的事項，以及提出關於該主題的問題。這些答案也被記錄在表格上，並且作為能產生可教學時機的興趣範圍指標（有時，學生確實會以「孩童的用語」提出主要問題，例如，以閱讀和活動為特色的某個小學社會科單元，其重點在探索地區及地區特徵問題，於是學生提出的某個問題是：「北方人真的和南方人不同嗎？」此問題吸引了全班學生的興趣，它不僅導致對於區域的有趣討論及研究，也擴及相對於正確通則的刻板印象）。接著，隨著單元課程的展開，所蒐集的事實和大概念被記錄在表格中的「L」欄，以提供關鍵學習事項的紀錄。

廣泛用於所有實作領域及特殊教育的某個更正式方法是，以不評分的前測來開始單元課程，作為某個明顯前、後測策略的一部分。此方法

201

對於理解的增長能產生無價的證據，尤其如果這些問題瞄準了關鍵的錯誤觀念。的確，許多物理教師和教授目前就是以這種方式，例行使用第二章所述的「力學概念量表」，以評估他們自己在發展物理學方面的更深入理解程度。同樣地，關於學生態度和學習風格的某個調查表，也能夠對後來的教學應用產生有價值的資訊。

無論所用的特定技術是什麼，來自診斷式評量的資訊能指引教師，使其設計的教學計畫滿足基本「顧客」的需求和知識基礎。這不僅是細節，或者「關愛型」教師所使用的策略。在筆者看來，教師若不改進診斷的技能和提升適合的計畫能力，將永遠無法達到卓越的教學結果。

上述的實際重要涵義是，教師必須根據所蒐集的有用回饋及其應用機會，在課程大綱中保留一些調整的空間。而這種內嵌式的彈性是有效課程設計的關鍵部分之一。

注意錯誤概念！

「嗯，我可以怎麼處理所有這些資訊？這有可能會破壞我的全部計畫！」事實上，我們是從參加工作坊的少數幾位大學教授那裡聽到這段悲嘆。這些教授做出了錯誤的假定，認為一個人的「計畫」總是不受回饋所影響；除非這些不是真正的計畫。相反地，無論在住宅建設、雕刻、擔任親職、對抗戰爭、財務安全或訓練足球方面，達成複雜的實作表現目標都需要按照目標、回饋，以及可預測的問題來做「有計畫的調整」。

第五節　H——吸引及維持

對於吸引所有學生專注於大概念和實作表現的挑戰，哪些是有效的、激發思考的「吸引物」？在哪些經驗、問題、奇特事物、議題，以及情境之下，我可以使學生沈浸其中，以使大概念立即變得有趣、具體、有清楚的重要性？對這套教材而言，有哪些方法會使學生對眼前的主題及學習產生興趣和好奇心？什麼樣的機會將能維持學生的興趣，尤其當學習變得更困難時？什麼是傳統學校教育最令人討厭的特色，怎樣可以去除這些特色，因為這些特色使得冒險、想像，以及發問的勇氣減到最小程度？

202

導向複雜理解的認知學習需要高度的自律、自我導向，以及在大多數的學校情境中延遲滿足感的獲得。然而，許多學生帶著有點不願意（及

不一定期望）用功學習的態度到校上課，而且他們通常誤解了下列觀念：學生的責任是建構理解，而不只是吸收（及表現出）教師和教材文本所提供的資訊。以往，學校的作法似乎認為這個問題的解決方案繫於外在的手段，例如，使用讚美、獎賞、獎勵、給予特權等「紅蘿蔔」手段，或者使用給低分、處罰、公開羞辱等「棍子」手段。

筆者採取不同的觀點。課程設計的目標既不是迎合學生的喜好，也不是造成他們害怕不好的結果，課程設計的挑戰是更有效地利用內在動機。就如布魯納早已指出的：「引起對某個學科之興趣的最好方式是，使它有求知的價值，這表示我們要使個體認為，其所獲得的知識可用於學習以外的情境。」（1960, p. 31）。如前述關於優質學習情境的兩個工作坊練習所指出的，某些被認為是共識問題的課程設計特徵，比其他的特徵更能激發思考和具有認知上的吸引力。「H」類的問題要求教師根據關於專注（及分心）學習的知識來達到其訂定的目標。

恕筆者直言，學校的學習不必很乏味或很零碎。的確，為使學生達到更高的該知能力標準，我們必須改善自己的能力，以激發學生的思考、好奇心、心理驅力。學校的學習常常很不必要的沈悶，尤其當學習是由令人心智麻木的技能學習單或過度的被動聆聽所組成時──這些學習和有趣的問題及有價值的實作挑戰都相去甚遠。

根據激發討論的問題和有挑戰力的難題來組織學習活動，已被引述為引發學生持續專注力的有效方式，但是當教師開始建構主要問題時，總是會出現這個問題：應該用「孩童的用語」來架構主要問題，還是根據成人如何討論、研究、爭議問題的方式來架構？筆者有點大膽直言的回答是：對。就像第五章引用四種「主要的」之定義所暗示的，我們應該兩種語法都採用。

請記得，UbD 範例的重點──尤其階段一──是指引成人課程設計者，因此，說明哪些問題在這個領域的確很重要，以及哪些探究策略會幫助學生理解大概念──「主要的」之前兩項定義，是很要緊的。於是，日後為學生建構教材和教學活動時，課程設計者應該編輯、修訂，以及採用所需的問題，以更有效符合其他兩個意義：主要問題的作用是學生與成人思考之間的橋樑，以及這些問題很可能會吸引所有的學生。

　　筆者的經驗認為發問宜謹慎為之：在單元課程開始時就拋出主要問題，可能不會使學生立即產生興趣或導致任何有用的理解，學生對於所涉及問題的知識（或關切程度），可能尚不足以了解探討這類問題的需要或價值。就如本章開頭引用的 Phenix 之言，該問題可能對該領域的教師或專家而言很重要，但是對學生而言並不重要。

　　事實上，有時最佳的起始問題（或難題）會和特定的難解之謎、引發爭議的問題，以及類似角色扮演和個案研究的任務更相關，而主要問題會在學生對於面對議題有更多的經驗之後自然出現。以下是三則這種情況如何發生的實例：

1. 某初級中學的語文科教師編寫了下列主要問題來指引學生的閱讀、討論、寫作：「同儕團體如何影響剛進入青春期青少年的信念和行為？」這個問題很適合某課程大綱列為部分課程內容的短篇故事和小說，而且這個問題肯定和年齡團體有關。但是，這位教師發現該問題從未引發學生的共鳴，於是她把問題修正為：「為什麼有些人在團體中會做出愚笨的行為？」結果證明這個問題更有效，它能立刻吸引學生的興趣並維持很長一段時間。

2. 紐約州的某位高中教師在全球研究課的俄國歷史單元使用了下列問題：「對他的國家而言，戈巴契夫是英雄或叛徒？」此問題是學習活動和最終辯論的焦點，其中學生以心智匯談的型式扮演不同的蘇俄領導人（戈巴契夫、葉爾辛、列寧、史達林、馬克思、托洛斯基、凱撒琳大帝）。將這個問題應用在幾個班級之後，該教師發現問題的陳述可以更簡潔有力，於是把它改為：「誰搞砸了？」在角色扮演的辯論之後，學生可以選擇不同的寫作體裁（虛構的報紙報導、社論或小論文），來回應原先的問題。

3. 某位四年級教師以下列問題展開其科學課的昆蟲單元：「昆蟲有什麼益處？」因為她想要學生開始認識不同生命形態的特色和價值。當實施這個單元及該問題的教學之後，她突然明白州定課程標準的更大概念是和「形式與功能」及「生存」有關，於是，她將問題及隨後的單元課程設計修正為：「昆蟲的結構和行為模式如何幫助牠們生存？如果只有強者能存活，昆蟲有多強壯（與其他物種比較的話）？」她保

留原來的問題，以作為單元開始時引起興趣之用。

　　「正式」主要問題的帶入，可以立即進行或延緩進行，可以直接或間接提出。主要問題可以在單元開始時呈現，或者可以設計成隨著焦點的問題解決活動、教學活動，或者其他學習活動之後才自然出現。

　　其他類別的吸引興趣策略，包括：使學生沈浸於難解之謎、以真實問題挑戰學生，以及使他們參與角色扮演活動，以利學生從不同的觀點探索相關議題。的確，值得注意的是，在 Ted Zizer 開創新局的《霍勒斯的退卻》（*Horace's Compromise,* 1984）一書中，他在「動機」一章以「展示精熟度」之意義來介紹文憑的概念。

　　呈現極端的理論、自相矛盾的說法，以及不相稱之事，會刺激學生的疑惑和探究。Richard Light（2001）在帶領「哈佛評量研討會」（Harvard Assessment Seminar）研究哈佛的大學部教育多年之後，其得到的主要發現是：最吸引學生的有效課程係根據爭議之說或相對的論據而組織。曾譏諷說出：「教育應該使學生發癢，而不是讓學生抓抓皮膚而已」的教育家 Frank Lyman（1992），偏好使用「怪異的事實」來激發學生對某個主題的最初興趣。他建議，要以反常的事物來開始一節課或一個單元的教學，例如，問學生：「你知不知道，根據空氣動力學的定律，蜂鳥應該沒有飛行的能力（如蜜蜂飛行的圖片所顯示）？牠們怎麼辦到的？」

　　對激發思考而言，懸疑故事總是有效的開端，尤其當答案會產生主要問題時。以下是某個十九世紀西部開拓史單元導論部分的問題解決學習活動實例：

> 從圖書館某一本書的夾頁，你找到一張過期很久泛黃的紐約報紙頭版剪報，其內容是下列報導：
> 使時光倒退的雙手
> 昨天早上當地時間九點正，時代電報公司的總局長暨西方聯盟電報公司報時服務部（time service）的經理 James Hamblet 先生，把他在西方聯盟電報大樓 48 室的標準時鐘之鐘擺停下來。鐘擺閃耀的長柄及沈重的圓筒垂擺停頓了三分鐘又 58.38 秒。幾個月以來，這部精巧的機器鐘首度停擺。和鐘位在同一面架

上的電子設備，其滴答聲也停止了，隨著這滴答聲的停止，整個城市各珠寶鐘錶店中相似電子設備的相似滴答聲也都停止了。在幾乎快要查明原因時，上述時間中止的情形結束了，沈重的鐘擺又再度被推動，再度以每秒鐘來回擺動一次的持久不變歷程來回搖動起來。隨著鐘擺啟動，全市各處小電子設備的滴答聲又再響起。James Hamblet 先生已經改變了紐約市和全國的時間。

你知道這篇文章的重點嗎（我們在本章稍後會提供答案）？學生立刻被這篇懸疑故事吸引，當他們想通時，會利用已學知識來「發現」美國西進運動的其他原因和結果。

應用懸疑故事的要素，對於喚起及發展學生的探究能力，以及對於理解「學生的責任就是探究已學過的知能」都很重要。對照傳統上內容為重的課程學習活動如何開始及發展（尤其是由教科書驅動的學習），這個方式呈現出鮮明的對比。我們可以看看最受歡迎的電視遊樂器遊戲，「模擬市民」（Sims）遊戲是世上最受歡迎的電腦模擬遊戲，但是它們沒有包含任何暴力、爆炸，或者其他令人討厭的遊戲所具備的陳腐要素──只有如何照顧他人和解決問題的劇情及難題。

再者，請思考有效能的影片製片家如何使我們心中產生問題，而問題一直沒有解答，則是讓我們持續思考和疑惑的方式之一。例如，在工作坊中，我們經常會播放 Ken Burns 的「南北戰爭」影集之前十分鐘劇情，以顯示這項提出問題及帶入戲劇作品的技術，如何巧妙地成為紀錄片的開場白。但是，這個戲劇的開場白對於所描述的人物只提供引起關心的有限事實，我們會和主述者一樣疑惑：這是怎麼回事，我們怎麼可能殺死如此數目驚人的同胞？主述者 John Chancellor 以詭異地、不完整地方式所描述的那些照片中人到底是誰？（例如，「逃跑的奴隸」和「來自伊利諾州的粗人」──指的是 Frederick Douglass 和林肯？）

最佳的講課也會藉由提出問題和提供有趣的洞見及軼事，而使我們專注傾聽。事實上，由於科技的出現，以「適時」（just in time）的方式使講課能針對學生顯現的興趣和需求，已經是可能的事情。學生在需要

205

某些背景資訊時，可以使用探索網站（WebQuest），或者到某個網站查看某個演講，因此，上課時間可以更有效地用於教師引導的探究和實作訓練。這是更微妙的「吸引學生興趣」方式，不過卻是重要的方式。在提出應用的任務或主要問題以搔到學生的資訊「癢處」之前，講課者常以令人討厭的方式犯下一開始就提出太多資訊的錯誤。

幾年之前，筆者之一曾經觀察過一門要求頗多的俄國歷史課，其整個架構是一系列的傳記。每個學生輪流研究下一個角色、呈現其研究報告，然後參加一場記者會，在記者會中，四、五個扮演受訪者的同學回答全班其他同學（記者們）的難答問題。所選出的自傳必須使主角有趣，並且能夠經得起吸引人的、引起爭論的人格配對。心智匯談的型式（根據 Steven Allen 的舊日電視節目）是總結記者會的模式，其中研究傳記的學生必須做角色扮演，同時回答其他同學提出的問題——後者扮演記者團成員。

由教師進行的某個極有效惡作劇，更加強了該課程引起爭論的、有時很戲劇化的轉折。這位教師設立了指定閱讀書區，其中包含了少數有關列入研究人物之有錯的、不名譽事蹟的資料，因此，學生對他們的參考資料必須心存懷疑、反覆求證。很有意思地，這位教師從不講課，雖然他把以前許多的講課內容印成書面資料、做成錄影帶，以利學生可從圖書館借出參考（不過，學生必須同時借出書面資料和影帶，而且要和另一位同學共同討論）。

另一個實例來自物理學。有位教授根據太陽能玩具車的建造過程，編擬了整個課程模組，此模組要求學生分組處理不同方面的問題（能量蒐集、將能量轉換成車的動力、降低輪胎打滑程度、車的駕駛等等）；只有在一組以上的學生要求講課時，教師才講課。

總之，就如許多工作坊學員在最佳課程設計特徵的練習中所表示的，最吸引人的課程設計，其特色包括趣味、懸疑感、有刺激性的挑戰。吸引興趣的關鍵不是外在的，而是內在的。關於這一點，研究的發現相當明確，因此教師必須停止再說：「學校教育本來就是無趣的。」因為當學習有明顯的價值、能引發內在興趣，以及能提供學習遷移時，學生的學習動機就會增加。出自 Goodlad《一個稱為學校的地方》（*A Place Cal-*

led School, 1984）一書的研究結果仍然很合時宜：

> 什麼情況下學生認為自己正在學習？我們要求（他們）寫下從
> 學校學科中所習得的最重要事物……大多數學生通常列出的是
> 事實或主題……顯然缺少的答案是，了解自己已習得某些知識
> 力……。
> 有點不一樣的強調重點則遍布於藝術、體育、職業教育科目，
> 以及例如新聞學等幾門非主科。學生的回答很明顯地從找出學
> 科或主題知識，轉移到某種能力或專長能力的獲得……
> 從三分之一以上初中及高中學生曾修習過的科目中，唯一得到
> 「非常有趣」評價的學科是藝術、職業教育科目、體育、外語
> ……尤其令人看了很憂慮的是，對於學校最常見的課堂教學策
> 略，只有非常低百分率的學生表示喜歡（pp. 233-236）。

「學生專注學習程度全國調查」（National Survey of Student Engage-
mnt, NSSE）對大學生投入學習程度所做的綜合研究，包含了過去幾年來
得自 730 所以上高等教育機構的回答，這些回答揭露了有吸引力的學習
活動之重要性：

> 強調應用本科教材、對資訊和論據的價值做出評價，以及將教
> 材綜合成更複雜的詮釋或關係的科目，與教育的及個人的收穫
> 有高度相關……學生對於師生關係品質的觀感，與教育的及個
> 人的收穫則有高度相關──與教師給予學生立即回饋的頻率也
> 呈現高度相關（2003）[1]。

同樣地，前述 Light（2001）在哈佛的研究也指出，與許多其他的課
程領域比較，外語得到學生的熱烈評論：

> 教師堅持每個學生要對課堂討論有貢獻、要經常發表意見──
> 即使那些害羞的學生也一樣。教師鼓勵學生在課外以小組方式

學習。課堂教學要求定期繳交書面指定作業……隨堂測驗給予學生經常的回饋，因此，學生在課程中途能反覆修正所學……我相信出自這些發現的最大訊息是，當課堂教學的安排，能使學生達到最大程度的專注學習和同儕互動時，學生會很有學習熱忱。（p. 80）

207

正式研究的發現只是增強工作坊學員大量提到的想法：最有效、最吸引人的課程設計，涉及到對所學知能的應用有挑戰性、有意義。

一、超越有趣活動，進到主要問題

當然，課程設計的挑戰是將教學指向主要問題，而不只是提供有趣的學習活動。「使時光倒退的雙手」這篇報導不只有趣，也能有效建構關於美國歷史的重要概念和問題。的確，當這篇文字被解讀、釐清、討論時，關鍵問題會由學生提出。（你是否曾懷疑文中描述的人造電子設備有什麼問題？該報導描述的是，美國從採用地方時間改變成採用標準時間的那一天，前者依太陽起落為準，後者則將美國劃分成四個時區。鐵路運輸推動了這項改變，因為需要用到標準化的全國時刻表。）

許多讀到這篇報導的教師，以及在我們的工作坊中扮演歷史課上課學生的學員，都很明顯的洋溢活力，他們提出許多合理但不正確的理論，並且很興奮地相互爭辯。於是，他們親身體驗了如何使重要問題和可研究的議題自然而然地出現，以及如何透過刻意的課程設計來引出及探討錯誤觀念。

下列情況摘要了筆者對於如何激起認知興趣的看法：

1. 立即導入需要學生運用機智而不只是用到學校所教知識的問題、難題、挑戰、情境或故事。這種思考方式對問題本位的學習和個案教學法是重要的，例如，某位微積分教師挑戰其班上學生，要他們判斷，從二樓教室可看到的本鎮水塔是否確實如其外觀標記所稱：「保存一百萬加侖的純淨用水」。

2. 運用思考的激發物。使陌生的事物變熟悉，又使熟悉的事物變陌生的反常事物、怪異事實、反直覺事件或概念、懸疑事件等，會深深吸引

學生的興趣。例如，某位數學教師要學生閱讀《平地》（*Flatland*）的故事，以導入幾何學的關鍵概念。

3. 給予震撼的體驗。這類活動的特色可以被描述為「拓展訓練」的認知學習經驗，其中，學生必須以個人或小組的方式面對感覺、障礙、問題，以完成某個任務。在數學或經濟學方面的股票市場競爭、維持植物或動物的生命，或者沈浸在世界語言的情境，這些挑戰只是我們所指的少數實例而已。

4. 建立個人的連結。當有機會對主題或所追求的有趣事物建立個人的連結時，學生通常會變得更投入學習。例如，作為研究殖民地的前奏，小學學生訪談他們的父母及親戚，以發現自己的祖籍和人們為什麼要遷徙。他們發現的原因有助於更理解移民，以及定居新地方所涉及的普遍主題。

5. 思考對某個議題的不同看法或多元觀點。審慎的觀點轉換可以把學生推出感到自在的範圍，以刺激好奇心和深度思考。例如，某個初中的歷史單元可能會包括取自其他國家教科書的指定閱讀，以提供對著名事件的出奇不同觀點。

第六節　E——探索和體驗，發展及準備能力

學生將如何投入探索大概念和主要問題？哪些學習活動、指導式教學，以及訓練能夠使學生對最後的實作表現做好準備？需要哪些回家作業和課外經驗，以使學生發展及深化他們對於重要概念的理解？

學習計畫的核心就在這裡，學生必須真實體驗大概念，同時也需要為最後的實作表現做好準備。

一、透過體驗來探索

通常要注意的是，教師——尤其高中及大學階段的教師，常常無法適度考慮學生的先備經驗不足，於是誤以為學生需要的是更多知識。欲

208

使學生理解，必須做到反覆混合設計良好的經驗、混合對這些經驗的反思，以及混合實施按照經驗和目標所擬訂的教學計畫。像沈浸在另一種語言的學習、數學課的蒙特梭利實作教材、教育課程和醫學課程的實習，以及商學課程和法律課程的個案教學法等多元教學方法，其精髓是，優質的課程設計涉及到提供足夠真實的或模擬的經驗，以助長理解。換言之，若缺乏概念在其中澄清經驗的豐富經驗基礎，大概念只是另一種無用的抽象概念。

出自 Steven Levy 的教學實例說明了體驗式活動或模擬活動如何能使抽象概念更有趣（在這個例子中，理解的層面是同理心）：

> 一九九二年九月，當 Levy 的學生第一次來到課堂上，他們很驚奇地發現教室空無一物──沒有課桌椅、電腦、書架。就像他們即將學習一整年的清教徒一樣，這些學生得依照需求不斷建構他們的學習環境。在一整年中，他們有機會體驗四年級課程所具體指明的概念：建造自己的課桌椅；成立合作社、募集股東、發送股息以籌得經費支持活動；為烘焙麵包而種植及收割大麥；以及為編織地毯而將羊毛染色及紡成線（東北部及離島地區教育改進實驗室，出版年不詳，第 1 頁）[2]。

209

二、具備實作表現能力

在階段一所確認之期望的理解，以及階段二具體指明之理解的表現指標，對於階段三所需的教學特色和學習經驗都提供了資訊。因此，逆向設計暗示了「E」的其他意義：教師的任務是使學生具備理解，使學生最終能夠表現理解。

藉由採用「使具備」（equip）和「使能夠」（enable）的術語，教師強調澄清最終學習遷移任務──連結到標準或隨堂測驗要求的課堂學習結果，在更優質的課程設計所扮演的重要角色。於是，教師就是在使學生具備實作表現的能力；在使學生能夠表現出理解、表現出漸增的自律。這很不同於幫助學生準備包含三十道個別題目的章節（或州定）測

驗。在這個階段的課程設計工作中，教師必須自問：哪些類別的知識、技能，以及心智習性，是最後實作表現順利成功之先決條件？哪些類別的教學活動能幫助學生發展及深化其對關鍵概念的理解？

當課程設計者檢視逆向設計的邏輯，以明白教學和訓練需要些什麼時，他們常會很驚訝地發現，對於學生應具備的知能，自己並沒有做好足夠的課程設計。例如，大學教授習慣抱怨學生無法將他們所教的知能遷移到新問題、新任務、新研究或新的實作表現上。然而，當你要求教授們仔細思考與獲得遷移能力相關的所有先決條件時，他們通常都不會提到訓練學生如何將知識遷移到新情境的教學計畫。該問題往往被界定成學習者的能力不足而非教學需要。

同樣地，從小學教師到大學教師常表示關切的是，學生在閱讀時相當缺乏想像力，他們很難理解涉及反語、譏諷、諷刺，以及諷喻的文本。但是，當教師自評自己的課程設計時，他們常常發現兩個缺點：傳統上長度較短的指定作業和評量項目，並未包含足量意義晦澀的閱讀教材；如果有的話，也只有少量的教學活動旨在幫助學生想出，如何決定哪些類別的閱讀需要哪些類別的答案——當出現少數明顯提示時。

在許多情況下，教師只需要對於納入思考中的概念和連結到主要問題的概念，提供更具體的經驗，以指出教師想要的學習遷移類別。例如，請思考高中地球科學課的某個氣候單元，其中，學生藉由飛翔的風箏和建立顧問公司將可以理解氣候的成因和影響。學生將能理解：赤道和兩極之間不平衡的氣流、地球的自轉，以及陸地和海洋的分布所產生的全球風向型態會決定氣候。以下是以各種吸引人的經驗為基礎的類似單元：　210

1. 某個氣候單元以介紹最終學習任務來開始：作為不同行業的顧問，這些行業在一年之中都需要精準的天氣預報。主要問題：哪些因素形成天氣？如何預測天氣？（W）

2. 學生演示「放風箏」的活動。他們的挑戰是找出校園中最佳的放風箏場地，而且參考風和氣流的知識來證明其主張。（H）

3. 學生找出特定情況下空氣流動的方向，以及就不同的加熱方式說明空氣流動來評量環流（circulation cell）的圖解。（E）

4. 學生閱讀文章，並且做一系列的實驗來說明牛頓第一運動定律和向心

力加速度，然後將這些原理連結到科式效應（Coriolis Effect）。（W、E、R）

5. 學生分析顯示等壓線的地圖，然後標示出風的方向（並說明原因）。（E）

6. 學生研究太陽光的角度為什麼會造成不同的加熱效果，研究範圍將涵蓋地球的不同區域和我們所在區域的不同季節。（H、E、R、T）

7. 學生分析某個能量預算圖，此圖解顯示太陽、地球表面，以及大氣層之間的能量（熱能）流動。（E）

8. 學生分析顯示高、低氣壓中心的圖解，然後說明在這些中心周圍及中心之間的氣流流動。（E）

9. 學生研究一些有關氣候的個案（由教師提供文章），其中類似艾尼紐海流（El Niño）和世界某地區火山爆發的事件，被認為會影響另一個地區的天氣。然後，學生要提出此種事件可能發生的物理機制。（W、H、E、T）

10. 學生要完成「氣候比較」的研究專題，包括做報告。（H、R、E2、T）

11. 學生依據對這個單元的理解參加單元測驗。（E2）

12. 學生使用教師提供的相同評分指標，自評自己的實作表現和研究。

13. 學生檢討放風箏的活動，然後進行反省。（W、H、R、E2）

　　請同時思考表 9-3 的例子，其中教師介紹「累計事實」的明確組體來指引小學生理解。在介紹及示範此組體的使用之後，教師促使學生「累計關於墾拓者生活的事實」，而這些將會導致大概念的獲得。這個組體提供了學生某種可以應用到不同學科領域、不同情境的某種認知工具，同時也對學生表示，尋求類似的理解是學生的責任。

　　堪薩斯州立大學的 Donald Deshler 及其同僚（Bulgren et al., 2001）已經編製了一套令人印象深刻的圖表組體。這套組體最初聚焦在幫助特殊學生，其研究結果已導致產生各種資源來幫助所有學生學習如何使用這些組體。表 9-4 是其中一種組體的實例──由學生個別填寫的「問題探索指南」（其編製者所稱的「重要問題」即我們所稱的「主要問題」，而「整體概念」即我們所稱的「總括概念」）。要特別注意的是，教師也使用相同的組體來設計學習活動，以達到所有課程設計者都應該產生

表 9-3　累計事實

使用下列學習單來一併檢視一系列的事實或資料。你可以從「累計事實」做出哪些推論或結論？此處的大概念是什麼？

> 許多墾拓者死於疾病，尤其是孩童。
>
> 定居在新的地方需要更努力工作——清理田野、建造遮避用的房舍。
>
> 墾拓者必須為食物而耕種或打獵。他們常常挨餓。
>
> ✚ 當通過或定居在美國原住民部落的土地上時，殖民者常會受到攻擊。
>
> 大概念：
> 　　向西部殖民的過程中墾拓者遭遇到許多困難。

的明確計畫。

在教育領域，我們常常論及鷹架作用的需要；而這就是最佳組體的效用。組體提供了心智過程之類的工具，在過程中學生必須內化所學知能，以利不提供鷹架時，學生最終還是有可用的「處理策略」庫。

以下是這類鷹架式教學的典型程序，此例子應用的是圖表組體（但可應用到任何策略）：

1. 教師對學生展示自己為今天的教學所完成的組體。　212
2. 教師為學生的學習提供部分實例。
3. 教師使用揭露其想法的放聲思考過程，來示範如何使用該組體。
4. 教師在學生學習時提供指導練習和回饋，以使學生專注使用該組體。
5. 學生能逐漸自行將該組體應用到多元的、更複雜的用途上。　213

在《問題探索慣例》（*The Question Exploration Routine*）中，Deshler 及其同僚使用「慣例」一詞來描述探索的過程，因為其目標是要透過反覆應用，使探索成為慣例的過程。最後學生將不再需要實質的組體作為提示，因為學生會把「慣例」內化。

212 ## 表 9-4　問題探索指南

重要問題是什麼？
雨林的破壞對溫室效應有什麼影響？

哪些是關鍵術語及其說明？

雨林	在溼熱地區的廣大常綠森林。
溫室	能聚熱以輕易種植植物的玻璃屋。
溫室效應	大氣層中的二氧化碳吸收及保存地球產生的熱氣，造成不讓其散發的結果。

哪些是有支持力的問題及答案？

森林發生了什麼事？	森林被焚燒，以利農人有更多的土地能種植穀物。
哪些因素會造成焚燒？	1. 焚燒釋放出更多的二氧化碳到大氣層。 2. 森林曾經減除的二氧化碳現在又留滯在大氣層中。
二氧化碳增加的結果是什麼？	1. 增加大氣層中吸收熱氣的二氧化碳，造成溫室效應，這意味著—— 2. 地球變得更溫暖。

主要概念是什麼？
當雨林焚燒時，所造成的二氧化碳增加會促進溫室效應。

我們能如何應用主要概念？
砍伐雨林而非焚燒雨林，對大氣層會有什麼影響？

是否有整體概念？能在真實生活中應用嗎？
整體概念：世界某個部分所發生的事會影響我們所有人。
應用：在世界某個部分所發生的、影響到其他人的事件……

　　去除鷹架和提示之後，這項自動展現的能力即是學習遷移，而我們很少適當地使學生「具備」這項能力。就像幾年前某位教師在工作坊所說的：「你知道學生有什麼麻煩嗎？當不知道該做什麼時，他們就不知道該做什麼！」這段話摘要了重理解的教學之挑戰，因為知識和技能轉換到新情境的學習遷移很巧妙。因此，我們必須使學生為下列這些情境具備（及評量）知能：就所需的知識和技能而言[3]，這些情境中的結論並

不明確，問題很晦澀，情境也很含糊。

第七節　R——反思、再思、修正

> 如何指引學生重新思考其對重要概念的理解？學生如何根據自評
> 和回饋改善他們的作品和實作表現？如何鼓勵學生反思他們的學
> 習和實作表現？

當總括的問題和一再出現的任務為課程定下方向之後，以線性方式
帶過課程內容是顯而易見的錯誤。如果學生只接觸過一次這些概念和任
務，他們如何能精熟複雜的概念和任務？除非我們複習之前理解過的內
容，對理解很重要的灰色地帶和觀點轉移如何能變得更清晰？重理解的
課程設計之核心假定是，學生必須常常重新思考大概念，而複雜的實作
表現也要不斷重新界定。因此，單元和科目教學的進程必須重複，教師
必須使學生完全知道，他們有必要按照目前的課堂教學重新思考和修正
概念，以及學習的過程必須循徑回到最初的概念或技術。

例如，某個一年級班的學生藉由討論交友經驗及閱讀關於友誼的不
同故事，正在探索「什麼是友誼？」這項主要概念。學生發展出友誼的
理論，並且為這個主題創造出概念網絡。然後，教師要他們藉由提出第
二個主要問題，以及應用關於玩樂型朋友的適當故事，使他們重新思考
自己的最初概念：「誰是真正的朋友？你如何知道？」當學生開始理解，
真正的朋友在艱困時仍然忠實而非只是安逸時的玩伴，學生會修正他們
對友誼的概念。最後，教師會藉由呈現兩則諺語來挑戰學生的想法——
「敵人的敵人就是我的朋友」和「能共患難，才是真正的朋友」，然後
要求學生再次根據這些概念，重新檢視他們的友誼理論。

關於掌控下的重新思考，以下是出自初中古代文明單元的另一個實
例。這個單元的設計是根據學生逐漸需要用到的歸納法，因為當學生在
檢視模擬或真實的人工製品，以推論古代的生活時，他們必須學習如何
像考古學家一樣地思考。請注意，對於學習過程和結果的重新思考，會
依照關鍵經驗的先後順序而展開。

214

1. 採用下列主要問題來介紹本單元：什麼是文明？我們如何知道自己所知的事物？接著要學生寫下文明的簡短定義。學生可以把他們認為象徵文明的物品帶到課堂上，以作為額外的活動。

2. 在課堂上，學生檢視美國的一分錢。他們就觀察所見列出一份稱為「近乎事實」的可觀察事實清單，然後分享觀察到的事實及近乎事實，以盡量累積最多的事實。學生可以使用放大鏡和顯微鏡觀察一分錢。每個學生都選定哪些是事實、哪些是近乎事實之後，將其逐條抄在小卡片上，事實抄在粉紅色的卡片上，近乎事實則抄在藍色的卡片上。

3. 學生將事實卡和近乎事實卡一層層排在金字塔的底部。藉由排列及重新排列這些卡片，學生能結合事實與近乎事實以做出知識的陳述。這些知識的宣稱會寫在綠色的卡片上。

4. 相互分享過知識的陳述之後，每個學生要做出對一分錢的最後詮釋，並將其寫在綠色的卡片上。上述的最後詮釋是回家作業，有些學生會針對一分錢的正反兩面各寫出一則詮釋，然後才在另一張不同顏色的卡片上寫出最後詮釋。最後，學生在學習日誌寫下對這則詮釋的優缺點之反思。

5. 學生分享他們所做的詮釋。

6. 學生以合作方式依近距離觀察到的「烏爾軍旗」（Standard of Ur）——本世紀初發現的古物（譯註：古代兩河流域「烏爾」國的木板鑲嵌畫），來蒐集相關的事實和近乎事實。教師不向學生說出該古物的名稱，因為其名稱可能會影響學生的詮釋。活動過程使用相同的卡片編碼方式。

7. 回家後，每個學生要對這項古物寫出相關的知識陳述及最後的詮釋。為使資料有組織，學生應該根據古物的每一面，將事實、近乎事實，以及知識陳述排在金字塔的不同部分。

8. 學生向全班同學呈現完成的知識歸納金字塔，教師鼓勵聆聽報告的同學針對詮釋的效度發問。

9. 學生閱讀Leonard Woolley爵士所寫的《烏爾軍旗》詮釋一書，回家作業是對照 Woolley 的詮釋和自己的詮釋。

10. 學生根據其在歸納過程所學到的知能，以提出更複雜的定義為目的，

寫下文明的另一個定義。

11. 學生根據詮釋一分錢和詮釋「烏爾軍旗」的經驗，以及閱讀 Woolley 之詮釋的心得，在學習日誌寫下歸納法的優缺點分析。教師帶領學生進行以「你如何知道你所知的知識？」為主題的討論之後，結束本單元。

215

　　第三個實例顯示，透過刻意的觀點轉換所產生的重新思考。在這個例子中，教師發給學生對大西部殖民表達不同觀點的圖表組體，以作為學生學習西進開拓史的一部分，並要求學生思考下列觀點：

1. 墾拓者的父母為他們的家庭尋求更好的生活。

2. 墾拓者的孩子覺得自己徹底和朋友及熟悉的環境分離。

3. 鐵路的管理階層請求增加中西部地區的人口，以利產生更大的鐵路運輸需求。

4. 美國原住民的生活因為殖民者而無法安頓下來。

　　在高年級的科學課，當我們要求學生思考某個理論取向時，就會發生常見的重新思考，而隨後新資料和新的分析，則暗示不同的理論取向可能更有收穫。例如，探索光如波、光如粒子的概念，或者「教養」跟隨「天性」而來的概念。

　　如同這些例子所說明的，內嵌的重新思考是關鍵的、刻意的課程設計要素，對以理解為目的的學習很重要。我們必須計畫教學以使學生經常重新思考之前對大概念的理解內容，如果學生想要超越過度簡化的想法，以及想要更普遍地掌握仔細審慎的思考，這類思考是真實理解的核心。

　　換言之，發展深度理解（即向學生表示理解需要比回想更積極）的最有效課程設計強調觀點、同理心、自我認識等層面。不斷的觀點轉換或對於不熟悉的情境、文本，以及角色所需的同理心，都需要學生能重新思考和反思──有如在思考 A. Wolf 所寫的《三隻小豬》和《三隻小豬的真實故事》時所做的。

第八節　E——評量學習和進步情形

> 如何指引學生進行自我評量、自我評鑑、自我調整？學生如何投入最後的自我評鑑，以確認尚存的問題、設定未來的目標，以及指向新的學習？教師應如何幫助學生判斷所學，以及哪些需要進一步的探究或修正？

216　此處我們考慮的是課程設計常常忽視的部分：當進行學習時，幫助學生以個別或集體方式自我監控、自我評量，以及自我調整學習。第六個層面是自我認識，這無疑是終身學習的最重要理解層面。自我認識的核心是誠實的自評：根據更明白我們所理解和不理解的事物，以及根據我們所達到和未達到的學習。在生活上最成功的人不只具備這項能力，他們也已學到如何以最適時、最可能有效的方式做到自我認識：他們會適時自我監控和自我調整。他們會主動考慮哪些策略有效、哪些無效，以及哪些在實施時可能會更有效。

研究結果再清楚不過：《人如何學習》的作者在摘要其對學習的研究發現時，提出了三項發現，其中，第三項涉及到「後設認知」的重要角色，以及——如研究結果所支持的——明確教導及要求這類自我監控、自我評量能力的重要性：

> 後設認知技能的教學應該納入各學科領域的課程之中，因為後設認知常常會以內在對話的型式出現，除非教師明顯強調該過程，否則許多學生可能未察覺到其重要性（Bransford, Brown, & Cocking, 2000, pp. 18, 21）。

以下是一些「課程設計內含」這類後設認知事件的簡單舉例：
1. 在探究為本的課堂教學中段或結束時，空出五分鐘時間（例如，進行蘇格拉底式研討或問題本位學習的活動），讓學生思考這些問題：我們所下的結論是什麼？哪些問題尚未解決或回答？

2. 要求每一項正式作品或實作表現都要附上自我評量，學生可以選擇是否採計自評的正確結果來作為一部分成績。

3. 將一分鐘的短文摘要安排在講課的結尾部分，學生必須摘要兩、三個重點，以及寫出他們尚有疑問的問題（因此下次是教師要處理的問題！）。

4. 要求學生在任何的正式報告或專題作品中附上補充說明，其中學生必須對於討論中的主題，誠實檢討他們到底理解或不理解──無論他們的作品看起來多麼有權威性（當然，學生需要知道，坦白不會受到處罰）。

5. 就像訓練教師成為進階安置的審查人一樣，訓練學生以相同的方式評量自己的學習，以利學生在進行同儕評論時或自我評量時，能做得更正確；同時，在學習過程中也能更傾向「像評量者一樣地思考」。

6. 以調查學生認為的最緊要問題來開始課堂教學，要學生將問題寫在索引卡上先個別交出，然後再由小組確認（用卡片寫問題可以成為每天的回家作業）。因此，可將其作為結束教學的部分活動，空出一點時間來判斷哪些問題探討得很好，哪些是既存的問題、哪些是新出現的問題（這項策略適合定時撰寫的學習日誌，學生在日誌中會反思某個問題及其顯露的意義）。

7. 確認一套連結到期望結果的有益學習策略（如：問題解決的啟發式教學法或閱讀理解策略）和相關的心智習性（如：堅持或克服衝動）。要學生創作描述每個策略的視覺符號或卡通人物，然後將這些張貼在教室的牆上。經常指出這些策略何時可使用，然後要求學生反省他們使用這些策略的效果。

217

8. 刻意選擇某些班級教學的事件，偶爾要學生觀看這些教學事件的錄影帶（如：討論活動、問題解決、實驗或辯論），以利他們更認識有效的教學策略和無效的策略（就像教練播放比賽影片一樣）。

9. 如同以個案教學法或問題本位學習為基礎的課程常做的，刻意將某個單元的第二部分「開放」，供學生依據存留及提示的關鍵問題──出現於第一個部分結束時，來建構探究問題及進行探究（而非由教師指導）。

10.在學年開始時,要學生就自己學習上的優缺點做自我剖析(也許可以採用由教師提供的、與學習風格有關的正式工具)。學生必須考慮自己如何最有效地學習、哪些策略對他們最有用、哪些類型的學習最困難,以及他們希望改進哪些能力(換言之,設定目標)。然後,在學生能監控自己的努力,以及能反省困難之處、成功之處、對自我剖析的可能修正之後,要提供學生定期寫學習日誌的機會。

　　使用這些明確策略以提示學生反省及進行後設認知的教師,能證明這些策略的實際益處。例如,使用一分鐘短文摘要的某位哈佛大學教授提出下列觀察意見:

> 一分鐘書面報告未言明但很重要的附帶效益是,知道下課前會被要求要寫摘要能使學生專注思考。學生會經常自問:「此處的大概念是什麼?」以及「我還不明白哪些概念,我如何寫下少數幾個句子來表達自己未能理解的概念?」他們整節課都在思考該怎麼寫……我的同僚補充說,這項任務(可重複應用的特性)能逐漸銜接學習,並且使他以輕易的方式來澄清學生的任何錯誤理解(Light, 2001, p. 67)。

　　在威斯康辛州米爾瓦基市的艾維諾(Alverno)學院已經發展出一套最精密、最持久,以及最整合的方法來自我評量整個課程。在艾維諾學院,自我評量是課程及課程計畫的整體部分之一,而不只是教學的技術。例如,所有書面報告都必須附上根據評分指標所做的自我評量,而自我評量的正確度和完整性也列入評分。事實上,自我評量被視為如此關鍵的有用能力,以至於對學生在複雜的實作表現上剛投入的許多努力,教師會就學生的自評及改善方案先提供初步評分,而不針對作品或實作表現本身來評分。為促使自我評量更普遍採用,該學院已有一套用於全校所有課程之發展性評分指標系統,其評分指標要素是觀察、詮釋、評價、設計。

218　　因此,WHERETO 的第二個「E」的核心是,刻意設計不斷反省的機會(如:學習進行得如何?哪些有效?哪些需要調整?這有什麼關係?

現在怎麼了？）。教師期望所有學生都能做到這些反省，不限於天性善於反省的學生。這類機會和課程設計目的的澄清有密切關聯，後者是指設定實作目標的清晰明確方法，再加上根據這些實作目標而來的紮實回饋方法。否則，反省不可能有用或有焦點。

第九節　T——因材施教及將學習個人化

> 如何因材施教以適應學生不同的發展需求、學習風格、先前知識、興趣（同時確實要求期望的學習結果）？如何為所有學生設計適合每個人的學習計畫，以使學習的投入和效能達到最大？

本書筆者曾概括談到學習者的需求。這項課程設計要素提醒我們，必須更細察學生的真正差異有哪些，然後再適當調整教學計畫。最佳的課程設計者會編寫特定的學習計畫，以適應總是由多元學生所組成的教學對象。讓我們就內容、過程，以及產出來思考因材施教的實際方法。

一、內容

在UbD範例的階段一，期望的結果必須保持一貫——畢竟（如期望目標所表達的）學科學習標準及理解事項是所有學生的學習目標。然而，由於其結果開放的特色，主要問題（EQs）提供了適應多元學生的自然方法。具有不同程度先備知識和學業成就的學生，仍然可以努力探討引起爭論的問題，例如：「生物體如何適應以利生存？」或「哪些因素構成偉大的故事？」雖然有些學生的答案更有深度，但由於所有學生都必須處理主要問題，他們全都有可能深化理解。

階段一的知識和技能要素，提供了另一個修改課程內容以符合學生需要的便利途徑。藉由使用診斷性評量（W的部分），教師可以認出在先備知識和技能方面有落差的學生，而這些補救教學的需求可以透過小團體的標靶式教學（targeted instruction）來處理。

二、過程

藉由使用不同的教材資源（例如，不同閱讀程度的教科書）和應用不同的學習型態（透過以口語、視覺，以及書寫方式來呈現資訊），教師可以處理學生在偏好的學習風格和學業成就水準上的差異。允許學生對於如何學習（例如，個別學習或團體學習）或如何表現學習（口語的、視覺的、書寫的）有一些選擇權，是階段三的另一種因材施教策略。

三、產出

教師對於指定作業，以及評量的學習結果和實作表現，可以給予學生適當的選擇機會。例如，某個小學班級的學生正在學習設計「博物展示」，以描述墾拓者的艱苦生活。學生以不同的作品和實作表現來充實這次的展示，例如，日記樣本、日常生活的圖繪，以及墾拓者的角色扮演等。這些方式可以使所有學生依據自己的才能和興趣來參與展示，但必須注意的是，當允許學生自選學習結果以列為階段二設計的部分評量時，必須使用共用的標準來評量不同的學習結果。在墾拓者博物展示的例子中，無論學生產出的是繪畫、各篇日記或日常生活的實況演出，我們應該以史實正確性、對艱困生活的有效描述、所揭露的同理心，以及表現手法等來評價所有的學習結果。以這種方式評量，即可具備適當的多元性，而不致犧牲有效的評量策略或評分信度。

以下選出的單元設計要素實例，係出自某位教師所修改的高層次學習之教學計畫（莎士比亞的《馬克白》），教學對象是有特殊需求、閱讀能力有限的學生：

1. 進行腦力激盪活動，學生在過程中要說出他們對中世紀已知的事實：要學生在黑板上列出一份清單作為小組的專題活動（尋找武士制度、封建主義、榮譽規範、國王、武士與戰爭等術語）。對學生提出以下事實：即將讀到的這齣戲就是關於這些事物，以及關於榮譽和忠誠。（W、H）

2. 介紹主要問題：什麼是榮譽？恥辱？忠誠？不忠？我們如何知道能相信誰？我們如何避免喪失自己的正直和誠實？（W、H、T、E2）

3. 進行以榮譽和忠誠為題的全班討論，並將分組討論得到的概念寫在黑板上。其結果是產生一份概念、想法、意見或舉例的清單，以利學生在寫個人的短文時可以參考。找尋「可教學時機」，例如：根據討論時的對話，查字典找出有關字詞的定義，似乎是明智的策略時。（W、E）

4. 要求每個學生協助製作一整個牆面的引用語。使每天的教學都環繞著這些引用語；適當時，例如，關於榮譽、忠誠、權力的許多引用語可以帶入討論的內容之中。另外，每個學生都要在兩週內補充兩則引用語。（H、T）

5. 應用分組討論獲得的概念（包括參考電影和電視節目），討論與青少年相關的、榮譽與忠誠互相衝突的現代案例。其學習結果是寫在黑板上的概念、想法、意見或實例之清單，學生可利用這份清單來撰寫以主要問題為主題的個人小論文。

6. 提供這齣戲的歷史背景及地圖。先以戲劇手法朗讀第一幕的女巫場景，接著停止朗讀並引導討論，然後向學生介紹例如兩難困境、場景等文學術語。向學生展示如何編排場景的時間線——這是個人的專題活動；以及如何定時增加各項事件。（E）

7. 第一幕，第二場：列出人物和事件大綱——進階組體。使用有關鍵場景的錄音和錄影資料；讓學生接受閱讀和寫作上的協助；要學生閱讀此文本的精簡版；以及發給學生筆記本，幫助學生為自己的學習檔案整理內容。（W、E、T）

8. 要學生在交作業前自我評量所有的學習，並且就自己曾經歷過的榮譽和忠誠問題來反省主要問題。

第十節　O──為最佳效能組織教學活動

哪些學習經驗的順序最能發展及深化學生的理解，並且同時將可能產生的錯誤觀念減至最小？我們如何組織教學活動的順序，使學習投入和學習效能達到最大？

迄今，我們只考慮到優質課程設計的分析性要素，「O」要求我們將這些要素排成最有效的順序。我們所指的「最有效」順序是指，對學生而言最能確實產生最投入、結果最有效的學習經驗。

許多教師並未有效率地認真考慮教學順序問題，尤其如果當他們考慮的是相當冗長的學習單元時。但是，就如WHERETO的「H」和「R」要素所表示的，對投入學習和增進理解而言，按內容編排順序進行的傳統方式很少成為最佳選擇。如果教學順序通常受到教科書內容組織的支配，考慮教學順序問題尤其很重要。第十章會再更深入探討這一點。

最起碼，教學順序應該反映教師在「最佳課程設計」練習活動時總是提到的事項：在「整體—部分—整體」和「學習—實作—反省」之間不斷來回轉換。就像「R」所暗示的，如果我們要超越表面的、過度簡化的，或者非黑即白的思考，我們不只要往前進，也要回到更早的（暫時的）事實、概念、技術。這就是為什麼許多人提到問題本位的學習、個案教學法，或者模擬練習在知識上如此令人感到刺激、難忘的原因——這些方法打破了學習活動應該如何組織的傳統。

「吸引興趣之物」的涵義相當明確：我們關心的是早點吸引學生的學習興趣，以及經常透過學生的興趣和本來就引起爭論的事物來吸引他們。因此，最佳的教學順序能使學生及早沈浸在有趣的議題、問題、情境或其他經驗之中，並且延後定義、規則、理解的教學，直到需要用到這些概念來理解經驗。

221　　為更了解，把許多傳統的學習活動視為流程時，會如何不必要地使學習變得枯燥、令人討厭，請思考下列出自中學常用代數學導論教科書的實例。該教科書前八十頁提供的不外是與代數學相關的定義、規則、練習，例如在第三十六頁，我們發現以下的數線概念導論：

> 在數線上成對的兩點……和原來某一點的距離相同但方向相
> 反。原點則和自身成對……
> 例如－4和4等等每個成對的數字，被稱為另一個數字的相對
> 數字，此相對數字的寫法是「－a」……－4（低格減號）和
> －4（高格減號）指的是相同的數字，因此，－4的意義是「負

4」或「4 的相反數」。

為簡化概念，在整本書中低格減號會被用來表示負數，請注
意，讀成「a 的相反數」之「－a」不一定是負數，例如，如果
a＝－2，那麼－a＝－（－2）＝2（Brown et al., 2000, p. 36）。

希望上述是個玩笑，唉，但那不是玩笑。對兒童教育而言，我們就
是無法接受這樣的內容，這種內容將「順利理解」的有用方法混淆成技
術上的過度吹毛求疵，呈現了無情境設定的資訊。

因此，我們可以提供簡單的經驗法則：在實施重理解的教學時，「為
什麼」和「這有什麼關係」的問題必須及早處理且常常處理。為創造有
意義的、容易記憶的學習，教學流程必須在「整體─部分─整體」和「學
習─實作─反省」之間不斷來回轉換。雖然許多教師認為，教學時需要
先呈現所有可能的「基本」事實和技能，不過，持久有效的學習並非只
是這樣進行的（第十章「重理解的教學」關於「跨內容」的部分會更深
入探討這個問題）。

筆者對於教學順序提供的最後一個想法，係根據作者之一所經歷過
的卓越學習經驗。在該活動中，所有的 WHERETO 要素被包括進來，以
作為青少年足球教練的資格條件之一。某位紐澤西都市之星（New Jersey
MetroStars）專業足球隊的指導員，設計了一套能刺激練習活動和解決問
題的概念架構。首先，他指出以明確的「整體到部分」邏輯來安排所有
練習行程表之重要，他以下列流程說明發展各項主要技能的所有有效策
略：個別技能的練習、類似比賽技能的練習、比賽狀況的練習、比賽技
能的練習。例如，先從簡單的反覆練習作為開始，練習獨自先跑過第一
呎，然後兩人一組跑過第二呎。接著，藉由要球員兩兩一組在相同的小
空間之下相互傳球，練習類似比賽所用的技能。由於必須考慮到所有的
隊員和球，小空間的傳球使球員必須尋找最適當的傳球時機。然後，為
製造比賽狀況，改為三人一組練習，其中一人負責搶球。隨後則設定要
求更多的類似比賽情況，例如，進行練習比賽，要求在傳球前最多運球
兩次。接下來則進行模擬比賽。最後，回到最初的小空間傳球練習，這
次則聚焦在更快的速度和正確度。

222

此外，這位指導員主張，各項練習都應該盡量發揮下列要素：體能、定位球（set plays）、動作技巧、團隊合作、策略性思考。不只動作練習時應該盡量發揮這些要素，各次演練也應該如此。指導員要求每個學員提出他們所知道的常見演練方式，然後以其他學員作為隊員，在足球場上實際帶領全程的演練。各次演練結束後，學員以所考慮的要素分析演練情形，由於得到整組的建議，這些演練都有很大的改進。事實上，這項經驗使學員們得到的結論是，有些長期採用的演練（例如，三對二的常用方法）其實非常無效。

再談到異質分組吧！這群年紀從二十三到六十一歲的三十人團體，其經驗範圍涵蓋參與大學足球代表隊到毫無足球經驗。但每個人都同意的是，這是他們一生中最刺激的學習經驗，而且提供了很紮實的學習遷移架構，那就是要比過去具體觀摩或討論的設計更多的練習。

第十一節　課程設計要素納入有效的整體教學訣竅

雖然 WHERETO 的要素有助於建構及測試學習計畫，但是我們很容易忽視整體——課程單元及其目的。課程設計的首要目標是確保學生能以大概念來架構學習，以及根據所習得的這些概念來進行學習遷移。這就是所謂的理解。因此，最後我們必須確保學生的學習是連貫的、有目的的（相對於一系列孤立的「學習活動」——雖然可個別辯護其價值，但就是無法累積成有意義的長期知識）。換言之，如果我們不夠小心謹慎，課程設計可能會導致學生短期有效習得許多分散的知識和技能，但卻忽視了使學生理解和學習遷移的任務。

當然，使逆向設計的來源是紮實的實作任務——要求這類大概念為本的學習遷移，是避免造成上述錯誤的關鍵方法。在認真考慮階段三的設計方面，我們可以採用其他步驟，這些步驟能使我們免於與理解的焦點相差甚遠。具體而言，我們可以利用六個層面來提醒自己，哪些與理解相關的學習型式必須在階段三指明，以支持階段二所述關於應用理解的實作目標。

一、在階段三使用理解的層面

　　雖然理解的六個層面最初被視為理解程度的評量指標（階段二），但後來證明這些層面也是課程設計的有用構面。其中一個直截了當的方法是列出這六個層面，然後腦力激盪想出可能的活動（當然，要留意階段一的期望結果和階段二的所需評量證據）。以下是出自初中南北戰爭單元的某個實例：

1. 說明——說明南北戰爭中主要事件的關鍵成因和結果，並將這些事件和其他的國內衝突事項做比較。
2. 詮釋——透過《英勇紅勳章》（*Red Badge of Courage*）一書主要人物的觀點，來詮釋這場戰爭。
3. 應用——辯論這場戰爭的遺緒（戰爭結束了嗎？美國有可能發生另一場內戰嗎？這場戰爭之後曾經進行過「冷戰」嗎？）。
4. 觀點——從北方、南方、歐洲觀察者、美國原住民、富有的地主，以及窮困的工人之觀點來討論這場戰爭。
5. 同理心——以角色扮演方式來揭露對某個南方家庭的同理心，這個家庭的房屋被 Sherman 的軍隊摧毀。找出像〈那晚他們打垮南方各州〉（The Night They Drove Old Dixie Down）之類的歌曲。
6. 自我認識——反省：你認為哪些事情值得奮戰？

　　雖然有些層面對某些課程內容領域而言，比對其他領域更合用，但很多教師指出，藉由這些層面來做「箱子外的思考」，他們已經設計出有活力的有效活動。例如，某位物理教師最初不贊同同理心在物理方面的價值，但後來他想到以下的指定作業：「寫一篇日記，主題是電子一天的生活」。

　　對課程設計者而言，下列一般問題對啟發想法一向很有用：

1. 層面一：說明。如果學生要理解不明確的概念、面對新的概念、測試及證明這些概念，以及建構他們自己的理論或解釋（或者透過測試來完全內化其他人的概念），哪些理論化的或連結概念的細節要素是學生必須接觸的？他們應該試著說明哪些物品、資料、行為、事件，以增加將概念通則化及做出合理推論的實務能力？

2. 層面二：詮釋。學習活動將如何要求學生做詮釋、獲得意義、探索重要性，或者發現教材或知識的意義？哪些文本、活動或其他資源會「透過課程設計」提供給學生，以作為重要的、要求詮釋的學習所需的細節要素？

3. 層面三：應用。學習活動如何要求學生、如何使學生在各種適當的情境脈絡中測試其理解的內容，其中真實的情境、學習的目的，以及能力表現的對象，都要求學生將先前的學習做經過深思的遷移？學習活動如何鼓勵學生就所學提出，或甚至發明新的、揭露能力的應用？

4. 層面四：觀點。教材、指定作業、學習經驗，以及討論活動將如何呈現，以利學生不僅掌握及產生多元的看法，也能批判式地評論這些看法？

5. 層面五：同理心。在班級教學中，哪些直接或模擬的經驗，可能會促使學生出自內心與其他人的經驗連結？學習活動如何幫助學生超越空洞的字眼和抽象概念，以利在其他人的文本、概念或經驗之中，發現價值或可能的價值，而這些事物最初給他們的感覺則是愚笨、無趣或怪異？學生應該沈浸在哪些經驗之中，以便於發展可能的新洞見？

6. 層面六：自我認識。哪些類別的學習經驗能幫助學生自評及反省，哪些是他們的知識及理解的事物、哪些不是？課堂教學如何引發學生帶到學習活動中的心智習性和偏見？

224

和巴伯・詹姆斯一起演練逆向設計

我們在前幾章中已經了解巴伯・詹姆斯老師如何架構他的營養單元，他現在正考慮如何根據WHERETO所提供的標準和準則，來補充或修正他的課程設計。

在認為已經確定這個單元的課程設計之後，我發現自己對於營養單元的想法由於WHERETO而伸展，以下是我目前的想法：

W——逆向設計的過程確實曾幫助我澄清這個單元的走向。現在我必須考慮如何幫助學生了解他們的努力方向及理由。我認為主要的起點問題有助於提出方向，尤其既然我打算將這些問題張貼在教室的布告欄。但是，藉由在單元課程開始時，即對學生介紹評量任務、專題活動，以

及評量效標和評分指標，教學目標可能會變得更清晰一些。

　　考慮過這些實作目標之後，我希望學童能更明確了解，為什麼他們將要學習某些細節——食物分類、食物金字塔、如何閱讀食物標示上的營養資訊之類的事物。

　　H——我喜歡這項以有趣的事物作為開始的建議，這些事物能吸引學生對某個主題的興趣。我認為，社會科教科書某個探險家的單元會很有用。孩童喜歡懸疑的故事，這就是一則——關於十六、十七世紀航海水手的故事。在長達幾個月的海上生活期間，他們得了一種稱為「壞血病」的神秘疾病，但一回到岸上之後病情就戲劇般地好轉。

　　學生學到這種病的原因是缺乏維他命 C，以及「藥方」是吃下新鮮蔬果之後，教師即可引導學生檢視營養在健康方面的角色。

　　E——我認為新設計的課堂教學活動，能大幅使學生為實作任務和專題學習做好準備。我認為我的教學現在更有焦點，而且也已經認真考慮應該蒐集的期望結果和評量證據。

　　R——單元設計中的重新思考部分，對我而言可能是最大的擴充。除了在寫作過程使用修正的技巧之外，我很少正式要求學生重新思考我們所討論的概念，但我開始了解這可能很重要。

225

　　當我和其他教師共進午餐時，突然提到兩個非常有趣的問題，那就是：如果讓孩童吃他們想吃的任何食物，他們會吃得均衡嗎？以及，動物會吃能提供其營養需要的食物嗎？這兩道問題或其一應該都適合在單元課程的中途提出，以挑戰學生，要他們修正對於吃得營養的想法。

　　這些問題指出了另一個主要問題：大自然是否引導所有生物邁向有營養的攝食？這些激發思考的問題應該能刺激討論及重新思考，然後產生進一步研究的有趣問題。

　　E——實作任務和最後的宿營菜單專題活動，會給學生幾個機會來展示他們所理解的健康飲食——此單元的主要目標。在評量之前，我會要求全班學生以合作學習小組的型式，對宿營菜單進行同儕評論，以利學生能得到回饋。在菜單作業繳交期限前，我會讓學生有時間修正菜單。

　　最後，我會要每個學生完成兩項自我評量：其一是使用評分指標來評量宿營菜單，其二是反省個人的飲食習慣是否由於這個單元所學的知

識而改變（及如何改變）。這些活動應該會使這個單元有效地結束。

T——去年我參加了學區舉辦、以因材施教（Differentiated Instruction, DI）為題的在職訓練課程，學到調整教學以適應不同學生的方法。我現在知道怎麼在這個單元應用某些因材施教的策略。例如，我有六個學生，他們在自行閱讀及理解教科書方面有困難，因此，我要他們以語文課的「閱讀夥伴」配對分組。進行隨堂測驗時，我會以口述方式來測驗他們。

我認為，營養小冊子的實作任務會適合寫作技能不熟練的學生，因為他們能使用圖畫來說明均衡的飲食。我們的資優生資源教師對於為高成就學生擴展這項任務提供了很好的點子，他建議讓這些學生為醫生的診所設計營養小冊子，而不是為幼童設計。對於宿營菜單，我會讓不擅寫作的學生口頭告訴我，為什麼他們的菜單設計是健康美味的，而不要求他們寫出說明文字。我會要求程度更好的學生為有健康問題的學生（例如，糖尿病或需要低鈉飲食的特定飲食限制）另外設計一份菜單。

我認為這些調整會讓低成就學生更能有效學習，同時也挑戰了程度好的學生。

O——我覺得我的單元課程設計程序很適用，其程序始於提出有趣的事物，接著透過不同的學習經驗和資源，發展學生所需的知識，然後以知識的真實應用作為結束。我現在了解到，UbD 的程序及範例有助於完成組織良好的教學計畫，因為它們使我能根據重要問題及有意義的實作任務來架構整個單元。

我認為，營養單元的設計的確由於使用 WHERETO 方法而增進，我有意在設計其他單元時也使用這套方法。現在，我急於了解學生的學習結果。

第十二節　下一個問題

這些初步的考慮事項以粗略方式陳述了課程單元需要做到的事，也陳述了使其更「藉由設計」而實踐的經驗法則。現在我們需要思考下一個問題：在幫助學生理解方面，教師的課堂教學角色是什麼？

第十章

重理解的教學

教師……尤其會被說出所知知識的誘惑所困擾……但是不論是理
論或事實，沒有任何的足量資訊其本身能改善洞見和判斷，或者
能增進明智表現行為的能力。

——*Charles Gragg*

〈智慧無法言傳〉（*Because Wisdom Can't be Told*），*1940*

有成效的教學是能夠產生有成效學習的教學。關鍵的問題不是採
用哪些教學方法或程序，或者，這些方法是否是老式或現代的、
經過時間考驗或實驗性質的、傳統或進步的。所有這類考慮事項
可能都重要，但是皆非根本的考慮事項，因為它們與方法有關，
而不是與目的有關。

——*James L. Mursell*

《有成效的教學》（*Successful Teaching*），*1946*，第 *1* 頁

　　逆向設計將教學方法及其他教學策略的選擇，延到課程設計的最後
階段。雖然此種方式違反了許多教師的習慣，但是根據我們迄今所述的
原則，延遲應當是合理的。因為在未具體指明期望的結果、應包含的評
量任務，以及教學目標所需的關鍵學習活動之前，討論教學策略是不成
熟的作法。教學的正確步驟要按照學習活動的需要來決定，逆向設計法
迫使我們移除安逸的教學習慣，然後問：考慮到我們尋求的理解結果及

這類結果所要求的學習活動，身為教師的我們應該做些什麼？

但是，一本關於課程設計的書中，長篇大論重理解的教學顯然會使話題扯得太遠。有許多極佳的專書和課程都在探討有效的教學，其中包括幾本讀者應該參考的以重理解的教學為主題的書[2]。不同的是，本章旨在提供關於教師角色的一些一般準則，以及根據前面所談到的逆向設計原則，提出最常見的教學策略。

228

第一節　「按內容」對「跨內容」之教學

考慮到教師專業領域對於教學方法的無止盡爭辯，本章開頭引自Mursell的一段話雖然是幾年前所寫的，但仍然相當有新意。教學的成效應該就其結果來判斷。在重理解的教學方面，我們應該使用哪些教學方法？能導致理解的任何方法都適用，在選擇上並無意識型態可言：做任何在階段三是有用的事，以符合階段一所設定的教學目標。

Mursell的講法也和我們不斷提到的專家盲點有關。這使我們想起教育領域最古老的某一則笑話——關於某個男孩稱聲他教會自己的狗講話。當男孩的朋友要求要這隻狗表演時，牠只是吠叫而無法說話，於是朋友就說：「我以為你已經教會這隻狗說話。」這位準訓練師答道：「我說我教牠說話，但我沒有說牠學會了。」

「我教了，但是他們沒有學到。」仍然很令人驚訝的是，每當我們的生涯發生令人挫折、不順利的事時，我們全都很容易帶著誠意說出這句話。我們這麼容易遺忘，其實引發學習的並不是教學。「你是什麼意思，教學不能引發學習？教師沒有用嗎？你一定在開玩笑。」不，筆者對這個講法很認真。單憑教學永遠無法引發學習，只有藉由學習者對學習的有效付出，才能引發學習，而學習成就是學生有效理解教學的結果。這就是我們每個人的想法，不是嗎？當我們說，理解是由學習者所完成的「建構者的」練習時，意指理解不是他人給予的，必須自己努力獲得。

要使教學成效良好，不在於使用大量的技術，或給學生一些可以回應的話語，而是在於透過話語、活動、工具、指導反省、學生的努力，以及回饋來產生理解。這是複雜的互動結果，而非一套單向的技巧。換

言之，考慮到我們的盲點，我們忘記教學的行為——就直接教學（談論、聲稱、告知、講述）的意義而言，只是引發學習的一部分因素（而且不是最重要的部分，如果本書的論點令人信服的話）。學習任務的設計就像任何闡述清晰的知識分享一樣重要，也許比後者更為重要。教師的洞見無法只是透過慢慢融會貫通而變成學生的洞見，因此，作為教學的引發者，我必須以同理心看待新手的天真心態，然後透過設計良好的學習經驗「發現」我的想法——這些經驗當然包括教學活動但不限於此，以使我所說的內容變得真實，而不是只有講述而已。只有專家（或有高度天份的思考者）才能聽懂教師的話語，才能在缺乏體驗、缺乏過程指引及工具（如圖表組體）、缺乏引出反應的任務，以及缺乏指出學習有成效的回饋之下，獨力在腦海中完成所有建構概念的任務。

　　因此在整本書中，筆者不斷提到跨內容教學的需要和按進度教學的危害。但也許在這之前，讀者都誤解了重點：無論採用哪些教學方法，跨內容不是某種教學型態或教育哲學，而是使各個概念變得真實、變得可被理解的方法。因此，讓我們先澄清「按內容」和「跨內容」的意義，以及為什麼不管教師偏好的教學方法是什麼，每位教師必須跨內容及避免按內容教學。

229

　　請思考下列定義，作為名詞，「cover」指的是某種放在上層的事物，例如被單。應用在教學上，它指的是某種表面的事物。當我們「涵蓋」（cover）教材時（就像本書導論提到的歷史教學舉例），其結果是我們不經意地聚焦在表面的細節，而沒有深入任何的內容。從學生的觀點而言，每件事看起來都一樣重要——一大堆要記憶的事實，沒有上下層級、沒有記憶的優先順序或連結的意義。

　　「前進」（to travel over）是「cover」一詞的另一個定義（例如，「我們今天前進了六百哩」）。為什麼要談到前進了一大片土地，因為不論是旅人或教師，我們都可能走得很遠，但這不表示我們從「旅程」中獲得任何意義或難忘的洞見。【瘋狂遊歐記】這部電影，使我們想起一幅為固定課表而犧牲學習活動的貼切畫面。不管我們的善意是什麼，當每件事物透過粗略而分離的事實、活動、技能，全都拉平成膚淺的、令人透不過氣來的課程內容時，我們的教學結果無法達成有深度的理解

（或甚至能持久的回想）。

教師往往藉由指出這是受到外在標準的要求、受到教科書的束縛或順應標準化測驗的要求，而辯解這類按內容教學的意義。不考慮根據這些聲稱所得的實證證據（前文曾簡短討論過，第十三章會再討論相關的研究），我們的常識暗示，靠「帶到內容」來教學就是無法產生能累積適能表現的有效學習。例如，我們會認為下列是不可接受的事：教幾何學的教師主張，由於有這麼多的「定理」要涵蓋，因此沒有時間探究定理證明的細節。換言之，這樣匆促的教學過程又是專家盲點的作用：如果教學討論該重點，學生就會學到該重點；如果我們討論得愈多，學生就得到的愈多。把教學混淆成任何產生結果的學習是一種錯誤的邏輯——只是為產出而耕種、為銷售而行銷。

如果要學生產生理解，理解是無法被「涵蓋」的。這是本書的前提，受到研究發現支持的前提。欲理解的事項會設定終點目標——某項挑戰；亦即要求正確的經驗、討論、反省。當杜威提出直接教學無法「教懂」真正概念的主張時，無人能比杜威（1916）把這項挑戰陳述得更直接：

> 任何想法、任何概念不可能像概念一樣由這個人傳達給另一個人。對被告知的人而言，他所聽到的只是另一個被說出的事實，而不是概念……概念……係透過操作或實踐來測試，它們的作用是為了指引及組織進一步的觀察、資料蒐集、實驗（pp. 159-160）。

230　然而，在被教科書內容支配的世界中，最後我們會不經意地違抗這項重要警告。因此，讓我們反思使用教科書教學所帶來的挑戰。我們如何使用教學策略來支持教學目標，而不至於減低以理解為重的目標？

為探討這個問題，我們還需要思考「cover」一詞的另一個定義——像「掩蓋」或「躲藏」等負面概念。掩蓋暗示隱瞞，亦即沒有履行讓某件事物為人所知的責任。相對地，「發現」（uncover）某件事物，暗示在被隱藏的事物中發現某件事物的重要性——揭露而非隱藏。在這個意義上，當我們發現某件事物時，我們就像調查的記者揭露了對讀者有害

的事物，否則這些事物會一直不為人知。使用教科書所面對的挑戰是，更加理解教科書所隱藏的事物而非其揭露的事物。

第二節　教科書與重理解的教學

關於教科書所「隱藏」的事物，我們指的不是凶險的故事情節。大多數被教科書「掩蓋」的事物是不經意造成的，但其損害則是真確的。就像百科全書一樣，教科書有意地概述及摘要已知的知識。教科書簡化了專家的知識以適應學生學習程度的常模，更不消說要適應五十個州的教師及利益團體之需要。在這麼做的過程中，文本會很輕易地將學科特色和學術世界掩蓋起來，不讓學生（及教師）知道。少數教科書就像百科全書一樣，能幫助學生理解隱藏在摘要之下的問題、論點、判斷。重理解的教學其最大兩難困境之一是，大量出自研究的文本最後會阻礙更有趣、更激發思考的學習。就像一九八三年卡內基中等教育報告書所述的：

> 教科書提供給學生的是經過高度簡化過的知識真相，而且實際上未對蒐集資訊及釐清事實的方法提出洞見。再者，教科書很少向學生傳達原始作品的豐富性和刺激性（Boyer, 1983, p. 143）。

二十年來的改變很少。美國科學促進協會最近對初中、高中的數學和科學教科書所做的檢討，發現了下列明顯缺失：

> 「2061計畫」將所有常用的中學科學教科書評價為「不滿意」，並且批判這些教科書「充斥既無法教育學生又無法激勵學生的個別事實資訊」。在嚴密的評鑑之下，廣泛使用的十種高中生物教科書，沒有一種被認為應該得到高度評價。
> 進行深度研究之後發現，大多數教科書涵蓋了太多主題卻沒有好好組織其內容。所有版本的正文都包括了許多課堂活動，而

這些活動既和學習關鍵的科學概念無關，也無助於使學生將所做的活動連結到概念的理解（Roseman, Kulm, & Shuttleworth, 2001）。

再者，該協會對高中生物課本的分析也揭露了下列問題：

231

1. 研究顯示，基本上所有學生——甚至最優秀、最聰明的學生——在理解教科書中的許多概念方面，都有可預測的困難。但是，大多數教科書中的活動和問題都沒有將這些阻礙納入考慮。

2. 就許多生物學的概念而言，這些教科書由於聚焦在術語及多餘的細節——能輕易轉譯成單選題測驗用詞之類的教材，而忽略或遮避了這些重要概念。

3. 雖然大多數教科書都有豐富的插圖，但這些圖解的用處很小，因為它們太過抽象、過於複雜說明不當。

4. 即使每一章都包括了幾項活動，但是在根據所學科學概念來詮釋活動結果方面，學生能得到的幫助卻很少（Roseman, Kulm, & Shuttleworth, 2001）。

筆者認為對這些教科書的批判很合理，而且除了科學和數學科之外，也適用於批判人文學科的教科書。不幸的是，教科書的內容常常平淡無味、內容膚淺又充斥過多術語。

一、教科書即課程大綱：重大誤解

基本上，責怪教科書的單元設計不良，就像是把自己很差的打擊率怪到 Ted Williams（譯註：已故美國紅襪隊全壘打王）《打擊的科學》（*Ted Williams on The Science of Hitting*）一書一樣。單元設計的不良並非教科書本身的問題，問題在於大學教授、學校教師，或者行政人員是否假定教科書就是所學習的課程，以及所有學習活動的設計必須來自教科書。事實上應該相反：對於UbD範例階段一所具體指明之學習結果，課

本是支持教學的資源。即使是最佳的教科書，其用處也只限於達成某些期望結果，許多課程目標都要求做課程設計的教師能積極有創意地找出適當的主要問題、評量策略，以及經驗來架構課程單元。事實上，這些問題、任務，以及活動通常要求教師視需要補充教科書所選的文本或閱讀資料。教科書不是以一趟旅程為本的地圖或旅遊指南，而是支持有目的之旅程的指導手冊。

筆者暗示，教科書非常不完美或不應該作為主要的教學資源嗎？當然不是，我們是指教科書是工具；它不是課程大綱。大概念的發現及有意義的理解必須很有智慧地利用許多教學資源和活動。因此，教師的責任不是按照教科書的內容教學，而是利用課本來協助達成學習的目標。表 10-1 有助於澄清使用教科書時，有關按內容和跨內容教學之間的差異。

表 10-1　跨內容和按內容教學在使用教科書方面之差異　　232

跨內容教學	按內容教學
1. 課本作為所學習課程的資源，其設計有特定的教學目的及學習結果。	1. 課本是課程大綱；除了以教科書的內容進行教學，沒有其他明顯的教學目的。
2. 期望的結果要求特定的探究，這些探究經由對理解的實作評量，而使教科書內容的使用達到最高點。	2. 評量內容只包括來自教科書的個別知識和技能。
3. 課本是用來發現、強調，以及探索該學科中的主要問題和核心的實作任務。	3. 學生的責任是知道課本中的內容；沒有主要問題和實作目標來指引閱讀、討論、準備評量。
4. 課本各部分的研讀順序能促進課程大綱，以及各單元期望學習結果所架構的學習目標。	4. 課本的閱讀係按照頁數順序。
5. 教科書是包括第一手資料的許多教學資源之一，其部分原因在於課本通常只摘要重要概念卻故意避談重要的問題和論點。	5. 很少用到第一手和第二手資料；教科書的摘要當然就是學習的內容，而不是用來分析、探索、測試、批判的說明文字。

於是，身為課程設計者的責任不只是選擇能支持教學目標的優質教科書，也包括確保教科書的使用是為了發揮其優點和彌補其缺失。教科書的最佳效用是，組織資訊及提供增進關鍵知識和技能的許多活動，通常在以大概念為本的持續問題、複雜評量來架構學習活動，以及在提供不同觀點方面，它們的成效不彰。

因此，我們自己的課程單元及課程設計必須幫助學生了解，教科書中的陳述雖然像平常一樣有助於摘要所知內容，但卻可能妨礙深度理解。為什麼？因為這些生硬的簡述通常會把最終導致我們目前所知知識的問題、議題、概念之歷史，以及相關探究隱藏起來——而探究這些問題等等就是學生開始理解某事物所需的過程！教科書藉由只呈現整理過的殘留資訊，扭曲了專家和新手如何形成理解的過程。我們無法只藉由學習簡化過的研究摘要而學習「活用」或深度理解這門學科，例如，沒有人可以藉由只是研讀報紙上刊載的比賽分數，就成為優秀的棒球球員。

第三節　教師的決定性角色：設計正確的學習經驗

> 教學的最佳定義可能是組織學習經驗。因此，接下來的問題是，有成效的教學就是為真實的結果而組織學習經驗……無論就學習的指導或輔導而言，（這）無疑是我們熟悉的教學定義中更可取的定義。該定義使我們免於爭論教師應該指引或主導學習，但由於教師應該兩者都做到，這個爭論事實上有點徒勞無功。
>
> ——*James L. Mursell*，《有成效的教學》，1946，第 21、23 頁

考慮到大概念的特性不明確、往往反直覺，不然就是很抽象，因此，理解必須透過仔細設計的經驗才能「獲得」，而這些經驗則呈現課程核心內容的可能意義。少數教科書的設計是根據一系列不斷界定的經驗而設計，但是設計良好的經驗才是使概念真實的唯一方式。

上述是教育改革方面的舊想法。兩百多年前，盧梭（Rousseau, 1979）在《愛彌兒》（*Emile*）一書中支持這個想法。書中，他描述對某個神秘兒童的教育方式，而鎮民則利用該教育方式設計關於學習誠實、

財產、算術，以及天文學的適當情境。「不要對學生做口頭上的講述；學生應該從經驗來吸收知識。」（p. 92）。這對專家盲點而言是關鍵的對策：「我們永遠不知道如何使自己明白孩童的地位；我們不從孩童的想法思考；我們只是給予學生我們的想法，以及……透過成串的事實在孩童的腦中堆積愚蠢的念頭和錯誤而已。」（p. 170）。沒有正確的經驗，就與他人分享自己對世界運作方式的理解和熱愛，註定要失敗：

> 教師想要對孩童傳達他覺得自己充滿熱忱。他相信，透過孩童注意到那些使教師受到感動的事物，他可以感動學生。全然愚蠢的想法！……這個孩童了解這些事物，但是他無法了解這些事物與他的連結……因為那需要用到他尚未獲得的經驗（pp. 168-169）。

杜威（1933）對於對照他所稱地球是球體的「事實」，和學生對此事實的有意義「概念」——透過設計良好的經驗而產生，提供了簡單的舉例說明。最初，地球是球體是個遙遠的抽象概念，是個沒有知識意義、不具體的口述事實。為使其成為操作的概念，需要用到一個以上的定義和一顆球狀物。教師要幫助學生藉由建構式學習來了解，以及使學生練習看出概念對於理解特定經驗的重要價值，尤其對於相關的難題或不一致的事實：

> 因此，概念不是真實的，除非我們能利用這些工具來尋找解決問題的資料……學生可能會看到教師展示（或提醒想到）一顆球或一個地球儀；學生可能被告知，地球就像那些物體一樣是圓的；學生可能每天都要重述這個講法，直到在腦海中把地球的形狀和球的形狀結合在一起。但是，學生並非就此獲得地球是球體的概念……為理解「球體」的概念，學生首先必須了解所觀察的事實具有某些令人困惑的特徵，以及將被告知的球狀概念視為理解下列現象的可能方法：在船體消失不見時，海上還看得到桅桿的頂端；日蝕時地球陰影的形狀等等。球體概念

234

要成為真實概念，只能藉由將其當作詮釋資料的方法，以利得到更完整的意義（pp. 133-134）。

只有在概念能用來理解（我們的）經驗和知識，或者提供顯現可能性的新知識力時，某個概念才會成為「真實的」而非抽象的。

但是，教師只使用講述法的傾向，很難做到以上述方式讓大概念的學習更有趣：

（口頭）傳達（某個概念）會刺激聽者了解他要回答的問題、想出可能的概念，或者壓抑他的知識興趣，以及抑制他在思考上的初步努力。但是，他直接得到的不可能是某個概念，只有藉由先努力解決問題，尋找自己的出路，才能真正地思考（Dewey, 1933, pp. 159-160）。

因此，我們可以說明為什麼跨內容的教學能使概念更有趣。學生需要的不只是帶有大概念的經驗，也需要體驗產生概念的現象。無論此概念是「球體」、「權力平衡」或「重視」，學生只有透過認識這些概念的真實面貌，才能真正理解這些概念，是能解決問題或給予我們更大知識力的心智模式而非事實。

這類跨內容教學的需求很重要，它不是選項，因為所有的大概念都是反直覺的、抽象的，探索知識的先驅者和天真無知的學生都需要知道如何越超表面的事物，因為這些事物會矇騙我們。除非教師協助發現大概念的意義及其相互連結，否則學生不可能透過大概念產生有效的學習遷移。

因此，跨內容教學事實上增加了學習的難度。當我們「按內容教學」時，我們將所有事物拉平成可回想的口述「材料」。對學生而言，事實上，這比陳述的經驗和理解經驗的概念架構難度更高。為稍微理解，當大概念還不真實的時候，對學生而言，學習會有多麼抽象、多麼困難，請想像，例如，從未用過電腦的人卻必須學習「硬體」和「軟體」的概念。

235

簡言之，重理解的教學總會需要在「教學」前先備妥：經過認真考慮及設計的學習經驗、有技巧的引導技巧、提出所有正確的問題，以及使概念、知識、技能看起來真實且值得學習。如果學生要把概念理解成有用的，他們必須有「探索」和「學習」概念的機會，而這也會影響我們何時及如何使用直接教學法。在學生展現經驗之後再進行教學，常常會比先教很多事實再提供經驗的教學，效果更好。

第四節　跨內容教學：深入學科的思考過程和論點

有許多我們所謂的專家知識，其實是嘗試錯誤、探究，以及爭論所產生的結果。但如前述，當我們只教教科書的內容（而未積極探究教科書陳述的知識），學生很容易被誤導而相信，知識總是隨時可用某種方式取得。但是，要真正理解某個學科，我們需要發現知識陳述背後的關鍵問題、議題、難題、論據。學習活動本身必須逐漸激起清楚的發問需求，以及更深度探究關鍵的陳述。換言之，雖然有時課本將知識很有效地簡化，我們也很愉快地接受其提供的知識，但是當教科書過度簡化某個大概念時，我們就必須質疑該篇課文。最優秀的教師兼課程設計者精確知道學生可能會故意避開和可能理解錯誤的課文，於是，其設計的課堂教學會刻意明確要求學生找出議題、問題、落差、令人費解的難題，以及隱藏在過去和目前課文中的不一致敘述。

教科書的寫作風格使得對課文的質疑，增加了不必要的難度，因為

注意錯誤概念！

跨內容和按內容，深度和廣度：這是同樣的配對嗎？不是。「深入」某個主題是指我們必須進到事物的「表面之下」。就何種意義而言，進到表面之下是理解的關鍵？某個簡單的類比即可說明。我們可能坐在車內，可能知道車是如何駕駛的，但是，這不表示我們（深度）理解車子如何行動。為理解這一點，我們必須以實際和比喻方式來觀察汽車引擎構造。要成為有效能的技工，知道駕駛方式及引擎燃燒的理論是不夠的，他們需要知道車子如何行動，以及當車子壞了時如何診斷問題和處理。他們必須理解各類車子有哪些相同和相異之處。

廣度擴充我們對某個狹小主題的學習，以利檢視概念的連結、擴充、更廣之應用。（不像以內容為依據的教育）增加知識廣度是件好事。的確，字典即指出來自知識廣度的力量：「就觀點而言，能免於狹隘之見。」汽車技工需要關於不同類型汽車、顧客，以及診斷工具的廣泛經驗，才能成功。過度專門深入不如過度跨內容；聚焦在單一概念上，把同一個洞挖得更深是無效的。藉由連結到其他主題和有意義的議題，任何優質的學習過程都必須提供有趣、有助益的細節。

教科者的編寫者暗示，探究問題是過分的需求，學生的責任只是理解已知知識而已。以下是「按內容教學」問題的小例子，該方式很有害、很不必要地封閉了學生的想法。下列簡短而未解釋的句子出現在常用美國歷史教科書中，它對獨立戰爭的描述之一是：「當藉由命令軍隊做冬季突擊而打破戰爭規則時，華盛頓也很大膽地善用（同僚）。」（Cryton, Perry, & Wnikler, 1998，p. 111-112）。

　　此處未進一步說明戰爭的規則是什麼，但是任何有想法的學生都會想到：「啊？戰爭的規則？全力奮戰到死的戰鬥哪有什麼規則可言？如果突擊出了點錯要怎麼辦，士兵要如何正常打仗？又為什麼要正常打仗？」因此，筆者對這個單元及其他單元提出一些主要問題：戰爭都是公平的嗎？當我們評價這些事件時，我們怎麼確信自己不是偽君子？戰爭有哪些「規則」，誰有權威訂出這些規則？這些規則（及罪行）會隨著時間而改變嗎？當這些規則被打破時，會發生（或應該發生）什麼事？「戰爭犯行」是個正當的道德概念或在措辭上是個矛盾的概念——只是戰勝者對戰敗者的報復？

　　這個舉例暗示了某個很有成果的跨內容課程設計策略：蒐尋課本中可以重新措辭為主要問題的陳述，而這些主要問題可用來廣泛探究所有單元和科目的許多其他關鍵主題。事實上，目前所探討的戰爭相關問題不可能有更可怕的密切關係，因為：對某些人而言，對人民的恐怖暴力行為被視為可接受的策略，而其他人則強烈譴責。

　　以下是出自相同的常用美國歷史教科書、更令人困擾的「掩蓋」知識的課文舉例：

就像其他的大陸議會（Continental Congress）參與成員，傑弗遜無意對不喜歡他的人輸誠。雖然理論上，他反對蓄奴，但他本人卻是個蓄奴者，他也從未想像過會出現非裔美國人也受到平等對待的社會……

傑弗遜對促進人權有狂熱的奉獻心——但他卻蓄奴。傑弗遜非常了解蓄奴是錯的，因為只有少數的白人地主，比他能更雄辯滔滔地把蓄奴寫成道德惡行；但他卻從未釋放更多的奴隸。身

236

為地主，他的生計仰賴奴工的勞動，就算是為了民主的平等原則，他也不會拋掉自己的偏見，然後失去奴工帶給他的個人便利（Cryton, Perry, & Wnikler, 1998, p. 149）。

不考慮這些段落不必要的政治正確性論調，難道這就是我們最能夠說的嗎？認為傑弗遜在其他「白人地主」之中是傑出的？更能提醒我們理解的是課文的結論，於此，教科書作者已經說出來了、不需要爭論、那些就是傑弗遜所相信的事。

我們只需要利用層面一（說明）、層面二（詮釋），以及層面三（同理心）的問題來發問：這個理論的證據在哪裡？哪些第一手資料可以證明這個看法？他們怎麼知道傑弗遜的感想？這些問題中的諷刺之處是，這類問題就是所謂歷史的意義，但是，課文寫得好像學生會故意避開這類議題，然後因此受挫於實際「活用」歷史（對過去進行批判的探究），以發現真相！

不需要如此。我們應該找出能說明重要問題存在且將永遠存在的教科書，以及找出認為持續的提問對優質教育很重要的教科書。請比較前述誤導的結語和 Joy Hakim 在《我們的歷史》（*A History of Us*）一書中，對相同主題提出的思考議題：

「平等」的意義是什麼？我們全都相同嗎？看看你的四周，我們當然都不相同，有些人比其他人更聰明，有些人是更優秀的運動員……但是傑弗遜說這些都不重要，因為我們在上帝的眼裡都是平等的，我們都被賦予相等的權利……

他說：「人人生而平等」（all men are created equal），但他沒有提到女人。他的意思是女人包括在內嗎？沒有人知道，也許沒有吧！但我們的確知道，在十八世紀時，「人」（men）和「人類」（mankind）一詞包括了男人和女人……

當他說「人人」時，傑弗遜的意思是包括黑人男性嗎？歷史學家對於這一點有時會有爭論，你必須自己決定看法（1993, p. 101）。

237

　　雖然 Hakim 為較低年級的學生簡化了這項爭論，但她沒有做出過度簡化的聲稱，她將這個可辯論的歷史問題留給初露頭角的歷史學家（譯註：指學生）來研究和爭辯（但是，教師必須提供所需的研究資料和指導，這也再度顯示教科書本身無法勝任這項工作）。教師必須確保所有的大概念都受到同樣的對待——也許透過教科書使其可理解，但不是使其不能理解，或者使其似乎成為不值得進一步思考的知識死巷。請把教科書想成某個平台，學生能在探究重要問題的歷程中跳開和返回。事實上，這類跨內容的作法會很自然地提示學生參考其他資源——包括其他的教科書，以利更容易理解所研究的事物。

　　掩蓋知識的相同情況亦可見於似乎固定不變、沒有問題的學科，例如幾何學。教科書對於圍繞歐基里德幾何學的關鍵假定，很少談及其歷史爭議，而這些最後導致變革力量的假定，係由非歐幾里德學派的幾何學家提出來的。例如，請注意，下列這段文字取自某個被高度評價的幾何學課本，原書有六百頁之多。這段文字接在初次說明假定的概念之後，而且被視為理當以「假定的事實」開始說明：

> 你可以理解到，第五項假定（歐幾里德的平行假定）似乎比其他的假定更長、更複雜。數學家對此覺得很困擾，他們認為這類的複雜陳述不應該被假定為真。兩千年來，數學家試著從歐幾里德的其他假定來證明第五項假定……這些數學家的著作大大影響了後來的數學家，因為有史以來，假定被視為是假設為真的陳述，而不是視為必然為真的陳述（Coxford, Usiskin, & Hirschhorn, 1993, p. 662）。

　　我們要如何理解最後一句，對於根本的重新思考而言，該句話好像是獨白而非序言：以假定為「假設」為真而非「必然」為真的陳述？我們猜測，沒有任何學生（及少數教師）能理解這段話的重要性——這段話在課文中還是沒有說明。「假設為真」和「必然為真」之間的差異是什麼？對幾何學家、對學生而言，這項區別的涵義是什麼？任何深思型的學生會想進一步問：「是啊，為什麼應該假設這些假定？為什麼是這

些假定而不是其他的假定？原理究竟從何而來？相對於武斷或不當的假定，哪些要素構成適當的假定？我如何知道歐幾里德或其他人的理論不是武斷的？如果這些理論不是武斷的，為什麼要假定這些理論？以及，那些傻瓜數學家在這些年來到底做了些什麼？他們『試著證明某個假定為真』的意思是什麼──書上說這些都是『假設』！」

這些問題都被避開不談，雖然對於深度理解幾何學的任何大概念及其歷史變革而言，這些都是基本問題。藉由變革，數學的發展從絕對真理進展到建構系統的原理，而這些原理突破了三度空間的傳統常識觀點。根據重新思考和觀點轉移的需求，此處很容易發現某些大量衍生自辯論假定的重大問題：我們為什麼要對自己的所做所為做出假定？我們何時應該改變假定及為什麼要改變？對其他空間的世界提出虛構之說的《平地》（Abbott, 1884/1963）一書，對於這些議題有迷人的、可讀性高的介紹，而該書一百年前就寫成，剛好可以回答這些議題。

更進一步說（以及留意前幾章所引述、在幾何學方面所有無法產生學習遷移的情況），在學生理解到假定是我們想要證明之定理的基礎之前，他們將永遠無法理解被稱為歐幾里德幾何學的這個體系。我們很驚訝地發現，產生其他幾何學的其他假定不僅有知識上的價值，也有實用上的價值。

換言之，在以理解幾何學為目的的教學方面，基本的目標將是幫助學生「重新思考」和「從不同的觀點來理解」原理（回頭指向我們提到的兩個關鍵概念），而這些原理是之前毫無疑問被接受的眾多「假定的事實」。學生理解之後可能會說：「現在我了解為什麼我們要假設這些假定……」「哇！當我們只是假設這些為真時，似乎很武斷，但現在我了解其實那並不武斷」，或者「嘿，過去這些假定的事實似乎比現在更明確、爭議更少。還有其他更有用的假設嗎？」[2]（是，可能有；對，的確是有。）

在數學及其他各領域之中的所有關鍵假設，不是莫名其妙就被很聰明地突然想到，也不是就在我們腳邊發現的整個體系。它們來自一段時間的探究，這些探究的根據是對於我們提出的洞見和想做的證明，細心尋求邏輯基礎。歐幾里德知道，要證明所有三角形的內角都是 180 度，

238

他需要提出平行四邊行的假定。教科書很少說明或甚至很少適當提到這項反直覺的概念，那麼，許多學生對於原理（axioms）和定理（theorems）之間差異（如果有的話）的基本問題感到困惑，是否一點也不令人意外？

於是，以下是另一個重理解的教學之實例：找出大概念，然後隨著學習的展開，經由愈益複雜的問題重溫這些概念，不管教科書是否要求這些程序。不要「掩蓋」大概念（在此例中是「有系統的原理」），相反地，要「發現」潛藏在表面下的議題，並且常常回到這些問題上，即使教科書的內容組織不符合此目的。

我們了解到，上述幾何學的例子有點深奧，但諷刺的是，它不應該如此！任何在高中學過一年幾何學的人都能理解：好的假設也有其限制；探索包含萬事萬物的理論，最後往往隨著時間過去變成虛幻一場〔畢竟，這就是孔恩（Kuhn, 1970）的意思，他率先創造「典範」（paradigm）一詞，來描述科學思想的改變如何隨著時間而發生。〕「無法重新檢視乍看似乎適當的假設」是個能遷移到各行各業的有力概念，我們「重新思考」是因為：雖然了解到必須從某處開始，但是我們學會理解，每個簡單的起點總是隱藏著更深層的問題，如果我們的確想要真正理解處於學科核心的細微差異，及其背後的兩難困境或折衷之處，這些問題必須重新探究。在這樣的課堂教學中，孩童能學習關於友誼的知識、青少年能學習價值，以及歷史學家必須學習關於歷史編纂的方法。的確，我們助長學生的錯誤理解，並且藉由使大概念看起來似乎很明顯、只需要在其出現時掌握住即可而不必理解，而促使學生隱藏他們的錯誤理解。換言之，教師的另一個關鍵角色是，透過巧妙安排的經驗和討論，來「發現」學生的錯誤理解，及持續出現的錯誤表現。學生必須學到，這些錯誤不可避免也不必引以為恥，但卻是獲得理解的關鍵事件。

第五節　超越過度簡化：質疑過去和現在的理解

因此，跨內容的課程設計其核心是，對如何質疑教材而設計的學習活動。雖然這聽起來可能很奇怪，但它指出了關於達到理解的重要事實。

239

如果要理解最重要的概念及聲稱，我們必須檢驗它們，而不僅是提到而已。這即是我們建構意義及克服過度簡化的思考之方式。我們可以說，未被質疑過的內容就好像是未被檢驗過的法庭證詞，導致意見和信念的大雜燴而非知識。就我們多麼容易誤解大概念而言，此一說法尤其真實。

因此，「按內容教學」不僅不適當，它會惡化我們學著克服的遺忘、無力感、錯誤理解。教科書為本的課程大綱其危險在於，過度簡化的單一陳述方式不會受到質疑，因此，學生未能從不同觀點來重新探究或檢視重要的大概念。學生透過「按內容教學」學到的是，只接受一項權威的觀點作為日後回想之用——不需要對學科積極質疑或做任何的「活用」：

> 學生在著手寫歷史報告時會問的某個常見問題是：「我的方向正確嗎？」或「這就是你要的嗎？」他們覺得被迫去找出某個正確答案，而教師催促的學習結果——要學生思考答案和論點之間的不同——則在學生的困惑中達到。上述師生之間的問題深植於傳統的教學方式之中，其中教科書所呈現的歷史是連續的事實，這些事實直接推進到某個單一的、已解決的結果或解決方案，而其意義則可以被簡捷地評量。但是，當學生了解使自己所知事實清楚無誤的重要性之後，他們也需要了解，對於這些事實將被如何詮釋，歷史學家之間可能有極大歧見（National Center for History in the School, 1996, p. 26）。

總之，所有的教學都必須簡化，但是，適度簡化的教學內容，和過度簡化、終結探究的按內容教學之間有基本的差異。屢屢可在教科書內容中發現的後者取向，隱藏了文本背後的不確定性、爭論，以及對理解某個學科很重要的微妙細節。對這些敘述的過度依賴暗示了，除非出於對這個主題的興趣，否則並不真正需要做進一步的研究。相反地，以理解為目的的教育會將潛在的問題和浮現的問題視作欲理解的主要問題，而不只是當教學時間減少或對資優學生教學時，被放棄的愉快心智交會。

240

第六節　更有目的地思考何時及如何教學

　　那麼，教師的角色該做些什麼？教師需要發現教學內容以幫助學生達到理解的說法，暗示了哪些教學的條件？首先，考慮到我們的教學目標，讓我們注意自己可能採取的所有可能教學行動。我們發現，將這些行動依照 Mortimer Adler（1984）在《派代亞計畫》（*The Paideia Proposal*）首倡的三大教學類型列出，是有用的。這些教學類型為：講述式（或直接）教學、建構式引導、實作訓練（見表 10-2）[3]。因此，當我們談到「教」某個單元時，我們指的是被稱為「教師」的人和學習者在一起時，可能扮演的三種不同角色；我們沒有把教學只定義成直接教學。這意味著我們的說明不會相互矛盾，例如：「我們的老師很聰明地提供最少的教學」、「該教師把大部分時間花在評量上」，或者「該教授只有在需要時才講課」。（請注意，稱為「教師」者所扮演的其他三種非接觸學生的角色，對 UbD 而言是關鍵的角色，包括：課程設計者、學生學習的評量者、自我效能的研究者。）

　　大多數讀者現在心中可能有的問題，是可預料到的、是重要的。考慮到這三種教學的角色，實施重理解的教學時，我們建議的最適當角色是什麼？該問題沒有最佳的填空式答案；而不知道期望的結果及評量策略，我們也無法定出這三種角色的比例。此問題相當於問：在父母扮演的許多角色之中，哪些應該是我們扮演最多的角色？答案是：看情況而定，視我們的特定目標、我們的風格、我們的孩子，以及所處情境而定。筆者不打算強調風格為焦點或意識型態驅動的教學觀：不像我們在討論階段二時，對於使用或不使用哪些評量策略，是抱著由意識型態驅動的教學觀。

　　為更理解為什麼教學目標、學習結果證據，以及情境如此重要，請思考以下兩個簡單的實例。如果開車時迷了路，你停車向某個人問路，你想要的是直接的指示，你不想要聽到某個蘇格拉底型的人不斷地問：「為什麼你要去那裡而不去其他地方？你說你正在開車是什麼意思？你怎麼會認為自己迷路了？你曾經想過自己不是迷路而是找到更重要的事

表 10-2　教師的類型

教師使用哪些策略	學生需要做哪些活動
講述式或直接教學 1.證明或示範 2.講課 3.發問（聚斂式）	**接受、吸收、回答** 1.觀察、嘗試、練習、修正 2.聆聽、觀察、做筆記、發問 3.回答、回應
引導式或建構式 1.概念獲得 2.合作學習 3.討論 4.以實驗探究 5.圖表表徵 6.引導式探究 7.問題本位學習 8.發問（開放式） 9.相互教學 10.模擬（如：模擬試驗） 11.蘇格拉底式研討 12.寫作過程	**建構、檢視、擴充意義** 1.比較、歸納、界定、通則化 2.協同合作、支持他人、教導 3.聆聽、發問、思考、說明 4.做假設、蒐集資料、分析 5.視覺化、連結、繪關係圖 6.發問、研究、下結論、支持 7.提出或界定問題、解決問題、評鑑 8.回答及說明、反省、重新思考 9.澄清、發問、預測、教學 10.檢視、思考、挑戰、辯論 11.思考、說明、挑戰、證明 12.腦力激盪、組織、打草稿、修訂
訓練 1.實務練習及回饋 2.指導式練習	**界定技能、深化理解** 1.聆聽、思考、練習、再試、修正 2.修正、反省、界定、循環

情嗎？」不對，你只是想要某人告知你如何能到達大街。另一方面，如果你的目標是學習如何烹飪，而你得到的是關於烹飪總論的三十堂課，卻從未踏進廚房做一些練習，你會覺得非常失望。任何關於優質教學是什麼的概念，都必須考慮教學目標、學生的特性，以及教學情境。

241

第七節　回到營養單元

由於情境對教學很重要，讓我們從上述三類型教學的優勢來思考某個特定的實例——營養單元：

1. 講述式教學或直接教學。此單元當然需要直接教學，包括關於脂肪、蛋白質、碳水化合物、膽固醇的知識；食物金字塔；學習食物消化、卡洛里吸收，以及能量消耗之間關係的最有效率、最有效能方式，是透過具體的教學和學生的閱讀，然後查核理解的結果。

2. 建構式引導。此單元也顯示許多引導式探究的機會，以及根據主要問題進行引導式討論的機會（如：「吃得健康」是什麼意思？）。此外，學生在執行實作表現任務和最後的營隊菜單專題活動時，會需要教師提供一些引導。

242

3. 訓練。訓練發生於當學生執行任務和專題活動時，教師提供學生回饋和引導。

其他單元會需要強調其他角色，有些單元可能只涉及三種角色中的兩種，每個角色與其他兩種角色相較之下所占的比例，會隨著單元不同而不同，也會隨著教相同單元的教師是誰而不同。

第八節　覺察以習性和便利為本的自欺行為

在選擇教學方法時，請考慮哪些是學習所需要的，而不是只考慮到教學的便利。我們應該講述多少，以及應該讓學生「做」多少？我們應該「涵蓋」多少內容，以及應該幫助學生「發現」多少？我們的秘密經驗法則是：其比例可能是某個你未尚習慣使用的。喜歡講述的教師講得太多；抗拒講述的教師則講得太少。喜愛製造模糊狀況的教師會使討論很不必要地令人困惑。線性型、任務導向的教師在學生進行研討時常常干預過多，並且打斷學生有成果的探究；喜愛訓練的教師有些會做過多的練習，並且忽略了學習遷移。喜愛概覽全局的教師常常不擅於發展學生的核心技能和專門能力。結論？請留意自欺行為！當教師在深思每個教學與學習計畫時，教學方法的自我理解──層面六──可應用到教師身上。重理解的教學要求教師例行使用所有三種類型的教學，而這種方式可能會挑戰到教師覺得便利的習性。

因此，任何的建議都是根據「如果─那麼」的情況陳述。如果此單元的目標是基本技能的發展，那麼訓練就是關鍵（但請記得，增進學生

理解關於應用策略的大概念，是使學生聰明使用這項技能的關鍵）。如果教學目標是理解反直覺的概念，那麼就需要引導學生大量探究建構良好的經驗，即使如果「失去」這麼多教學時間會令我們不自在；在學生體驗過之後再講述，對於鞏固學習是最有用的。簡言之，特定教學方法其使用程度和使用時間的決定，是根據達成期望的實作表現所需的特定學習類型。

243

雖然如何決定使用特定教學類型，必須依賴課程優先事項、學生的需要、可利用的時間，以及其他因素而定，但是對於做出這類決定的細節，此處沒有更多可討論的。儘管如此，筆者還是提出下列一般準則：

1. **過度講述和目標不清晰有相關**。使你自己及學生都明白，哪些是學習活動設計想使學生能做的事。決定講述多少，深受實作表現目標的清晰程度影響。請思考某種運動的訓練、教導某人演奏樂器，或者教導某人如何繪畫。在某個階段，教師持續講述而不讓學生嘗試學習任務及得到所需的回饋，是愚蠢的作法。如果我們不從學生的明顯「實作」進行逆向設計，我們就會傾向於過度教導。好的教練會進行教學，但是，比許多班級教師的教學量更少也更適時，因為教練把焦點持續放在能使學生做出實作表現的底線／基本目標上。相反地，當缺乏特定的核心挑戰或實作目標來聚焦學習時，教師傾向於變得更過度講述[4]。

2. **區辨「適時」和「萬一」**。減少一開始提供過多資訊的頭重腳輕狀況，即使需要用到直接教學，也要避免使用直接教學造成所有所需的資訊一開始提供過多。在有機會以有意義的方式利用資訊之前，當大量呈現關鍵資訊，會使我們無法記憶太多的資訊。課堂講述應保留「中場休息」和「賽後分析」的時間，因為學生有過應用所學的機會之後，

注意錯誤概念！

在重理解的教學方面，某個最常見的、可預測的錯誤觀念涉及到直接教學或講述法！許多教師相信，筆者（及他人）暗示的是直接教學或講述法是不好的，而「發現學習」是好的。這種短視的推論認為，如果講述法是壞的而發現法是好的，那麼，更多的發現式學習就會使教學效果更好，給學生更少的講述就不會使學習效果太差。筆者既未說過也未暗示過任何類似的事情，逆向設計係根據教學目標的邏輯來決定答案：考慮到使大概念變真實所需的教學目標、評量、經驗，以決定哪些教學方法最合理？

所有的教練都會做講解；連最熱衷蘇格拉底式研討的教師都不能免於提供明確的教導或回饋。講述法會受到適度的批判，通常是因為教學目標要求學生，比課堂講述所允許的更努力地探索、測試，以及應用大概念（以達到「理解」）。

他們更有可能理解及重視你的講課。

3. **納入前、後反省及後設認知的機會。**改寫杜威的話，除非反省所做過的事，否則我們無法做到做中學。請記得來自本書導論中蘋果短文的警句：引發學習的是針對活動之意義的引導式反省，而不是活動本身。

4. **使用教科書作為教學資源而非課程大綱。**如前述指出，如果教科書即課程，我們會很難做出何時應講述的決定。你的責任不是說明教科書，而是使用教學資源使學生更清楚理解重要的概念，以及應用某些實作表現所需要的知識和技能。如果把教科書當課程，教師就更有可能講述過度。

5. **讓模式發揮效果。**有效能的教師重視讓學生同時檢視強和弱的模式（如：寫作或藝術方面），以深入理解卓越學習的特性。同樣地，學習某項技能的學生，會從對照觀察精熟的實作表現和反映常見問題的實作表現獲益。以這種方式使用模式及舉例的教師，乃利用自然的心智模式來幫助學生理解外在世界，因為藉由比較強和弱的模式，學生會逐漸改進區辨概念和程序差異的能力。

244 第九節　連結教學類型和課程內容類型

對於個別的、無問題的，以及有用的知識和技能，我們應該使用直接教學和焦點訓練，但也對於那些微妙的、易於錯誤理解的，以及需要個人探究、測試、證實的概念保留建構式的引導。請思考表 10-3 及其對於教學方法的涵義。詮釋此表內容的直截了當方式之一是：當某個單元的教學目標涉及 A 欄的項目時，直接教學傾向於最有效率、最有用。換言之，學生可以透過來自教師、教學活動或課本的直接理解而領會 A 欄的項目。但是，當教學目標涉及 B 欄的項目時，如果學生想要真正理解，他們將需要某種型態的引導式經驗、指引式探究，以及「建構的理解內容」。

不過，我們可從另外的觀點來看這張表——從更小部分之間來回轉換的要素和從更複雜的整體來檢視。由於學習要以可能的最有效方式發生，學生需要足夠的知識和技能來順利理解，才不至於感到沈悶或不安，

表 10-3　教學內容

A 欄	B 欄
1. 事實	1. 概念和原理
2. 個別的知識	2. 系統的連結
3. 定義	3. 涵義
4. 明顯的資訊	4. 微妙之事、反語
5. 原來的資訊	5. 象徵手法
6. 具體的資訊	6. 抽象概念
7. 可預測的結果	7. 反直覺的資訊
8. 個別的技能和技術	8. 反常現象
9. 規則和步驟	9. 策略（使用先備能力和判斷）
10. 演算法	10. 發明規則和原理
	11. 啟發式應用

但是，他們也要面對能給予學習活動意義的整體概念和挑戰任務。換言之，這兩欄並未提到的是，學生應該長時間學習 A 欄的項目之後，再轉到學習 B 欄。為了以歸納方式產生理解，學生需要特定經驗、事實，以及教學內容的細節知識；為理解事實和技能，他們需要了解使學習內容產生連結的難題、問題、學習任務（請回想在「最佳課程設計」的練習中，教師總是指出，課程設計會在部分和整體、單項事實和全部資訊之間反覆地、通透地來回轉換）。因此，我們可以將這兩欄描繪成某種要求各類型教學循環發生的雙螺旋線。

　　對這兩欄的看法有第三個觀點存在。A 欄代表曾被充分內化以致成為事實的舊理解，B 欄代表新的概念和挑戰的呈現方式——不管之前的理解程度如何。更有經驗、程度更高或專家程度的學生很可能會發現，過去難懂的、反直覺的、複雜的概念，現在變得明顯、清晰、直截了當。「努力獲得」的「理解」已經變成「事實」，程度更好的學生常常能透過直接教學，來理解那些經驗較少或能力較差的學生需要付出極大努力來建構或訓練的知能。

　　此處存在著專家盲點造成的深厚風險——這整本書所討論到的。教師很久以前曾是新手，但現在，學科及其概念、挑戰、內容連結已變得

245

「平淡無奇」。除非對於理解錯誤的可能性、混淆的觀念,以及建構式學習的需要很警覺,不然我們會失去同理心。當我們無法以同理心看待所有新概念和新任務之客觀難度,就極可能會不適當地按內容來教學。

第十節　時機是一切

（在教學方面）成功的秘密是節奏……快速得到你的知識,然後快速應用。如果你能應用知識,就能保留知識。

——懷海德（*Whitehead*）《教育的目的及其他論文》
（*The Aims of Education and Other Essays*）,*1929*,第 *36* 頁

就像戀愛、股票市場、喜劇一樣,在重理解的教學方面,時機就是一切。雖然決定使用哪些角色及使用多少程度很重要,但我們認為還有另一個重要問題常常被教師兼課程設計者忽略,那就是:何時?在理解是教學目標的情況下,何時我應該投入直接教學、何時不必?何時我該引導學生得到經驗,然後使其反省?何時我應該讓學生嘗試實作表現,然後給予回饋?筆者可以提供簡便的通則:少數教師在拿捏這三類角色的使用時機方面就很得宜,即使他們有相當廣泛的教學策略庫。重理解的教學方面的主要錯誤,不是過度依賴單一的教學方法,而是無法有效思索使用方法的時機。

因此,問題不在於我「應該」講課嗎?問題一直都是:當理解是教學目標時,我知道「何時」應該講課、「何時不」應該講課嗎?我知道何時應該指導學生、何時應該讓學生學習嗎?我知道何時該帶領、何時該跟隨嗎?

即使在每個角色之內,也可能有難以回答的問題。以講課為例:

1. 何時我應該回答問題,何時我應該發問?
2. 何時我應該有單一的主張,何時我應該提供同樣合理的選項?
3. 何時我應該說出想法,何時我應該假裝不同意以促成討論?
4. 何時我應該說明講課的目的,何時我應該讓學生推論其目的?
5. 何時應該由我來做研究,何時應該由學生來做研究?

246

同樣地，在討論的活動方面：

1. 何時應該以我的問題來架構討論內容，何時應該要求學生發起討論？

2. 何時我應該質疑不恰當的答案，何時我應該放手、讓某個學生來質疑該答案？

3. 何時我應該協助某個看法被錯誤忽視的學生，何時我應該只是等待而不行動？

4. 何時我應該改正明顯錯誤的事實陳述，何時我應該放過錯誤的陳述？

5. 何時我應該表現得像安靜的旁觀者，何時我應該表現得像是共同參與者？

　　我們對於這些困難問題的許多答案，不只必須從階段一和階段三所包含的準則來取得，也要從WHERETO所建議的原則來取得，而「H」、「R」、「O」三者所建議的原則是：在一開始教學時，直接教學的使用量應比典型美國課堂教學所用的還少。將懷海德大約一百年前的不朽之言加以改述就是：快速得到你的知識，然後快速應用。

　　加快轉到現在的情況。下列是「第三次國際數學暨科學研究」（Third International Mathematics and Science Study, TIMSS）的關鍵發現：美國的教師傾向於只是呈現術語、規則、技巧，而學生數學表現較優秀的國家，其教師則傾向透過問題及討論來發展關鍵概念（見圖10-1）。顯然，教師通常先呈現問題，隨後再進行直接教學。諷刺的是，如果我們的指定作業和評量策略設計得很良好，教學方法的使用上也策略明智、時間運用恰當、以目標為導向，那麼，較少的講述會產生更多更好的學習結果。《人如何學習》和數學暨科學國際研究（TIMSS）所摘要的研究結果載明了這項主張，關於這部分，本書第十三章會再深入討論。

　　在中學、大學的許多課堂裡，我們發現直接教學使用過多，而一開始就提供大量資訊的情形也不少。本章開頭引用句之出處標題一語道盡：「因為智慧無法言傳」，這篇五十年歷史的文章設定了哈佛商學院採用個案教學法的理由依據，在該方法中，當教師以蘇格拉底方式帶領研讀特定的企業個案時，學生必須推論個案的意義。相同的方法現在也廣泛用於醫學院、工程課程，以及中學的問題本位學習單元及科目。

圖 10-1　發展或陳述有概念的主題之平均百分率

資料來源：美國教育部（1998）。

第十一節　需要更多形成性評量

　　因此，在設計課程及學習經驗方面，我們的責任不只是發現教學內容中的大概念。某個大轉換要求我們在教學時做到積極評量，那就是在整個教學過程中發現學生的理解結果和錯誤理解。因此，重理解的課程設計強調經常使用持續的正式評量和非正式評量，而不是把評量限定在教學結束時的實作任務評量、最後的專題、期末考試。

　　就像前幾章所討論的，這些過程中的評量，其目的是從真正的理解找出顯著的部分。由於教師傾同於相信，正確答案會指出理解程度，以及相信學生即使未理解也期望自己看起來好像理解，因此教師需要更為警覺。請記得這則以司法的類比為根據的準則：在理解方面，學生在被證明有罪之前，應該被假定是清白的。只因為八個學生「懂了」以及沒有進一步的問題，並不表示其他的學生也理解。只因為學生答對提示的簡單問題，不代表他們可以自行應用知識，也不表示在沒有提示時，他們知道何時需要用到這些知識。

　　那麼，我們如何在太遲之前判斷學生是否「懂了」？多年來，教師

已使用各種不同的非正式技術來有效查核學生在教學過程中的理解。我們在表 10-4 中列出許多這類的技術。請注意，雖然這些都是評量的技術，但它們不是用來評分的。不同的是，這些技術旨在針對學生目前的概念（或錯誤觀念）提供適時的回饋，以告知教師做出改善學生理解所需的教學調整策略。

用於大型的講述課程呢？考慮到可行的技術，沒問題。請思考《波士頓全球報》報導的這個實例（Russell, 2003）：

> 希望讓大班級的課堂教學有更多互動，愈來愈多大型大學校院的教授要求學生買無線的手持發送器，以利對於是否理解課堂教學能立即給予教師回饋──或者使教師知道他們是否出席上課。
>
> 利用這項三十六美元的設備一事，今秋在麻薩諸塞大學的校園爆發開來……17,500 名大學部學生中，約有 6,000 名在 Amherst 校區的學生被要求在這個學期要自備發送器……
>
> 為接觸大講堂中的學生，教授們透過課堂教學呈現單選題的問題，學生則選按發送器來回答，方式是在鍵盤上按下數字一到九的藍色按鈕。有個方塊圖會顯示在教授的膝上型電腦螢幕上，以顯示正確答案和錯誤答案的數量；當顯示答錯的數量太多時，教師可以放慢教學速度或返回之前的內容。每台發送器都經過註冊及編號，因此，教授可以查核哪些學生有出席上課，以及在課後連繫經常答錯的學生……
>
> 這項技術的應用已從科學、經濟學擴展到心理學、統計學、法律研究、會計學，某個藝術史的課程甚至參與了去年的研究。「這項技術的效用比教授說『舉起你的手』更好，因為人們不想和鄰座的人有不同的意見。」（某個學生）說道。

若無法使用到這類技術，該怎麼辦？請使用一套分色的索引卡，學生在每張卡寫下自己的名字，然後針對每道問題舉起卡片後再繳交給教師。

250

表 10-4　查核理解程度的技術

---

1. 摘要（或問題）索引卡

定期發給學生索引卡，然後以下列指示要求他們在兩面寫下：

（第一面）根據我們所學（的單元主題），列出一個你理解的大概念，並以摘要的格式寫出此概念大意。

（第二面）找出你尚未充分理解的某件（單元主題）事物，然後以陳述或問題的格式寫下來。

2. 手勢

要學生做出指定的手勢，以表示他們理解某個特定概念、原理或過程：

(1)我理解＿＿＿＿＿＿＿＿＿＿＿＿＿＿＿＿＿＿並且能說明之。（如：姆指向上）

(2)尚未理解＿＿＿＿＿＿＿＿＿＿＿＿＿＿＿＿＿＿。（如：姆指向下）

(3)我對於＿＿＿＿＿＿＿＿＿＿＿＿＿＿＿＿尚未完全確定。（如：揮手）

3. 一分鐘小論文

在課堂教學或閱讀結束時，要學生寫下一篇簡短的（一分鐘）小論文，以摘要他們對於所呈現的關鍵概念之理解。收齊後評閱。

4. 問題箱或問題板

設定一個位置（如：問題箱、布告欄或電子郵件地址），讓學生對於未理解的概念、原理或程序可以留下問題或貼出問題（這項技術對於羞於公開承認自己未理解的學生，可能有幫助）。

5. 類比提示

定期向學生提出類比的提示：

（指定的概念、原理或程序）就像＿＿＿＿＿＿＿＿＿＿＿＿＿＿＿＿

因為＿＿＿＿＿＿＿＿＿＿＿＿＿＿＿＿＿＿＿＿＿＿＿＿＿＿＿

6. 視覺表徵（網絡或概念圖）

要求學生創造一個視覺表徵（如：網絡、概念圖、流程圖或時間線），以顯示某個主題或程序的要素或成分。這項技術能很有效地揭露學生是否理解要素之間的關係。

7. 口頭發問

經常使用下列問題及後續深入探究，來查核學生的理解程度：

(1)＿＿＿＿＿＿＿＿＿＿＿＿和＿＿＿＿＿＿＿＿＿＿＿如何相似（或不同）？

(2)＿＿＿＿＿＿＿＿＿＿＿＿＿＿＿＿＿＿＿＿的特徵（或成分）有哪些？

表 10-4　查核理解程度的技術（續）

(3)我們可用哪些其他方式來顯示（或舉例說明）＿＿＿＿＿＿＿＿＿＿？

(4)在＿＿＿＿＿＿＿＿＿＿＿方面的大概念、關鍵概念，以及教訓是什麼？

(5)＿＿＿＿＿＿＿＿＿＿和＿＿＿＿＿＿＿＿＿＿有哪些關聯？

(6)對於＿＿＿＿＿＿＿＿＿＿＿，你可以再補充哪些概念（或細節）？

(7)提出一個＿＿＿＿＿＿＿＿＿＿＿＿＿的例子。

(8)＿＿＿＿＿＿＿＿＿＿＿＿＿發生了什麼問題？

(9)你能從＿＿＿＿＿＿＿＿＿＿＿推論出什麼？

(10)我們可以從＿＿＿＿＿＿＿＿＿＿做出哪些結論？

(11)我們正試著回答哪些問題？我們正試著解決哪些問題？

(12)什麼是你對於＿＿＿＿＿＿＿＿＿＿＿＿的假定？

(13)如果＿＿＿＿＿＿＿＿＿＿會發生什麼事？

(14)你採用哪些標準來判斷（或評鑑）＿＿＿＿＿＿＿＿＿＿？

(15)有哪些證據支持＿＿＿＿＿＿＿＿＿＿＿？

(16)我們如何證明（或證實）＿＿＿＿＿＿＿＿＿＿？

(17)我們如何從＿＿＿＿＿＿＿＿＿＿的觀點來看它？

(18)有哪些選項必須要考慮到？

(19)你可以使用哪些方法（或策略）來＿＿＿＿＿＿＿＿＿？

8.後續深入探究

為什麼？　　　　　　　　　　再多說一些。

你如何知道？　　　　　　　　請說出你的理由。

請說明。　　　　　　　　　　但是＿＿＿＿＿＿怎麼樣？

你同意嗎？　　　　　　　　　你能在課文中找出來嗎？

你指的＿＿＿＿＿＿是什麼意思？　哪些資料支持你的立場？

你可以舉一個例子嗎？

9.錯誤觀念查核

對於指定的概念、原理或程序，向學生提出常見或可預測的錯誤觀念，問學生是否同意此觀念，然後要他們說明其答案。這項錯誤觀念查核活動也可以採用單選題或是非題的型式來進行。

　　這些不是一陣子的活動而已，就像任何的閱讀、講述或討論活動一樣，它們對教學很重要，因為能讓學生和教師及時知道哪些是、哪些不是被理解的概念，以利做出任何適當的調整。這些方法顯示，教學遠大於告知資訊；教學要求不斷注意學習的歷程，因為理解就在其中發生——

透過學生在學習上反覆增進的有效努力，並且加上教師的回饋和輔導（除了最初的教學之外）。

第十二節　理解及應用知識和技能

這段討論拒絕接受下列理論：學生應該先被動學習，然後在學會之後就應該應用知識。以上是心理學的錯誤觀念。在學習的歷程中，應該要以某種意義或其他意義來表現次要的應用活動。事實上，「應用」只是知識的一部分，因為已知事物的真正意義，包含在超越其自身的關係之中。因此，未應用的知識是被除去意義的知識。

——懷海德，《教育的目的及其他論文》，*1929*，第 *218-219* 頁

換言之，就如這整本書提到的，理解是關於有智慧的實作表現——大概念的遷移及應用，而不只是回想。就像常識和六個層面所暗示的，如果你理解了，你可以適切做好重要的事情。因此，重理解的教學和實務教練接近的程度必然大於知識的宣稱，尤其在我們觀察學習活動的流程，及其對教師的要求時。

以應用為目的的教育，從代表正確理解的特定實作目標衍生其「逆向的」順序。另外，懷海德的「快速得到你的知識，然後快速應用」準則一直都很適用。在設計課程時，我們應及早將目標瞄準在期望的實作表現，即使學習任務必須是簡化的或鷹架的型式（如：六歲孩童適用的 T 型球或寫作者適用的範例）；我們逐步建立實作表現；而且在教學時我們會反覆回到基本概念。最後我們終究啟動暗示、提示，以及工具的認知訓練輪（training wheels），以了解學生是否能自行表現出理解。這個方法涉及，從期望的實作表現仔細逆向推進的任務分析，也涉及為學習理解而做的「整體─部分─整體」之課程設計。

不幸的是，許多教師已經習慣自己的學習者經驗和教師經驗——這些經驗存在於教科書驅動的世界之中，因此抗拒上述方法。他們主張「在學生能夠實作表現之前，他們必須學習所有的基本能力」，或者主張「缺

251

少經驗的學生尚未做好執行複雜任務的準備」。但是這種說法不只違反逆向設計，也不符合常識。請思考，在音樂、劇戲、運動及其專業方面，如果其訓練是以一開始給予大量知識的方式來組織，並以線性的範圍及順序來教導無情設定的知識，則最後要精熟任何的複雜實作能力，將多麼不可能。如果你要去訓練小聯盟的球隊，你會一開始就花幾天時間以邏輯順序來教導孩子們所有的棒球規則及技巧嗎？你會延後一、兩年參加比賽，直到球員都按照邏輯順序熟練所有個別的技巧嗎？不會。如果你的目標是以理解做出有技巧的實作表現，以及你的時間受到限制，就不會這麼做。從部分到整體、從整體到部分，這就是我們獲得理解及使用知識的方式。

從教學內容到實作表現，然後重複過程；從個別的技能到教學策略；然後重複過程。這些來來回回的轉換，對所有的教練和表演者而言都很熟悉。在表演方面，我們會先排練幾句對話，然後把對話放到第二幕第四場，接著視需要再排練一次。在寫作方面，我們稍微調整故事的導言，朗讀整個故事以了解其是否有用，然後請同儕修訂作品。噢，發現導言部分會使讀者困惑，於是必須再次修正。同樣地，在籃球方面，我們獨自練習射球和運球，做兩人一組的練習，然後進行控制下的同隊練球，以了解我們是否能在實際情境下結合運用所有技能。根據對整體實作表現結果的回饋，我們回到演練的部分以克服錯誤理解、克服壞習慣，或者克服對課堂所學的遺忘。我們經常就特定的要素、區塊式的實作表現，以及整體的實作表現，循環進行學習。

個案教學法的情形相同，該方法現在已經例行用於法律、醫學、工程領域的學習；教授們不再先以涵蓋該領域的所有規則為內容。藉由學習真實的個案，學生得以了解基本知能在有意義的應用情境方面之重要性。學習活動被建構成有順序的挑戰、模式、練習、回饋、練習、實作表現、回饋，並且隨著複雜度增加而加上更多這類的迴路。

從反面來看，這項反覆行動的邏輯也同樣真實。對每一組新成員，教練必然重新教導基本技能，例如，如何拿穩樂器、如何傳球射籃、如何從橫膈膜而非喉嚨唱歌——不管學生的專家程度如何。教練不會說：「嗯，既然你去年已經學過如何射球，我們今年就不教這個部分。」他

們不會認為這樣增強技能會浪費時間或犧牲教學內容，因為他們知道在邁向更卓越實作表現的情境下深入複習基本知能，將會得到更好的結果。

有兩種類型的做中學必須持續發生，那就是：學生必須以簡化的演練或訓練方式來練習新概念；然後以更複雜、更流暢的實作表現應用這些個別的技能或動作——在部分和整體之間、在鷹架式的訓練和嘗試錯誤的實作之間來回轉換。你可以回想到，我們的工作坊學員認為：無論教學內容是什麼，這類轉換是最佳學習經驗設計的品質保證。因為在學生練球時及練球之後進行直接教學，其方法係從對實作表現付出的努力來獲得理解。

換言之，如何處理內容的邏輯不同於如何傳達內容的邏輯——後者牽涉到教學類型及教學順序（第十二章會更深入探討這個問題，因為該章討論課程設計的整個部分）。將有實作表現機會的學生無法從一開始的冗長講課獲益，相反地，他們需要的具體教學應以「必須知道」的知識為基礎，以利能開始了解：在複雜的實作表現之內，知識和技能是達成特定某項任務或一系列任務的工具。

不要只是相信筆者的話。參閱第三次國際數學暨科學研究（TIMMS）附帶的教學研究，你就會更加了解。該研究對美國的傳統教學方式提出質疑，因為研究結果揭露：例如，日本等數學表現優異的國家，其數學教師以有挑戰力的問題作為教學的開始，以利應用歸納方式發展學生對數學的理解（整體—部分—整體）（第十三章包括了 TIMMS 研究的摘要，以及在數學和科學方面的相關研究）。

現在讓我們思考歷史學科——此科目通常被認為係以編年方式一路教完整個內容進度。傳統以教科書為本的歷史課，只是就個別的主題編年式地安排資訊。引用某個有過挫折學習經驗的學生其出處不詳的說法，這種內容編排呈現「一件接一件令人討厭的事」。以脫離當代事件、學生興趣、總括問題、特定任務的遙遠古代事件來開始歷史課的教學，學生極不可能在某種程度上「活用」歷史，以使自己得以理解過去的「故事」，並且可遷移到現在的大概念。

請思考下列教歷史的另類方法，此方法從學生的觀點呈現更相關、更一致、更吸引人的「故事」，而沒有犧牲教學內容。請想像建構一門

歷史課，這門課以相同的主要問題開始和結束（例如，一學年中四個單元裡有一個單元）：「從歷史的觀點說明，為什麼二○○一年九月十一日的事件會發生？成為一位對處理政策議題提出建言的歷史學家（或者，博物館館長或來自中東的記者，其中選一），你會如何就歷史觀點來定位這些事件，以利政府的領導者可能更了解這些事件為什麼發生，然後能探討其背後的議題？」所有的閱讀、討論、講述，以及研究都會根據學生扮演記者、歷史學家或博物館館長——代表不同文化觀點——所做出的回答而聚焦。這個單元會有多項書面、口頭、視覺的作業，並包括互動的實作表現。有編年史摘要的教科書將會作為學習資源——只在需要時才會用到。我們會來回穿梭於不同的時間，在其中發現所需的關鍵內容和過程，以使學生做好有效回答問題及有效表現能力之準備。雖然不是以編年方式做時間上的推進，但這些推進是有邏輯的。簡言之，以實作表現為目標的理解，其需要的是聚焦在總括問題和明顯學習任務的重複型課程，而這些課程採用的教學方法，則是由學生精熟這類問題和任務的需要所決定。

　　這些關於重理解的教學之反省只是觸及終身理解經驗的表面而已，雖然我們相信本書已經提出了某些主要問題，並且對於研究及反省教學實務指出了有成果的方向。

和巴伯・詹姆斯一起演練逆向設計

　　我愈思索這所有的一切我愈了解：有時候我教得太多，給學生的訓練不足；有時候我教得不夠，尤其當教學關係到小組學習、專題學習，以及學習結果報告時。

　　何時我會教得太多？當我用不同的講法講述教科書內容時。何時我給學生的訓練會不足？當學生在準備表現學習結果時。我沒有根據事前給他們的模式和評分指標來提供足夠的回饋。同樣地，我對學生理解結果的查核也不夠，部分原因是因為我用掉這麼多的課堂時間來教更多的東西，或者只是讓學生把時間花在專題活動上。我認為應該更頻繁地使用更多非評分的隨堂測驗和口頭問答，來查核學生的理解情形。你曉得，我愈思考，就愈覺得自己給學習速度慢之學生的回饋太遲——在他們已

253

經表現學習結果之後，也許我們可以花更多時間來練習。事實上，也許我可以教學生如何在學習過程中做自我學習評量。

這很有趣，我從未真正這樣思考過這個問題。在少數師生共處的課堂時間中，哪些是利用我的時間、我的專業知能的最佳方式？對孩子們也一樣。對每個學生而言，哪些是利用課堂時間的最佳方式？當我這樣思考「教學」時，我能了解到，也許我可以多扮演評量者的角色、少扮演資訊提供者的角色，實際上，這也許是利用師生共處課堂時間的更好方式。我在體育館打籃球時當然會這麼做，我懷疑如果我不斷自問此問題——哪些是利用大家有限共處時間的最佳方式？那麼，就整個教學效益而言，我對這項主要問題的看法會更清楚。

第十三節　前瞻

在考慮過課程設計的三個階段，以及重理解的教學的一些想法之後，現在讓我們簡要思索課程設計的過程。當試著設計課程時，哪些是課程設計者應該考慮的事項？他們中途可能遇到哪些問題及可能性？現在我們要轉向這些問題及相關問題。

第十一章

課程設計的過程

建築師有做設計的耐心，建造者則有臨時搭建的實際知識和能力。但是臨時搭建不能替代原來的設計。設計的目的是要達到可預測的結果，而臨時搭建的目的是要讓工作順利進行。
——*John McClean*，〈有助於專案順利運作的二十項考慮〉，*2003*

美國人認為優質的教學來自於課堂中與學生有技巧的即時互動……這類看法輕視設計愈益有效之教學計畫的重要性，以及使得人們對優質教師是天生的、不是養成的信念更為可信。
——*James Stigler* 和 *James Hiebert*，〈理解及改進班級的數學教學〉
（*Understanding and Improving Classroom Mathematics Instruction*），
1997，第 *20* 頁

　　如果你跟著閱讀虛構教師巴伯‧詹姆斯如何構思其課程設計的連續說明，你會注意到，在每個新的概念出現之後，他必須重新思考其單元課程的要素。例如，其最初理解的單元內容並未被架構成理解的結果，只是摘要主題內容而已。他的課程設計過程證明了 UbD 的基本概念：要獲得深度的理解必須重新思考關鍵概念，無論我們談的是年輕的學生或資深的教師兼課程設計者。

　　更實際而言，上述過程強調了有關 UbD 範例的重要啟示，並且幫助我們避免常見的錯誤理解。此範例的建構在反映能將所有要素連結的、

254

有組織的、完成的課程設計，但並不表示最佳的課程設計方式是按照範例上各方格的順序填寫內容。的確，逆向設計法要求我們仔細考慮教學目標、有邏輯地從目標產生評量的策略，以及最後推導出適當的學習活動。但實際上，所有設計都是非線性的過程，設計者——不管是課程單元設計者、作曲家或景觀建築師——要在某個部分到另一個部分之間來來回回做設計。雖然最後的成品必須遵循三階段的邏輯，但是，持續的設計過程會以無法預測的方式展開，使得每個設計者、每個設計案的挑戰都是獨特的。沒錯，你最後必須填妥範例的內容、將所有要素連結起來；但是，達成結果的途徑並不相同。

255　　請思考食譜中的過程和成品之差異，以作為 UbD 過程和結果有哪些差異的舉例。廚師會探索點子、試驗可能性，以及最後寫出我們熟悉的逐一步驟式食譜。但是請注意，這些食譜並不純然以連續的方式寫成，試著組合不同食材、溫度、時間應用，會產生許多嘗試錯誤的情況。廚師可能會受到下列不同方式之一的啟發而開始試驗：使用當季的新鮮食材、為特殊對象而烹調，或者想要準備一道泰國菜。每個起點都暗示了其各自的特殊邏輯，例如，無論食材是否就在手邊，從新的雞肉料理之點子開始，其烹調順序就不同於從煮泰國菜的點子開始。

　　再者，主廚通常會同時就某道菜的多種版本，試驗不同的食材比例和烹調時間。在已經試驗過許多版本之後，他們會在過程的後段寫下最後的食材比例及步驟。有時主廚的某個助手會很快跟在身後，仔細秤量不同食材的份量，而一般廚師常常只是概估份量，接著以嚐嚐味道來修正。從頭開始烹調實在是很混亂的過程！

　　但是透過逆向設計，「混亂」可以轉化成食譜：如果原創者以外的其他人想要複製這道菜，需要以哪些順序做哪些事情？雖然產生食譜的過程很混亂，但是，主廚工作的最後成品會以統一、有效的步驟化食譜格式呈現給家庭煮婦（夫）。同樣地，UbD 的範例提供了自我評量和分享最後設計之「食譜」格式，而不是這些設計依時間先後如何展開（或者任何工作「應該」如何進行）的歷史。

　　對我們而言，建議讀者可從任何部分開始課程設計——甚至階段三的各部分，似乎令人意外。但這只是承認，從既有的單元而非空白的範

例開始設計，實際上往往很自然。有時從關鍵的資源（如：課本或科學教具）或設計好的評量策略（如：數學的待解決的問題、外語課的對話、科技專題報告）來開始是合理的。就某個重要意義而言，你從何處開始進入設計的過程及如何進行設計並不重要；唯一重要的是，你最後產生一致的成品。

雖然課程設計可以有彈性，但是有些途徑會比其他途徑更聰明。即使我們對於從表面上看來似乎有價值的文本開始設計〔例如《羅密歐與茱麗葉》或《夏綠蒂的網》（*Charlotte's Web*）〕，覺得很有信心，設計者也必須很快將其連結到特定的目的及期望結果（階段一），以利有自覺地證明該決定是合理的，例如：為什麼要讀這些文本？哪些大概念及所連結的課程標準內涵可以證明？

換言之，更重要的是，當你考慮課程設計的點子時，要根據逆向設計的邏輯測試這些點子，而不是把課程設計想成是逐步的過程，因此其間不需要回頭檢視。

本章開頭的引用句暗示了更進一步的考慮事項。最後的學習活動只能透過仔細考慮過的計畫才能完成。有智慧的臨時創作係以優質的藍本為基礎，因此，教育領域中最優秀的設計者就像是優秀的建築師和有實際知識與能力的承包商，他們執行兩件不同的任務：(1)在工作時很有創意地考慮單元設計的點子，以利最後產生紮實的藍本，無論這些點子在範例上是否適合；(2)對學生使用課程設計點子之前及在使用的過程中，試驗這些點子，以利在執行所有的設計之後，教學目標會透過具體學習活動而達成。

256

第一節　課程設計的入口

筆者發現下列是有用的：根據例如教學內容、學生特性、可用時間，以及課程設計者的風格等變項，來確認六個常見的起點和課程設計的一般方法。有些方法是從空白的範例開始，有些方法則假定你將要使用UbD來修正某個既存的「傳統」課程設計方案。無論所採用的方法是什麼，你應該根據UbD設計標準，定期查核新出現的課程設計方法，以確

保其結果是高品質的設計。（見圖 11-1）

圖 11-1　課程設計過程的起點

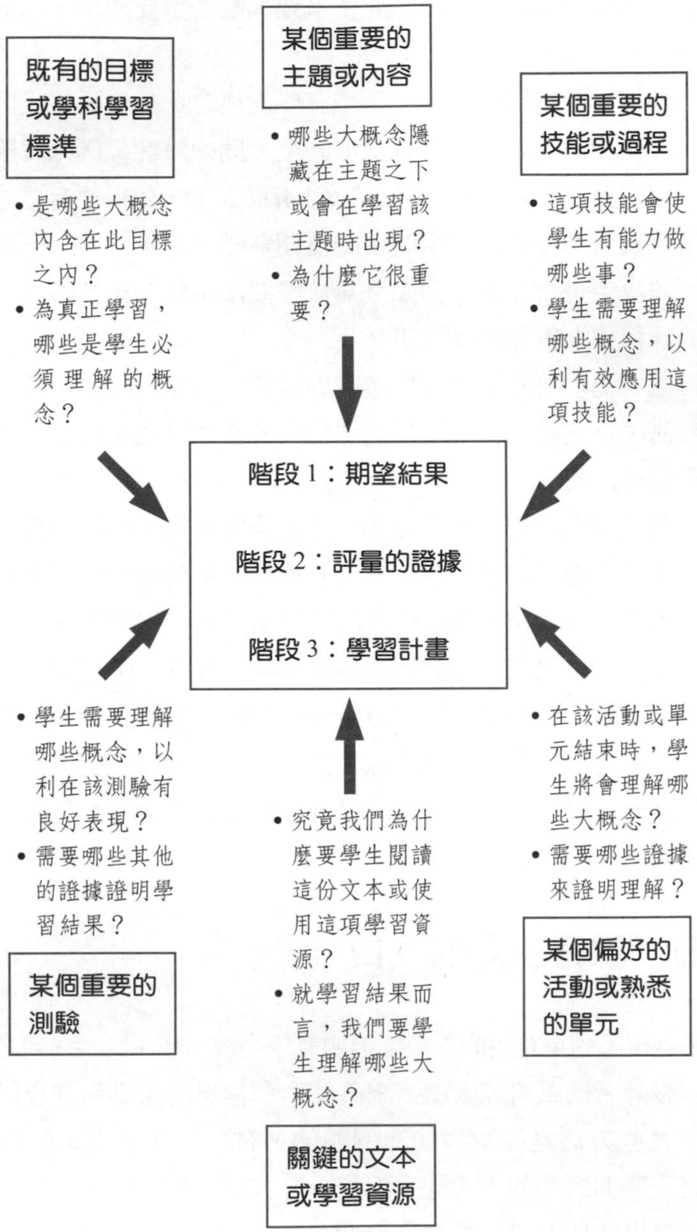

既有的目標
或學科學習
標準

- 是哪些大概念
  內含在此目標
  之內？
- 為真正學習，
  哪些是學生必
  須理解的概
  念？

某個重要的
主題或內容

- 哪些大概念隱
  藏在主題之下
  或會在學習該
  主題時出現？
- 為什麼它很重
  要？

某個重要的
技能或過程

- 這項技能會使
  學生有能力做
  哪些事？
- 學生需要理解
  哪些概念，以
  利有效應用這
  項技能？

階段 1：期望結果

階段 2：評量的證據

階段 3：學習計畫

- 學生需要理解
  哪些概念，以
  利在該測驗有
  良好表現？
- 需要哪些其他
  的證據證明學
  習結果？

某個重要的
測驗

- 究竟我們為什
  麼要學生閱讀
  這份文本或使
  用這項學習資
  源？
- 就學習結果而
  言，我們要學
  生理解哪些大
  概念？

關鍵的文本
或學習資源

- 在該活動或單
  元結束時，學
  生將會理解哪
  些大概念？
- 需要哪些證據
  來證明理解？

某個偏好的
活動或熟悉
的單元

一、從學科學習標準來開始

1. 找尋在這些標準中的關鍵名詞（將相關的標準分類在一起，以更清楚了解哪些名詞是關鍵的）。然後考慮這些名詞所暗示的大概念。
2. 確認學科學習標準或基準所要求的關鍵知識和技能，然後推論相關的概念及理解事項。
3. 自問：哪些主要問題係出自或指向課程標準？有哪些重要的論據和問題係與課程標準相關？
4. 考慮關鍵的動詞：將其視為關鍵實作評量的藍本。
5. 列出能使學生表現實作能力，以及能發展理解大概念之能力的活動。
6. 修正單元計畫以確保三個階段之間的連結。

二、從考慮所期望的真實應用來開始

1. 澄清教學內容的較大目的及最終目標，例如：如果熟練的話，這些內容能使你在真實世界裡有能力做哪些事情？哪些是這個領域之中的核心挑戰和真實的實作表現？
2. 確認具體、複雜的真實任務，這些任務能使教學目標所包含的挑戰或學習結果具體化。
3. 決定學生在精熟這些學習任務方面所需要的理解、知識、技能。
4. 概述能做到練習、回饋，以及有用的實作表現之學習計畫。
5. 對於學生在試著熟練學習內容及任務時，總是需要考慮到的問題，做出推論。
6. 找出能明顯指向或暗示這些應用的學科學習標準。
7. 連結所需的課程設計要素。

258

三、以關鍵的學習資源或偏好的學習活動來開始

1. 從「成功的」活動或許可的學習資源來開始（如：激發思考的經驗或刺激，或者指定閱讀的小說）。
2. 考慮「為什麼」的問題，例如：為什麼這很重要？這項學習資源有助於學生理解哪些大概念？

3.澄清學生在思考經驗或文本時，能引導學生指向這些概念的主要問題。

4.確認學習資源或活動應該產生的技能、事實、理解，找出相關的學科學習標準，從較大的教學目的推論其所暗示的關鍵概念和主要問題。

四、從重要的技能來開始

1.考慮以下問題：此技能能使學生做出哪些複雜、有價值的實作表現？此技能如何連結到相關的技能？

2.確認直接或間接指向這些技能的某項或某些學科學習標準。

3.判斷相關的學科學習標準暗示或明示了哪些類別的評量？

4.找出有助於有效利用這類技能的策略。

5.找出形成該技能基礎的大概念和主要問題。

6.設計能使學生在情境脈絡中使用這類技能，以利進行自我評量和自我調整的學習活動。

7.隨之修正連結。

五、從關鍵的評量來開始

1.就某個評量（地方的或州定的），澄清此評量所以存在的目標。這類目標尋求的是哪些類別的可遷移性？

2.確認涵括這類目標的課程標準。

3.推論出符合這類標準和通過這類測驗所需的相關大概念（相關理解、相關主要問題）。

4.發展及修正與所要求的評量相符的實作評量任務。設計及修正學習活動，以確保有效的、有目的的實作表現。

六、從既有的課程單元來開始

1.就傳統的課堂教學和評量，將課程設計的要素列入範例之中，然後尋求三個階段之間的連結。這些目標符合評量嗎？

259

2.自問：這些課堂教學是否與最充分的教學目標相關？

3.聚焦在澄清與課程標準有關的大概念和長期實作表現。

4.不斷自問：哪些是學生應該習得的理解？

*5.*修改評量及課堂教學，以充分符合修正後的階段一之要素。

*6.*需要時，根據課程設計標準來修正課程設計。

第二節　修正既有的課程設計

重理解的課程設計法，提供了改進既有課程設計和設計新教學計畫的架構。讓我們看兩個使用逆向設計而修正的課程設計方案。第一個實例涉及修正某個國小階段的社會科單元，第二個實例是高中的幾何單元。

表 11-1 摘要了主題是向西開拓及大草原生活的單元之關鍵活動和評量。這個單元最初是由三年級教師團隊設計及實施，嗯，乍看之下像是有趣的、能動手做的三年級單元，設計了各種不同的學習經驗來吸引各種學習風格的學生，而且也有目的地整合社會科教材。其評量策略不一但卻是共同的，因為所有教師都使用相同的評量工具，以使各班級之間的評分更為一致。最後的學習活動——大草原日——為學生及家長提供了愉快有趣的一系列活動。最後，學生有機會反省在此單元中的學習經驗。

然而，更細看這個單元的結果，會揭露出幾個課程設計的問題。請注意，這個單元的架構顯示在其內涵及其本身之中，包括：主題、活動、評量。教學活動在實質上和象徵上都是以事物為中心！並沒有明顯確認的學科學習標準或特定的學習目標來指引學習；也沒有大概念或主要問題來聚焦教學；而對重要的學習所採用的有效評量方法也很少——只有一項評分策略。

也許最能闡述課程設計成效的是，學習此單元之學生的實際反省心得。請思考下列少數代表性的舉例：

1.「我喜歡給錫罐打洞的活動，因為你可以自己設計圖樣或仿照其他人的設計。你可以透過釘孔看到太陽光線。」

2.「我喜歡寫信那一關，我喜歡它是因為可以用蠟來封信。」

3.「在電腦上為我自己設計一套服裝，是件有趣的事。」

4.「我喜歡大草原的遊戲。我最喜愛的是跳布袋比賽，因為我喜歡跳躍。」

260 表 11-1　某社會科單元的最初版本

主題
向西遷徙和大草原的生活 社會科──三年級
活動
1. 閱讀教科書「大草原的生活」這一章，然後回答此章後面所附的問題。 2. 閱讀及討論《又高又醜的莎拉》（*Sara Plain and Tall*）這本書，然後完成取自該故事詞彙的墾拓者字謎遊戲。 3. 製作一個墾拓者生活的記憶盒，裡面裝著對孩子來說，可以反省西部之旅或大草原生活的人造物品。 4. 參與大草原日之活動：穿上墾拓者的服裝然後完成下列各關的學習。 　(1)攪拌奶油 　(2)玩十九世紀的遊戲 　(3)以封蠟寄出一封家書 　(4)玩「裝扮墾拓者」的電腦遊戲 　(5)做一個玉米棒娃娃 　(6)縫被子 　(7)給錫罐打洞
評量
1. 取自《又高又醜的莎拉》的墾拓者詞彙隨堂測驗 2. 回答本章後面關於墾拓者生活的問題 3. 展示及說明記憶盒的內容 4. 在大草原日完成七關的學習活動 5. 學生對本單元的反省

261 　　有些活動的確有趣又吸引人，而且學生和家長都喜愛大草原日。但是，藉由這三週的墾拓者之旅可以獲得哪些持久的理解？這些活動產生了哪些可遷移的技能？教師蒐集了哪些證據來顯示產生了哪些重要的學習結果──如果有的話？

　　當筆者將最初的設計放進 UbD 範例──沒有增加任何新的內容，請看看會發生什麼事（見表 11-2）。那就是，我們更清晰知道需要改善的部分。

表 11-2 UbD 範例格式的社會科單元

階段一：期望的學習結果	
既有目標： Ⓖ 主題：向西遷徙和大草原的生活	
理解事項： Ⓤ 學生將會理解……	**主要問題：** Ⓠ
學生將知道…… Ⓚ 1. 關於大草原生活的事實資訊 2. 關於墾拓者的語彙 3.《又高又醜的莎拉》之故事	**學生將能夠……** Ⓢ

階段二：評量結果的證據	
實作任務： Ⓣ	**其他證據：** ⒪Ⓔ 1. 展示、介紹記憶盒及其內容：你會放入哪些物品？為什麼？ 2. 取自《又高又醜的莎拉》的墾拓者詞彙之隨堂測驗。 3. 從教科書這一章的內容，回答關於《又高又醜的莎拉》之事實型問題。 4. 對本單元的書面反省。

段三：學習計畫

學習活動：   Ⓛ
1. 閱讀教科書「大草原的生活」這一章，然後回答此章後面所附的問題。
2. 閱讀《又高又醜的莎拉》，然後完成墾拓者詞彙的字謎遊戲。
3. 製做一個墾拓者生活所用的皮箱，裡面裝著你為新生活之旅可能攜帶的物品。
4. 大草原日活動：
  (1)攪拌奶油
  (2)玩十九世紀的遊戲
  (3)以封蠟寄出一封家書
  (4)玩「裝扮墾拓者」的電腦遊戲
  (5)做一個玉米棒娃娃
  (6)縫被子
  (7)給錫罐打洞

現在，請思考使用逆向設計及 UbD 範例（見表 11-3）修正後所實施的相同三週課程單元。當這個單元使用逆向設計來重新思考之後，我們注意到了哪些改變？這個範例如何幫助我們組織相同的課程內容，以形成更紮實的學習活動設計？以下是一些觀察結果：

1. 適當的學科學習標準，使現在的單元活動和評量有了焦點。

2. 大概念將學習活動架構得很清晰，其示例可見下列主要問題：人們為什麼要遷徙（移民）？什麼是墾拓者（概念界定）？為什麼有些墾拓者能存活及繁衍下來，而有些墾拓者則否？（生存、挑戰）

3. 評量的任務現在更真實，而且要求更高階的知識和技能。

4. 評量的證據（階段二）不同，而且與期望結果（階段一）——有效逆向設計的指標——有更佳的連結。

5. 指定閱讀（小說和非小說）、電腦模擬遊戲，以及指定作業能更準確地導向目標。

6. 保留大草原日的活動，但是，學習經驗已修飾得更能有效支持單元目標。

263　表 11-3　經過逆向設計之後的社會科單元

階段一：期望的學習結果

| **既有目標：** ⓖ |
| 2D—說明西部的誘惑，同時比較移民者的幻想和邊境的現實情況。 |
| 5A—證明理解現在及很久之前在美國境內的大量人群遷徙情況。 |
| 資料來源：美國歷史科全國課程標準 |

理解事項： ⓤ	**主要問題：** ⓠ
學生將會理解……	1. 人們為什麼遷徙？墾拓者為什麼要離家朝西部遷居？
1. 許多墾拓者對於遷徙西部的機會和困難有著天真的想法。	2. 地理和地形如何影響旅遊和定居？
2. 人們為不同的理由而遷徙——為新的經濟機會、為更大的自由或為逃離某些事。	3. 為什麼有些墾拓者能生存繁衍，有些墾拓者則否？
3. 成功的墾拓者依賴勇氣、聰明，以及合作來克服困難和挑戰。	4. 什麼是墾拓者？什麼是「墾拓者精神」？

表 11-3　經過逆向設計之後的社會科單元（續）

學生將知道…… Ⓚ	學生將能夠…… Ⓢ
1. 關於向西遷徙和大草原生活的關鍵事實。 2. 有關墾拓者的詞彙。 3. 基本的地理（如：墾拓者的旅行路線及其定居的地點）。	1. 在情境中辨認、界定，以及使用墾拓者的詞彙。 2. 利用（指導下的）研究技巧來發現墾拓者在篷車隊和大草原上的生活。 3. 以口頭和書面方式表達研究發現。

階段二：評量結果的證據	

實作任務： Ⓣ	其他證據： ⓄⒺ
1. 創造一場包括人工物品、圖畫、各篇日記的博物展示，以描述定居在大草原的某個家庭其一週的生活（今日民眾對於大草原的生活和向西遷居有哪些常見的誤解？）。 2. 選一天寫一封信（每封信代表一個月的旅程）給某位「遠在東部」的朋友，描述你在篷車隊及大草原上的生活。說出你的希望和夢想，然後說明在邊境生活的真實情況（學生也可以畫圖及口頭說明）。	1. 以口頭或書面方式回答主要問題的某一題。 2. 以繪圖顯示墾拓者的艱困生活。 3. 關於向西擴展、大草原生活、基本地理的測驗。 4. 在情境中使用墾拓者有關的詞彙。 5. 說明記憶盒的內容。

階段三：學習計畫	

學習活動： Ⓛ

1. 使用「K-W-L」來評量學生的先備知識，以及找出本單元的學習目標。
2. 修正大草原日的活動（如：以「奧瑞崗第二條小徑」取代「裝扮墾拓者」的電腦模擬遊戲，然後要求學生播放模擬結果時要加上學習日誌）。
3. 包括其他小說的閱讀，這些閱讀能連結到所確認的學科學習標準或理解事項（如：大草原上的小屋、罐中的奶油）。
4. 創作某個墾拓者家庭其向西旅程的時間線地圖。
5. 加入非小說資源以適應學生的不同閱讀程度，例如：「奧瑞崗小徑上的生活」、「女墾拓者與達柯塔獨木舟的日記」。指導學生使用不同的學習資源來研究這個時期。
6. 在學生開始進行實作任務之前，檢討記憶盒、博物展示、寫信和寫日誌的評分指標。給學生機會來研究這些成品的舉例。

在範例中，架構該課程單元有另一個效益，它能使課程設計者更輕易知道他們的單元少了某個要緊的觀點（層面四）——被取代的美國原住民之觀點。因此，這個單元需要更進一步的修正（見表 11-4）。

表 11-4 對社會科單元的其他修正

階段一：期望的學習結果

既有目標： Ⓖ

2D—學生能分析不同群體之間的文化互動（思考多元觀點）。

資料來源：美國歷史科全國課程標準，第 108 頁

理解事項： Ⓤ	主要問題： Ⓠ
學生將會理解…… • 在西部定居會影響到住在平原的美國原住民部落之生活型態和文化。	1. 這是誰的「故事」？ 2. 在西部定居的過程中誰是贏者、誰是輸者？ 3. 當文化產生衝突時會發生什麼事？
學生將知道…… Ⓚ • 關於草原區美國原住民部落及其與殖民者的互動之關鍵事實資訊。	**學生將能夠……** Ⓢ

階段二：評量結果的證據

實作任務： Ⓣ	其他證據： ⓄⒺ
• 想像你是年長的部落成員，曾經親身目睹「墾拓者」在平原的定居過程。請向八歲孫女訴說關於這些殖民者如何影響你的生活之故事（這項實作任務可以採用口頭或書面方式完成）。	• 關於草原區美國原住民部落之事實的隨堂測驗。

階段三：學習計畫

學習活動： Ⓛ

1. 籌劃一個模擬美國草原區原住民部落的長老會議，以作為使學生考慮某個不同觀點的方法。
2. 討論：「當受到土地重新分配的威脅時，我們應該怎麼做——戰鬥、逃跑或同意遷徙（到保留區）？每種行動對我們的生活會有什麼影響？

讓我們再看另一個實例，此實例是來某高中的幾何學單元。表 11-5 和表 11-6 以 UbD 範例分別顯示修正前後的版本。第一個例子顯示該單元完全根據教科書來教學及評量；而在修正的版本，課程設計者刻意從一套州定的學科學習標準來做逆向設計。藉由找出相關的理解事項和主要問題、以兩項實作任務來補充教科書中的評量，以及包括更多有趣、真實的探索，使得此單元的一致性和真實性大幅改善（因此也增加意義性）。

表 11-5　做逆向設計之前的幾何學單元

265

階段一：期望的學習結果	
既有目標： ⓖ 主題：表面積和體積（幾何學）	
理解事項： ⓤ 學生將會理解……	**主要問題：** ⓠ
學生將知道…… ⓚ 1. 為不同的三維圖形計算表面積和體積 2. 卡瓦列利原理 3. 其他的體積和表面積公式	**學生將能夠……** ⓢ 1. 使用卡瓦列利原理來比較體積大小 2. 使用其他的體積和表面積公式來比較形狀差異
階段二：評量結果的證據	
實作任務： ⓣ	**其他證據：** ⓞⓔ 1. 全章複習題中的單數問題（第 516-519頁） 2. 自我測驗方面的進步（第 515 頁） 3. 回家作業：各章分段複習題的第三道問題及所有的探索題
階段三：學習計畫	
學習活動： ⓛ 1. 閱讀 UCSMP 幾何學的第 10 章。 2. 探索第 482 頁的第 22 題：「容量較小的容器可以透過使其形狀又長又薄，而看起來容量更大。請提出一些實例。」 3. 探索第 509 頁的第 25 題：「不像圓錐體或圓柱體，要為球體製作二維的網是不可能的。因此，地球的地圖是扭曲的。麥卡托投影法是顯示地球形狀的方法之一，這個投影如何做成？」	

表 11-6　做逆向設計之後的幾何學單元

階段一：期望的學習結果

既有目標： Ⓖ

IL MATH 7C3b、4b：使用模型和公式來算出表面積和體積。

IL MATH 9A：建構二維或三維的模式；畫出透視圖。

資料來源：伊利諾州數學科課程標準

理解事項： Ⓤ	主要問題： Ⓠ
學生將理解……	
1. 將數學模式和概念用於人的問題，必須小心判斷和注意其影響結果。	1. 單純的數學問題在真實情境中會有多雜亂？
2. 將三維形狀畫成二維（或將二維畫成三維）可能會造成扭曲。	2. 何時最好的數學答案並非某個問題的最佳解決方案？
3. 有時最佳的數學答案並非真實問題的最佳解決方案。	

學生將知道…… Ⓚ	學生將能夠…… Ⓢ
1. 如何計算表面積和體積的公式	1. 計算不同三維圖形的表面積和體積
2. 卡瓦列利原理	2. 使用卡瓦列利原理來比較體積

階段二：評量結果的證據

實作任務： Ⓣ	其他證據： ⒪Ⓔ
1. 包裝問題：對於以符合成本效益的方式將大量的 M&M 包裹運送到商店而言，哪些是最理想的容器？（請注意，「最佳的」數學答案——球體——不是這個問題的最佳解決方案。）	1. 全章複習題中的單數問題（第516-519頁）
	2. 自我測驗方面的進步（第515頁）
2. 身為聯合國的顧問，請提出爭議最少的二維世界地圖，並說明你所持的數學論據。	3. 回家作業：各章分段複習題的第三道問題及所有的探索題

階段三：學習計畫

學習活動： Ⓛ

1. 研究各種容器的表面積和體積之關係（如：鮪魚罐、麥片盒、品客洋芋片盒、糖果盒）

2. 研究不同的地圖投影法以判斷其數學正確性（如：扭曲的程度）

　(1)閱讀 UCSMP 幾何學的第 10 章

　(2)第 504 頁探索題第 22 題

　(3)第 482 頁探索題第 22 題

　(4)第 509 頁探索題第 25 題

　　另外，請注意UbD範例的分項類目如何驅策課程設計者擔心大概念的焦點是否更清晰，以及課程設計要素是否有更強的連結：

1. 大概念將學習活動架構得很清晰，其示例可見理解事項及兩項實作任務。

2. 主要問題能促進數學的論據，並能遷移到其他的數學單元。

3. 相同的知識和技能仍然列為核心教學內容，但已融入一系列更有意義、關於包裝和地圖繪製的問題之中。

4. 教科書的作用是學習資源而非課程大綱。教科書的問題仍然在於評量，但已適當地列入複雜的實作任務及這些任務所具體化的大概念之下。

　　如果使用UbD範例作為自我評量課程設計的指南，此範例對我們的幫助相當大。它能澄清及深化我們的教學目的，幫助我們設定更有意義的優先事項，以及使學生明白這些優先事項。其結果是，就「相同」的課程內容產生更有效、更一致的方法。

第三節　標準不是步驟化的準則

　　有些讀者和工作坊的成員覺得很挫折，因為筆者沒有呈現可遵循的單元設計及再設計之步驟化準則，而且，我們還堅定認為這類準則並不存在。我們試著為課程設計發展流程圖，但是考慮到所有的「如果……則」的情況，這些流程圖就變得難以理解！我們認為單元課程設計更像是圖像設計或雕刻，而不像是照食譜做菜。每個課程設計方案都不相同，而且必須反映設計者的興趣、才能、風格、資源。

　　最近有本談教學設計任務分析的書，其作者闡述了這項問題：

> 課程設計充滿不確定的知識及多種詮釋，任務分析也是如此。
> 並非人類思想和行為的每一部分都能被確認或闡述，我們如何
> 調和差異？我們不能，因此必須容忍。這就是課程設計過程的
> 特色（Jonassen, Tessmer, & Hannum, 1999, p. 5）。

　　太依賴準則會導致其他的問題。它可能會阻礙教師兼課程設計者考

慮周到的反應——同理心！使課程設計者誤以為，任何思慮周詳的課程計畫必然有用，如果無用就必定是學生的錯。或者，我們所冒的風險正是對設計的課程有所妥協：「如果我們想要消除任務分析方面的所有含糊性，我們必須過度進行一套複雜的做決定程序——發展像食譜般的說明……而課程設計過程主要依賴的是課程設計者的推理能力（Jonassen, Tessmer, & Hannum, 1999, p. 5）。

就該問題而言，真正的烹飪也涉及到超越食譜的問題：

開始時，食譜是如此有用的東西，但現在它已變成暴君，使得即使是最有善意的廚師也無法確定自己的本能。對食譜的卑屈式忠誠，使人們喪失了某種能滲入大腦的經驗式知識……但大多數主廚不受配方的束縛；他們的烹飪經驗已多到讓他們能相信自己的味覺。在今日，這是主廚能教給一般廚師最珍貴的一課（O'Neill, 1996, p. 52）。

268　　相反地，課程設計者需要習慣的是，在創意的腦力激盪和試驗想法之間來來回回地思考節奏，以及根據課程設計的標準仔細地、批判地試驗剛完成的課程設計。如同本章前面描述的各種起點所暗示的，你從哪個地方開始做設計並不重要；重要的是，你的設計最後能符合課程標準。此目標使得根據課程設計標準來尋求回饋，成為設計過程的關鍵部分，對於教師兼課程設計者而言，這是有用經驗的另一個理由則是，它能具體說明為什麼持續的評量對於有效的實作表現很重要。

第四節　課程設計無可避免的兩難困境

三年級社會科單元和高中幾何學單元在採用 UbD 設計法前後的舉例，有助於顯示設計過程的細節，但是，就像強調這類前後差異的減重廣告，這些舉例可能很諷刺地只會使課程設計者感到苦惱擔憂，例如：我們要如何設計及重新設計課程單元，以利聚焦在大概念卻沒有忽視教學內容？考慮到該主題可用的教學時間、考慮到所有其他的教學責任，

這類單元的可行性如何？我們如何決定設計的藍本是否有用、是否能變成有效的教學，或者是否只是不切實際的夢想？它能多輕易地利用可得教學資源、利用學生「建構」概念的技能，以及利用州定課程標準的「建築規範」，來調和課程設計者的願景？

這類擔憂事項是合理的。事實上，值得強調的是，無論房屋建築或課程單元設計，設計過程中的緊張是固有的、無可避免的。我們認為幫助表達及澄清這些擔憂是絕對必要的，因為這涉及到教學計畫和課程設計中「無可避免的兩難困境」。課程設計的工作不只有很多要求，它也有很多固有的問題。一直都如此！例如：我們如何確保所有學生都能獲得我們所尋求的理解結果？對於複雜的實作任務或困難的概念，我們能付出多少時間和精力來設計？我們如何適應班級學生的不同成就水準、興趣、學習風格？每個課程設計方案都需要折衷；我們總是必須權衡得失。

因此我們刻意使用「兩難困境」一詞。我們不只必須以深思熟慮的方式認真考慮所有的課程設計要素；如果要達成目標的話，我們也必須處理任何課程設計過程之內的固有緊張。許多課程設計的挑戰都涉及到互相匹敵——甚至互相衝突——的要素，例如：探索大概念的時間有限；或者，想要以複雜的應用作為有效評量的基礎，但是某個實作項目卻缺乏信度。你不能「解決」這些問題，只能小心克服這些問題。能使課程設計者完全滿意的教案相當罕見，因為折衷是無法避免的。

以下是一份關鍵兩難困境的清單，及關於如何權衡的某些定見，這些困境是所有課程設計者在設計重理解的教學活動時都會面對的。

1. 大概念及其學習遷移對特定知識和技能。我們如何平衡「理解」的教學目標與「知識和技能」的教學目標？我們如何聚焦在大概念的學習卻不會太哲學化或太抽象，以至於學生學不到主要的知識和技能？另一方面，我們如何避免過於聚焦在各別的資訊和單獨的技能，使學生只獲得少量有意義的學習，而且應用所學的能力有限？

2. 複雜、實際、雜亂的實作表現對有效率的合理測驗。何時我們應該為評量方面的情境實在論（contextual realism）而努力，何時我們應該為傳統（非直接）測驗的明顯效率而努力？真實的應用顯然是件好事，

269

但是，要做到方便實行又能精確評量是件困難又耗時的事。不過，知識和技能的傳統測驗方式雖然容易設計及評量，但往往會產生無效的結果，並且無助於針對學生的實際理解提供回饋。那麼，我們應該如何使評量的內容豐富又有教育性、可實行又有效率？

3. 教師掌控學習對學生掌控學習。架構問題及指引學習，何時是專家的責任？相對地，使學生追求其問題、興趣、方法，何時會是聰明的作法？何時我們的理解應該驅動課程設計及教學？何時我們應該努力幫助學生獲得他們自己的理解？

4. 直接教學法對建構式教學法。直接教學何時能幫助學習、何時則會阻礙學習？何時教學效率要求的是明確的教學，何時我們應該更以誘導的方式來教學？（同樣地，在教師培訓方面，何時新手教師在課程設計上應該有創意，何時要求教師從專家的課程設計著手以免徒勞無功，會是聰明的作法？）更一般而言，如果要使學生產生理解的話，教學何時必然涉及建構式的跨內容範圍、涉及不可避免的雜亂，以及涉及將「意義的建構」個人化？再者，直接教學何時就是更有效率？

5. 知識的深度對廣度。考慮到教師面臨的所有要求和限制，我們如何平衡欲使學生徹底深入理解之欲望，和哪些是可行方式的現實問題？在何時我們有義務帶學生博覽教材，使他們接觸大量的資訊和概念？何時為了使學生真正理解，我們藉由限定教材廣度、更深入鑽研較少數的主題來實施品質更好的教學？同樣地，根據少數大概念來設計跨科學習活動，何時這會是聰明的教育方法？若不經意地這樣做，何時會因為試著在極少的時間內教太多而造成膚淺的學習？

6. 自在的能力感對真實的挑戰。我們如何在提供學生重要的「擴充」學習，和滿足其對舒適學習環境的需求之間，達到正確的平衡？我們何時應該提供學生低壓力的情境，使他們覺得自己會冒些風險但仍能成功？而何時在有效的新學習活動之幫助下，我們能適當地挑戰學生（甚至造成他們的壓力）？例如，在知道可能會激起學生的苦惱疑惑下，我們應該如何根據主要問題來建構學習活動？我們應該何時及如何使用複雜的實作表現任務，即使這些任務會使能力較弱或容易失敗的學生感到挫折？

270

7. 一致的對個人化的學習活動及期望。通常我們所教的班級學生在先備知識、成就水準、興趣，以及學習風格方面都有差異。我們應該如何處理同樣重要的學生需求？我們應該如何有效率地為一大群學生設計課程及進行教學，而不至於在教學過程使學生變得不參與？我們如何同時抱持對理解結果的不同期望，而沒有降低標準，或對待某些學生像是次等公民？我們如何將學習個人化而沒有把自己逼瘋或失去焦點？我們如何知道，對重理解的教學而言，因材施教何時是適當的、何時則會產生反效果？

8. 有效教學對只是吸引人的教學。我們透過課程設計所提供的學習活動應該有趣而吸引人，但是這些標準並不足夠。課程設計必須有效率地處理教學目標和課程標準。我們如何吸引學生學習，但也使他們依標準做出表現？我們如何使學習也要動腦想，而不只是動手做？我們如何注意自己的教師暨評量者責任，而沒有疏忽提供有趣學習活動的角色──反之亦然？我們如何避免無目的（但有趣）的活動，而沒有走向使學生無趣又無效的另一個極端？

9. 簡化對過度簡化。我們如何使所有學生都能獲得大概念，而沒有淺化這些大概念？我們如何使真實的知識性問題和議題達到豐富及複雜的程度，而沒有造成學生不學習或失去焦點？我們如何簡化複雜的學科，而不至於過度簡化到阻隔未來的探究及討論？我們如何確保發展的適當性，而不至於使學習平淡無趣？

10. 設計良好的對開放而有彈性的教學計畫。教學目標的達成需要思慮周到的課程設計，但是，在課堂發生頗多回饋時機和可教時機之下，我們經常可以藉由違反教學計畫而達到目標。我們如何避免教學太僵化及教學因此最終無效？另一方面，我們如何避免因為回應每個學生的反應和問題，而忽視自己的教學目標？我們如何以偶發的學習機會來平衡課程設計目標？

11. 大型個別單元對更大的目標及其他課程設計。每個單元如何能有自然的教學流程，獨立成為巧妙、有邏輯的課程設計方案，同時又能彰顯所有的地方層級課程目標，和界定教師責任的學科學習標準？我們如何就所有需要的教學內容使用教科書及學習活動，而不至於破壞優質

課程設計的原理？實施重理解的教學之同時，我們如何也能應付提高測驗分數的壓力？我們如何發展有邏輯的學習計畫，並且同時注意到所面對的所有不同（也許同樣重要）的需求？

271 第五節　對盡力解決兩難困境的虛心建議

對於如何處理每個特定的兩難困境，我們不提供任何規則或成套的處方。如前所述，你不能「解決」兩難困境，你只是在每個課程設計方案中盡量平衡相互匹敵的要素而已。但是，對於這些兩難困境如何作用及更有效協調，我們可以提供一則一般的建議，這個建議就是：在做課程設計時積極尋求回饋。亦如前述，卓越的課程設計之關鍵在於嘗試某些事物、了解其如何作用，以及做出調整——亦即依據期望的結果得到回饋（以及依據設計的標準得到回饋）。

在任何領域，重視經常的回饋被視為是持續改進的關鍵。在教育領域，大學教學方面的某個主要研究，已經正式認同「設計、試用、得到回饋、調整」這套方法之益處：

> 我們問大學教授和學生，哪些單方面的改變最能改善目前的教學。有兩項出自於教授和學生的想法壓倒所有其他的想法，其一是，使學生加強認識「全局」、了解「所有重點」，而不只是知道特定主題之細節很重要；其二是，來自學生的有用的、經常的回饋很重要，以利教授能做出期中的教學修正（Light, 1990, p. 66）。

請注意，這兩個概念對 UbD 有多重要：聚焦在大概念，以及人人（學生、教師、課程設計者）都需要根據回饋來重新思考。

我們不必使獲得回饋的過程太過正式或要求太多，我們也絕不能把回饋混淆成正式的課程評鑑。促進回饋的目標在於，依照課程設計，如何從學生的觀點發揮作用，而得到經常、及時、有用、非強制的回饋。請思考以下兩則關於蒐集持續之回饋的問題：

1. 對你而言，本週有哪些事物是有用的？簡短說出原因。

2. 哪些事物沒有用？簡短說出原因。

筆者的某位舊同事，每逢星期五都會對所教的各班級學生問這以上兩個問題，並且發給學生索引卡寫答案（他會把這些答案保留一整年）。請注意這些問題：相對於學生喜不喜歡，這些問題關切的是哪些事情有用。通常這些答案對教師兼課程設計者更有用，因為這些答案說明了在匿名的回饋方面「都沒有針對個人」的問題（這樣做會使某些學生比較不害怕，也比較誠實回答問題）。

也可以使用特別連結到兩難困境的問題來做更徹底的探究。這類探究活動不僅可以由教師個別進行，也可以由某個教師研究小組、各年級教師小組、各學科教師團隊，或者全校教師來進行，而調查結果則在教師會議上分享，並以電子或書面方式傳達。表11-7 提供了這類探究活動可使用的格式舉例。

> **注意錯誤概念！**
>
> 你可能會說：「所有這些計畫和設計的工作會降低我的自發性，以及對可教學時機的反應能力。」筆者認為並非如此；事實上，筆者認為反過來說才是真的。使清晰的目標和核心的實作表現能力準確聚焦，可提高教師對於有目的可教學時機之注意。
>
> 有時候，即使最優秀的教師也會如此專注於他們的卓越教學計畫，以至於聽不到、甚至不能稍微寬恕威脅到教學流程的批評。於是他們忽視了自己的真正目標——引發學習而非引發教學。另一方面，許多教師將見機行事型的教學傾向合理化的方式是主張，「順勢而為」，他們認為這樣更能做到以學生為中心，並且避免徹底計畫教學的需要。然而在那種情況下，無論學生是否提出問題，我們會有遷就學生而成為被動受害者的風險。那是「靠運氣教學生理解」，不是藉由課程設計使學生理解。

回饋能改進所有人的實作表現。但是，我們已經有點遺憾地注意到，只有少數教師會主動分析持續的回饋，無論這些回饋是來自學生、同儕、主管、家長或外部專家。我們同情教師的憂慮，但是對於使教學更有效能而言，這種憂慮會產生反效果。不過，好消息是，許多教師告訴我們，被誘引根據UbD的設計標準來參加同儕評論和自我評量，是其生涯中最有收穫、最有活力的經驗之一。的確，怎麼可能不是呢？就這一次，你可以討論自己在面對兩難困境時的掙扎，並且從同儕教師得到有用的回饋及建議。任何健全、有效能的學習型組織會使這類在課程設計上的同儕協力合作——根據設計標準給予回饋，透過所分配的訓練及時間使其

273

表 11-7　每週回饋表格式

哪些有用？哪些無用？

1. 在我們這週所做的課堂活動中，哪些是最有趣的活動？什麼因素使該活動最有趣？

2. 在我們這週所做的課堂活動中，哪些是最無趣的活動？什麼因素使該活動最無趣？

3. 在這門課這一週的學習裡，哪些事物對你最有用？換言之，哪些特定的活動、教學　內容、技術，或者工具最能幫助你學習？為什麼？

4. 對你而言，這週有哪些事物沒有用？哪些活動、指定作業，或者教學內容最令人困　惑或最沒有助益？為什麼？

5. 請就下列的陳述回答「是」或「否」，請說明所有答「否」的回答。

	是	否
1. 學習聚焦在大概念上，而不是只學習無連結的小事實和小技能。我們學習的是重要的事物。		
2. 我發現學習既有趣又能激發思考。		
3. 我很清楚單元目標有哪些。教師向我們呈現：哪些是重點、哪些是高品質的學習、哪些是我們的責任，以及哪些是單元目標。		
4. 對於如何達成學習目標，我們有充分的選擇權或自由。		
5. 評量策略很合適。我們被要求做的是「公平測驗」所學。		

成為教師工作的常態部分。圖 11-2 說明了持續的循環過程如何適用於重理解的課程設計之草擬階段和實施階段。

第六節　做調整

如圖 11-2 所示，課程設計要做的事，多過於我們遠離班級學生和同儕而自行想像出來的單元課程。在不同的研究發展階段，我們需要不同的回饋：來自自我評量、同儕、專家評論者、學生，以及來自我們自己對哪些有用和哪些無用的觀察結果。再者，直到將特定教學對象的因素納入考慮之前，我們的課程設計工作都不算完成。就最有效的課程設計而言，對學生的需求、能力，以及興趣做診斷式前測，是至關重要的部分，我們無法真正彰顯 WHERETO 的「T」因素（為教學修正相關因素，如：個人化的教學和也許進行因材施教），除非我們根據教學對象及最

圖 11-2　單元設計的循環過程

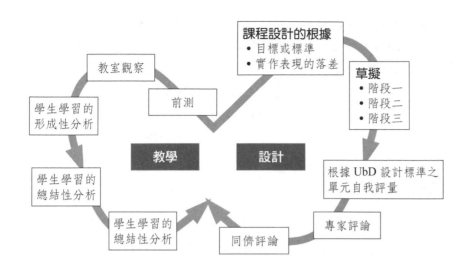

近與他們相處的經驗，在最後一刻對課程單元的設計做出調整。此外，我們需要按照錯誤的理解、未期望到的困難點，以及偶然產生的機會來修正課程設計，以利更能達到我們的目標。圖 11-3 顯示根據診斷式和形成性回饋的過程做調整之步驟。

圖 11-3　課程設計和回饋圖解

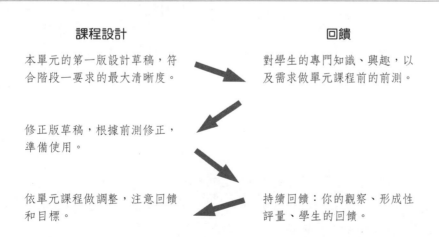

　　總之，此處適用 Pasteur 的格言：幸運偏愛有準備的頭腦（Fortune favors the prepared mind）。對仔細考慮目標及如何達成目標的教師兼課程設計者而言，真正適當的可教時機更為可見、更常常出現。考慮到固有的兩難困境，經常分析回饋只會改善課程設計，以及提供課程設計目標的分析結果。

　　在探討過課程設計過程及其固有的兩難困境之後，我們現在可以應用迄今探討過的知識，來回答更大的課程設計問題，那就是：如果考慮到單元課程設計只是基礎的話，整個大建築物看起來應該像什麼？我們應該如何藉由必然影響課程設計的總括概念、學習任務，以及標準，來準備單元課程設計工作所需要的資訊？現在我們轉向這些問題。

整體課程：以 UbD 為課程架構

我們可能會問，作為任何所教學科的標準……當教材充分發展妥當之後，是否值得成人了解、是否當兒童了解之後會成為更優秀的成年人。如果對這兩則問題的答案是負面或含糊的，那麼該教材只是使課程更雜亂。

——布魯納，《教育的過程》，1960，第 52 頁

雖然問題能刺激思考，但除非特定的經驗會導向之前不熟悉的某個領域，否則不會產生任何問題……因此，我們獲得的新事實和新概念會成為進一步經驗的基礎，而在這些經驗中會出現新的問題。這樣的過程會持續以螺旋方式進行。

——杜威
《經驗與教育》（*Experience and Education*），1938，第 82、87 頁

迄今，我們一直專注於單元課程設計的 UbD 程序。就各式理由而言，這是合理的。對教師來說，課程單元是令人覺得滿意的焦點：它不至於小到只能形成孤立的單課教學及過度分立的學習活動，但是也不至於大到似乎令人不知所措，以及廣到無法指引每日的教學。

然而，許多讀者可能發現：如果考慮到任何單元都必須適合之前所學的課程或一整年的年級課程，甚至適應更大的課程綱要，那麼我們的方法是不合邏輯的（甚至可能真的是逆向！）。因此，我們應該如何構

思及實施整體課程——「巨觀」課程，以充分反映強調理解的逆向設計？

　　若要充分說明如何設計有系統的多年期課程，會超出本書範圍。我們將焦點轉而放在教師個別設計課程單元時會提到的問題：哪些在巨觀層次有用的設計工作，會使單元設計更有效率、更一致、更有效能？可預測到的回答是：使用逆向設計法及可在UbD單元設計範例找到的相同關鍵要素，來編製科目課程大綱和課程綱要。我們尤其主張，課程和科目要依據主要問題、持久的理解、關鍵實作任務，以及評分指標來構思及建構。於是，這些總括的要素可作為所有課程單元及其之間連結的藍本。

276

第一節　多大的概念是大概念

　　可理解地，讀者會對前幾章覺得有點挫折，因為筆者從未具體說明發問問題和理解事項的理想範圍，也沒有更準確區辨總括的要素和主題的要素。我們現在指出：「『大概念』應該『多大』」的問題，其回答無法從科目和課程目標分離。有些概念顯然比其他概念「更大」——亦即這些概念更為概括、有更大的學習遷移性和影響，如此大範圍的概念應該可以定出課程學習和整個課程的方向；相對而言，沒有單一的單元能夠充分展現最複雜的概念。

　　因此，對於核心概念和評量任務有共識——不論是由學區、學校各科或各年級的課程設計團隊所做的共識，會明顯減輕單元課程設計者的負擔，我們也因此擺脫任由課程單元獨立設計而產生不一致成品之困擾。圖 12-1 說明了我們的 UbD 巨觀看法。

　　表 12-1 說明某個學區根據大概念及主要問題，架構其一學年歷史課程大綱之結果，然後在這個上層綜合架構之下，再建構個別的課程單元。

圖 12-1　UbD 的課程架構：巨觀和微觀的架構

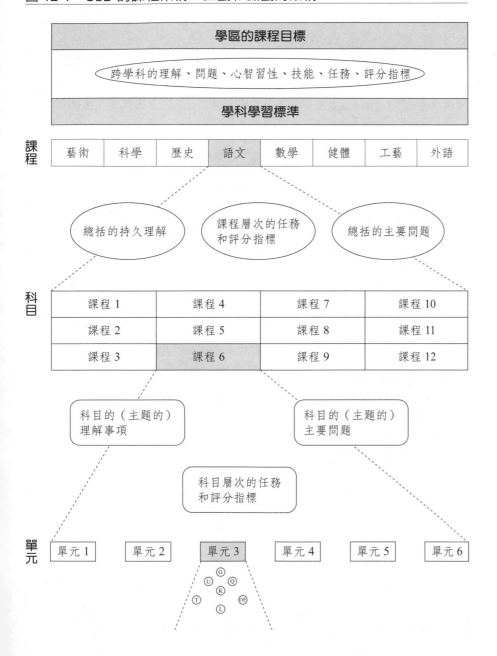

278　表 12-1　UbD 課程計畫範例：階段一

七年級的美國歷史課		
科目的理解事項	科目的主要問題	科目的技能
學生將會理解……	我們正在成為建國時擬成立的國家嗎？	學生將發展歷史和地理的分析技能，包括下列能力：
1. 獨立宣言的序言和憲法的序言，確立了我們何以需要政府及指引政府做決定之原則的理念，這些理念提供我們評鑑政府進步情況，並建議改進策略的架構。 2. 進步要付出代價——付出的程度是讓歷史來評價進步的成效。 3. 即使是民選領袖之外的特定個人，也會影響歷史。 4. 當經濟和地緣政治的興趣開始改變，美國放棄她的孤立政策，挾著新挑戰和新責任成為支配世界的強權國家。 5. 為推動普遍的福利措施，政府試圖平衡市場自由運作的需求和規範市場運作的需要，以利保障公眾利益。 6. 地理環境會持續影響我國的經濟、政治，以及社會發展。 7. 在整個美國歷史中，戰時的恐懼及人民所感受到的安全威脅，導致對某些公民自由權的漠視。 8. 美國文化反映在當時的事件上，並且形塑了美國人對自己的看法。 9. 憲法的通過並未終止關於政府權力的爭論；相反地，經濟的、區域的、社會的，以及理念的緊張已經出現，並且未來會繼續出現對於憲法之意義，以及聯邦與州政府之間適當權力平衡的爭論。 10. 政府與大眾對於公民平等權的承諾已有提升。	1. 進步有什麼用？ 2. 個人如何產生影響？ 3. 美國如何成為世界強權？ 4. 哪些議題會決定我們在外交事務上的參與？ 5. 美國為什麼放棄其傳統的外交孤立政策？ 6. 對憲法理念的承諾應該超越我們的限度嗎？ 7. 政府促進人民一般福祉的責任有哪些？ 8. 關於經濟發展，政府應該更介入或更放手？ 9. 地理環境如何影響歷史？ 10. 在歷史上，為什麼安全和自由之間存在著爭鬥？ 11. 美國人的文化認同如何隨著時間而改變？ 12. 州政府和聯邦之間的權力爭鬥如何隨著時間而上演？ 13. 政府對「建立正義社會」的承諾如何隨著時間而改變？ 14. 在歷史上「正義」的定義如何變得更概括？	1. 找出、檢視，以及詮釋第一手和第二手的文獻，以增進對美國歷史事件及生活之理解。 2. 在過去和現在之間做出連結。 3. 將美國歷史的重要事件從制憲時期到現在加以排序。 4. 從不同的歷史觀點詮釋概念和事件。 5. 以口頭方式和書面方式評價問題、討論問題。 6. 編製及說明地圖、圖形、表格、圖解、圖像。 7. 分析及詮釋地圖以說明地形、水文、氣候特徵，以及歷史事件之間的關係。 8. 分析政治漫畫、政治廣告、圖片，以及其他圖像媒體。 9. 區辨相關的和不相關的資訊。 10. 概覽資訊的正確性、分開事實和意見。 11. 找出問題然後建議解決方案。 12. 在寫作、討論和辯論之中選擇立場、辯護立場。

紐澤西州 West Windsor-Plainsboro 學區，Mark Wise 和初中社會科團隊。

第二節　以主要問題作為科目及課程的基礎

最重要的（影響）可能是訂定課程大綱和課程地圖的學區模式……
我們以持久的理解和主要問題作為關鍵要素來編製所有的課程。

——*Dorothy Katauskas*，賓夕法尼亞州新霍伯受貝里
（*New Hope-Solebury*）學區總學監助理

　　主要問題的總括特性和循環特性，使其理想上很適合架構巨觀的總整課程和科目課程。就其特性而言，主要問題聚焦在傳統上不以單元為限的大概念，因此，要跨越許多單元才能適當探討這些概念，在某些情況下，甚至要花幾年時間來探討。就實際而言，這意味著主要問題可用來作為科目和總體課程的骨架，然後再衍生適當的個別課程單元。下列舉例說明了主要問題如何用來架構整體課程，以利單元設計的工作更輕鬆，以及對學生而言課程內容更為一致。

　　請思考下列一系列的主要問題，這些問題是由兩位歷史學者（Burns & Morris, 1986）所提出，以作為理解美國憲法的方式。請思考，美國歷史方面的任何科目如何透過各個單元的細節來探討這些問題：

1. 國家的權力太多──或太少？憲法對於聯邦權力所做的限制是實際的或可實行的？
2. 聯邦主義有用嗎？憲法是否在國家權力和州政府權力之間維持一種有效率的、實際的平衡？
3. 司法部門是否權力太大？法院是否像憲法詮釋者和公共政策擬訂者一般地適當執行其權力？
4. 自由和安全之間能平衡嗎？共和黨政府如何能提供國家安全而不致危害到人民的自由？
5. 我們所謂的「人人生而平等」是什麼意思？憲法保障及應該保障的均等有哪些類別？其意義是什麼？
6. 婦女和少數族群的權利是否都受到適當的維護？

7. 總統對於開啟戰爭和外交政策是否擁有適當的——或太多的——權力？

8. 憲法上的制衡是否過多？政府三大部門之間的權力劃分是否創造了統治上的僵局？

　　以下是從兩份大學的課程大綱所做的摘錄，第一部分是商學院的課程大綱，第二部分是美國歷史的課程大綱，它們都被修訂過以反映 UbD 的思考方式：

　　學生在修習這門課期間將聚焦在四個問題上：

1. 政府為什麼要規範某些活動？政府應該這樣做嗎？

2. 哪些人物涉入政府的決策過程，他們的政策操作是來自哪些權力基礎？

3. 政府的法令如何被執行？

4. 在多大程度上，法律及詮釋法律的司法判決理由反映了政府法令背後的政策？

　　我們在這門課所做的每件事，都是在探討下列問題：

1. 什麼是美國歷史事件？

2. 歷史學家如何建構及評價他們所講述的事件？

3. 為什麼要研究歷史？

　　任何學習的科目或課程都可能以類似的方式來組織內容，以下是一系列在架構藝術課程方面所採用的總括問題：

1. 藝術家以哪些方式來影響社會？社會在哪些方面影響了藝術家？

2. 哪些因素造就藝術的「偉大」？什麼是美？什麼是品味？它們彼此相關嗎？它們重要嗎？

3. 不同的美感觀念如何影響作品？

4. 出自不同領域的藝術家如何表現相似的主題？藝術如何一代又一代地

改變？藝術家如何及為何選擇工具、技術、素材等來表達他們的想法？

5. 哪些事物會激發藝術創作動機？藝術家如何得到、從何處得到他們的
想法？藝術創作基本上是直覺的歷程嗎？藝術家是天生或養成的？藝
術家的認知是主動或被動的？其答案重要嗎？

6. 我們如何「解讀」藝術作品？藝術可以被有意義地解釋或批判嗎？藝
術需要被解釋、被批判嗎？或者，嘗試這樣做會破壞藝術？

7. 藝術家對欣賞的群眾或社會有責任嗎？

8. 藝術有規則可循嗎？誰應該制訂這些規則？

9. 我們是否應該審查或限制藝術的表達？

以下則是一系列用於架構數學課程的總括問題：

1. 這是什麼類別的問題？當我們的想法卡住時應該要怎麼做？你如何知
道自己是否完成了？最優秀的問題解決者會怎麼做？我們會如何顯示
……？以哪些其他（如何以其他）方式？我們如何最有效地重現此部
分（或整個）關係？其模式為何？其順序為何？

2. 什麼是數字？每件事物都可以量化嗎？如果我們未曾使用過或無法使
用數字，我們將無法做哪些事情？為什麼會有負數？無理數？虛數？

3. 此處的模式是什麼？我們有多大信心？我們如何發現模式？模式能透
露出什麼？模式如何造成誤導？

4. 哪些是建立數學模型的優點和限制？在哪些方面模型能闡述事實，在
哪些方面它會扭曲事實？數字（資料）如何說謊或造成誤導？正確答
案何時可能不是問題的最佳解決方案？

5. 我們測量的事物會如何影響測量的方式？測量方式會如何影響我們的
結論？估計何時會比計數更有效，何時則否？簡化數量何時會有幫助？
何是則有害？何時我們應該抽樣？何時不應該抽樣？（一個樣本）要
多大或多少才足夠？

6. 你有多確定？什麼是可能的邊際誤差（margin of error）？這有多正確
（多精準）？這需要達到多正確（多精準）？其證據是什麼？我們有
證據嗎？

　　通常，課程綱要強調列出個別的學科知識和技能之清單。這具有微
妙鼓勵教師以機械的、過度教授的方式「涵蓋」所有事物之效果，而我

們知道此種方式會使課程更無趣、更不一致、更無效能。相對於根據學科內容來架構課程，根據主要問題來架構課程會使有連結的、激發思考的，以及重複出現的探究，對學習經驗產生更適當的重要性。就如帶領發展表 12-1 社會科課程綱要之該科主管 Mark Wise 所說：「回頭編擬不連結的活動，或者涵蓋事實而沒有提供更廣的情境脈絡，是件非常困難的事。」

281

第三節　跨學科的問題

就如許多工作坊學員指出的，即使跨學科的課程設計並非目標，主要問題還是常常會跳過課程的界限，例如，從前述清單舉出兩個問題：什麼是模式？建立模式的過程基本上是直覺的嗎？這兩個問題和解決數學問題、藝術的表達都有相關。這是根據問題而非學科內容來架構課程的重大優點之一，因為好的問題會使學習活動更有可能產生有趣、有收穫的連結和意義。

因此，請以更高層的通則來思考主要問題。由麥克阿瑟學者（MacArthur Fellow）Deborah Meier 所創立的紐約中央公園東區中學（Central Park East Secondary School），根據一套主要問題來架構其整個課程，而這些問題編排起來就像是要學生內化的關鍵「心智習性」：

在每個班級、每個學科，學生將學習到如何提出及回答這些問題：

1. 我們從誰的看法來進行目前的觀察、閱讀或聆聽？從什麼樣的角度或什麼樣的觀點？
2. 我們如何知道自己何時知道？證據是什麼？有多可信？
3. 事物、事件或人物之間如何相互連結？哪些是成因，哪些是影響？它們如何搭配在一起？
4. 哪些是新知，哪些是舊聞？以前我們如何無意中發現這些概念？
5. 那又怎麼樣？它為什麼重要？它的全部意義是什麼？

卡內基教學促進基金會（Carnegie Institute for the Advancement of Teaching）的前任主席 Ernest Boyer 在《基本的學校》（*The Basic School*）一書中，建議一套以跨學科「核心共同特徵」（core commonalities），及其附帶主要問題為基礎而建立的教育課程。以下是某一系列附帶問題的舉例，這些問題應該作為小學到初中各年級探索的問題：

每個人都是不同群體的成員之一。

1. 我在出生時屬於哪一個群體？

2. 我隸屬於哪些群體？

3. 人們為什麼參加群體？

4. 我可以離開群體嗎？（1995, p.90）

另一個舉例出自「國際學士學位基本學年課程」（International Baccalaureate Primary Years Program, PYP）。在 IB PYP 課程的任何單元都必須探討一個以上的下列問題：

1. 它像什麼？

2. 它如何作用？

3. 為什麼會這樣？

4. 它現在如何變化？

5. 它如何連結到其他的事物？

6. 有哪些觀點存在？

7. 我們有哪些責任？

8. 我們如何知道？

根據大概念及主要問題所建構的課程綱要，不需要侷限在人文學科或其他以內容為焦點的學科。表 12-2 是整個體育課程的舉例，此課程係根據 UbD 的要素架構而成。

282

表 12-2　根據 UbD 架構的體育課程

大概念	持久的理解	主要問題	課程標準
領導	一個人可以產生影響	誰有此權力，他們如何維持權力？	4b、4c、4d、4e、5c、5d、6b
溝通	話語很有力量，慢慢介紹你自己。	什麼時候你應該開口？	4b、4d、4e、5c、6a、6b
團隊工作	不是每個人的想法和作法都和你一樣。	在團隊中沒有所謂的「自我」？何時我們會贏了一役卻輸了整個戰爭？	4b、4c、4d、5c、5d、6a、6b
探索	冒險會得到意外的後果。	哪些是可能的陷阱？你能處理這些陷阱嗎？	1d、5a、6c、6d
策略	你的方向比如何達到目標更重要。	有什麼計畫？對你而言進行得如何？	2b、2c、2d
規則	規則是限制也是機會。	規則如何改變你的作法？	1b、1c、2a、4a
體適能	體適能是過程，不是結果。	健康的人看起來像什麼樣子？	3a-f
健康	你必須為預防疾病做好準備。	是你自己造成身體的不健康，還是體質衰弱使你不健康？	健康教育：預防受傷和疾病 體育：3d、3e
運動精神	重點不在於做什麼，而是如何做。	哪些因素使比賽值得參加？	4a、4b、4d、4e、5c、5d、6b
競爭	每一次的競賽都會使你更強壯。	競爭如何激勵你？何時競爭會過了頭？	1a、4b、4e、5b、5d、6c
技術	熟能生巧。	你何時會習得技術？在此之前你要做什麼？	1 a-d、2 a-d

第四節　藉由實作任務架構課程

　　如前述強調的，關於學生學習成就的紮實證據，其要求的不只是只做一次快照式評量——例如一年一度的州測驗，評量理解的結果需要採用複雜的任務，而這些任務能證明學習遷移的能力。因此，地方的評量

計畫必須包括根據六個理解層面所建構的、更高品質的、聚焦在應用的實作任務。然而，大多數的課程綱要卻忽略或不重視評量，即使課程的細節要求澄清落實課程目標的實作表現目標——評量及評量指標。

因此，架構巨觀課程的不同方式是，透過評量來進行架構！哪些是學生必須熟練的關鍵實作表現類型或體例？表 12-3 提供了出自紐約市的希臘語課程舉例，其中，第二外語（或語文）教師同意整個學區每季實施寫作評量，這些評量採用共同的評分指標來評價結果。表 12-3 顯示，每個學生針對各種體裁要完成兩項寫作作業，每個年級就每種體裁的某項寫作，採用全學區共同的題目。這個協調後的評量，其焦點對寫作課程造成更大的一致性，也改進了學生的表現。

艾弗諾（Alverno）學院以下列方式設計全校課程已有二十五年的歷史，其學科領域課程及跨學科課程的目標被劃分成八大領域的一般能力。

表 12-3　整個學區對寫作的評量計畫　　　　　284

年級	說明文	勸說文	文學分析	創意的（表達的）
6	研究報告	立場陳述報告	以情境或衝突為題的文學小論文	原始的神話
7	自傳	政策評鑑	以人物為題的文學小論文	個人的寫作
8	研究報告	問題解決的小論文	以象徵為題的文學小論文	敘事的小說
9	因果分析的小論文	社論	多元文學要素的分析	詩
10	研究報告	社會議題的小論文	批判分析的小論文	歷史人物
11	定義說明的小論文	爭論的小論文	比較體裁的小論文	滑稽模仿的詩文（譏諷的詩文）
12	研究報告	立場陳述報告	回應文學批評的小論文	反語

引用紐約州葛瑞斯（Greece）中央學區的資料。

教授們有雙重的角色，除了設計及教導所屬學門的科目之外，他們也擔任為八大能力領域設計學習評量的委員會成員。這有兩方面的效益：每位教授對於有關整體任務的個人角色，學習到以更大的觀點來思考，以及這些能力的課程設計不會重蹈學科為焦點的傳統課程設計之缺失。

根據主要問題來架構課程的益處是，這些問題會自然而然暗示正確的較高層次評量任務，以確立在地的課程。草擬最適當實作評量的實用策略之一是，想像這些主要問題為任何的特定評量提供了一般的「透鏡」。於是，就像我們從商事法和美國歷史的大學課程舉例所看到的，我們可以預先及一直對任何年級的學生說：「在這門課結束時，我們會 283 從不同的觀點思考這些問題，你會以各種不同類別的專題學習和實作表現來探討這些問題——因此要經常記住這些問題。」

對於基本上以技能為焦點的課程而言，如果主要問題似乎有點太抽象、太哲學化，只要找出與關鍵實作任務相關的問題和難題即可，因為這些實作任務要求有智慧地利用技能。在數學領域，如果我們也提供學生經過仔細設計的一套難題，而這些難題如果符合下列問題，並且要求應用到期望的技能，那麼，這兩則問題可以架構出整個課程，那就是：「因此，其模式是什麼？」和「這應該如何建立模型？」例如，表 12-3 284 所示相當於英文（或語文）體裁的數學概念會涉及到，每年根據雜亂的資料集，對學生呈現相同或相似的問題。或者，相同的基本問題可以要求（及搭配）跨越不同數學難度設定之答案，例如，藉由類似「哪些是大批運送 M&M 巧克力的最理想包裝方式？」之問題來問學生。目前我們可能根據個別的事實和技能來應用評量項目，而這類有挑戰性的問題也能使我們比現在更能對學生因材施教。

在處理像歷史科一樣內容充實的學科時，透過彈性策略的評量任務來架構課程，尤其有用。以下的課程設計舉例，其目的在符合紐約州的世界歷史科課程標準：

1. 設計一趟包括正確地圖在內的世界最神聖景點之旅，設計一份旅遊指南，內容包括：當地社會規範、風俗，以及參觀聖地的禮節；分析最符合成本效益的交通路線和方式；提供主要景點的簡短故事，這些故事會使你的同儕覺得有趣；以及，附上引用的參考書目（對其他同學

的建議讀物）。

2. 編擬一份適用於阿富汗、伊拉克，以及其他新興民主國家的權利法案。參考過去的例子（如：美國的權利法案、聯合國的決議文、國際法庭的判例）及其優缺點，從某個包括學生同儕和成人在內的多元團體獲得簽名，以證明共識。

3. 為國務院準備一份拉丁美洲國家的報告。選擇一個拉丁美洲國家，然後提出對該國的外交政策分析及背景報告。哪些是我們目前應該有的政策，最近我們對該國所用政策的效能如何？

4. 就其他國家對美國中東政策的看法，從網際網路蒐集及分析媒體的報導。為總統彙編一份影印新聞報導片段的「簡報」，並附上你對這些報導的正確性及影響之評論。製作一份包括不同新聞報導內容的Quick-Time（譯註：電腦多媒體播放軟體）影片，內容摘要對美國近來有關中東政策的國際反應。

5. 以 PowerPoint 電腦簡報軟體製作一份口述歷史，強調美國的移民國家特色、世界各國人民移民到這裡的原因，以及為什麼美國人現在尋求限制或約束移民的原因。訪談最近來到美國的移民，然後記錄其離開祖國來到美國的原因。訪談贊成約束移民的人，詢問關於其家族如何來到美國的問題，以了解他們認為哪些是相同、哪些是不同的情況。

6. 設計一場貿易商展活動，以展示某個歐洲國家其地理與經濟之間的連結，以及該國在新歐洲經濟聯盟會員國的影響力。

7. 編寫一篇某非洲國家領袖訪問美國時，對於美非關係歷史的演說及國務院的回應，並將其錄在影帶上。

8. 參與影響全球的衝突議題之正式辯論，例如，聯合國對伊朗的協助、美國在中東的角色，或全球暖化問題。

9. 以二、三位學生構成一組以代表某個國家之方式，模擬建立聯合國的組織，然後，模擬安全理事會對恐怖主義之對策的決議過程。

10. 為外交關係委員會（Foreign Relations Committee）提供一份關於當前俄國現況、上個世紀的美蘇關係，以及該國的未來隱憂和可能發展之簡報。簡報內容說明：俄國是敵或友？

11. 撰寫一份以印度和引進外在資源為題的報告。在多大程度上，經濟的

285

全球化對美國是件好事？對印度呢？對印度的鄰國呢？

第五節　從實作任務到評分指標

核心實作任務的發展會自然而然導致選擇或設計伴隨的評分指標。請想像根據三十個評分指標建構的系統，當它被整個學區或學校師生一致使用時所產生的力量，例如，假設全系統的評分指標是為了下列實作表現的效標而存在。

有效能的	有目的的	正確的
清晰的	有效率的	精確的
簡捷的	一貫的	支持的
優美的	（自我）批判的	經過證明的
建構良好的	深思熟慮的	聚焦的
展現良好的	仔細的	有洞見的
有組織的	有反應的	流利的
徹底的	有方法的	精熟的
一致的	精練的	有技巧的

286　　如果需要，這套指標可以用加重號或其他特定任務的指標來修正。但是更通用的架構仍維持不變，以利學生對於有品質的學習成果之特色能得到一致的訊息。以下是以「清晰」為標準的評分指標舉例，其中加重號的部分顯示，對於三年級學生的海報製作學習任務而言，一般的期望表現會被如何詮釋：

一、清晰

6 內容表達得非常清晰，用語精密、精確。句子結構不同而且複雜，文法也很正確。在技術性細節和拼字上有些微小錯誤，但不至於影響報告內容的正確性。作品經過徹底的、邏輯的發展，其內容意義毫不含糊。作品的目的透過對格式和內容的獨特掌握而達成。

- 哇！真的很清晰。我們完全知道你想告訴我們的知識，你很聰明地透過版面組織、色彩、文字內容，以及所使用的字詞，吸引我們注意你的大概念。
- 這張海報沒有雜亂或混淆的內容，卓越的用詞、圖片、空間運用。
- 完全沒有拼字或文法的錯誤。

5 表達很清晰。用語適當精確，句子的結構有變化，文法正確。在技術性細節和拼字上有些微的錯誤，但不至於干擾報告內容的流暢。作品經過有邏輯的發展，其內容意義毫不含糊。作品透露了經過深思熟慮的訊息或意義，對於如何最有效傳達這些訊息也掌握得很好。

- 很清晰的海報。我們很容易理解你的訊息，內容組織簡捷有效，以利說明你的大概念。
- 完全沒有拼字或文法的錯誤。

4 大部分內容都表達得很清晰。用語恰當但不完全精確。句子結構有變化，在字詞用法、技術性細節或拼字上有些微錯誤，但並不干擾報告內容的流暢。有一些含糊、不明確或很難辨識的用語（尤其關於更微妙或更複雜的概念）。然而，此作品仍顯示了深思熟慮過的意義。

- 相當清晰的海報。我們了解你的訊息，但可能有某些東西並不吸引我們。
- 整體而言，這是能支持你的重點的良好設計，但有些部分我們不確定哪些是最重要的重點。
- 有一兩個小的拼字或文法錯誤，但不至於混淆或分散我們的注意力。

3 表達得有點清楚。用語可能不適當，未能完全適合或符合此任務的需要。句子的結構大多數正確，字詞用法、技術性細節或拼字的錯誤，

287

可能會對報告內容的流暢有輕度影響。不乏意義含糊、不明確或難以辨識意義的主要例子，關鍵概念的發展或說明並不完整。這個作品未能有效表達意義，並且（或者）顯示創作者對於內容意義的思考並不充分。

- 內容有點不清楚的海報。海報的設計並未做到使觀眾理解內容，因為版面配置、字詞或圖片都很混淆或雜亂。我們可能很難理解你的訊息，「重點是什麼？」可能是普遍的反應。海報想表達的內容可能太多了。
- 少數拼字或文法錯誤會分散我們對重點的注意。

2 內容表並不清楚。句子結構、技術性細節或拼字上可能有主要的錯誤，這些錯誤會干擾報告內容的流暢。有許多地方未能看出創作者想要表達的意義。用語可能太不精確、不適當或不成熟，以致無法表達想要表達的訊息，並且（或者）顯示創作者對於內容意義的思考並不充分。關鍵概念既不連結也未成形。

- 內容不清楚的海報。很難理解其訊息，因為內容雜亂或不完整。
- 由於文字敘述、拼字或文法的錯誤，我們很難理解字詞的意義。

1 很難理解內容，如果不是無法解讀，就是在此作品中找不到創作者想要表達或刻意表達的意義。

- 我們完全無法理解你的訊息。不是內容不足就是一團雜亂，並且（或者）有太多令人困惑的字詞、圖畫、拼字、文法的錯誤。

就像所有的評分指標，如果這些指標要對自我評量、自我調整，以及理解教師的最後評價派上用場，學生需要看到每個評分分數的作品舉

例。

縱貫式評分指標有助於描繪隨著時間改變的進步。大英國協對不同的學科使用一套類似的評分指標，以列為標準本位全國課程的部分內涵。下列評分指標，描述的是五到十六歲的學生在科學方面漸增的理解程度【學校課程暨評量局】（School Curriculum and Assessment Authority, 1995）[1]：

二、成就目標一：科學的探究

㈠第一級

學生能適當描述或回答關於物體、生物，以及所觀察事件的簡單特性，並且能以舉例如談論所學、畫圖和簡單圖解等簡明方式來表達自己的發現。

㈡第二級

學生能回應關於如何在他人幫助之下發現事物的建議，並且對於如何蒐集資料以回答問題提出自己的建議。學生能在他人幫助之下，利用簡單的文本來找出資訊。他們能使用教師提供的簡單設備做出與學習任務相關的觀察，以及能觀察及比較物體、生物、事件。他們能使用科學的詞彙描述觀察所見，適時利用簡單的表格來記錄觀察結果，以及能指出所發生的事是否就是他們所期望的事。

288

㈢第三級

學生能對建議做出回應，並且對如何發現問題的答案提出自己的想法。他們明白，為什麼蒐集資料以回答問題是件重要的事，也會利用簡單的文本來找出資訊。他們進行相關的觀察，然後使用許多簡單的設備來度量數量，例如長度、質量等。適當時，他們會在某些幫助下進行公平的測驗，並能了解及說明為什麼測驗是公平的。他們會以不同方式記錄觀察的結果，會對觀察所見提出說明，以及對記錄的數據所呈現的簡單模式提出說明。他們能以科學方法表達自己的發現，然後建議改善學

習的策略。

㈣第四級

學生了解，科學的概念是以證據為基礎。在進行探究的活動中，他們會決定適當的研究方法，例如，利用公平的測驗來回答問題。適當時，他們會在執行實作任務時描述或展示，如何在其他因素維持相同的情況下改變某個因素，以及在適當的情況下做出預測。他們會從得到的資源選擇資訊，選擇適當的設備，然後做出一系列適合實作任務的觀察和測量。他們使用表格及長條圖來記錄觀察結果、比較結果、測量結果。他們開始描繪數據點以繪製簡單的圖表，並且使用這些圖表指出及詮釋資料中的模式。他們開始將自己的結論連結到這些模式、連結到科學知識、連結到理解，並且以適當的科學用語來表達。他們會對自己的學習提出建議，並說明理由。

㈤第五級

學生能描述實驗的證據和創意思考如何結合在一起，以提供科學的說明，例如，Jenner 在關鍵階段二對於預防接種的學習、Lavoisier 在關鍵階段二對於燃燒的學習。當試著回答某個科學問題時，他們會找出某個適當的方法。他們會從一系列的資訊來源做選擇。當探究涉及到某個公平的測驗時，他們會找出應該考慮的關鍵因素。在適當的情況下，他們會根據自己的科學知識和理解做出預測。他們會為一系列的實作任務選擇合適的用具，然後計畫如何有效應用。他們會以適合任務的精準度做出一系列的觀察、比較或測量。他們開始重複做觀察和做測量，以及為任何遇到的差異提出簡單的解釋。他們有系統地記錄觀察所見和測量所得，以及在適當的情況下將資料以直條圖呈現。他們會做出和證據一致的結論，並且開始將這些結論連結到科學知識及理解。他們會對如何改善自己的學習方法提出實用的建議。他們會使用適當的科學用語及體例，來表達量化的和質性的資料。

㈥第六級

學生能對某些被接受的科學概念描述其證據，並且說明科學家對這些證據的詮釋如何導致新概念的發展和接受。在自己的探究學習中，他們使用科學的知識及理解來找出某個適當的方法。他們會有效地選擇及利用資訊來源，以及會為學習任務做出足夠的測量、比較、觀察。他們會使用刻度畫分良好的工具，來精準測量不同的數量。他們選擇能有效呈現資料及其特性的圖表量尺，以及找出和所顯示的主要模式不相符的數據和觀察結果。他們做出和證據一致的結論，然後使用科學知識及理解來說明這些結論。他們對於如何改進學習方法提出經過推論的建議。他們使用科學用語及體例，來選擇及使用表達量化資料和質性資料的適當方法。

㈦第七級

學生能根據科學理論來描述某些預測，然後舉例說明被蒐集來測試這些預測的某些證據。在學習過程中，他們使用科學知識及理解來決定解決問題的適當方法。他們在複雜和變項無法順利控制的情境中找出關鍵的因素，然後計畫適當的解決問題程序。他們從一系列的來源綜合資訊，然後找出第二手資料的可能限制。他們使用一系列的器具，精準做出有系統的觀察所見和測量結果。他們確知何時需要重複測量、比較、觀察，以獲得可靠的資料。在適當的情況下，他們會使用最合適的繪圖，以圖解來呈現資料。他們做出和證據一致的結論，然後使用科學知識及理解來說明這些結論。他們會開始思考，已蒐集的資料對於所下的結論而言是否足夠。他們會使用各種科學與技術的用語及體例來表達探究的結果，包括應用符號和流程圖。

㈧第八級

學生會舉出科學解釋或科學模型的例子，而這些解釋或模型以往必須依照其他的科學證據而改變。他們從一系列的來源來評價及綜合資料，他們了解，探究不同類別的科學問題需要不同的策略，以及在學習過程

中需要使用科學知識及理解來選擇適當策略。他們會決定,在質性的研究中,哪些觀察結果是相關的。他們會決定,在做比較或測量時需要何種程度的精準度,然後蒐集能使他們檢驗變項之間關係的資料。他們會找出異常的觀察所見和測量結果,以開始解釋之,然後在畫圖解時考慮到這些異常的結果。他們使用科學知識及理解從所得的證據做結論,以及以批判的角度思考研究結果的圖表。他們使用適當的科學用語及體例來表達發現和論據,這顯示他們知道一套看法。

290　(九)**優越的實作表現**

　　學生能提出曾受到後來的實驗所挑戰的科學解釋和科學模式實例,並且說明證據在修正科學理論方面的重要性。他們能從一系列的來源評價及綜合資料。他們知道,研究不同類別的科學問題需要不同的策略,並且在學習過程中,能使用科學知識及理解來選擇適當的策略。他們記錄相關的觀察結果和比較結果,以確認特別重要的要點。他們決定在測量時所需要的精準程度,然後蒐集能滿足這些需要的資料。他們使用資料來檢驗變項之間的關係,也會找出及解釋異常的觀察所見和測量結果,以利在畫圖解時考慮到這些異常的結果。他們使用科學知識及理解來詮釋趨勢和模式,並且從這些證據做出結論。他們會以批判方式來思考研究結果的圖表,然後對於如何蒐集其他的證據提出有根據的說明。他們使用適當的科學用語及體例來表達發現和論據,這顯示他們知道不確定的程度和一系列的替代看法。

　　六個理解層面的 UbD 評分指標(見表 8-3),可作為建構其他發展型評分指標的架構。在外語課程方面,相似的發展型評分指標已經存在,例如,美國外語教學協會(American Coucil on the Teaching of Foreign Language, ACTFL)已經發展出一套外語說寫流利程度的評分指南(ACTFL, 1999)。不同的評分辦法也勾繪出識字能力的發展,例如,由兒童前期的研究者 Samuel Meisels 所共同發展的總括式評分辦法,係按年級來顯示識字能力的發展,這套指標指出:幼稚園階段的孩童能預測故事中下一個事件的發展,一年級的孩童在閱讀時會跳過新的字詞,二年級的孩

童可能會以畫圖方式來理解陌生的字詞。而這套總括的評分辦法是以幼稚園階段到五年級的識字發展為焦點（Jacob et al., 1994）。

第六節　將「範圍和順序」原理應用到重理解的課程

> 我們對兒童提供的（學習）很少是關於重新界定、形成，以及重整曾經接觸過的知識。在設計課程方面，培養學生反省能力是課程設計者面臨的最大問題之一：如何引導兒童等待發現從回想而產生的力量和樂趣。
>
> ——布魯納，《超越所知資訊》，1957，第 449 頁

大概念、核心任務、發展的評分指標的總括架構——這不正是我們建構有效的課程所需要的全部要素？如布魯納的引句所示，答案是「否」，關於 WHERETO 的論據、關於「跨內容」的討論，以及就大概念和核心實作表現的焦點而言，此架構是不足的。如果在某個單元中，理解需要重新思考和經常（重新）應用，那麼就整個課程而言，接下來是什麼？範圍和順序的問題被認為在巨觀的課程架構中很重要——比許多教師所了解的更重要。

關於在範圍和順序方面的理想「順序」之問題，看起來很抽象，但是就如我們在第十章討論單元組織時所指出的，某個流程對另一個流程的影響是真實直接的。例如，某個實習技工可能會認為下列作法奇怪而無用：某個資深技工拆解了整個汽車引擎，將每個零件放在車庫地上，然後以大型視聽設備做完整的講課，針對每個引擎零件及其和其他部分的關係加以說明，以回答「化油器怎麼了？」的問題。但是專家可能會主張，關於汽車引擎的講述，會對所有相關資訊提供有邏輯的徹底說明。

換言之，教學內容和方法兩者有可能是最高品質，但是，課程卻可能完全無法產生有效的學習。如果學生的專注學習、理解，以及學習成效是評價課程排序的標準，那麼，在課程排序時，注意到學生應有的實作表現及重複出現的大概念，就像課程要素的品質一樣重要——也許更重要。我們認為，如果涉及每個主題先後順序的科目及課程排序，完全

291

由個別的內容要素來決定，而不依據與理解相關的學生實作表現目標，將會危及使學生理解的目標。

考慮到我們對於大概念及核心實作任務的論據，以下簡單方式摘要了安排課程範圍和順序需要達到的結果：在班級教學中，學習任務的順序應該和運動場上或畫室中的學習過程一樣。所有這些學習情境下的目標都是能以理解能力活用某個學科：不是為了知識和技能而獲得知識和技能，而是為了能處理該領域中的關鍵任務。於是，無論我們談的是物理或草地曲棍球，如果我們的目標是使學生做出明智的實作表現，學習活動的所有邏輯必須相同：(1)從明確的實作目標開始進行逆向的課程設計，並且經常依據學生的回饋及實作表現結果（如：理解的證據）調整課程設計；(2)經常在實作表現的要素（學習及利用個別的知識和技能），以及課程排序和實施的整個複雜任務之間來回轉換；(3)在已教過的內容和應用所學新內容之間，經常來回轉換；以及(4)在學生繼續學習及準備正式表現學習結果之前，使學生在不受處罰之下，按從結果開始的順序來學習。

我們相信，這些邏輯可以應用到所有領域的課程，即使許多讀者可能直覺上反對原本不同於核心課程內容領域的實作本位課程。但是，請回想前述提到的「最佳課程設計」練習，當工作坊的學員被要求描述教學過程時，不管他們提到的課程內容是什麼，最佳的學習活動都被認為涉及到在整個實作表現和個別的知識要素、技能要素之間來回轉移，以及經常應用清晰的實作目標為根據的課程內容。不論哪一個學科，透過經歷許多的「部分－整體－部分」循環——試驗、反省、調整，學生的學習效果最有效。他們會學習恰好足夠的內容以利應用，然後藉由應付愈益複雜的概念及實作表現層面而得到進步。

但是，歷來大多數學術課程的組織，就像是汽車修護的專家技工課程：一路順著基本教材到進階教材的內容順序教下去，在應用方面造成長期延宕——有時無止盡延宕，阻礙了學生的專注學習和學習效能。但是不知怎麼地，文科課程的教學並不像在修車廠、在電腦上、在樂隊演奏室，以及在運動場上所表現的那樣可笑，但這是長年的習慣如何矇蔽我們的原因。真正的科學、數學，以及歷史教學都涉及到教學活動遠多

292

於逐項回想事實。我們使用「學門」（discipline）一詞是有理由的，本質上，學科領域是關於「活用」某個學科——以學門化的方式應用學科內容。

　　再者，在典型科目歷史悠久的課程組織邏輯之中，有個諷刺的情況就是，不論內容多麼現代，其教學流程典型上是根據前現代時期的學習觀。以內容邏輯組織課程，然後一路順著已知知識教下來，是舊式的傳統，其應用早在印刷品出現之前、早在對於真相有深入而公開的知識歧見之前，以及早在教育目標是符合學生（使用者）興趣的思想出現之前。在前現代的觀點中，理解要求的只是對真相的接受和沈思，這些真相按照邏輯組合成字詞——刻意區分了博雅教育和任何實用學習科目的不同。

　　因此筆者認為，大多數課程的結構嚴重不當，而且只是改進課程內容的建構方式及教學方法，不足以構成理解為焦點的學習。事實上，對學生而言，在傳統的課程排序方式下，我們以嚴謹和適時為名，在邏輯上加入及追求的課程內容更多，於是學生就愈難掌握大概念和核心任務。我們認為，在更「現代」的實作領域（無論我們所想的是工程學、西班牙文、商學、爵士樂團或烹飪）所發現的課程順序，比我們對於人如何學習及為何學習的知識更為真實。如果要改進學生的理解（甚至回想能力），這類排序方式應該應用到所有傳統學術科目。

第七節　內容邏輯對達到理解的邏輯

　　讓我們澄清，以課程內容來表現學習結果的邏輯，為什麼和內容本身的邏輯相當不同？為舉出簡單的實例，請思考熟練電腦軟體所需要的學習活動流程。在此例中，學習的目的是盡快有效使用軟體。許多軟體製造商甚至提供稱為「開始使用」（Getting Started）的小冊子，其設計是為了不想讀手冊或不想太陷入一堆事實的人。再者，軟體製造商通常至少提供兩種不同的手冊：其一是為了一般日常情況的軟體應用，另一本厚的手冊則包括所有的軟體特色說明，及需要參考到的除錯程序。更複雜的軟體也會提供動手操作的自學工具，以利使用者熟悉功能及習慣軟體的關鍵特性。較厚的手冊最像是傳統的教科書，但是和書面自學教

293

材的編排方式不同。在這本較厚的參考手冊中，軟體的所有特色都逐一說明；而在自學手冊中，其內容順序編排取決於，在應用的複雜度漸增之下學習使用軟體功能的邏輯。

因此，筆者認為這不是意料外的事：即使孩童都能熟練複雜的軟體，然而大學生卻有學習歷史或生物的困難。就資訊的傳遞而言，當自給自足和有效應用是教學目標時，課程內容和順序的編排方式會急遽改變，而這正是所有學業方面的學習所需要的。從學習的觀點而言，我們稱為「學科」的「東西」，沒有任何一點不同於從使用者的觀點而言稱為軟體的「東西」，因為兩者都有基本規範和所有特性的列表。學術界迄今都無法了解比其更廣大的世界在訓練方面學到些什麼，但事實上，其重點在於最大程度的可遷移性——有效使用所學的東西，而不只是學習這些東西而已。在學習課程內容方面，實作表現的需要及優先順序決定了學習的時機和方法，學習活動的順序是由關鍵實作任務所建構，而不是由訓練時所使用的參考資料內容目錄所決定。

另外，這個概念一點也不新穎，懷海德幾乎在一百年前就曾提到過：

> 使納入兒童教育課程的主要概念少而重要，並且讓兒童另外添加各個可能的概念組合。兒童應該自己建構概念，同時應該理解概念在此時此處的應用……書呆子會譏笑實用的教育，但如果教育沒有用處，教育會是什麼？埋首在餐巾裡創作就是天才嗎？……教育當然應該要有用……教育有用是因為理解的結果有用（p. 2）。

同時，請看看任何數學、科學或歷史教科書，不論其包括什麼活動、練習、圖表，教科書就像是軟體的參考手冊，其內容呈現基本上是按照主題的順序，遠離任何有意義的應用或總括式的重要問題。由於不被視為達成實用相關特定目標之資源，教科書很無益地變成封閉的課程大綱，在作者和使用者眼中都被看成形式不當、內容不當。

這樣的想法，應該更能幫助我們清楚了解傳統課程某種無效的特徵，由於這類課程是由內容驅動的，聲稱它們沒有顯示知識的真正優先順序，

並非誇大其詞。傳統課程的每個主題和其他主題看起來都一樣，且其編排順序不受實作表現的需要或學生錯誤理解之影響。相對地，真正的優先順序會透過重複出現的問題而明確化，這些問題則和關鍵的實作目標有關。換言之，學習的優先順序必須和教科書分開，就像英式足球教練或表演教練在建構實作目標時，會拋開任何可能用到的教材資源一樣。當我們的課程只涵蓋主題內容時，不論此方法的歷史有多悠久，學生的理解、能力發展，甚至適時的正確回想都會產生風險。

　　有人可能會把疊磚式（brick-by-brick）的學習觀稱為典型方式。如果砌磚者只是聽令行事，一磚一瓦地建構下來，就可以建成理解之屋。但這完全不是學習的運作方式，我們必須像工人一樣有整體建構圖、有藍圖：我們必須探索、嘗試，以及使用所得資源來了解其價值和意義。與砌磚比較，學習更像是解決縱橫字謎的難題，或者像是照心中想法來雕刻。「部分—整體—部分」的活動非常重要，就像在熟練知識技能要素和質疑這些要素的重要性之間來回轉移，以及一路下來無可避免的重新思考。

　　為更了解逐段式排序法（piece-by-piece）在學習方面的無心之害，請想像整個課程濃縮成一個科目，並由某本書提供內容。換言之，想像我們現在所做的相當於同時根據百科全書的型式和內容來編排所有的學習。像那樣有組織的摘要，只在有特定問題、有好奇的事物，或有實作表現需要時（就像軟體手冊的作者知道的）才有用。當我們心中有疑問時，百科全書的內容編排最有用，能使我們足以發現需要知道的資訊。但是當我們還不知道主題、缺少高度優先的問題或難題來指引探究時，無止盡的繼續學習會令人困惑、缺乏意義、使人生厭，就好像我們只是逐條閱讀百科全書，然後測驗自己的知識。

　　結果是，從幼稚園到大學階段有太多課程，其關於目的的最基本問題（如：為什麼如此？為什麼是現在？那有什麼關係？），被學習本身無止盡的延遲或忽視（不管教學提供的任何口頭理由依據）。理解或甚至專心學習要付出什麼代價？於是，若有人說，堅持不懈的學生是唯一最能夠延遲滿足或信任成人的學生，會令人驚訝嗎？我們是否弄顛倒了？也許最優秀、最聰明的學生是那些不管許多學習活動都缺乏意義，還能

堅持不懈的學生，因為他們能自行發現學校學習活動的價值。

第八節　重新思考範圍和順序

　　這裡有個很諷刺的情況。範圍和順序一詞是教師普遍熟知的片語，指的是課程編排的邏輯，但是大多數教師已經忽視它原來的意義。使這個片語流行起來的杜威學派進步主義者 Hollis Caswell，曾以對教師而言有用的架構，試著掌握我們迄今討論過的許多概念，例如，就原始的意義而言，「範圍」指的是「社會生活的主要功能」，而「順序」指的是學生在特定時間點上的「集中興趣」。主題的適當排序——課程大綱的「邏輯」，因此應該來自於看起來最自然、對學生而言最有趣的學習活動歷程[2]。

　　百年之前，Caswell 的恩師杜威比任何人更清楚了解這個問題。雖然不成功，但他反覆在著作中主張，依賴內容邏輯來同時指引課程順序和教學，是造成教育方面令人失望的教育結果之主因：

> 教師強烈傾向於假定，以最完美的型式呈現教材，乃是對學習提供一條捷徑。還有什麼會比下列的假定更自然：從有能力的探究者中斷的地方開始，會使尚未熟練者節省時間和精力，也能免於犯下不必要的錯誤？此假定的實踐在教育史上的記載很多。學生使用課本來學習……課本中的學科內容編排是按照專家所決定的主題順序，開頭部分先介紹技術的概念及其定義，定律部分也先做介紹，其方式最好是以少數敘述來說明定律如何形成……學生學習抽象符號而不曉得其關鍵意義，他們習得了一系列的術語資訊，卻沒有能力去追溯（有哪些）已知的知識連結——他們習得的通常只是詞彙（1916, p. 220）。

　　換言之，從學生的觀點而言，內容「邏輯」對學習重要課程內容而言是不合邏輯的——亦即重要內容是指能幫助我們更加了解、表現更好的事物（如：幫助解決問題或應付挑戰）。另外，下列杜威的洞見很有

價值：

> 課程中的每個學科都經過──或維持在──可被稱為「解剖」
> 方法的時期：在這個階段中，理解該學科被認為包括了增加區
> 辨力……以及賦予個別的要素某個名稱。在正常的發展過程
> 中，只有當這些特定的屬性能夠解答目前的困難，它們才會被
> 強調並因此個別化（1933, p. 127）。

第九節　吸引興趣和重新思考、重生想法

　　因此，觀察任何科目前幾週的教學，能大量透露一些訊息。例如，「嗯，你從基本的事實和要素開始，然後很有邏輯地向前進。你從數學的原理、回溯過去的歷史，或者科學的基本定律來開始──你還可以從其他哪些地方開始、這個科目還有哪些可能的內容？」但是，這個方式如何彰顯 WHERETO 中的「W」或「H」要素？課程大綱如何指出優先順序，以及如何立即引起學生對課程內容的興趣？教科書此時沒有幫助，因為幾乎所有的教科書──就像根據內容邏輯來編排一樣，通常都從令人困惑及最後令人乏味的定義、規則、演算法，或最久遠的事件平鋪直敘下來──其情境脈絡完全移除了任何的難題、問題或實作表現。

　　如同筆者在討論單元的 WHERETO 要素時所指出「何處」（Where）和「吸引注意」（Hook）的問題、議題、經驗、難題等，暗示了某種完全重新思考順序的方法。設計科目或課程第一優先重要的事項必然是，建構使內容看起來有趣、有意義、有價值的問題和議題。請思考作家 Lewis Thomas（1983）在幾年前為小學高年級科學課所做的建議：

296

> 我建議各年級科學方面的導論課程要大幅修訂。暫時拋開基礎
> 和所謂的基本內容，將學生的注意力集中在他們不知道的事物
> 上……讓學生提早知道有高度懸疑和深遠矛盾的事物存在；讓
> 學生知道當他們充分熟練數學用語之後，就可以更接近這些懸

疑或矛盾的事物，然後將其解決。例如，在呈現任何基礎教材之前，課程一開始就介紹宇宙學仍無法判斷的多項難題（pp. 151-152）。

或者讀者可思考數學教授暨教育學者Morris Kline（1973）的建議：

傳統方法將數學視為累積的邏輯發展……新的方法則呈現數學有趣、有啟發性，以及有文化意義的一面……每個主題都必須能引發學習動機，因此「為什麼我必須學習這個教材？」這則學生提問，已被證明徹底有理（pp. 178-179）。

　　Kline使我們更清楚了解在數學教育方面很普遍的某項誤解。這幾年來許多數學教師對我們說：「數學是連續發展的知識；教科書只是反映事物的邏輯建構。既然數學遵循邏輯的順序，就必須以這種順序來教學。」但事實並非如此。教科書中的數學要素是以邏輯順序來編排的，就像字典按字母排序或棒球比賽規則手冊的編排方式一樣，有這種主張的教師是把摘要的邏輯混淆成學習的邏輯。如果他們的想法是對的，那麼，我們應該透過字典或閃示卡來教英文，或者藉由循序研讀規則手冊來教棒球。即使課本的編排是邏輯的，但不表示其必然的結果是，人人應該以參考書的編排順序來學習字詞或規則。相同地，數學要素和定理最容易編排成邏輯的層次，並不代表其必然結果是，教科書的每則摘要是學習關鍵概念及其關係之意義和價值的最佳方法。

第十節　螺旋式課程

　　你可能認為這些關於順序的概念充其量只是幻想，最壞也只是笨想法，但是就像前述懷海德的見解所暗示的，課程改革者長期以來都在挑戰逐段式課程內容的邏輯。範圍和順序的某個著名另類方法是螺旋式課程。杜威率先充分闡述此概念，以作為學習的隱喻和重新思考學生所學內容之用，後來再由布魯納支持倡導，但此概念根植於長期的哲學和教

育學傳統，可以回溯到皮亞傑、G. Stanley Hall 和其他繼續發揚者，甚至可以更遠溯到哲學家康德、盧梭、黑格爾。雖然有許多人讚賞這個概念，但只有少數課程的建構是為了實踐此概念。我們目前也許處在可以結合學習理論、常識，以及學生令人失望的學習成就之時期，此時期顯示可能產生更適合學生的學習流程排序方法。

螺旋式課程的發展係根據：一再重現所學概念、對大概念和重要任務的更深入探究，以及幫助學生以既有效、在發展上又很明智的方式來獲得理解。這類螺旋式方法的實例出現在第九章所討論的人類學單元設計進程。相同的概念和教材以更複雜的方式重新應用，以達到成熟的判斷和結果。同樣地，當循著更熟悉的型式來接觸 e.e. cummings 的詩和喬伊斯（James Joyce）的故事時，對於更早習得的課堂授課內容，學生在型式、技術性細節，以及影響方面會有更深入的理解。

布魯納（1960）以其特出的、激發思考的主張，使螺旋式課程的概念更普遍為人所知，那就是：「任何學科都能以某種知識上的純正型式，有效教給在任何發展階段的任何兒童。」（p. 33）。就像其所說的，這是「大膽的」假設，但是對於使學生重新思考及最終達到理解的連貫教育而言很重要：

> 任何學科的基礎都能以某種型式教給任何年齡的任何人。雖然最初這個主張可能令人驚訝，但其目的則在強調設計課程方面常常被忽視的要點。亦即，所有科學及數學的核心基本概念，以及對生活和文學賦予型式的基本主題，就像其效用一樣的簡單。為了掌控這些基本概念、有效應用這些概念，我們需要持續深化對這些概念的理解。深化的理解來自於學習以愈益複雜的型式應用這些概念。只有當這類基本概念以公式或口頭闡述的正式型式表達時，幼童才會無法理解，而如果幼童第一次未能在直覺上理解這些概念，他們會有機會再嘗試（pp. 12-13；強調處為原作者所加）。

杜威（1938）率先使用螺旋的類比來描述教材應該如何組織，以利從一個問題進到另一個問題，進而增加知識的廣度和深度。以此方式課程的學習能以有目的、有系統的方式發展學生的思考和興趣，而這表明了每個學科大有可能產生完整的學習成果。教學任務在已知知識和有問題的教材之間來回轉換；否則，「雖然問題能刺激思考，但學生不會提出問題」（p.79）。教師的任務是設計相關的學習挑戰，以利就像學者的學習一樣，學生的學習結果會「產生新概念」。新的事實和概念會「成為進一步經驗的基礎，其中新問題會出現。此過程即持續的螺旋式過程。」（p.79；強調處為原作者所加）。

298　　　泰勒——杜威的學生及現代學習評量領域的老前輩，他在課程設計啟蒙書《課程和教學的基本原理》（*Basic Principles of Curriculum and Instruction*）（1949）中強調，我們必須從期望的結果和學生需求的觀點來考慮課程問題。的確，更勝於其他任何人，泰勒陳述了逆向課程設計的基本原理。他提出了三項有效組織課程的標準——繼續性、順序性、整合性，以顯示課程的邏輯應該如何適應學生而非專家對順序的看法：

> 在確認重要的課程組織原理方面，有必要指出繼續性、順序性、整合性等標準要應用到學生的經驗，而非應用到已經掌控所學要素的人可能看待這些標準的方式上。因此，繼續性涉及學生在這些特定要素的經驗方面一再出現的強調重點；順序性是指在學生發展方面漸增的廣度和深度；而整合性指的是學生在與涉及的要素有關之行為上所增加的一致性（p.96；強調處係作者所補充）。

順帶一提前述的討論。泰勒很明確地警告，歷史課程以編年方式一路順著內容進行的排序方法，無法通過有認知上的繼續性考驗。

為什麼以內容邏輯為本的逐項學習會持續過度使用？其基本原因是過度依賴教科書或其他教學資源，而這些教材傾向於根據內容來編排。為什麼過度依賴把教科書當課程大綱的情況會繼續存在？以下是答案：

這種課程組織程序為什麼存在這麼久，有幾個原因。也許比較重要的原因之一是，該程序是邏輯的，而且可以很輕易地應用，它能將課程設計者、教師，以及行政人員的任務加以簡化和目標化。最缺乏能力的教師都能夠指定教科書的頁數，然後聆聽學生背誦這些頁數所包括的事實。教師能證明自己已達成轉換特定幾頁教科書內容的角色責任，因此他可以把責任推給學生的低成就表現，以辯解自己的教學失敗。從行政人員的觀點而言，下列這些是很容易做到的事：將學校工作加以分工、明確說明每個學生在學習時人應該在哪裡，以及有一套看起來運作順利的有系統組織方式。六十年來，雖然教育理論愈益質疑該程序的基本假定，但是在美國的中小學校中，這項程序可能還是決定課程內容的支配性策略（Caswell & Campbell, 1935, p. 142）。

「變的愈多，不變的也愈多。」這段話是一九三五年提出的！假使有什麼不同的話，那就是現在的情況比一九三〇年代時更糟，例如，美國從幼稚園到大學階段的大部分科學課程之中，教科書就是課程大綱。但是請再次思考，AAAS 透過「2061 計畫」前主任 George Nelson 在《稜鏡》（*Prism*）雜誌線上版的某篇文章所做的批評：

Nelson 指出，反映在教科書上的主要問題之一是，「教育社群對科學的理解是，科學是大量的事實和詞彙。」《格藍科生命科學》（*Glencoe Life Science*）一書在每一章開始的頁邊列出「科學字詞」，其中有許多術語是受過其他領域良好訓練的科學家甚至可能不知道的（也不需要知道），例如，腐生植物、龐氏表（Punnett Square）、auxism、蘭氏小島（Islets of Langerhans）、共生、針葉林等等，只是要求七年級學生應該精熟的少數詞彙而已。麥格羅希爾出版的生命科學教科書在植物、韌皮細胞（phloem cells）、皮層細胞（cortex cells）、木質部細胞（xylem cells）、頂端分生組織（apical meristem）、柵狀細胞

299

（palisade cell）、形成層（cambium）等單元，提供了更多詞彙。每一章所包括的練習常常不過是複習這些字詞及定義……。然而課本內容不一致的情形發生在更深的層次上，此情形直指 AAAS 及其他專家的核心批評意見。（常用教科書）是內容最不雜亂的教科書之一，但是就像所有標準版課本一樣，這類教科書以令人困惑的順序丟給學生雜亂無章的概念和術語。例如，這類教科書以說教方式在最初幾頁介紹原子，但是對大多數學生而言，這些可能是難以理解的陳述，因為其內容是：「物質包含不同重量的原子，這些原子以特定的原理和諧互動。」（Budiansky, 2001）。

上述對更好的課程內容順序之要求——純粹來自對課程內容和教科書編頁的要求，只不過是推向新層次的逆向設計之理念。我們必須根據和學習目標相關的標準，重新設計課程範圍和課程順序本身。

當然，幾個世紀以來的傳統很難改變。但是這些領域已在進行改變，現在這些領域係根據實作表現而非內容來界定其自身。一百年前，「寫作」基本上是透過學習文法、句法、語法分析、句法圖解，以及研讀好的寫作等方式來教學。學習寫作首先應該要學習寫作的邏輯要素（在二十年前，以標準化測驗來測驗「寫作」能力而沒有要求學生寫作的情況，現在實際上仍舊有可能發生）。即使運動能力測驗也曾經依賴這種抽象的、分析式的、逐段進行的方法。例如，資深的滑雪者會回想到半犁式迴轉（Stem Christie）及其他逐段進行的方法；而現在，學滑雪的新手會立即學習併腿滑雪、短雪橇滑雪、平緩坡度滑雪等技巧的整體過程。今日，寫作的過程更忠於優質寫作的目標，因為寫作課會要求學生一開始就練習寫，即使他們尚未熟練所有的細節技巧。

許多研究所的課程與教學也經歷改革。現在，不只是法學院和商學院的教學採用個案研究法；在令人驚訝的短時間之內，醫學院、工程學院、設計學院，以及其他課程都已經整個修改課程設計的方法，以使課程更以學習遷移能力為焦點。

如果我們將學科領域想成是表現專門能力的「學門」，而不是專家

用來表現能力的某些「東西」，那麼，我們就能很輕易地把在滑雪、軟體開發、寫作、醫學，以及工程等方面學到的課堂知識，應用到核心的學術領域。我們所需要做的只是對於每個領域的核心實作任務建立共識，然後從這些實作任務逆向設計課程及課程大綱。其過程就像我們在訓練青少年英式足球員時所做的：小朋友必須以鷹架建構的方式進行真正的比賽，而不是先按照這些「東西」所決定的順序，學一堆無情境設定、過度簡化的「東西」。

300

第十一節　邁向更好的課程大綱

　　筆者提供了一個實用的解決方案，此方案注意到，需要有更多的研究來找出編排長期課程的更有效方法。我們建議，先在可管理的層次上更仔細地思考順序問題，那就是課程的層次（或者，在小學階段指的是每個年級每個學科的一整年學習內容）。我們建議，就像是對大學教授的要求一樣，所有幼稚園到高中階段的教師都應該提出課程大綱。而且，就像在大學的情況，我們建議這些課程大綱應該是公開的文件，所有學生、家長，以及教師同儕都可以取得。

　　在許多方面可能不同於當前實務的是，未來也應該要有課程大綱的公開標準，這些標準和單元的課程標準平行，並且有實例來支持。課程大綱的格式可以不同，但不論是範例式、敘述式、行事曆式，這些文件必須具體說明至少下列要素：

1. 居於學科關鍵的主要問題和核心難題。
2. 架構所有學習，以及包括所有學習的核心實作表現和挑戰。
3. 採用的評分指標及評分辦法。
4. 參考學校教育目標及州定課程標準而編擬的評量，以及評分策略之摘要和證明。
5. 以簡短週曆格式編擬的主要「學習目標」之摘要（相對於列出所有主題）。
6. 有內在彈性，以確保課程大綱能適用於根據學生實作表現及理解結果而做的回饋。

在我們能掌握此觀念之前——學習的科目必須從與其應用（以內容為策略）相關的大概念和實作目標來逆向組織，教育的結果將持續令人失望，而理解則會因為教學的缺陷而落空。

總言之，課程內容順序因此看來更像是學習滑雪的課程大綱之邏輯，而不像是物理學教科書的邏輯；更像是學習寫作的編年順序，而不像是文法本身的邏輯；更像是學習如何改進報表的編排，而不像是學習有順序的時間表；以及，更像是設計愈益複雜的磚貼天井，而不像是一路學習歐幾里德的定理。

相對於「萬一」（just in case）的策略是在無情境設定之下概覽課程內容，「適時」的教學將會是準則。經常將內容意義延後的課程無法產生理解、無法產生最大程度的回想，或者學習的熱忱，除非少數願意及有能力自行學習的學生才能理解（專家盲點也會造成許多教師誤認，對他們有用的方法對其他人也有用）。

我們必須根據內容的邏輯而非學習的邏輯，來查核自己在建構課程綱要時的壞習慣，直言不諱地說，大多數的課程綱要和課程只是反映教科書的內容組織，而不是反映試著理解課程的學生之需要。任何的課程改革都有賴於將教科書置於適當的地位——如教學資源，以及有賴於根據原本反覆進行的、非線性的學習流程來建構課程大綱和課程，以利學生在實作中以理解的結果有效應用大概念[3]。

注意錯誤概念！

我們無法預測學生未來真正的實作表現需要，並非重點所在。雖然大多數學生很不可能成為專業的藝術家、音樂家或英式足球員，但我們還是根據實作表現的熟練度來組織課程內容順序，因為這就是最有效的學習方式。

301

第十三章

「對，但是……」

此工作很困難，需要經常修正。對必須「遺忘」之前所用實務技　302
能的教師而言，尤其困難。

> ——*Mark Wise*，紐澤西學區，社會科主管

現在請思考他們從束縛和愚行所釋放及治癒的事物，可能像什麼
……找一個被釋放的人，然後突然要他站起來，要他轉頭朝亮光
看去……此外，是誰痛苦地經歷這些事情，因為他被強光弄得目
眩、因為他無法辨認出以前所知道的黑暗……如果他被迫看著亮
光本身，他的眼睛會受傷然後逃跑嗎……如果有人強力把他拖上
崎嶇的斜坡，他會覺得悲痛苦惱嗎？他會。

> ——柏拉圖，《共和國》（*The Republic*），大約西元前 *360* 年

　　本書已建立了邁向有意義的課程、評量、教學革新等的願景和途徑，
所有這些都根據重理解的計畫而仔細設計。筆者理解自己對革新的願景
既非高度原創的，也非激進的，它和過去二十年來許多教師、研究者，
以及改革者的願景並行不悖。

　　雖然如此，每當革新的概念被提出時，常會聽到心存善意的教師和
行政人員同聲說：「對，但是……」，於是我們建議的革新行動將受到
名褒實貶的對待，並且被下列回答所削弱：在今日有州定課程標準和高
利害相關測驗的環境中，這些好的想法無法發揮作用。有些改革者仍然

堅信，優質的教學與州定課程標準及測驗原本就是不相容的；而且，許多教師擔心，無論我們的論點多麼合理，這些論點可能沒有研究基礎支持[1]。

考慮到教師面對的績效責任壓力，我們能理解這些抱怨和關心背後的根據。但是有許多一再出現的論據，其形成是根據對於學習、評量、標準化測驗、重理解的大概念教學，以及對地方教學和州定課程標準之間關係的種種誤解。本章檢視三項常常阻止或干擾整體革新的錯誤觀念，也提出支持筆者觀點之論據和研究。我們透過「解開」隱身在「對，但是……」之下有問題的假定，說明為什麼每項假定都是錯誤觀念，然後提出和善而堅定的反駁。

我們探討的錯誤觀念包括了：

1. 「對，但是……我們的教學必須順應州測驗和全國測驗。」
2. 「對，但是……我們有太多的課程內容必須涵蓋。」
3. 「對，但是……要做的課程及評量工作很困難，我就是沒有時間把它做好。」

第一節　錯誤觀念一：「對，但是……我們的教學必須順應測驗。」

全球都出現地方的、州定的或國定的學科學習標準暨伴隨的測驗方案，其目的在藉由維持學校對教育結果的績效責任，而將地方的課程和教學焦點放在提升學生成就之上。諷刺的是，這項標準本位的革新策略所採用的關鍵手段——使用高利害相關之外部測驗，無意間提供了教師逃避做好教學，或將此需要減至最低程度的合理化理由，那就是，重深度理解的教學。

對許多教師而言，重理解的教學及評量被視為和州政府的要求及標準化測驗不相容。雖然研究對於這項常聽到的聲稱極少提供支持，但是，說者顯然暗示學校教師的教學被迫要順應測驗——違背教師的意志。如果能夠做到，教師會為了學生的理解而教學，但是內隱的假定才是關鍵：維持或提高測驗分數的唯一方法是，藉由使地方的測驗模擬成州的測驗，

來「涵蓋」那些被測驗的東西和「練習」測驗的型式（通常是選擇式反應或簡要的建構式反應題）。其言外之意是，沒有時間進行深度的、吸引人的教學，儘管這些教學聚焦在發展及深化學生對大概念的理解；再者，也沒有時間進行實作評量。

這個意見如此廣被採納，以至於許多讀者可能會認為筆者才是對於教育的真實世界懷有誤解（或者不是近視就是天真）的人。難道這不是事實嗎？我們的教學必須順應測驗，把更高階的、大概念為焦點的，以及實作為本的方法擱到一邊？許多人當然因此這樣想、這樣說、這樣做。雖然我們有責任根據學科學習標準來教學，但不表示接下來符合這些標準的最佳方式是，所有的地方測驗都模擬成州測驗，以及透過表面的、分散的教學隨意涵蓋所有規定的課程內容。

為更清楚顯示，為什麼常見的抱怨和勉強的解決方案是以某個誤解為根據，請思考下列對於犧牲深度理解而聚焦在測驗項目的理由說明摘要。說者要我們相信，提升測驗成績的唯一方法是使教學品質變差。當然，這不是說者通常的說法，但是其論點相當於：「我很想為了學生的理解而教，但我就是做不到；這不會有好結果。我應該教學生個別的知識和技能，就像測驗的方式一樣。」這就是「對，但是……」問題的第一種答案之真正意義。

這樣的說法應該會引起反對意見。這真的是非彼即此的問題嗎？我們必須要避免有效的、吸引人的教學方式，才能提高測驗成績嗎？更被動、更零散、更表面的教學，更有可能使學生的興趣和實作表現達到最大程度嗎？根據有關測驗如何發揮作用的誤解，筆者認為這個理論不正確。

一、與醫師檢查病人健康雷同之處

為著手發現上述推理的缺陷，請思考這個類比。我們每年會讓醫師為我們做一次身體檢查，沒有人在想到這類檢查時會特別喜歡，但是我們參加檢查是因為了解，得到健康上的客觀（雖然是表面上）評估，符合我們的長期利益。事實上，這有點像是稽查活動，因為護士及檢驗技術員會在短時間內進行少數幾項檢驗（例如，血壓、脈搏、體溫、血中

膽固醇指數）。身體檢查是一系列小樣本的檢驗，產生少數一些有用的健康狀態指標。其效度和價值取自於顯示健康狀態的結果，而不是因為身體狀況定義了健康。我們會經歷相當快速且無侵入性的身體檢查，以利檢視不同的指標來找出需要進一步詳細檢查的問題徵兆。

現在，假設我們非常關心最後的檢查數值（例如，體重或血壓），而這些數值最後會連結到我們個人的健康保險費數額。在每年身體檢查之前的提心吊膽狀況下，我們可能會做的事情會是「練習」接受檢驗——將所有的精神聚焦在身體檢查上（相對於檢查的指標顯示的意義）。如果醫師知道我們的行為，他們的反應當然會有點類似：「哇！你是逆向操作，『通過』身體檢查的最佳方式是經常過著健康的生活——運動、注意體重、降低脂肪攝取、吃更多纖維質、有充足的睡眠、不吸菸。你注意到的是指標而非注意造成結果的原因。」

為什麼？這些真正的健康要素——你的飲食及健康養生法——沒有一項在身體檢查中被直接檢驗；醫師透過包括血壓、體重、皮膚色澤、氣色等因素，間接檢查你的健康。因此，「正常的血壓」和「正常的體重」只是整體健康的指標而已，不應該混淆成代表整體健康。身體檢查涉及評量少數快速可得且通常正確的指標，因此，將指標誤認是健康狀況本身是拙劣的策略。例如，你愈是只注意自己的體重而排除日常養生的其他每件事，最後你就愈不可能很健康。

305　　就像醫師一樣，各州的教育主管機關每年都透過檢視學生知識健全方面的非直接證據——州測驗，對學校進行一次「檢查」。就像身體檢查，州測驗是關於州定課程標準的稽核。像醫師一樣，州測驗提供關於知識健康狀況的非直接指標，其測驗項目非直接評量「日常養生」的品質，就像血壓和體重的觀察數值代表對於真正健康狀況的日常「檢驗」。

我們可以從快速指標獲得某些關於努力養生的有效資訊。無論在學校或檢驗室所使用的任何優質測驗，都不需要包含我們每天都應該參與的核心實作任務。對學校而言，唯一重要的是這些指標能對標準的達成產生有效的推論，如同前幾章所提到的，這就是測驗效度的特性——以一套複雜的相關期望結果連結到易於取得的一套指標[2]。

練習接受身體檢查以作為維持健康的方法，可能會被認為是愚笨的

行為。但這種錯誤正是我們在北美洲許多學校所看到的情況。擔心測驗結果的基層教師目前把焦點放在指標上，而非放在能產生滿意結果的原因上。

請了解，這樣的說明並不是為了任何特定的測驗問題，或者為目前的州測驗策略背書，當前的策略高度依賴快照式的外部測驗，而這些測驗往往以未經適當審查的題目逕行施測。事實上，筆者強烈認為州教育主管機關及政策制訂者要對下列情況負起責任：由於未使地方教學評量成為整體州績效責任體系的一部分，以及由於未努力設計更清楚的績效責任制（例如，為了得到回饋和維持公平，測驗實施之後就公開所有的測驗題目及結果），而允導致地方的評量策略和州測驗之間的混淆關係繼續存在。

對地方的革新很重要的是，真正明白此類比的核心重點：要對健康負起責任的是我們，不是州政府。州政府的責任是稽查——就像身體檢查所做的，而不是提供應該由我們自己在家裡做的日常養生活動。事實上，即使因為評量的費用太高和希望限制外部測驗的侵擾，使我們全都想要由州政府來主辦測驗，但是，州政府不可能以真實的方式評量每一件有價值的事物。醫師也有類似的問題：要求每個病人住院做多項全身健康檢查及等待檢驗結果，是太過昂貴又費時的事（更不用提到醫療保險公司不可能負擔費用）。因此，在缺乏有效資料顯示這些評量指標產生無效推論的情況下，我們的任務是聚焦在地方的努力上，而非測驗前的準備。

在實作表現的進步方面，關於哪些是原因、哪些是結果的誤解，很有可能涉及到誤解測驗的「表面效度」（face validity）——測驗編製者的用詞。教師可能會同時細察測驗的型式和內容，然後下結論說，此測驗既不值得用於重理解的教學，也不值得用於實作本位的地方評量。雖然這個看法可以理解，但卻是錯誤的。效度是關於測驗結果、所測驗的目標，以及在地的測驗策略之間的實質連結。這就是為什麼如果設計恰當的話，看起來非真實的測驗會產生有效推論的原因（例如，字彙測驗常常是學業成就的有用預測指標），以及為什麼有些實作本位的評量方案會產生拙劣結果的原因（因為這些方案最後常常和州定課程標準無關，

306

例如，第九章所討論的布景模型實例）。更糟的是，許多教師大膽推論教學策略總會取決於測驗的型式，因此，他們的教學便任意而表面地概覽課程內容——使教學很不可能吸引學生有效學習。

若利用不同類比來說明邏輯上的錯誤，州定課程標準就像是建築法規，而在地的課程設計就是我們的建築物。建築設計的目標不在於以盲從方式符合建築及區域規劃的法規，其目標在於設計某種實用的、令人喜歡的、有風格的建築物——同時符合建築及區域規劃的法規。

事實上，有關於教育的情況比許多人假設的更好。大多數的州定課程標準強調深度理解的重要性，以及強調熟練能顯露知識、技能、理解的關鍵複雜實作任務及類型。重理解的課程設計法（及其他課程革新方法）提供了聚焦在大概念和紮實評量的方法，而有焦點的、一致的學習計畫會使符合州定課程標準成為可能的事。

二、研究基礎

最好的消息是，這項邏輯的論據有實證基礎。在一九九〇年代中葉，Newmann（1996）及其他學者進行了一項小學、初中，以及高中階段重建學校（restructured schools）的研究。這項有企圖心的研究，評估了二十四所重建學校在數學和社會科實施真實教學法（authentic pedagogy）和真實學業表現法（authentic academic performance approaches）的成效，以及高度實施真實教學法及學業表現法的學校，其學生學業成績的增加是否顯著高於低度實施的學校。真實教學法和實作表現的評量係透過一套標準，包括高階的思考、深度知識習得法，以及將所學連結到課堂以外的世界。在一學年之中，每一所學校被選中的班級會被觀察四次，研究者總計觀察了 504 次的班級教學、分析了 234 項評量任務，而且也分析了學生的作業。

高度實施和低度實施真實教學法的班級，其學生的實作表現被加以比較之後，結果驚人。無論是高學業成就或低學業成就，在高度實施真實教學法且學業表現優秀的班級，其學生的課業會持續受到幫助。其他的重要發現則是，當教師對低學業成就學生採用真實教學法、實作表現策略及評量之後，高學業成就和低學業成就之間的不均等情況會大幅降

低。

此研究提出了強烈的證據證明，在改進所有學生的學業成就方面，真實教學法及評量是有效的，尤其是對低學業成就的學生而言。這項研究支持重理解的課程設計法，因為這類方法強調利用真實的實作評量及教學方法，而這些策略有助於將焦點放在深度的知識和理解，以及放在積極、反省的教學上。

透過芝加哥學校研究聯盟（Consortium on Chicago School Research），有學者最近進行了兩項以支加哥公立學校為對象的學生學業成就影響因素研究。在第一項研究中，Smith、Lee、Newmann（2001）聚焦在小學的不同教學方式和學習方式之間的連結，研究者檢視了十萬名以上二至八年級學生的測驗分數，並且對於 384 所芝加哥小學五千名以上的教師進行問卷調查。研究結果提供了有力的證據證實，教師使用的教學方法之特性會影響學生在閱讀和數學方面的學習量。更具體而言，此研究發現明確一致的證據，證明互動式教學法與這兩個學科的更大學習量之間有關聯。

為了研究的目的，Smith、Lee 和 Newmann 將互動教學的特性界定如下：

> 教師的角色基本上是指引導者或教練的角色。教師採用此種教學方式建立教學情境，使學生在其中……問問題、發展解決問題的策略，以及相互溝通……教師常常期望學生說明答案、討論他們如何達成結論。這些教師經常透過討論、專題，以及要求說明和延伸寫作的測驗，來評量學生的知識熟練度。除了課程內容的熟練以外，在評量學生學習活動的品質方面，建構答案的過程也被視為很重要。
>
> 在強調互動教學的課堂上，學生藉由同儕和師生之間的相互討論、有時甚至是爭辯，來討論概念和答案。學生學習應用或詮釋教材，以利對特定的主題建構新的理解或更深入的理解，而這類的指定作業可能需要幾天才能完成。在互動的課堂教學中，教師鼓勵學生在教師設計的單元之內，選擇他們想要研究

307

的問題或主題。在相同的課堂學習時間中，不同的學生可以進行不同的學習任務（p. 12）。

被發現能加強學生學業成就的這類教學方式，與重理解的課程設計法——旨在發展及評量學生理解——所建議的教學方法雷同。Smith、Lee 和 Newmann（2001）將其研究發現摘要如下：

互動式教學的正面成效應該是減輕學生的學習恐懼，這種恐懼阻礙了學生在閱讀和數學基本技能方面的學業成就。相反地，本研究的發現對下列假定產生了重大疑問，那就是對於低成就、經濟地位不利的學生而言，強調講授及複習的教學法最有效。我們的研究結果精確地暗示了相反的原則：為提高基本技能的熟練度，互動式教學應該增加，講授及複習式的教學法應該有所節制（p. 33）。

某個相關的研究（Newmann, Bryk, & Nagaoka, 2001）則檢視課堂作業的特性和學生在標準化測驗的表現之關係。研究者有系統地蒐集及分析三、六、八年級學生的課堂寫作和數學作業，這些學生作業來自隨機選出的控制組學校，並且涵蓋長達三年的課程教學時間。此外，他們也評量產生自不同指定作業的學習活動。最後，研究者檢視課堂指定作業、學生學習活動品質，以及學生的標準測驗得分之間的相關性。指定作業的評分是依據學生被要求進行「真實的」知識學習之程度，而研究者對「真實的」知識學習描述如下：

真實知識的學習涉及知識和技能的原始應用，而不只是習慣性地利用事實和程序。這類學習也需要針對特定問題進行有訓練的探究，而且，產生超越學校學業成就之意義和價值的作品或報告。我們將真實知識學習的特徵摘要為透過有訓練的探究所做的知識建構，以產生超越學校教育價值的論述、作品或實作表現（pp. 14-15）。

308

本研究的結論是：

> 學生所接受的指定作業若有更多有挑戰的知識學習，他們在愛荷華基本技能測驗的閱讀測驗和數學測驗方面也會有更高的平均得分，而且也在伊利諾目標評量辦法的閱讀、數學，以及寫作測驗方面有更優秀的表現。出乎一些人的預料，我們發現在某些學習條件非常不利的班級中，教師會出高品質的指定作業，而且（發現）在這些班級中的所有學生都能從接受這類的教學而受益。因此我們的結論是：要求更多真實知識學習的指定作業，事實上能改善學生在傳統測驗方面的得分（p. 29）[3]。

讀者會立即認出上述教學方法和UbD的雷同之處。經發現能增進學生學業成就的教學方法，是 UbD 第三階段設計模式中的教學法基本要素。就像上述研究者的真實知識學習觀念，UbD 的教學方法要求學生透過有訓練的探究來建構意義，對理解的評量則要求學生在真實情境中應用其所學，然後說明或證明其學習結果。

我們曾被問到：「那麼你指的是，更一致努力『根據測驗來教學』，會降低學生的測驗得分？」不，我們指的不是這個。根據測驗來教學顯然會有一些效果，尤其如果在做測驗練習之前，能稍微注意共同的課程標準的話。當學校或學區更謹慎地把焦點放在共同的目標上，學生的測驗分數短期內會增加，因此下列情況並不意外：更注意到某項評量的結果，將會改進學生在任何評量上的表現。但如果測驗的細目被學生想出來，而且學生變得更熟悉測驗型式及答題技巧之後，就很少會有長期的進步。更危險的是，當測驗內容被更動或重新常模化，學生的測驗得分往往會降低[4]。

最後，請思考支持筆者之主張的常識型證據。在學業表現最差的學校中，我們是否看到更多「重理解的教學及評量」？在學業表現最優秀的學校中，我們是否看到學生更積極參與州測驗和全國測驗的盲目練習？相反地，在過去十五年之間，我們和整個美國、整個加拿大的幾百所學校和學區合作過（包括全國最優秀的公、私立學校），這些經驗使我們

309

觀察到，在學業表現較佳的學校中，其教學更深入，對評量的要求也更多。相對地，我們發現在學業表現較差的學校中，其測驗練習輔導方案的設計很表面，以利提高學生在標準測驗的得分——但往往犧牲了更有意義的學習及更持久的學業進步。

我們的重點應該是使教學符合課程標準，以及發展能反映課程標準立場而非迎合州政府稽查的各類複雜評量。

第二節　錯誤觀念二：「對，但是……我們有太多的課程內容必須涵蓋。」

從幼稚園到研究所階段的教師都在和下列熟悉的片語所描述的事實奮戰：「資訊時代」和「知識爆炸」，他們每天要面對的挑戰是：資訊實在太多，其擴充的速度快到甚至無法希望全部「涵蓋」。

理論上，課程標準運動藉由找出課程的優先事項，很有可能針對資訊超載問題提出解決方案。學科學習標準的用意在具體指明，對學生而言哪些是最重要的知識和實作能力，進而對於課程、教學，以及評量提供更切合需要的焦點及優先順序。實際上，在全國、各州，以及地方層級的學科學習標準委員會常常獨立運作，因此產生的學門內容要點清冊過度有企圖心，不但未能使課程內容合理化，在許多州，過多的標準反而助長資訊超載問題。

許多教師將教科書視為教學責任的傾向，很不必要地提高了教學的壓力。這些教師懷有基本的誤解，但是本書可以協助矯正：他們必須把教科書當成資源而非課程大綱來使用。各科目都有某些優先順序，這些順序是由實作目標及理解架構而成。假定教科書中的所有內容都應該在課堂上教到或所有學生都應該學到是不合理的。美國的教科書出版商試圖無所不包，以吸引五十個州的教科書選用委員會、全國的學科領域組織，以及不同的特殊利益團體。其結果是，教科書對整個範圍的專家知識必然很表面地探討。

310　　在教師方面，目睹內容超載的教科書和學科學習標準的一長串清冊，常常使他們產生基本誤解，認為教學的工作就是涵蓋許多的課程內容。

此種察覺到的「涵蓋」需要，係以兩個筆者認為相當無稽的內隱假定作為根據：(1)如果我教了，學生就會為了測驗而適當地學到；以及(2)如果我不以講授的方式來教，學生就不會學到。

就如我們在整本書所指出的，專家盲點在這裡很難起作用。「靠帶到內容來教學」不可能確保初學時對於該學科之關鍵概念和核心過程的回想，更遑論理解。對於任何測驗，表面的、無關的資訊教學，完全無法產生正式的結果。這又是把教學和學習混淆了。

有趣的是，當教師持續被要求要一路透過課本及課程大綱教下來時（不管學生的理解程度或學習結果），他們常常援引報導說，這是來自於主管的外在壓力。但我們一直無法從行政單位的來源追溯出這類報導，也從未發現有哪一位主管聲稱曾經發布過這樣的命令。我們對於這些聲稱的探究揭露了，教師常常將校長或主管對於測驗分數的注重，詮釋成暗示要求嚴守教科書內容，以及暗示為測驗做準備是唯一的教學策略。

關於州定課程標準和某種有全國市場的教科書或商業化教學資源之間的適配程度，教師對州定學科學習標準的責任凸顯了某個重要問題，那就是要求教師根據州或學區的學科學習標準來審查教科書，以決定其兩者的相關程度。例如，要求教師選擇圖 13-1 的某個圖示，以充分代表其所用課程標準和教科書之關係。

圖 13-1 教科書和課程標準之間的相關性

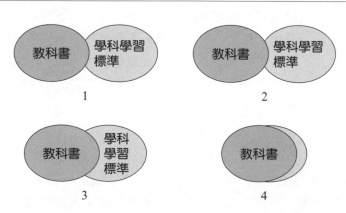

當教科書和課程大綱之間缺乏完美的相關程度時，教科書充其量只能作為眾多教學資源之一，而不是作為課程大綱。圖 13-1 中標示「2」、「3」的圖示顯示，有一部分的教科書內容無助於學習課程標準的內涵（也不需要學），但將會用到其他的教學資源。

更令人困擾的任務是，找尋少數獨立的教科書評論。最徹底的評論是來自美國科學促進協會其評論與高中生物、初中科學和幾何學有關，而評論的結果有警示意味。

今日的高中生物教科書無法使學生理解重要的生物學概念……（全國科學學院主席指出：）「很遺憾的，看起來我們的教科書持續被商業化的教科書市場所扭曲，而這樣的市場要求教科書內容必須涵蓋整個範圍……由此犧牲了以足夠深度探討核心概念，以利學生真實理解這些概念的機會。」[5]

初中學校廣泛使用的科學教科書，沒有任何一個版本被評為令人滿意……「學生用力拖回家的課本，充斥著不連結的事實，這些事實既無教育性又無法激發學習動機」，「2061 計畫」的主持人 George Nelson 博士說道……「對於教育處在中間年級關鍵階段的孩童所用的教材，這項研究證實了我們對這些教材最嚴重的憂慮。」[6]

311

即使可取得優質的教科書，稱聲教師的工作是教課本內容，完全是一種誤解。設計課程、教學，以及評量的工作是按照學科學習標準、知識的優先順序，以及學生的需求和興趣來建構課程大綱，以達到明顯的目標。因此，在許多有助於達成課程標準的教學資源之中，教科書應該當作一種資源。教科書是參考用書，其目的是摘要知識——很像百科全書。將教科書當作課程大綱必然會缺乏教學目的，以及缺乏整體課程設計的一致性。將教科書當作學習的科目，近似於一路從百科全書的「A」到「Z」編排順序教下來。邏輯性和效率，有；目的性和效能，無。

為什麼這項錯誤觀念無法被人們更清楚了解？也許是因為學校系統在聘雇、督導，以及評鑑教師時，無法適當地處理主要問題——「我的

工作是什麼？」而只有少數學校系統有績效本位（performance-based）的工作說明。大多數初中和高中的課程都假定教科書就是課程大綱，以至於學校教師的聘雇往往是因為他們的資格符合某一個職缺（如三年級的美國歷史），因此，若不進一步澄清，就很容易陷入教科書就是教學工作的想法。雖然說句公道話，即使缺乏澄清，我們也從未看過任何學區的教師工作契約具體載明，教師工作是把教科書頁數盡量教完。但我們確知的是，五十個州當中的四十九個州已經建立了州定學科學習標準，而這四十九州都期望教師根據課程標準來教學[7]。

一、國際研究的啟示

一九九五年進行的第三次國際數學暨科學研究（TIMSS）也支持這個觀點。研究者將四十二個國家的學生分三個年級（四、八、十二）測驗其數學和科學的學業成就。TIMSS 是有史以來曾進行過的最大型、最完整，以及最費力的研究，雖然其結果已廣為人知——美國學生的表現不如大多數其他工業化國家的學生（Martin et al., 2000），但是 TIMSS 較不公開的附帶教學研究，對於教科書的內容涵蓋問題，提供了有趣的解釋性洞見。簡言之，採用由短篇課文所支持的問題解決法以使學生理解的深度教學，比美國偏重內容超載之教科書的教學方法，產生效果更大的教學結果。

在詳細分析美國、日本，以及德國的課堂教學之後，研究者呈現了使學生理解的教學對充分提升學生表現之效益驚人。例如，雖然日本教師在數學方面所教的主題比較少，但是學生的數學成績比較高。日本的教師表示，他們的基本責任是促進學生在概念上的理解，而不是隨機涵蓋許多個別的技巧。他們強調的是深度而非表面上的內容涵蓋。雖然就教科書中個別的主題或頁數範圍而言，日本教師涵蓋的基礎內容比較少，但他們強調問題本位的學習法，由學生提出及說明規則和理論，進而導向更深入的理解（Stigler & Hiebert, 1999）。

除了日本的數學教師所涵蓋的主題較少之外，他們的學生在測驗上的成績表現也比較高。這些教師提到，他們的目標是放在概念的理解而不是發展許多個別的技巧，他們的教學策略也反映了這些目標；這和美

國教師對自己的工作所懷有的看法正好完全相反。在日本，對學生而言，課堂學習的目標是在發展數學的思考，但是在其他國家，學習的目標則是習得特定的數學解題程序。研究者摘要了日本、德國，以及美國的典型八年級數學課之差異：

在日本的八年級數學課中，顯然典型的教學步驟是強調理解：

1. 教師提出複雜的、能激發思考的問題。
2. 學生努力解決問題。
3. 由不同的學生對全班同學說明想法或解決方案。
4. 教師摘要全班學生的結論。
5. 學生練習類似的問題。

相對地，在大多數美國的和德國的數學課中，顯然常見的教學步驟是強調技巧的習得：

313

1. 教師以一個概念或技巧來教學生。
2. 教師和全班學生一起解決範例問題。
3. 教師協助個別學生學習時，其他學生自行練習（美國教育部，1999）。

日本教師強調問題本位的學習，其中學生常提出規則和定理，而不只是透過練習來陳述理論及加強學習。相對於美國只有8%的數學課這樣做，日本有42%的八年級數學課，要求學生報告其他可能的問題解決方案。日本學生花費44%的課堂學習時間試著從問題歸納要學習的概念；美國學生花在這項技能上的課堂學習時間則不到1%。相對地，美國的數學課有95%的課堂時間是花在練習要學的解題程序，日本的數學課則只有40%的課堂時間是用在這方面。

在相關的研究發現方面，研究者指出，美國教師比其他國家的教師探討更多數學和科學方面的主題，而且他們的教學和其他科目的連結也比較少。相較於只有40%的美國教師這樣做，有96%的日本初中教師會

做這類的連結：

> 衡量課程一致性的策略之一是尋找對一致性產生威脅的因素，以及尋找造成課程設計困難和難以持續其順利發展歷程的課堂教學特性。這類威脅因素包括經常更換主題，或者被外在突發事件干擾。我們發現，美國的數學課明顯比日本的數學課包括更多的主題，也比德國和日本的數學課更明顯更換主題（Stigler & Hiebert, 1999, p.61）。

日本教師的教學比美國教師的教學更深入：

> 我們將「形成的」一詞定義得很寬鬆，以包括解釋或舉例說明概念的教學情況，即使這些情況只用到少數的句子或簡要的例子。我們發現，美國的數學課有五分之一的主題包括學生形成的概念，而五分之四則只包括陳述的概念……這種比例分配在……日本幾乎是相反的（p. 60）。
>
> 我們將美國的教學稱為「學習術語和練習解題程序」的原因之一是，美國的課堂教學似乎更強調術語的定義，而比較不強調其背後的理由依據。當我們計算所有課堂教學所呈現的定義數量時，我們發現其數量大約是德國或日本的兩倍（p. 58）。

二、教學對學習

就像定義的討論所暗示的，某個隱藏在「必須涵蓋」背後的假定其想法是，我們要學習的所有事物必須透過教學而習得，而關鍵事實的教學即是引發學習的教學。但這完全不是事實，就像學生根據其研究、討論，以及實際的實作表現——利用事實來活用學科，對指定作業所做的片刻反省所顯示的：我們鎖定要學生學習的許多事物要從設計良好的學習活動，以及要在他們努力理解時才能獲得（也許透過觀察藝術家、運動員、電腦科學家）。批判 E. D. Hirsch 著作的許多批評者之理解有誤——

314

他在著作中完全未建議對核心事實進行直接教學，Hirsch 只是指出，學生在具備高程度知識表現所需的文化素養之後，學生會習得這些核心事實〔重理解的課程設計法應用在根據 Hirsch 著作而設立的核心識字學校（Core Literacy schools）一向很成功，應用在政治光譜（譯註：意指兩種極端立場之光譜）相反一端的另類專題本位學校，也很成功〕。Hirsch（1988）並未提到著名的事實知識清冊是重最要的，也沒提到應該以講授方法來教這份清冊：

> 高度正規的傳統學校或非正規的進步學校，都可以教授擴充課程。任何類型的學校都可以找到將這些最少量知識納入其學校課程的方法……密集課程雖然不同但同樣很重要。密集學習能促進對學科的全面理解，使個人的學科知識統整一致……為了解個別的事實如何以某種一致的方式搭配在一起，我們必須一直學習這些知識如何結合的心智模式，而這些知識體系只能來自詳細的、密集的學習和經驗（pp. 128-129）。

正如我們在討論理解時所指出的，將大概念當作可回想的資訊來教，註定會失敗。大概念——如正義、無理數、反語——對初學者而言，原本就是抽象或甚至是反直覺的，它們需要跨內容的學習——密集的學習。事實上，我們認為，過度的講授式教學是前幾章所述造成學生理解錯誤之主因 [8]。

因此，若有人說教學工作就是無論結果如何都應該使學生充分學習值得學習的事物，當然是沒有太大爭議的說法。亦即，教學不是只管「涵蓋」書本內容，或者只管「教了、測驗了，然後期望最佳結果」。我們認為，從學科內容進展到實作標準（及其指向之評量）的逆向設計而非教科書編排，是彰顯這項教學責任的最佳方式。

筆者的非正式研究之發現，在這裡也有密切關係。請回想當要求他們反省最佳課程設計的特性時，教師們所給的最常見答案就是：

1. 根據真實明顯的挑戰任務，設定清晰的實作表現目標。
2. 整個學習過程都採用實作的方法；比傳統教學更少側重前面部分的「教

學」。

3. 聚焦在有趣的重要概念、問題、議題、難題之上。

4. 明確的真實應用，因此學習對學生有意義的。

5. 有效的回饋方式，使學生有機會從嘗試錯誤中學習。

6. 個人化的取向，學生有一種以上的方式可以進行主要任務，也有使學習過程和目標適應個人風格、興趣，以及需求的空間。

7. 清晰的模式和示範。

8. 安排焦點反思的時間。

9. 有不同的學習方法、分組方式、學習任務。

10. 可供冒險的安全環境。

11. 教師的角色類似於引導者或教練。

12. 沈浸其中的經驗更勝於傳統的課堂學習。

13. 提出整體的說明而且一直說明得很清晰，在部分與整體之間很明白地來回轉換。

　　在學習方面的正式研究，對於上述的教師共識提供了進一步的支持。在近年來最詳盡摘要學習定義的文獻中，《人如何學習》一書的作者們清楚表明，涵蓋更多的課程內容並不等於產生更多的學習。該書的基礎是三項研究發現：

1. 學生帶著先前的觀念來到課堂上。如果教學未能使他們應用到最初的理解，學生可能無法掌握新概念和新資訊。

2. 為發展在所探究領域方面的能力，學生必須：(1)對於事實性知識有深入的基礎；(2)在某個概念所架構的情境之下理解事實和概念；以及(3)以促進回想和應用的方式來組織知識。

3. 藉由界定學習目標和監控達成這些目標的歷程，後設認知的教學方法能幫助學生學習控制他們自己的學習。

　　簡言之，「來自研究的證據顯示，當這三項原則被納入教學之後，學生的學業成就會有進步。」（Bransford, Brown, & Cocking, 2000, p. 21）。

　　對於課程設計和教學而言則有哪些關鍵的啟示？此處我們就作者所提與學習遷移和理解最有關的建議，強調其中少數幾則：

學校教育的主要目標是，使學生為彈性適應新問題和新情境做好準備。學生將所學知能遷移到新情境的能力，對於了解學生彈性適應學習的能力提供了重要指標（p. 235）。

擁有一大堆不相連結的事實知識是不夠的。為了發展在所探究領域方面的能力，學生必須有機會應用理解來學習。對教材的深度理解能將事實資訊轉換成有用的知識……在……文獻方面的某個重要發現是，將資訊組織成某種概念架構，有助於更大的「遷移」（pp. 16, 17）。

以理解來學習更像是促進學習遷移，而不只是記憶資訊而已……許多課堂教學活動……聚焦在事實或細節之上，而非聚焦在成因與後果的更大主題之上。

如果學生學會如何從自己的學習經驗擷取根本的主題和原理，他們就會對於何時、何處、為何，以及如何將知識用於解決新問題形成有彈性的理解。理解何時及如何應用知識……是專門能力的重要特徵。在多元的情境下學習，最有可能影響這方面的學習遷移（p. 236，強調重點係由作者增添）。

我們必須以少數有深度的內容取代表面上對所有主題的涵蓋，因為前者有助於理解該學門的關鍵概念（p. 20）。

除了關於必須為測驗而教學的典型美國教育魔咒及憂慮之外，對各項小的事實或次要技能都同樣注意的課程內容涵蓋方式（相對於聚焦在能對事實和次要技能賦予意義的概念和實作挑戰任務），絕對無法使學生的測驗分數達到最大。

第三節　錯誤觀念三：「對，但是……這工作很困難，我就是沒有時間把它做好。」

即使我們能說服教師，第一、二則的「對，但是……」陳述係基於對課程和教學的誤解，並且主要靠著習慣來支撐這些錯誤觀念，但是第

三項爭議是必然會產生的：執行所有教學相關工作所需要的時間，目前找不出來。我們部分同意這個講法，因為表面上，此陳述並非錯誤的觀念。我們同意的是將課程連結到州定課程標準、找出「大概念」、建構主要問題、設計更真實的評量、發展吸引人的理解式教學的計畫、分析有結果的學生學習狀況，以及進行行動研究來證實課程實施成效，都是非常有挑戰性的工作，而且必須付出時間。我們反對的是，對於這些困難的工作（如果要做得好的話），個別教師雖然沒有所需的所有時間，但是我們必須更聰明地工作，而不只是更加努力。

要聰明地工作，我們必須了解其他少數誤解，這些誤解潛藏得有點像是無意識的假定：(1)每一位教師、每一所學校或每一個學區必須自行努力；(2)這些工作所需要的時間必須來自教學時間，但（我們承認）教學時間已經不敷使用；(3)各項標準及基準必須分開處理，從零開始到設計完成數十個單元；以及(4)「困難費時」是不好的事。

一、對教師工作形成持續的協同研究和發展

就如反省最佳課程設計的練習所顯示的，透過在地的研究小組及行動研究常常最能有效發展教師的更深度理解。我們必須將前述清單所提到的及該書的建議，應用到教師的理解：對學習方面的大概念進行深度研究很重要，學校也必須使這類學習對於教師專業發展和教師工作，說明更為重要。許多這類問題的核心其實衍生自下列的教師盲點：「我教了，因此他們一定學會了；如果我教得更多，他們也會學得更多。」錯，這種想法使我們留給自己的是，按內容教學的習慣似乎總是比其實際樣子更具防禦性。我們必須更有效理解學習，必須發展「觀點」，以及學習更有效地將合理的理論「說明」和教育研究對教師工作的「詮釋」，「應用」到我們的工作上。

個別教師、教師團隊、同學科教師，以及整體教師每一年都必須問自己：不論我們的習慣和態度如何，哪些課程設計方法、教學方法，以及評量方法能實際產生最大的學生學習成效？我們從這些問題的答案學到，我們必須在專業發展方面實踐重理解的課程設計法所論及的理解：透過持續的探究和討論，我們必須發現大概念而不是涵蓋大概念。

317

　　但是，請注意時間和密集學習的需要這兩個現實問題，以利在地的研究範圍小卻深入——一年聚焦在一個單元上。請和其他教師協同設計一個單元，並以密集分析學生學習的方式，每年試驗及調整這個單元幾次，以確保在目前在職訓練的天數和教師團隊會議的時間分配情況下，這樣的過程有可能進行。請思考某個類比以了解如此進行的可行性和價值：在學期中有多少忙碌的教師有時間每晚準備豐盛的晚餐？我們暗自竊笑這個想法，因為即使我們之中最期望做飯的廚藝高手也沒有時間或沒有精神辦到，但是每年有少數幾次（也許更多次），我們的確投入準備更繁複的家庭晚餐（例如，全家的假日晚餐），而這類晚餐比日常三餐需要更詳細的計畫、更多的準備時間，以及更注意如何展現菜色。若讓它變成是教學的工作要求，在接受督導之下，這個每年一次的「豐盛」單元就必須經過建構、蒐集資料、評論，以及分享的過程（於是請想像，從現在起十年之後會產生學校或學區的課程「食譜」！）。

　　根據我們可以全部學會的設計範例建構過程，這類漸近方式是《教學落差》（*The Teaching Gap*）一書提出的重要建議。除了日本教師和美國教師之間的教學方法差異之外，研究者也注意到這兩個國家在現行師資培育方面的另一個重要差異。在日本，師資培育講求深度而非廣度、講求跨內容而非按內容教學，以及講求在工作中學習而不是新技術的「教導」。數十年來，日本教師使用稱為教案研究（lesson study）的進修過程，他們每年定期以小組的型態工作，以設計、實施，以及修正某項研究的教案。他們不僅在教師會議中和同儕分享行動研究的結果及伴隨的教案，也在區域性的教案博覽會分享，以利其他教師能從他們的洞見獲益。

　　我們強調，為教師革新專業發展是保證改善課程標準實務和所有教師專業技能的方法：

　　　　以協同為特色的教案研究其另一個重要益處是，提供教師可用
　　　　來測量自己技能的基準化過程……同時，教案研究的協同特色
　　　　可以……根據改善教學是共同過程之概念來平衡自我批判……
　　　　由於教案是集體設計的，教學出現的相關問題通常都能歸因到

教案……因此教師有可能變得有批判能力（Stigler & Hiebert,
1999, p. 125）[9]。

協同的單元、單課教案之設計、修正，以及區域性分享的過程，反
映在 UbD 的同儕評論程序中。具體的資訊、說明，以及範例見《重理解
的課程設計：專業發展實用手冊》（McTighe & Wiggins, 2004）。

關於缺乏時間的抱怨，其怪異之處在於這項抱怨只有部分是事實。
每個學校系統至少每年都空出十二個小時作為全天的專業發展活動之用，
而且大約有十六個小時的時間作為教師會議、各年級教師會議、各學科
教師會議之用。請想像教師若做到下列：藉由重新思考這些進修時數，
把其中一半用於要求某種方式的教案研究，以列為規定的教師工作，而
且這些教案研究納入年級、學科的教師會議時程，以及全天的在職進修
活動。隨著時間過去，行動研究會成為所有教師團隊、所有同科教師的
責任，並且發行關於達到成果目標、執行研發、發現結果，以及建議未
來新研究主題之年度報告。

請思考以下關於此方式如何運作的實例。請想像，在你的學校或你
的學區的教師，每三年有一次機會參加區域的課程設計夏季工作坊。他
們受邀提出所教過（當然須連結到州定或學區的學科學習標準）最好的
（例如，最吸引人、最有效）課程單元設計。他們將和其他一兩位同學
科、同年級、所選單元主題相似的教師分在一組，在學科專家的指導之
下設計一個「豐盛」的單元。他們所進行的工作會按照一套課程設計的
標準（例如，重理解的教學所包含的那些標準）來審查，接著根據同儕
和專家提供的回饋做出修正。然後，他們要把最好的課程設計想法按照
經過同意的、類似 UbD 階段三逆向設計範例的格式鍵入電腦，就像 UbD
交流網所做的一樣（http://ubdexchange.org）[10]。

在接下來的學年中，他們要實際試驗改良過的課程單元設計，然後
蒐集學生學習情況的資料作為實施結果的證據。同組教師在這一年中會
重聚（也許在排定的在職進修日），以合力評量學生的學習，然後對自
己的單元設計做出必要的調整。完成的單元設計將有資格送交學科專家
做區域的審查（根據課程設計的標準和學生的學習結果），被認定是範

例的單元會透過電子資料庫讓其他教師能取得。過去五年以來，我們已經幫助許多學校教師發展這類的課程設計系統。

　　某個更阻礙這類協同合作（部分係受到學校文化的強化，其中教師在學校功能失調的情況下被相互孤立）的錯誤觀念是，我們常常假定學科學習標準及基準必須分開處理，由每一位孤立在課堂上的教師透過目標狹隘的課堂教學，一次達成一個標準。可理解地，這樣的想法產生的感受是，教師的工作對我們任何人而言都是多到難以處理，但這個假定有缺陷。這種觀念上的混淆可回溯到和第一則「對，但是⋯⋯」的爭議有關，也和州測驗的表面效度有關。標準化測驗通常會透過無情境設定（恰當的說法）的「項目」，從課程標準一次取樣一則。因此，對於測驗題目和標準清冊的觀感往往會誤導我們，必須一次一點地根據課程標準來教學，就好像每則標準、基準、指標都同樣重要。

　　相反地，我們的作法是回到重理解的設計課程之開始策略：使用三圓形的圖解，根據取自課程標準的大概念和核心任務來設定優先順序。然後，當課程單元涉及到豐富的深度學習時，涉及到以複雜的實作表現為最後目標時，數十則標準會以適當的層級順序——以及從學生觀點而言更一致的標準，被同時處理。在地層級的挑戰不是為每個指標設計一節課的教學，而是設計內容豐富的單元，這些單元最終會探討所包括的各則標準，並且向學生明白顯示優先順序。透過更有效地解讀課程標準，以及藉由編寫課程、編寫課程地圖、蒐集資料等，這是可以解決的問題。

　　我們堅信所有這類行動研究會產生四種不同的效益：

1. 將想法付諸行動。藉由將課程標準應用到我們自己的專業工作，使課程及評量設計的品質得以增進。不去假定課程會因為我們努力工作或納入學生喜愛的活動而設計得很合理，課程設計必須根據所屬標準來證實其合理性。符合標準及導致學生學習的課程設計會被指定為範例，進而為未來的課程工作設定高標準。

2. 心智的範例。逆向設計的邏輯要求在確認學習活動或選擇教學資源之前，應先澄清期望的學習結果和所需的評量證據。當教師使用逆向設計範例來設計課程單元時，他們會為教學計畫發展有用的心智模式，該心智模式有助於避免活動導向課程和內容導向課程的孿生問題。這

類的課程設計過程對於新手教師尤其很有價值，因為新手教師尚未就偏好的教學活動建立檔案庫，也尚未完全受到依賴教科書的誘惑。

3. 利用科技更聰明地工作。大多數教師都有責任依據該州的學科學習標準來教學，因此，為什麼全州教師分享工作資源的活動，不能形成一種規範？由於不同學門的州定課程標準之相似度大於差異性，這個共通性能否擴大到全國的層次？我們認為可以。這個方式提供了更聰明工作的機制，其方式是利用可檢索的已驗證課程單元資料庫，而不是讓每一位教師、每一所學校、每一個學區很不必要地重複設計課程。不需要為不能每天準備豐盛的三餐而感到內疚，經常將焦點放在範例上（不論他們是食譜或課程設計）對每個人都有好處，我們因此能將個人的精力用於發展一兩個高品質的單元，而且當我們工作時，能漸進發展更高的標準及更精良的課程設計技巧。再者，就像烹飪書一樣，分享我們的設計以利每個人都能從證實過的食譜獲益是更聰明的作法。

320

4. 加強專業的對話。除了高品質的課程成品之外，分享課程設計工作的過程會提供豐富的專業發展機會。來自跨學區課程設計團隊教師（此團隊是地區或州教師協會的一部分）的回答，已經證實這類經驗的價值。不像普通主題方面一體適用的教師發展活動，這項設計工作強調特定內容主題的教學與評量之獨特面，並且使教師產生有立即價值的實質成品。教師的對話聚焦在專業方面的關鍵問題：哪些是我們要學生理解的大概念？符合這些標準的意義是什麼？哪些教學和學習經驗最吸引人、最有效？對於我們的課程和教學，學生的學習揭露了哪些優點和需求？考慮到專業發展可利用的時間有限，有必要使研習成為下列的結果導向方式——不由外聘主講者來概括說明教育的趨勢。

費時的困難工作不是一件壞事，如同本章開頭出自柏拉圖《共和國》一書的引用句所暗示的，它是一件有活力的好事。學習——真正的學習——總是困難的，總是顛覆舊的學習而導致不平衡和抗拒。我們發現許多教師對學習有矛盾的抗拒心態，尤其是以下這類教師：過去經常獨力工作，以及經常根據自己的習慣認為，最重要的是順利掌控在自己的空間內所發生的任何事情。也許根據持續的協同研究重新規劃學校的最佳理由是，這是克服教師抗拒改變習慣、克服對進行試驗的膽怯，以及

克服對批評和失敗的恐懼之最佳方法。當一群教師一起對其個人的實務和共同的實務做研究時，他們會有更大的勇氣——及有助於學習的同儕壓力。

這裡就涉及理解的第六個層面。如果教師想要真正理解如何引發學生學習的話，他們需要能發展更大同理心和更深度自我認識的工作。盲點使我們躲開學習所產生的所有痛苦，而不只是躲開學生產生錯誤觀念的可能性或學生的個別差異和需要。我們不是教師，我們是學習的起因，也是正在學習的學生。因此，教師的工作應該要求我們進入「內部」，並且持續從「內部」觀察學習如何作用，以利不斷提醒自己，學習實際上有多麼困難。學校應該要求教師做行動研究，以利教師能經常感受到學習的經驗像什麼，以及經常感受到被提醒下列事實的滋味：真正的學習總是令人害怕、令人感到挫折，而且無論年紀或才能，學習都會令人產生自我懷疑。如果教師的工作和時間表只讓我們想到，自己是唯一的教師而非學習楷模，我們會錯失很多重要機會，而難以使教育對成人和孩童而言更真誠、更令人鼓舞，以及更有自我修正力。課程設計所需的時間不應該被規劃為額外的工作時間，應該成為主要的工作時間。

第四節　結論

我們已經討論過，在講求外在績效的環境中，教師對於為理解而設計、實施，以及評量教學的幾個普遍看法，並且試著揭露這些看法背後的錯誤觀念。我們建議，在為教師和學生維持知識的吸引力時，來自重理解的課程設計觀，對於改進學生在外部評量上的實作表現很重要：(1)對理解及精熟核心學科領域任務的大概念進行教學及評量；(2)將課程設計的標準應用到評鑑及修訂在地的課程與評量，使其成為固定的教師工作及進行中的在地研發工作之一。

筆者不要求也不期望讀者從本書提出的意見來看待我們。我們從經驗知道，習慣和誤解很少會被論據所克服——藉由我們涵蓋的論據！是的，若要在合理的基礎上接受（或拒絕）本章及整本書的主張，這些主張必須經過讀者及讀者在其所處情境之下的在地研究發現、討論、測試、

爭辯，以及探索過程。這也是《教學落差》（*The Teaching Gap*）一書作者對於美國學校教育改革所做的結論：

> 由於教學很複雜，如果教學的改進策略是在教師教學和學生學習的課堂上發展出來的，那麼教學的改進會最成功……對某個班級有用的策略對另一個班級可能有用、也可能無用，來自遠方的改進意見──例如包括我們從日本的課堂教學所學到的，需要測試之後再應用到我們自己的課堂（Stigler & Hiebert, 1999, p. 134）。

筆者鼓勵讀者研究到底什麼是理解、什麼不是理解，研究如何以最有效方式教導理解，以及如何以最有效方式評量理解：就讀者所處特定標準、測驗，以及學生的情境之下研究這一切。如果你無法和學生一起認識理解的研究對課堂教學的作用，那麼，世上所有研究的結果都會變得意義很小。理解本書內容，意味著去試驗本書所提到的概念，而這正是教案研究開啟的應用。

我們期望藉由整理出某些常聽到悲觀主張，可以鼓勵學校教師和學區領導者，對於改進學習──無論你發現自己所處的情境如何及所需要的辛勞工作有哪些，能採取更積極的立場。不論哪些我們無法掌控的、有關學生、學校、社會等的所有事物，相關研究的發現令人振奮，課程設計、教學、提出回饋等這些我們能掌控的事情，還是會顯著影響學生的學業成就。

跋：準備開始

要教師停下來思考，然後透過他們既有的教材教法能力進行變換和整理，其本質是相當典範轉移之事。在進行轉換時，教師思考他們所教的內容；評量每一項指定作業和評量項目，以確保其效度；以及不再採用長期偏愛但未能連結到期望結果的教材教法。這是很大的轉換，真正的大轉換！

　　——*Angela Ryan,* 賓夕法尼亞州荷賽（*Hershey*）地區教學指導員

去做就對了！

　　　　　　　　　　　　——耐吉（*Nike*）公司的廣告標語

　　在闡明理由依據、研究基礎，以及重理解的教之關鍵概念之後，筆者提出一些經過證明能有效開始應用 UbD 的點子，以實用的註解來總結全書。

　　著手設計是自然而然的起點，對大多數教師而言，我們建議以課程單元作為開始。通常，教師會根據 UbD 要素，為重新建構單元選擇類似的主題。此外，選擇設計新單元的教師常常發現，使用逆向設計及 UbD 範例，從基礎開始設計新的課程單元是有益的。請注意：本書的姊妹作《重理解的課程設計：專業發展實用手冊》（McTighe & Wiggins, 2004）提供了 250 頁以上的表單、練習、實例、設計訣竅等，可用來支持課程設計工作。

322

　　對行政人員而言，筆者建議可擇一應用UbD概念的兩個方式：(1)根據確認的學科學習標準和一位教師共同設計課程；(2)使用逆向設計及UbD範例，為成人學習者設計專業發展工作坊或課程。許多教師表示，直到將UbD應用到真實的課程設計，並從同儕得到回饋之後，他們才完全了解或領悟UbD。就像任何的大概念一樣，只有在應用和反思之後，才會更容易完全掌握這些架構的細微之處。

323　　無論設計的主題是什麼，除了使用《重理解的課程設計：專業發展實用手冊》之外，筆者建議讀者查詢 UbD 交流網（http://ubdexchange.org），此網站提供下列特點：

1. 以電腦化的設計範例為特色之線上課程設計環境，此範例係以三階段的逆向設計過程為基礎。常用的格式使地方的課程設計更一致，能輕易在教師之間分享，例如，階段二的資訊能立即連結到實作評量及評分指標的不同網站。

2. 以共同格式呈現的可查詢式課程設計資料庫。相關的資料庫包括單元、實作任務、評分指標等，隨著經常更新，其涵蓋的教案設計達五千篇以上。多重的查詢項目可讓使用者以課程、學科、科目名稱、關鍵字、年級、學區、學校、課程設計者姓名、單元名稱，以及這些項目的組合來查詢教案。另外，還包括了「我的最愛」書籤功能。

3. 根據UbD標準的線上同儕評論準則。同儕評論能鼓勵課程設計者根據UbD的設計標準自我評鑑教案，以及與其他使用者互動，以提供回饋或接受回饋。UbD設計標準在設定品質控制的同時，也促進了課程設計應持續改進的理念。課程設計者可以請求由UbD專家和內容領域專家所組成的專家評論團隊，在線上提供詳細的回饋。

4. 支援使用者的指導工具、自學工具、互動式自評工具。提供技術協助和「詢問作者」的線上論壇。

5. 各種特定的管理功能。這些功能包括，協助學校或學區管理人員處理同意使用教案事宜。

第一節　透過協同合作加強努力

在結合編寫課程單元方面（理想上，在UbD交流網站上進行），筆者強烈建議教師為教案的自評和同儕評論而經常使用UbD設計標準。這些標準闡明了有效的UbD設計之特徵，並且鼓勵教師反省及修正。

當以教師團隊、學校或整個學區的協同合作方式應用時，重理解的課程設計之架構其價值會有所增強。以下是年級或學科團隊、學校教師或全學區教師以UbD推動課程設計時，採用的一些實際行動：

1. 建立研究小組，就《重理解的課程設計》增訂二版所選讀的部分進行討論。

2. 觀賞及討論ASCD的錄影帶《什麼是理解？》和《應用逆向的課程設計》。

3. 選派教師和行政人員的代表團隊，參加當地的、地區的或全國的UbD推介工作坊或會議。

4. 在你的學區或學校贊助辦理推介UbD的工作坊（例如，在排定的在職進修日舉辦）。

5. 在教師會議或教師團隊會議中探討UbD的主要問題（如：我們如何以吸引人的有效方式，在教學上達成所有的學科學習標準？哪些學科內容值得理解？如何知道學生真正理解我們所教的內容？我們如何不強調「練習」測驗而提高學生的學業成就？）

6. 派遣一組觀察團拜訪位在使用UbD地區的學校或學區，參訪後要他們向學校或學區報告其可能的應用效益。

7. 在學校或學區中找出核心的教師和行政人員作為種子人員，由他們先試用UbD。

8. 選派核心人員到地區的或全國的機構參加三至五天的研習。

9. 提供時間（及其他誘因），讓核心人員能設計及分享UbD的課程單元設計。

10. 使用UbD的設計標準，對當地教師設計的課程單元進行同儕評論。

11. 為核心人員繳付UbD交流網站的會員費，然後要他們研究及分享經過

324

　　教學驗證的藍帶獎（blue ribbon）課程單元教案，要他們評論網站上使用UbD設計標準的既有課程單元教案，以及要他們在線上設計課程單元，及請求專家給予評論。

12.將教師以年級或學科分組，進行學科學習標準的解讀（如：確認理解的事項及主要問題）。

13.將教師以年級或學科分組，使用三橢圓圖（圖3-3）排出學科學習標準和教科書內容的優先順序。

14.根據UbD編製學校或學區的課程地圖（例如：包括理解事項、主要問題、核心實作任務）。

15.在教室裡展示主要問題；在教師會議中分享主要問題的實例。

16.設定核心的實作任務（根據理解的六個層面）和共同的評分指標。

17.將教師以年級或學科分組，以檢討及評量學生在核心實作任務上的學習。為評分標準選擇全校或全學區的課程標準項目依據。

18.分析外部的學業成就測驗資料及學生的學習，以找出學生理解錯誤的部分，然後設計改進學生理解的教學計畫。

19.根據學業成就的問題領域，建立及推動行動研究團隊和教案研究團隊。

20.設計及實施訓練計畫，俾向新手教師介紹 UbD。

325　21.應用逆向設計法來設計不同的學校活動和學區活動。

22.尋求州、聯邦，以及基金會的經費補助來支持 UbD 的實施。

第二節　將想法付諸行動

　　沒有單一的途徑可以導致個人或團隊理解、精通 UbD，但是，筆者真心建議教師「將想法付諸行動」：在如何應用重理解的課程設計法方面，能使用逆向的設計過程。

附錄：六頁式範例樣本

327

當你設計 UbD 課程單元時，使用以下完成之六頁範例作為指南。

課程單元封面頁

單元標題：　吃什麼，像什麼　　　　　　　　　　　　年級：　5 年級

學科（主題）領域：　　健康和營養

關鍵字詞：　　營養、健康、健康良好、均衡飲食、食物金字塔

設計者：　　Bob James　　　　　　　　　　　實施時間：　3 週

學區：　　賓州蒙哥馬利丘　　　　　　　　　　學校：　赤夏貓小學

單元摘要（包括課程的背景脈絡和單元目標）：

　　在這個健康教育科目的導論單元中，學生會學到人類的營養需求、食物分類、不同食物的營養優點、USDA 食物金字塔準則，以及與營養不良相關的健康問題。學生將設計有插圖的營養小冊子，以教導幼童良好的營養對健康生活的重要性，學生分為合作學習小組，以分析某個虛構家庭的飲食，並建議改善此家庭營養程度的方法，以及對造成不良飲食習慣的健康問題進行研究。

　　在最後的實作任務方面，學生將為即將來到的三天戶外教育活動設計及報告建議的菜單，他們設計的三餐及點心菜單應該符合 USDA 食物金字塔的建議。此單元結束於學生評鑑自己的飲食習慣及吃得健康的程度。

單元設計情況：　　　　　☑完成範例的各頁數──階段一、二、三

☑完成每一項實作任務的藍本　　□完成評分指標

□對學生和教師的說明　　　　　□列出的教材和資源

□建議的調整事項　　　　　　　□建議的擴充事項

狀況：○初稿（日期：　3/12　）　　○修訂稿（日期：　7/14　）

　　　○同儕評論　○內容檢討　○實地測試　○證實有效　○固定化

階段一：確認期望的學習結果

既有目標：

標準 6：學生將理解關於營養和飲食的主要概念。　　　　　　　　Ⓖ

6.1——學生將使用對營養的理解，為自己和他人做適當的飲食計畫。

6.3——學生將了解他們自己的個人飲食習慣和方式，而這些習慣是可以改善的。

哪些主要問題要列入考慮？

1. 什麼是健康的飲食？　　　　　　　Ⓠ

2. 你的飲食健康嗎？你如何知道？

3. 為什麼某個人的健康飲食對他人而言是不健康的？

4. 儘管可用的資訊一大堆，為什麼在美國還是有這麼多的健康問題是由營養不良所引起？

期望學生獲得哪些理解？

學生將會理解……　　　　　　　Ⓤ

1. 均衡飲食有助於身心健康。

2. USDA 食物金字塔代表了相對的飲食準則。

3. 根據年齡、活動程度、體重、整體健康，每個人的營養需求都不相同。

4. 健康的生活要求個人遵行有關良好營養的可用資訊，即使這可能意味著要打破舒適的習慣。

由於此單元的教學，學生習得哪些關鍵的知識和技能？

學生將知道……　　　　　　　Ⓚ

1. 關鍵術語——蛋白質、脂肪、卡路里、碳水化合物、膽固醇。

2. 每一類食物中的各種食物及其營養價值。

3. USDA 食物金字塔準則。

4. 影響營養需求的變項。

5. 營養不良引起的一般健康問題。

學生將能夠……　　　　　　　Ⓢ

1. 閱讀及詮釋食品標示上的營養資訊。

2. 分析飲食的營養價值。

3. 為自己和他人設計均衡的飲食。

階段二：決定可接受的學習結果

哪些證據能顯示學生理解？

實作任務： ⓣ

1. 吃什麼，像什麼——學生創作有圖解的小冊子，以教導幼童關於良好營養對健康生活的重要性。

2. 吃下去——學生為即將到來的戶外教育宿營活動，設計三天的正餐及點心菜單。另外，他們要寫一封信給營地主任，說明為什麼應該選擇他們的菜單（透過指出營養調配符合 USDA 食物金字塔的建議，但對學生而言也相當可口）。菜單還包括了為特定飲食條件（糖尿病或素食者）或宗教信仰考慮所做的至少一項修正。

階段二：決定可接受的學習結果（續）

從階段一期望結果的角度而言，還有哪些證據需要蒐集？

其他證據：（如：正式測驗、隨堂測驗、提示卡、作品樣本、觀察報告） ⓞ

1. 隨堂測驗——食物的分類和 USDA 的食物金字塔。
2. 提示卡——描述兩種可能由營養不良所引起的健康問題，然後說明如何避免這些問題。
3. 技能檢核——說明食品標示上的營養資訊。

學生的自我評量和反省：

1. 「吃什麼，像什麼」小冊子的自我評量。 ⓢⓐ
2. 「吃下去」宿營菜單的自我評量。
3. 反省自己在本單元課程結束時能吃得很健康的程度（與單元課程開始時比較）。

評量任務的藍本

哪些理解或目標將透過這項任務來評量？

學生將為自己及他人設計適當的飲食。	

無論任務的細節是什麼，課程標準和理解事項所暗示的效標有哪些？學生的學習必須表現出哪些特質以表示達到課程標準？

1. 看起來符合營養 2. 對口味和營養做出比較 3. 可實行	

學生透過哪些真實實作任務來表現其理解？

任務概述：

由於我們一直在學習關於營養的知能，戶外教育中心的宿營主任請我們建議一套為後半年到該中心宿營三天的營養均衡菜單。請使用食物金字塔準則和食品標示上的營養資訊，設計一套三天份、包括三餐及三次點心（上午、下午、營火晚會時）的菜單。你的目標是：一份美味又營養均衡的菜單。除了菜單之外，請準備一封給宿營主任的信，說明你的菜單如何符合 USDA 營養準則，並且包括一張圖表，分析說明脂肪、蛋白質、碳水化合物、維生素、礦物質，以及卡路里的分量。

就期望學生獲得的理解而言，哪些學習結果及實作表現能提出證據？

有營養價值說明圖表的菜單	給宿營主任的一封信

學生的學習結果及實作表現將經由哪些效標來評量？

1. 菜單符合 USDA 準則 2. 營養價值圖表內容正確完整 3. 菜單提及適用對象和情況	1. 有效說明所建議菜單的營養價值和口味的吸引力 2. 信件格式恰當 3. 拼字及體例正確

階段三：設計學習經驗

WHRETO

什麼樣的教學活動經驗會使學生對投入學習、對發展，以及對表現期望的學習結果做好準備？使用下列清單列出關鍵的教學活動順序，並在每一則敘述加上適當的「WHERETO」組成字母。

Ⓛ

1. 以起點問題開始（你吃的食物會引起粉刺嗎？），以吸引學生考慮營養對其生活之影響。　H

2. 介紹主要問題，然後討論本單元最終的實作任務。（「吃下去」和「飲食行動計畫」）。　W

3. 注意：透過不同的學習活動和實作任務，介紹必要的關鍵詞彙術語。學生從健康教育教科書閱讀及討論相關的選文，以進行學習活動及任務。學生為後來的檢討和評鑑撰寫每日飲食紀錄表，以作為持續的學習活動。　E

4. 呈現以食物分類為所學概念的單課教學，然後要學生練習食物的分類圖。　E

5. 介紹食物金字塔並具體說明各大類食物的內容。學生分小組學習設計食物金字塔海報，其內容包括各大類食物的單張圖解。將海報展示在教室或走廊上。　E

6. 進行食物分類和食物金字塔的隨堂測驗（配對題形式）。　E

7. 復習及討論來自 USDA 的營養小冊子。討論問題：人人都必須遵循相同的飲食才能保持健康嗎？　R

8. 學生以合作小組的學習方式，分析一個虛構家庭的飲食（蓄意營養不均衡），然後對改善其營養提出建議。教師在學生學習時觀察其討論並予指導。　E-2

9. 要各組學生分享飲食分析的結果，並進行全班的討論。　E、E-2（注意：教師應蒐集及評論學生的飲食分析報告，以找出需要以教學補正的錯誤概念。）

10. 每個學生設計一份有圖解的營養小冊子，以教導幼童了解營養對健康生活的重要性，以及與不當飲食有關的問題。這項活動要在課外時間完成。　E、T

11. 每個學生與同組同學交換小冊子，以根據列出的標準進行同儕評量。允許學生根據回饋做修正。　R、E-2

12. 播放「營養與你」的錄影帶並進行討論，討論與不當飲食有關的健康問題。　E

13. 學生聆聽客座演講人（來自地方醫院的營養師）對於營養不良導致的健康問題之演講，並提出發問。　E

14. 學生回答下列書面的問題提示：描述可能是由於營養不良所引起的健康問題，然後說明怎樣改變飲食以避免這些問題（教師蒐集學生的答案並予評分）。　E-2

15. 教師示範如何解讀食物標示上的營養價值資訊，然後要學生使用捐出的食物包裝盒、罐頭、瓶子等（空的！）作練習。　E

16. 學生獨自學習設計三天份的宿營菜單。對宿營菜單的專題學習進行評鑑及回饋——學生使用評分指標對其專題作品自我評量和同儕評量。　E-2、T

17. 在單元課程的總結階段，學生檢討其所做的完整飲食紀錄表，然後自評飲食符合健康的程度。提醒學生注意是否標記出改變？標記出改善情形？他們是否注意到自己在感覺和外表上的改變？　E-2

18. 要學生為健康的飲食發展個人的「飲食行動計畫」，這些計畫會被保存，然後在學生參與的親師會上展示。　E-2、T

19. 學生對自己個人的飲食習慣做自評，以總結本單元的課程。要每個學生為他們的健康飲食目標發展個人的行動計畫。　E-2、T

階段三：設計學習經驗（續）

請考慮 WHERETO 的要素： ⓛ

週一	週二	週三	週四	週五
1	2	3	4	5
1. 以討論飲食習慣和「粉刺」來吸引學生興趣。 2. 介紹主要概念和主要詞彙。 3. 要學生開始記下每天吃的食物，以記錄日常飲食習慣。	4. 進行食物分類的概念獲得教學，然後練習將食物歸類。 5. 要學生閱讀及討論來自 USDA 的營養小冊子。	6. 進行食物金字塔的教學，然後辨認各大類的食物。 7. 要學生閱讀及討論健康教科書的相關選文。對閱讀能力較低的學生提供圖解小冊子。	8. 播放及討論「營養與你」的錄影帶。 9. 要學生設計有圖解的營養小冊子，以教導幼童良好營養對健康生活的重要性。	10. 評量小冊子並給予回饋。讓學生使用列出的效標，對小冊子進行自我評量和同儕評量。
HW	E	ET	ET	ET
6	7	8	9	10
11. 要學生分成合作學習小組，然後分析某個虛擬家庭的飲食，並就改善營養做出建議。	12. 對於飲食分析進行分組檢討並給予回饋。允許各組修正。	13. 要學生聆聽客座演講人（來自地方醫院的營養師）對於營養不良導致的健康問題之演講，並提出發問。	14. 要學生就不良的飲食造成的健康問題進行研究，提供學生選擇如何分享研究發現的方式。	15. 示範如何解讀食物標示上的營養價值資訊，然後要學生練習解讀食物標示。
E	R	E	**ET**	E
11	12	13	14	15
16. 瀏覽宿營菜單設計的評分指標，以利學生理解評分標準，然後要學生獨自學習以設計三天份的宿營菜單。	17. 當學生設計菜單時，觀察及指導學生。	18. 就宿營菜單的專題學習進行評量及給予回饋。要學生使用評分指標對其學習進行自評和同儕評量。	19. 要學生檢討飲食日記，以找出自己的飲食習慣有無改變。要每一個學生都設定改善營養的個人目標。	20. 以學生對其個人飲食習慣的自我評鑑結束本單元。要每一個學生為健康飲食的目標擬訂個人行動計畫。
E	E	E	**ET**	**ET**

註解

第一章

1. 心智工具的其他資訊及實例，請見 McTighe 和 Lyman（1988）。

第二章

1. 這是自編的歌曲，法語被用來編造關於數字的類似押韻——原為英文發音。暗示：這本書的書名是 *Mots d'Heures: Gousses, Rames.*〔*Mots d'Heures: Gousses, Rames.* Luis d'Antin Van Rooten 出版（Penguin 出版，1980；Grossman 初版，1967）〕。

2. 科學教育方案的資訊可從哈佛史密桑（Harvard-Smithsonian）天體物理學中心獲得，地址是：60 Garden Street, Cambridge, MA 02138；網址：http://cfa-www.harvard.edu/。

第三章

1. 筆者很久以前就強烈建議這本書。該書對於曾經提出的課程架構問題，提供了最清楚、有用的分析，尤其由於作者之一是進步教育運動的關鍵人物，重理解的課程設計法所提出的所有觀念，他幾乎都有致力彰顯的實際經驗。本書可在網際網路的不同地方找到，例如，線上圖書館 www.questia.com。

2. 其他資訊可見 Erickson（1998）的著作和 Tomlinson 等人（2001）的《概念史辭典》（*Dictionary of the History of Ideas*）——以關鍵概念為基礎的參考叢書，以及 Adler（1999）的作品。

第四章

1. 就敘事對認知、對學習的重要性，比較 Schank（1990）和 Egan（1986）的著作。

第五章

1. 這不是發現教學法的全面要求，相反地，筆者只是指出，理解大概念通常需要此處討

論的這類積極探究、討論、應用。此問題的更完整分析見第九章的教學順序討論。

2. 關於徹底討論不同的全國課程標準，以及更了解什麼是所尋求的問題和理解，見 Erickson（1998）著作的第一章。

334 ## 第六章

1. 請注意，Lynn Erickson 強調的，即筆者所稱的「概念的」通則化，因此，使我們所稱的主題式理解更像是事實資訊。相對於事實，我們傾向區分主題式理解和總括式理解，因為這兩類理解都需要從事實做推論。

2. 見科學的補充教材（密西根州：http://www.miclimb.net）和歷史（社會科）的補充教材（紐約州：http://www.emsc.nysed.gov/ciai/socst/ssrg.html；維吉尼亞州：http://vastudies.pwnet.org/sol/c_framework.htm；德克薩斯州：http://www.tea.state.tx.us/sources/ssced/tool-kits/html/toc_ubd.htm）。

3. 見皮亞傑（1973, 1973/1977）。

4. 甚至當教學目標在要求學生「理解如何……」，這也是真的。即使我們可能聚焦在關鍵的過程或實作表現，我們還是期望學生理解特定的洞見，以利加強他們的實作表現。見 Erickson（1998），第 83 頁，並和 Erickson（2001）第二章「概念本位的課程」做比較。

第九章

1. 出自二○○三年「學生專注學習程度全國調查」（National Survey of Student Engagement, NSSE）年度報告，見 http://www.iub.edu/html/report-2003. shtml。其他 NSSE 的研究報告見 http://www.iub.edu/~nsse/。參見 Kuh（2003）。

2. 參見 Levy（1996），以了解他自己對教學的闡述。

3. 我們鼓勵讀者瀏覽「學習遷移的十種工具」，以得到最可能發展學習遷移經驗的有用工具舉列。見 Fogarty、Perkins 和 Barell（1992）。

第十章

1. 例如，見 Blythe 及其同僚（1998）、Bottoms 和 Sharpe（1996）、White 和 Gunstone（1992）、Saphier 和 Gower（1997），以及 Marzano 和 Pickering（1997）。

2. 熟悉教育史的讀者會對這個舉例及其他的舉例產生共鳴，那就是學習的內容應該設計成「摘要重述」知識的歷史。雖然我們不支持摘要重述是合理的教育理論之想法，但是，學生應該體驗真實的探究和有時重建或模擬知識發展的想法，是我們所稱跨內容的概念之一。更多關於摘要重述的討論，請見 Egan（1997）、Gould（1977），以及 Wiggins（1987）。

3. 讀者請參考 Adler（1984）及其後續的著作，以了解這三欄的理由依據之更深入洞見，以及如何判別哪些類別的教學最適合哪些類別的目標。

4. 見 Finkel（2000）。

第十二章

1. 所有的評分指標請見 http://www.ncaction.org.uk/，包括評量任務的範例、每個核心要點的學生學習任務，以及其他與評量相關的有用資訊。

2. 見 Kliebard（1987），第 223-224 頁。然而，Kliebard 很譏諷地指出，即使相對於類似 Kilpatrick 等提倡者所主張的、更急進的「活動課程」方法，課程以興趣為中心的想法現今已有點殘缺不全。對 Kliebard 而言，其建議的主題編排順序是否「真實代表兒童的興趣」，或者更偏向成人溫和卻武斷的主題排序看法，仍有待論證。

3. 關於探究的邏輯之背景閱讀資料，見 Collingwood（1939）、Gadamer（1994），以及 Bateman（1990）。

第十三章

1. 例如，見 Kohn（2000）。

2. 雖然筆者的主張可能會讓許多讀者參到意外，但考慮長期以來我們一向表示反對過度依賴直接的測驗，因此，這裡的問題更縮小到以測驗效度為焦點。在教育情境中，我們可以提出許多論據來支持更多的實作評量，但是此處的問題是相反的：非直接的——「非真實」的——測驗可以產生有效的推論，就像「真實的」評量任務可以產生無效的推論一樣。

3. 完整的研究報告，請見 http://www.consortium-chicago.org/publications/p0001.html。

4. 再者，最近的研究已在質疑 SAT-prep 公司對其造成 SAT 分數提高的過度聲明。

5. 出自 http://www.project2061.org/about/press/pr000627.htm。美國科學進步協會的 2061 專案（http://www.aaas.org）曾經對美國的數學和科學教科書進行評鑑。見 http://www.project2061.org/publications/articles/textbook/default.htm。

6. 出自 http://www.project2061.org/about/press/pr990928.htm。

7. 愛荷華州——未在州層級頒布課程標準的一州——要求其所轄學區發展地方的課程標準及評量；除了這些地方層級的努力之外，許多學區也採用愛荷華州基本能力測驗（Iowa Test of Basic Skills）。

8. 見 Gardner（1991）第八章，以及 Bransford、Brown 和 Cocking（2000），第 10ff 頁。

9. 關於這項研究的其他資訊可在 TIMMS 的網站上找到（http://nces.ed.gov/timss/）。關於更多的課堂研究，請見 Lewis（2002）。

10. 在 ASCD 的合作之下，筆者開設之「重理解的課程設計交流網」（http://ubdexchange.org）已從二〇〇一年開始運作。它包括了五千篇以上以 UbD 範例的電腦檔案格式所設計的課程單元。此交流網為所有的訂閱者提供了編寫、分享，以及相互評論課程單元設計的健全論壇，為教相同主題的教師提供了和同儕分享教案及教學評量想法的機會。它也為學校和學區的行政人員提供了大量的資源，包括精密的查詢功能、課程編製功能，以及由專家對在地的課程設計進行評論。

335

詞彙

336 **academic prompt**（開放式問答題）

　　居於實作評量任務和簡答測驗或隨堂測驗之間的評量型式。開放式問答題是開放式的書面實作測驗。

　　如同「學科」一詞所示，這些測驗只在學校或正式考試的情境中舉行，測驗者對特定的引句、概念或實作要求，提示答案，這些提示並非真實的（雖然針對實作表現），因為學校測驗通常會限制測驗項目、參考資料的取得、時間分配，以及學生相互交談的機會。

　　對照「**真實評量**」和「**隨堂測驗**」。

achievement target（成就目標）

　　·期望結果（desired result）、學習結果的同義字，與達成教育目標相關的術語相似。

　　參見「**期望的結果**」。

analytic-trait scoring（特點分析評分法）

　　利用不同標準來評量學生作品和表現的計分方式，實際上學生的表現會被重複評量數次，每次都用不同的標準，例如，在論文的分析式評分中，我們可能評量五個特點——結構、細節說明、顧及讀者、說服力、合慣例性。特點分析評分法和**整體評分法**是相對的，後者係由評分者對於受評者的表現構成單一的整個印象。

　　參見「**評分指標**」。

anchors（評分依據）

　　針對每個層次的**評分指標**，作品樣本或實作表現樣本被用來設定特定的表現水準，例如，連結到落段描寫的第六級寫作能力表現，可能是兩、三項寫作樣本，這些樣本說明第六級寫作能力是什麼（最高分數的評分依據通常稱為「範本」）。

評分依據能促進評分的可信度。缺乏這些評分依據的評分指標通常會過於含糊，而無法為評分者或受評者設定清楚的標準。類似「內容精練、有說服力」或「有洞見的數學解題」之句子沒有什麼意義，除非教師有作品樣本可提供具體可靠的定義。

評分依據也透過提供優質作品的實質範例，而幫助學生進步。

applications（應用）

應用是理解的六個**層面**之一，也是由來已久的理解度指標，意指在多元的情境中利用知識和技能的能力，能針對學習者的理解度提供重要證據。

對 UbD 而言，「應用」並非新的或特定的概念。Bloom 及其同僚（1956）認為應用對理解很重要，而且不同於眾多班級教學情境所發現的其他「提取式」（plugging-in）活動或「填空式」（fill-in-the-blanks）活動，例如，教師們經常提到：「如果學生真的理解某件事物，他會應用這項事物……。應用和『知識』、『簡單理解』的差別在兩個方面：學生不需要提示才能表現特定的知識，問題也沒有過時。」（p. 120）。

參見「**同理心**」、「**說明**」、「**詮釋**」、「**觀點**」、「**自我認識**」。

337

assess（評量）（譯註：動詞）

依據特定目標和標準，徹底、有方法地分析學生的學習成果。這個詞來自拉丁文「assidere」，其意義是「坐在旁邊」。

參見「**實作任務**」。

assessment（評量）（譯註：名詞）

用於依據特定目標和標準來分析學生的學習成果。測驗是評量的一種方式，其他的方式包括現場晤談（clinical interview，如皮亞傑的研究所採用的方法）、觀察、自我評量、調查等。好的評量需要考慮技術上的平衡，因為各種技術都是有限制的、容易犯錯的。

提出「評量」來替代只討論「測驗」，也有區分方法和態度的意味。就像拉丁文字根「assess」所暗示的：做評量時要「坐在學生旁邊」，其涵義是教師在評量的過程中，要對學生做設想周到的觀察及公正的判斷，然後提供學生清楚、有幫助的回饋。

有時評量被視為「評鑑」的同義詞，雖然兩者的常見用法不同。該用法意味著教師不針對學生的表現下判斷或給分數，同樣可以評量學生的長處和短處。

參見「**實作任務**」、「**標準化**」。

audit test（稽查式測驗）

這是筆者針對各州或全國標準化測驗所用的術語。就像商務稽查或醫師所做的身體健康檢查一樣，稽查的測驗是簡短的測驗，它使用更簡單的指標來評量更重要、更複雜的事物。稽查式測驗的測驗問題，是更重要目標和標準的替代工具，就像血壓讀數可以就整體健康提供快速簡況說明的作用一樣。筆者認為提出這個重點以提醒讀者很重要：

在目標和型式上，標準化測驗非常不同於課程目標及標準的更直接評量。因此，沒有道理只辦理稽查式測驗。另外，在「健檢」是由地方辦理的範圍內，稽查式測驗會進行得很順利。

對照「**直接測驗**」。

authentic assessment, authentic task（真實評量、真實任務）

由實作任務及活動所組成的評量，這些項目及活動的設計是為了模擬或複製真實世界中的重要挑戰。真實評量的核心是實際實作為本的測驗：要求學生帶著真實的目的、針對真實的對象、應用真實的情境變項，以真實世界所採用的方式來利用知識。

因此，使評量之所以真實（例如，問題的「雜亂度」、尋求回饋及修正的能力、取得適當資源的機會），是由於評量的情境，而不只是由於評量任務本身，以及評量任務是否為實作本位或實地操作。真實評量意味著做更多的「測驗」：這些測驗應該要教導學生（及教師）「活用」學科的狀況像什麼，以及哪些類型的實作挑戰在專業領域中確實被認為是最重要的。評量任務的選出，是因為這些任務代表實務工作者在專業領域中面對的主要問題或挑戰。

真實評量就所強調的實作表現直接評量學生，相對地，單選題測驗是實作表現的非直接評量（例如，請比較考駕駛執照的路考和筆試）。在評量的領域中，真實測驗被稱為「直接」測驗。

對照「**開放式問答題**」和「**隨堂測驗**」。

backward design（逆向設計）

設計課程或課程單元的方法，此方法以考慮學習結果作為開始，然後朝向該結果做設計。雖然這類方法似乎符合邏輯，但它被視為是逆向的，因為許多教師從教學策略開始設計課程單元，例如，從教科書、偏好的單課教學、歷史悠久的活動等，而不是源自類似學科學習標準（content standards）或理解事項的學習結果——目標化的結果，來設計課程。筆者建議把習慣倒轉過來：從學習結果（期望的結果）開始，然後找出必備的證據來決定應達到的學習結果（評量）。在具體指定學習結果和評量方式之後，課程設計者將決定必備的（有用的）知識和能力，只有在這之後，才能接著決定使學生具備能力所需的教學。

這個想法不是新的，泰勒在五十多年之前即簡明地描述過逆向設計的邏輯：

> 教育目標成為選擇教材、架構課程大綱、發展教學程序，以及準備測驗和考試的效標……陳述目標的目的在指出擬引起學生改變的行為類型，以利教學活動以可能達成這些目標的方式來計畫及發展（pp. 1, 45）。

benchmark（基準）

在評量的系統中被發展得很適當的標準，有時這些標準被稱為「里程碑」標準，例如，許多全學區大小的學校系統針對四、八、十二年級生設定學業基準。在許多州的學科學習標準之中，基準為課程標準提供了進一步的具體指標——其作用如同次標準。在體育界和工業界，這個術語常常被用來描述最高程度的表現——即範例。作為動詞使用，「訂基準」意指為特定目標尋求最佳表現或成就的具體說明，而所形成的基準（名詞）設定了可能的最高表現標準，以及可瞄準的目標。因此，就這個意義而言，當教師想使評量以可能的最佳作品樣本為評分依據時（相對於從一般學區取得學生作品樣本作評分依據），就會利用到基準。

就兩種詞類的意義而言，我們不應該期望以基準作為評分依據的評量會產生可預測的學習結果曲線。標準不同於合理的期望（參見「**標準**」），有可能發生的事況是，只有極少的作品或實作表現——甚至毫無作品或表現，能夠符合基準。

big idea（大概念）

在「重理解的課程設計法」之中，核心概念、原理、理論、過程等都應該作為課程、教學，以及評量的焦點。就定義而言，大概念是重要的、持久的。大概念的學習遷移超越某個課程單元（例如，適應、寓言、美國之夢、重要人物），大概念是理解的基礎素材，可以被想成是有意義的模式，這些模式使我們將若不連結就會分散的點狀知識連結起來。

這樣的概念超越了個別的知識或技能，以聚焦在更大的概念、原理或過程。這些概念可以應用到學科之內或以外的新情境，例如，學生學到英國大憲章（Magna Carta）的制定是特定的歷史事件，因為大憲章對於「法治」（rule of law）這個更大概念很重要。憑藉該法律原則，成文法具體說明了政府的權力界限和個人的權利——例如合法訴訟程序（due process），使得這個大概念超越十三世紀時的英國根源，成為現代民主社會的基石。

大概念也被描述成「關鍵」（linchpin）概念。英文的「linchpin」一詞是指保持車輪輪軸固定的栓子，因此，關鍵概念對於理解很重要，缺乏關鍵概念，學生就無法理解任何事物。例如，若無法掌握法律的表面字義與其精神內涵之間的差別，學生就無法理解美國的憲政制度和法律制度——即使學生對於這些制度的史實發展知識非常豐富，而且能夠清晰說明。若不以帶有持久價值的關鍵概念為焦點，學生可能只剩下容易遺忘的零碎知識。

Bloom's Taxonomy（布魯畝的目標分類系統）

此為常見的分類系統名稱，用於分類及區分可能的認知目標，其範圍包括認知上很簡單到很困難的目標：事實上，也就是理解程度的分類。四十多年前，布魯畝及其在測

339

驗與評量方面的同僚發展了這套分類架構，在設計學生的評量時，這套架構被用來區別最簡單的回想方式和最複雜的知識應用。他們的著作被摘錄在目前廣為流傳的文本之中，書名是《教育目標的分類：認知領域》。

如該書作者再三指出的，該書的撰寫是受到測驗方面長久存在的問題所驅使。如果考慮到對於類似「很關鍵地掌握了」（critical grasp of）和「充分知道」（thorough knowledge of）等目標——測驗編製者普遍使用的片語，教師對其意義其實缺少明確共識，那麼，學校教師需要知道教育目標或教師的目標應該如何評量。

在該書的前言中，布魯畝及其同僚（1956）指出，「理解」是常被引用但定義不清的目標：

> 例如，有些教師相信他們的學生應該「真正理解」，有些教師希望學生「內化知識」，還有一些教師想要他們的學生「掌握核心或本質」。上述這些都代表同一件事嗎？尤其，「真正理解」自己在不了解時不會有哪些行動之後，學生會怎麼做？透過參考這套分類……教師應該能夠界定如此模糊不清的術語（p. 1）。

他們發現六個認知層次：知識、理解、應用、分析、綜合、評鑑，後三者通常被稱為「較高階」（higher order）的認知。請注意在這個架構之中，他們的定義並未將「應用」列為較高階的思考，如果考慮到應用的需求看起來很複雜，以及真實評量的許多倡議者對於使學生更有效應用知識均表示關切，這似乎有點奇怪。但上述並非布魯畝及其同僚所稱的應用，他們談的是比較狹隘的狀況，其中學生在考試時必須使用個別的知識或技能，比如造句或解決數學用詞問題；他們指的不是利用既存知識來解決複雜的、多層面的，以及脈絡化問題的更複雜行為。因此，他們對「綜合」的描述尤其更適合本書所採用的「應用」之意，同時也適合一般所稱的實作評量運動，因為他們強調此一認知目標要求「學生獨特的產出」。

concept（概念）

心智的建構，或者由文字或片語所代表的事項。概念包括實質的物體（如椅子、兔子）和抽象的想法（如民主、勇敢），總括式理解乃源自概念。

content standards（學科學習標準）

見「標準」。

coverage（按內容）

一種教學方式，此方式著重表面上教導及測驗學科內容知識，而不顧學生的理解程度或專心程度。這個術語通常帶有負面的涵義：它暗示，教學的目標是在特定的時間範圍內教完大量的教材（通常指教科書）〔諷刺的是，英文「cover」一詞的意思之一是「遮

蔽」〕。教師常常將這個術語與連結到課程綱要要求或外部測驗之藉口搭配在一起，前者例如：「我本來想要教得更深入一些，但是我們必須涵蓋課程內容範圍。」後者例如：「學生要接受關於……的測驗，而且測驗結果會以書面方式公布」。

對照「**跨內容教學**」。

criteria（效標）

作品達到某個水準而必須符合的品質。「什麼是效標？」的問題和下列問題是一樣的：「在檢視學生的作品或實作表現時，我們應該尋找哪些重點，以知道學生的學習是否成功？我們如何決定什麼是可接受的作品？」

在設計特定的實作任務之前，就應該考慮到評量的效標（雖然對課程設計的新手而言，這似乎有點奇怪）。在設計評量關鍵思考能力的任務之前，要先知道這些思考能力的指標是什麼，然後再設計評量的任務，以要求學生在評量的表現上必須證明具有這些能力。

評量的設計也必須決定，各項效標相對於其他效標所應該具備的權重。因此，如果教師們都同意：在寫作能力的判斷上，拼字、內容組織、構思全都重要。那麼他們必須自問：「它們都同樣重要嗎？如果不是，各個項目應分派多少百分率？」

判斷實作表現的效標就像測驗本身一樣，可能有效也可能無效，可能是真實的也可能是不真實的，例如，教師可以指派學生做一些初步的歷史研究（真實的任務），但是，評分只根據是否用到四種資料來源和報告的篇幅是否五頁長。像這樣的效標會是無效的，因為歷史作業可以很容易不符合這兩項效標但仍然是傑出的研究。評量的效標應該符合熟練的實作表現之品質。

許多實作評量低估了所謂影響的效標〔見 Wiggins（1998）著作之第五、六章，以了解更多這類效標的應用〕。

curriculum（課程）

就字義而言是指「待走完的過程」（the course to be run）。在本書，這個術語是指明顯的、通盤的計畫，此計畫的發展是為了執行學科學習標準和實作表現標準為本的課程綱要。

design（設計）

計畫某件事物的形式和結構，或者計畫某個藝術作品的模式或主題。在教育界，就這兩種意義而言，教師都是設計者，其目標在發展有目的、有條理、有效，以及吸引學生的單課計畫、課程單元、學習的科目及其伴隨的評量，以達到事先確認的結果。

當我們說某件事係由設計而產生，就是在說，相對於意外發生或「臨時湊成」，某件事的發生係透過深思熟慮的計畫。重理解的課程設計之核心概念是教師在到達教室進行教學之前所發生的事，和班級中發生的教學一樣重要或更重要。

341

design standards（課程設計的標準）

用來評鑑課程單元設計品質的特定標準。不把設計看成只是好意和努力的作用而已，標準的應用和同儕評論的過程對教師工作評鑑所提供的方法，與依據評分指標和評分依據來評量學生學習的方法，如出一轍。課程設計的標準有雙重目的：(1)指引自我評量和同儕評論，以找出設計的優點和需要改進之處；以及(2)提供品質控制的機制，這是驗證課程設計的方法。

desired result（期望的結果）

特定的教育目標或學業成就目標。在重理解的課程設計的方法之中，第一個階段是摘要所有期望的結果。此術語的常見同義詞，包括目標、目的、意圖的結果（target、goal、objective、intended outcome）。教育領域所談期望的結果通常分為五類：(1)事實或規則本位的陳述性知識（如：名詞有人名、地名、事物名稱等）；(2)技能和過程（如：演示透視畫法、研究一個主題）；(3)從概念、人、情境、過程的推論所得到的理解或洞見（如：可見光代表電磁波光譜中非常小的波段）；(4)心智習性（habits of mind）（如：毅力、容忍模糊情況）；以及(5)態度（如：認為閱讀是有價值的閒暇活動）。

雖然涉及複雜的學習，期望的結果必須以可評量的角度來闡明。換言之，任何有效的評量，其設計是為了評量學習者的學習達到目標的程度。

參見「成就目標」。

direct test（直接測驗）

在期望產生學習表現的情境中，評量設為目標的學習表現之測驗（如：駕照考試的並排停車部分）。相對地，非直接測驗（indirect test）通常刻意使用最簡單的方法來評量真實情境之外的相同學習表現（如：駕照考試的筆試部分）。就定義而言，直接測驗比非直接測驗更為真實。

對照「稽查式測驗」。

empathy（同理心）

理解的六個層面之一。同理心是「設身處地」的能力，是擺脫自己的情緒反應以掌握他人情緒的能力。在口語應用方面，同理心一詞很重要，當我們「試著理解」另一個人、其他眾人或其他文化時，我們會努力應用同理心。因此，同理心不只是情意的反應，情感反應不是同情心。同理心是習得的能力，從其他人的觀點理解世界（或情境脈絡）的能力。透過訓練，能使個人使用想像力來像其他人一樣地觀察和感受，來想像某些事情有可能不同——即使是可預期的事。

同理心和觀點不同。從觀點來看事情涉及從可作批判的距離來觀察：將自己抽離以利更客觀地觀察。同理心涉及從另一個人的內在世界觀來觀察：領會在學科或美學領域

所發現的洞見、經驗、感覺。

同理心一詞是由德國學者 Theodor Lipps 在二十世紀初期所創，以描述在理解藝術作品或藝術表演時，觀眾必須表現的態度。因此，同理心是審慎的行動，以發現他人的想法和行為有哪些似乎是合理的、明智的、有意義的，即使他人的行為看起來令人困惑或令人討厭。

參見「應用」、「說明」、「詮釋」、「觀點」、「自我認識」。

enduring understandings（持久的理解）

基於**大概念**而做的特定推論，這些推論有超越班級教學的持久價值。UbD 方法鼓勵課程設計者以完整陳述句寫下這些持久的理解，尤其是敘述學生對這個主題應該有的理解。「學生將理解……」的句幹能為找出這類理解事項提供實用的工具。

在為課程單元或課程考慮持久的理解時，我們鼓勵教師自問：「我們要學生理解些什麼，我們要學生在距今幾年之後、已忘記細節資訊之後，能夠使用哪些能力？」

持久的理解對學科的學習很重要，並且能遷移到新的情境，例如，在學習法治概念時，學生開始理解「成文法具體說明了政府的權力界限和個人的權利——例如合法訴訟程序」。這項基於「權利」和「合法訴訟程序」等大概念，而且來自事實的推論，提供使概念一致的透鏡，透過這個透鏡，學生可以發現大憲章的重要性，以及檢視發展中國家的新興民主政體。

由於這類理解通常具有抽象、不顯著的特性，它們需要透過持續探究來形成**跨內容教學**，而非「**按內容**」只教一次。學生必須逐漸理解或被引導領會所學的概念，以達成學習的結果。如果教師把理解當作事實來教，學生不可能學到持久的理解。

entry question（起點問題）

促發思考的簡單問題，用於展開一節課或一個課程單元。這類問題通常是以易於理解的方式，介紹某個關鍵的概念或理解。有效的起點問題會引發學生對共同經驗、有爭議性的問題，或者令人費解的問題之討論，以作為單元教學及主要問題的開場白。

起點問題的建構應該盡量簡單，用字貼近學生的程度，具有引發討論的價值，以及指向更大的課程單元及主要的問題。課程設計的挑戰是，自然而然從起點問題、探究的問題、教學活動等引起主要問題和單元問題。

essential question（主要問題）

學科或課程至關重要的問題（相對於瑣碎的或導入的問題），這些問題能促進對學科的探究和**跨內容教學**。因此，主要問題並不（像引導的問題）產生單一、直接的答案，而是產生不同的、似乎合理的答案，而博學深思的人可能會不同意這些答案。

在範圍上，主要問題可以是總括式或主題式（針對特定單元）（請注意，這表示在本書中此術語的使用不同於早先的 UbD 資料。本書之初版，主要問題只限於總括式問

題）。

343　**explanation**（說明）

　　理解的六個**層面**之一。理解涉及的不只是知道資訊。有理解力的人能夠說明事物何以如此，而不只是陳述事實而已。這樣的理解會以發展良好、有支持力的理論來呈現，而其內容敘述有助於理解資料、現象、想法或感覺。理解可透過實作和作品來表達，這些實作和作品清晰、徹底、有知識地說明：事物如何運作、代表哪些涵義、有哪些關聯，以及為什麼發生。

　　就這個意義而言，理解於是超越了只是回覆「正確的」答案來提供理由正當的意見（以合理證明學生如何得到答案，及答案為什麼正確）。類似合理證明、通則化、證實、查證、證明（justify、generalize、support、verify、prove）等動詞，能獲得需要知道的事實。無論學習的內容、學生的年齡或言行的成熟程度，在這個方面，理解表現了學生「展示學習結果」的能力，以便說明答案為什麼是正確的，以便為觀點提供有效的證明和論據，為該觀點辯護，以及將目前的學習納入更一般的、更有效的原則之中。

　　參見「**應用**」、「**同理心**」、「**詮釋**」、「**觀點**」、「**自我認識**」。

facet, facet of understanding（層面、理解的層面）

　　個人表白其理解的方法。《重理解的課程設計》發現了六種類別的理解：**應用、同理心、說明、詮釋、觀點、自我認識**。因此，真正的理解係由下列能力來表達：

(1)說明：對現象、事實、資料等提供徹底的、有支持力的、可證明的敘述。

(2)詮釋：敘述有意義的故事、提供適當的翻譯、對概念和事件提供揭露歷史的或個人的事實敘述，以及透過圖像、軼事、類比或模式等，使事物個人化或易於了解。

(3)應用：在不同的情境脈絡中有效使用知識和應用知識。

(4)形成觀點：以批判的眼光了解觀點、了解整個概況。

(5)應用同理心：進入內在，找到別人可能認為奇怪、異常或似乎不合理的價值；根據之前的直接經驗，以有感覺的方式來察覺。

(6)建構自我認識：覺察對理解同時有形塑和阻礙作用的個人風格、偏見、投射的感受，以及心智習性；覺察自己尚未理解哪些事物，以及這些事物為什麼難以理解。

　　談及理解的層面，暗示了理解（或缺乏理解）以不同的相互增強方式表達其內涵。換言之，學生愈能夠對相同的概念加以說明、應用、提供多重觀點，他們就愈能理解這個概念。

　　因此，理解的層面很像是實作評量的效標，而比較不像學習風格。它比較涉及教師如何判斷學生是否表達出他們的理解，而較不涉及教師有投合學生能力或學習偏好的需要。同樣地，一篇論說文若要發揮效用，必須具有說服力和邏輯（無論作者本身是否有這些特質或價值）。因此，如果教師要下結論判定學生已經理解，必須自問：這些理解層面也指出了教師需要了解的事項嗎？

這並不表示任何特定事物的理解總是必須包括所有六個層面，例如，在試著證明學生理解許多數學概念時，自我認識和同理心往往無關緊要。理解的層面代表的不是平均的配額，而是一套設計教學計畫及評量的架構或標準，以利更有效發展理解和評量理解。

genre of performance（實作表現的類型）

認知學習的實作表現或作品之型式、類別。例如，人們常常談到寫作的體裁（記敘文、論說文、書信體）或講述的類型（研討會的討論、正式演說、指導說明），因此，此處的類型是口語、書寫、演示等三種主要認知學習表現的次分類。

holistic scoring（整體評分法）

對實作表現或作品品質的整個印象之描述。整體評分法和**特點分析評分法**的區別在於，後者就每項分開的效標使用分開的評分指標，以組成實作表現的一部分。但是，對於包括幾項效標的多層面實作表現而言，給予一項以上的整體分數是有可能的。例如，分開的整體分數可能適用於屬於相同任務的口頭表現和書面報告，而不需要將這兩種分數分解成各種表現方式的分析成分（如：內容組織、口頭表達的清晰度）。

ill-structured（建構不良的）

此術語用來描述問句、問題、任務等，因缺乏指引或明顯公式而妨礙答題為解決任務。建構不良的任務或問題並未指出或暗示，採用特定的策略或方法可以保證解決問題。在提出解決方案之前，問題往往很模糊，需要進一步的界定或澄清。因此，這樣的問句或問題之答案超出了知識：它們需要良好的判斷和想像。所有優良的論文問題、科學問題，或者設計上的挑戰都是建構不良的：即使目標已被了解或者答題要求陳述地很清楚，但是，解決問題的程序必須沿途發展下來。必然地，建構不良的任務需要持續的自我評量和修訂，而不只是單純應用知識的遷移而已。

日常生活中，大多數的真實問題都是建構不良的；但大多數的測驗問題則否。測驗問題之所以建構良好，是因為這些問題有不模糊的單一正確答案，或者有明顯的解題程序。這些問題在有效評量知識要素方面令人滿意，但是並不適合判斷學生明智使用知識的能力——亦即如何判斷何時使用哪些知識和技能的能力（有個棒球的類比可以釐清其區別。每一場棒球練習的「測驗」，不同於每一場表現良好的棒球比賽之「測驗」。練習可以預測、可以安排；比賽則無法預測、無法事先寫好腳本）。

indirect test（非直接測驗）

在正常的情境之外評量實作表現的測驗。因此就定義而言，任何複雜的實作表現（閱讀、寫作、問題解決）之單選題測驗都是非直接測驗。美國大學入學測驗 ACT 和 SAT 也是以非直接的方式評量學生順利應付大學學習的可能性，因為其測驗成績和大一新生的平均學業成績相關。

就定義而言，非直接測驗比直接測驗更不真實，然而實作表現的非直接測驗可能有效，如果其測驗結果和直接測驗的結果相關，那麼非直接測驗就定義而言是有效的。

intelligent tool（心智工具）

以實質的形式呈現抽象概念和程序的工具。心智工具就像學習單元的設計一樣，能強化認知任務的學習表現。例如，有效的圖表組體就像故事地圖一樣，能幫助學生內化故事的要素，進而加強故事的閱讀和寫作能力。同樣地，經常應用類似單元設計範例，及類似「重理解的課程設計法」所屬的心智工具，應該能幫助使用者發展 UbD 關鍵概念的心像式範例。

參見「**範例**」。

interpretation（詮釋）

理解的六個**層面**之一。詮釋是指在人類經驗、資料，以及文本之中，發現意義、重要性、觀念或價值。詮釋就是訴說好的故事、提供有用的隱喻，或者透過評論形塑概念。

因此，詮釋比涉及**說明**的理論化和分析，帶有更固有的主觀性和暫時性。即使個體知道相關的事實和理論之原理，仍有必要問：「那究竟是什麼意思？其重要性為何？」（事實上，辭典中「理解」一詞的定義之一是：「知道意義」。）想了解兒童受虐案件的陪審團會致力案情嚴重性和被告的犯意，而不是從理論知識尋求正確的通則。理論家對於稱作虐待的現象建立客觀的知識，但是小說家可能透過研究某個獨特個體的精神生活，而提供一樣多或更多的洞見。

這些陳述的組成是建構主義的真正意義。當教師對學生說，他們必須「自己建構意義」，教師的意思是：將預先組織好的重要詮釋或概念交付給學生會導致產生假的理解，因為他們未被要求徹底分析，以逐漸了解有些說明和詮釋比其他的更有效。純粹單向的詮釋教學很有可能導致膚淺的、快速遺忘的知識，也對於所有知識詮釋的固有可辯論特性，產生誤導。

參見「**應用**」、「**同理心**」、「**說明**」、「**觀點**」、「**自我認識**」。

iterative（反覆的）

要求持續回到稍早的學習。因此，反覆的方式是線性的或步驟化過程的相反。其同義字有「再次發生的」、「循環的」、「螺旋式的」（recursive、circular、spiral-like）。課程設計的過程總是反覆的：設計者在繼續實施每項課程設計的要素時，會持續回到他們對於課程設計之後的結果、如何評量課程，以及應該如何教學的最初想法。他們會從後來的設計及結果——的確（或並未）發生學習，重新思考較早的單元設計和單課教學計畫。

leading question（導入的問題）

用來作為知識教學、澄清知識或評量知識的問題。不像**主要問題**，導入的問題有直接的正確答案。把問題稱為「導入的」並無輕蔑之意：導入的問題在重理解的教學和學習評量方面扮演有用的角色，但是它們的目的因此與主要問題的目的不同。

longitudinal assessment（縱貫式評量）

使用固定的一系列評分策略，分成數次評量相同的學習表現，以追蹤學生在某項課程標準上的進步（或未進步）：此過程也稱為「發展的評量」（developmental assessment）。例如，全國教育進步評量（National Assessment of Educational Progress, NAEP）使用固定的量尺來評量四年級、八年級，以及十二年級學生在數學學業成就上的進步分數。美國外語教學協會（ACTFL）使用從新手程度到專家程度的評分系列，畫出所有學習外語的學生在一段時間之後的進步情形。大多數的學校測驗——無論是地方或全國主辦的，都不是縱貫式測驗，因為這些測驗是採用單次評分的單次事件。本書建議的評量辦法，採用不同年級的評分量尺和評量任務，可供縱貫式評量之用。

346

open-ended question（開放式問題）

描述不導向單一正確答案的評量任務或問題。但這並不暗示所有的答案都同樣重要，相反地，這暗示許多可接受的不同答案都有可能。因此，相對於「正確的」，這些答案是「可證實的」、「似乎合理的」或「足以辯解的」（justified、plausible、well-defended）。例如，小論文測驗的問題是開放式問題，而單選題測驗（的設計）則否。

outcome（結果）

在教育界，這個詞是「有目的的教學結果」之簡稱。有目的的結果是**期望的結果**（desired result）——教師承諾達到的特定目標。「重理解的課程設計法」使用「學業成就目標」和「目標」來描述此種教學意圖。為決定結果是否達成，我們必須一致同意特定的評量策略——評量任務、評量效標和課程標準。

不管過去幾年來結果本位教育（Outcomes-Based Education）之爭議，「結果」一詞是中立的——暗示沒有特定的目標類別或教育哲學，它指的是課程或教育方案的優先順位。結果為本的取向聚焦在期望的產出，而不是輸入（課程內容和教學方法）。其關鍵問題是結果導向的（作為教學的結果，什麼是學生應該知道的、應該有能力做的？），而不是輸入本位的（我們應該使用哪些教學方法和教材？）。

perform（表現）

行動及完成。參見「**實作任務**」。

performance（實作表現）

見「**實作任務**」。

performance task（實作任務）

也稱為「實作表現」（performance）。使用個人知識以有效行動或產生複雜作品，這些行動或作品顯示出個人的知識和專門技術。就這兩方面而言，音樂獨奏、口頭報告、藝術展演，以及自發的機械式重複動作等，都是實作表現。

當教師的真正意思是「實作表現測驗」（performance test）時，許多教師會誤用「實作評量」（performance assessment）一詞（見「assess」、「assessment」）。實作評量包含了一項以上的實作測驗，並且也可能用到其他的評量方式（例如，問卷調查、與受評者晤談、觀察、隨堂測驗等）。

無論真實與否，實作測驗不同於單選題或簡答題測驗。在實作測驗中，學生必須在建構不良、非例行，或者有無法預測的問題或挑戰的情境中，將所有的能力整合起來。相對地，大多數傳統的簡答題或單選題更像是運動競技的練習，而非實作測驗。真正的實作者（運動員、辯論員、舞者、科學家或演員）必須學習創新、學習使用他們判斷和知識。相對地，單選題題目每次只要求學生回想、再認，或者「提取」一項孤立的、個別的知識或技能。

由於許多實作表現的類型都是短暫的行為，公平的、技術上又合理的評量通常應包括了作品的產生。這能確保適當的文件蒐集，確保正確評論的可能性，以及確保評分過程受到監督。

參見「**表現**」。

347 **perspective**（觀點）

理解的六個**層面**之一，指了解其他似乎合理的觀點之能力。觀點也暗示，理解能使個體與所知的事物之間保持距離，以避免被迫捲入觀點和當下的激情之中。

參見「**應用**」、「**同理心**」、「**說明**」、「**詮釋**」、「**自我認識**」。

portfolio（學習檔案）

個人的代表作品集。如同該英文字的字根所示（在藝術界也是一樣的情況），作品樣本會為了特定目標形成某種式樣，然後為了檢閱或展覽而攜來帶去。

在學科領域中，檔案的使用通常是為了兩種不同的目的：對學生的學習提供紀錄，或者，作為進行中的學習或一段時間的學習之評量基礎。作品的蒐集通常發揮三種作用：(1)顯示學生對於科目或課程的學習，能控制所有的主要領域、技術、型式和主題；(2)允許學生反省及展示他們的最佳作品（透過讓學生選擇哪些作品將放在檔案中）；以及(3)證明作品如何演變和改善。

prerequisite knowledge and skill（先備知識和技能）

　　為順利完成終極的實作任務或達成訂為目標的理解，所需要的知識和技能。通常先備能力能確認更分散的知識和技能，這些知能是在有意義的最後實作表現之中將所有能力整合起來所需要的。例如，USDA 食物金字塔準則的知識，被認為是設計一週健康均衡飲食計畫的先備知識。

　　對照「**產生結果的知識和技能**」。

process（過程）

　　在評量的情境中，學生為達到評量所指定的最終實作表現或最後結果，所採取的中間步驟。因此，過程包括了所有完成指定任務所採用的策略、決定、次要技能、初稿、排練等。

　　當被要求評量導向最後實作表現或最後結果的過程時，評量者有時需要明確判斷學生的中間步驟，而不依賴從最後的實作結果推論這些過程。例如，評價學生在小組中的學習能力，或者評價其為專題研究預寫的大綱，而不依賴小組或個別學生所產生的最終結果來評價。但是，分開評量學生的過程技能需要謹慎以對，其強調的重點應該放在最後的結果或表現是否符合一套標準——不論學生如何達成結果。

product（學習結果或作品）

　　實作表現之實質、穩定的結果，以及導致產生結果的過程。在下列範圍內，結果是評量學生知識的有效依據，因為學生是否順利產生結果：⑴反映了教師所教和學生被評量的知識；以及⑵就課程中有相當重要性的教材而言，是來自整個課程的適當取樣。

project（專題）

　　一套複雜的認知挑戰任務，其產生通常需要經過長期的時間。專題通常涉及廣泛的探究，以及累積學生的作品和實作表現。一個單元可能是由單一的專題組成，但是教學過程中包括其他形式的評量依據（隨堂測驗、正式測驗、觀察）。

348

prompt（提示）

　　見「**開放式問答題**」。

proposition（命題）

　　描述概念之間關係的陳述。《重理解的課程設計》指出，訂為目標的理解可被建構成特定的命題以利被理解，而不只是寫成指向主題或學科學習標準的句子。命題包括了原則、通則、格言、定律。

question（問題）

見「**起點問題**」、「**主要問題**」、「**導入的問題**」、「**開放式問題**」。

quiz（隨堂測驗）

任何選項式或簡答式測驗（口頭或書面），其唯一目的是評量個別的知識和技能。對照「**開放式問答題**」和「**真實評量**」。

reliability（信度）

在測驗與評量中得分的正確性。此分數充分無誤差嗎？如果重新測驗或者由其他人來評量相同的學習表現，此分數或此等第維持一致的可能性有多大？誤差是難以避免的：包括最佳的單選題測驗在內，所有的測驗都缺乏百分之百的信度。評量的目標是把誤差減少到可以忍受的程度。

在實作評量中，信度問題通常以兩種形式發生：(1)在多大程度上，我們可以從學生的單次或少數幾次實作表現，歸納其最可能的一般表現？以及(2)不同的評量者以相同方式觀察實作表現的可能性有多大？第二個問題涉及通常所稱的「評分者間信度」（inter-rater-reliability）。

評分誤差（score error）不見得是測驗編製者的評量方法有缺陷，而是與下列有關的統計現象：(1)外在因素如何無可避免地影響測驗參加者或評量者；以及(2)在單一情境中使用小樣本的問題，或評量任務所造成的限制。

透過確保多重評量任務能產生相同結果，有可能會得到適當的信度：當學生有多項評量任務時，我們會得到更好的信度。而且當評量是由訓練良好又有上層督導的評量者來執行，以及利用清楚的評分指標，和特定的書面或實作評分依據時，評分的信度也會大幅改善（這些程序長期以來一直用在大規模的書面評量及進階的安置方案）。

result, desired（結果，預期的）

見「**期望的結果**」。

resultant knowledge and skill（產生結果的知識和技能）

知識和技能應該是從學習單元中產生。除了訂為目標的理解之外，教師也訂出其他的預期結果（例如，「傾聽技能」）。

產生結果的知識和技能不同於「**先備知識和技能**」。產生結果的知識是課程單元的目標，先備知識則是達成單元目標所需要的。例如，以歷史人物的角色扮演為總結實作任務之課程單元，其先備知識涉及被描寫的人物之生平事跡，而先備技能則是角色扮演的能力。使用 UbD 的設計者在第一個階段找出了產生結果的知識和技能，然後，在第三個階段將這些先備知能編入學習活動的設計。

349

rubric（評分指標）

效標本位的評分指南，能使評分者對學生的學習做出可靠的判斷，以及使學生能夠自我評量。評分指標評量一種以上的實作表現項目，它回答下列問題：設為結果的理解事項或熟練度看起來像什麼？

參見「**特點分析評分法**」。

sampling（取樣）

所有的課程單元及測驗的設計，都涉及從可能的知識、技能，以及任務的廣大領域取樣。如果作品樣本或答案是適當的、經證明有理的，就像蓋洛普調查一樣，取樣能使評量者從有限的研究做出有效的推論。

課程單元及測驗的設計使用兩種不同類型的取樣：從所有可能的課程問題、學習主題、學習任務的較廣領域取樣；或者，取樣方式涉及只評量全體學生中的一小群而非測驗各個學生。這兩種取樣在大規模的測驗辦法中被結合起來，以形成矩陣式取樣，藉此，我們可以使用不同的測驗來評量許多學生或所有學生，以盡量涵蓋知識領域的最大範圍。

想透過特定學習任務從某個課程單元內容取樣之教師，一定會問：有哪些可實行的、有效率的學習任務樣本或問題樣本，能夠使我們對於學生的整體實作表現做出有效推論（因為我們不可能測驗學生每一件教過的、學過的事物）？當教師試著使用一小群學生來建構更有效率、更符合成本效益的測驗方法時，他們會問民意調查者所問的問題：任何小樣本的學生組合必須有什麼特點，以利從樣本得到的結果，能使我們對於整個學區系統的全體學生學習表現，做出有效的結論推定？

scoring scale（評分量尺）

平均分段的連續線（數線），用於評量學習表現。從該量尺可認出評量使用了多少不同的分數。實作評量通常比標準化測驗使用更小的評分量尺，它們大部分採用四到六分的量尺，而不使用百分量尺或更細的量尺。

有兩個相關的原因可以解釋為什麼採用較小的分數。首先，量尺的每個部分都不是任意決定的（就像是常模參照評分一樣）：它應該對應到特定的標準或學習品質。第二個理由是務實的：使用有這麼多數字的量尺會降低評分的信度。

scoring guide（評分指南）

見「**評分指標**」。

secure（可靠的）

用來描述下列測驗情況的術語：師生即使為了順利準備測驗，也無法取得測驗題目。大多數的單選題測驗必須是可靠的，或者其效度經過折衷計算，因為這些測驗的編製依

賴少數未被複雜化的問題，但是有許多有效的實作評量是不可靠的，例如，棒球比賽或駕照考試的路考。評量之所以不可靠，是因為被評量的學生通常事先知道被列入測驗範圍的音樂作品、辯論主題、口試題目或期末報告的主題，而教師也適當地「充分教導」學生的學習表現。

self-knowledge（自我認識）

理解的六個**層面**之一。如同在理解的層面論中所探討的，自我認識是指自我評量的正確性和察覺個人理解內容中的偏見，這些偏見受到偏好的探究風格、思考的習慣方式，以及未檢視過的信念所影響。在這個情況下，自我評量的正確性是指學習者清晰明確地了解他自己並未理解（蘇格拉底稱這種能力為「智慧」）。

自我認識也涉及對偏見的覺察程度，以及偏見如何影響思考、影響知覺、影響如何理解學科知識的信念。個體不（像透過眼睛接收影像一般）只接受理解的內容，換言之，反射到情境之上的思考方法和歸類方法，會以不可避免的方式形塑理解。

見「**應用**」、「**同理心**」、「**說明**」、「**詮釋**」、「**觀點**」。

standard（標準）

「什麼是標準？」這個問題等於在問：學生根據哪些課程內容、在哪些類型的學習任務上必須表現得多好，才能被視為學習有效率或有效能。因此，標準有三類，每一類探討不一樣的問題。內容的標準（content standard）回答的問題是：「學生應該知道什麼、應該有能力做什麼？」實作表現的標準（performance standard）回答的問題是：「學生的學習結果必須有多好？」設計的標準（design standard）回答的問題是：「學生應該進行哪些有價值的學習活動？」大多數的州定課程標準只規定學科學習標準而已，有些州也訂定實作表現的標準──被認為是模範的或適當的特定學習結果或學業成就水準（通常由標準化測驗來評量）。本書也找出及強調與學習任務本身品質相關之**課程設計的標準**；而這些就是教師可用來辨別合理與不合理的課程單元之標準和效標。

這些不同類別的標準會造成困惑。更糟的是，標準一詞有時被用來作為「高期望」的同義詞，有時則被用來作為「基準」一詞的同義詞──基準是指任何人可以達到的最佳表現或結果。在大規模的測驗之中，標準往往暗指「最低標準」，亦即最低的通過分數。我們也常聽到人們討論標準就像在討論一般的準則或原則。最後，標準通常會和判斷實作表現的效標相混淆（許多人誤以為評分指標已足以評量學習結果，但是通常由評分依據或範例來具體說明的實作表現標準也是必須的）。

在談論標準本位的教育時，教師應該考慮幾個重點。首先就一般意義而言，教師必須謹慎避免把標準當作期望。所有努力嘗試並受過良好訓練的人，未必都能達到實作表現的標準──這種結果更被視為是期望。但標準仍然有價值，無論是否只有少數人可達到，或任何人都可以達到。標準和期望有很大的差別，期望係以高低或「達到」來論，因為如果學生堅持學習並得到教師的良好教導（教師對他們有高度期望），期望是指許

多學生不只能夠而且應該符合的某件事。

其次，評量所採用的實作表現標準，通常是由「範例的」**評分依據**、某些具體規定或底線分數所設定。請考慮見於更廣大世界中的基準：四分鐘跑完一哩（four-minute mile）、贏得美國國家品質獎（Malcolm Baldrige Award）的公司、海明威的寫作、Peter Jennings（譯註：美國已故知名電視新聞主播）的口頭表達能力。如果有的話，只有很少數學生能夠符合這些標準，但是這些標準仍然是架構課程及評量的有價值目標。學校測驗很少使用這些專業的基準來設定實作表現的標準（雖然這些範例可發揮教學模式的作用，以及作為**評分指標**的**效標**）。學校使用的標準通常透過選擇同儕本位的評分依據或範例表現來設定——這些標準可稱為「里程碑」或「適合年齡的」標準。這類範例的學習樣本之選擇結果，設定了實際存在的標準。

因此，關鍵的評量問題變成：學生學習的樣本應該從哪裡取得？什麼是評分依據的有效決定？教師如何將學校的標準連結到更廣大領域的標準和成人的標準？教師通常做的是從整體受測的學生母群之中，選擇可得的最佳學習樣本（但是，UbD 的提倡者相信，教師必須更例行地提供學生評分依據——從程度稍微更好、更有經驗的學生訂出評分依據，以作為有益的更長期目標，以及引導持續的回饋）。

第三，標準不同於用來判斷實作表現的效標。無論學生的年齡或能力，跳高或勸說文的評量標準或多或少是固定的，要順利通過各種的跳高，必須符合相同的效標：桿子必須還在原位上。在寫作上，所有的勸說文都必須使用適當的證據和有效的推理。但是桿子必須放多高？論據必須有多複雜、多縝密？這些都是關於標準的問題（在評分指標中，不同程度的描述語通常都包括了效標和標準）。

然而標準不是常模，雖然常模被用來決定適合年齡的標準。傳統上，實作表現的標準藉由固定可接受的最小的表現程度——所謂底線分數或最低分數，而付諸實施。通常，在班級學生的評分或州辦測驗，六十分被認為是學習表現的最低標準，但是測驗設計者很少被要求要設定正當有理的底線分數。從一開始就講明，達到六十分即通過而五十九分為不及格，其實是很武斷的說法，因為測驗的設計很少在五十九分和六十分之間有這麼顯著的、質性上的差別。所以，這樣的想法全都過於簡單：把標準想成是底線分數，以及把應該是效標參照的評分辦法變成常模參照的評分辦法。

因此，改善學科學習標準不一定要提高實作表現的標準。學科的內容是指學習的輸入，而實作表現則是指學習的輸出，因此，學科學習標準訂出學生應該精熟的特定知識。許多當前的教育改革都假定，改善學習的輸入必然可以改善學習的輸出，但這顯然是錯的想法。在要求過高的學習科目中，我們還是會得到低品質的學習結果。事實上，認為短期內只提高學科學習標準將會得到更差的學習表現，是有道理的預期，因為：如果其他因素（教學及學生花在學習的時間）維持不變，只在內容學習起來有困難的部分設定較高的標準，有可能會導致學生更大的學習失敗。

在設定有效、有用的學習表現標準方面，總是必須要問的關鍵問題是：在什麼樣的學習表現程度上，學生是「適當合格或適當證明能力的」？因此，將標準納入運作的有

效解決方案是，把內部的教師用標準和學校用標準，視同外在世界相等的、有價值的成就表現水準——更廣大領域的基準，如此一來就可以在評分上借用後者的實質內容、穩定性、可信度。而這是職業教育、音樂教育、運動員訓練，以及其他實作表現本位的學習形態之常見特點。

standardized（標準化）

用來描述測驗或評量的術語，在這些測驗或評量之中，對所有學生而言，實施的情況是規格化的、統一的。換言之，如果所有學生所面對的統籌安排、測驗時間、測驗內容、回饋等，都有相似的準則和限制，那麼該測驗就是標準化的。

標準化測驗提醒我們三個常見的錯誤觀念：

(1)「單選題測驗」和「標準化測驗」是同義詞。像標準化測驗一般統一實施的實作任務評量，其實也是標準化測驗，例如，駕照考試的路考或奧林匹克選手選拔賽。

(2)標準化測驗的評分都是客觀的（亦即，以機器評分）。進階安置測驗的小論文測驗和全州的寫作測驗都是由評審評分，但其實施也是標準化的。

(3)只有全國的常模參照或效標參照測驗（例如 SAT）才會被標準化。高中的校內學科測驗也是標準化測驗。

因此，上述的重要涵義是，所有的正式測驗都可以標準化。但是對評量而言是不正確的。在實施評量時，主試者可以改變評量問題、評量項目、項目的順序，以及改變時間分配，以符合評量結果公平、有效，以及可信的需要。這也就是皮亞傑反對比奈（Binet）「測驗法」，為他自己的「現場法」所提的論據。

參見「評量」。

target, achievement（目標，學業成就）

見「成就目標」。

template（範例）

給課程設計者的指南或架構。在日常使用上，這個術語的英文原意是指由紙張、木板或鐵板構成的形狀，其邊線可作為裁成特定形狀的依據。在「重理解的課程設計法」之中，單元課程設計的範例提供了概念指南，使課程設計者可以在發展或修訂學習單元時，應用逆向設計的不同要素。此範例的每一頁都包含了關鍵問題，以提示使用者考慮逆向設計的特定要素；此外，也包括了框格式的圖表組體，以記錄課程設計的想法。

參見「心智工具」。

transferability（可遷移性）

在新的情境或不同的情境中，適當、有效地使用知識的能力，這些知識來自於學習者最初習得的情境。例如，理解「均衡飲食」概念（根據 USDA 的食物金字塔準則）的

學生，會透過評估假設的飲食之營養價值，以及透過創造符合食物金字塔建議的營養手冊，來遷移其理解的概念。

uncoverage（跨內容教學）

要求對各種情況都理解的教學方法。「跨」學科是「納入」學科的相反，也就是進到深層的學習。通常有三種類型的知能需要跨內容的教學。首先，學習的內容可能是原理、定律、理論或概念，這些內容只有在看起來合理或似乎合理時，才可能對學生有意義；亦即，學生可以透過探究和建構，以辨別、推論或證實學習的內容。其次，這些內容可能是違反直覺的、有細微差異的、微妙的，或者容易誤解的概念，例如，重力、進化、虛數、反語、文本、公式、理論或概念。最後，學習內容可能是任何技能的概念或策略要素（如：寫作中的勸說，或足球運動中的「創造空間」）。這類跨內容的教學都涉及，在說明技能的目的之後澄清有效率的有用策略，以及引導學生以目的更遠大、更考慮周詳的方式來使用技能。

對照「**按內容**」。

understanding（理解）

在各種適當的實作表現方面，對概念、人物、情境、過程等所顯現的洞見。理解是指對個人知道的事物明白其意義，能夠知其所以然，以及具備在不同的情境脈絡下應用這類洞見的能力。

unit（單元）

「學習單元」的簡稱，單元代表連續數日或數週所實施的學科學習或主題學習之連貫區塊，實例之一是某個關於「自然棲息地與適應」的單元，此單元列在「生物體」為題的整年課程之下，屬於科學（領域課程）的三年級科學課（學科）。

雖然沒有明確的效標具體指明「單元」是什麼，但是教師通常認為，單元的教材分量介於單課教學和整個一學期的學科課程之間；其焦點放在主要的主題（如：美國獨立戰爭）和過程（如：研究的過程）之上；以及教學時間在幾天到幾週之間。

validity（效度）

基於評量的結果，我們對於學生的學習所做的有信心之推論。這項測驗評量出想要評量的能力嗎？測驗結果和教師認為有效的其他學習結果表現有相關嗎？如果測驗所有的教學內容，取樣的問題或評量任務會和學生的評量結果有正確的相關嗎？評量的結果是否有預測價值；亦即，評量結果是否和學生在這個學科的未來可能成就有相關？如果所有這些問題或其中部分答案必為「是」，那麼該測驗就是有效的。

由於大多數測驗都提供學生學習表現的樣本，這些樣本的範圍和特點會影響做出有效結論的程度。有可能從學生在特定任務的表現，正確可靠地預測其在整個領域的能力

353

掌握嗎？某類評量任務能夠推論到其他類別的評量任務嗎（比如說，由一種寫作體裁推論到其他所有體裁）？不能。因此，用於實作表現評量的典型少數評量任務，往往對於歸納評量結果提供了不當的基礎。其解決方案之一是，使用相似的評量項別或體裁，經過一年時間蒐集各種各樣的學生學習結果或作品，來作為總結評量的一部分。

精確地說，並不是測驗本身具有效度，有效度的是教師聲稱可從測驗結果作出的推論。因此，在評估效度時，測驗的目的必須考慮在內。如果被用於測驗學生的理解能力，或者監控本學區學生之年級閱讀能力，以利和大型學區的學生能力作比較，那麼，單選題的閱讀測驗可能會很有效度，但是用於評量學生使用各項閱讀策略的能力，以及評量對文本建構恰當的、有洞見的回應能力，這項測驗可能無效。

測驗的形式可能會產生誤導效果：非真實的測驗仍有可能在技術上有效。這類測驗可能會從學科領域做適當取樣，並且能夠正確預測學生未來的學習表現，雖然如此，它還是根據不真實、甚至是不重要的評量任務。據其編製者說，SAT 大學入學測驗及類似「Otis-Lennon 學校學習能力測驗」（Otis-Lennon School Ability Test）等測驗，其效度侷限於：作為有效的預測指標，這些測驗是有效率的工具。相對地，真實的評量任務可能缺乏效度。

關於效度，評分辦法可能引起其他的問題。在可行性的限制之下，實作表現是否有效的問題，等於在問：相對於哪些項目最容易評分，評分目標是否是學習表現最重要的部分？已找出最適當的標準，那麼評分指標是否建立在表現品質的最適當差異之上？或者，評分只聚焦在哪些項目容易計算和評分？換言之，效度已經為了信度而犧牲？

WHERETO

這是「要發展到哪裡」、「吸引學生」、「探索及準備」、「再思考及修正」、「展現結果和評量所學」、「根據需要因材施教」、「組織內容以使專注學習和學習效能最大」（Where is it going?; Hook the students; Explore and equip; Rethink and revise; Exhibit and evaluate; Tailor to the student needs; Organize for maximum engagement and effectiveness）等片語的頭字語。

(1)要發展到哪裡？為什麼要往那裡去？什麼是學生最終的實作表現任務？什麼是有評分依據的學習表現評量？什麼標準能使學生的學習是由理解程度來判斷？（這些是學生所問的問題。請幫助學生坦誠了解這些問題的答案。）

(2)透過能吸引注意、能激發思考的起點來吸引學生：既引發思考又有焦點的經驗、重要議題、古怪的人事物、問題、挑戰等，這些都指向主要問題、核心概念，以及最終的實作任務。

(3)探索及準備。使學生專注於能使他們探索大概念和主要問題的學習經驗之上，這會使他們追求領先或追求直覺的想法、研究及測試想法，以及試驗新事物。透過引導的教學，以及對所需技能與知識的訓練，使學生為參與最終學習表現評量做好準備。簡言之，使學生體驗想法以轉化想法為事實。

(4)再思考及修正。更深入探討有爭議的概念（透過理解的層面），需要時加以修訂、演練、改善。引導學生根據從探究、結果的產生、討論等得到的回饋，來進行自我評量和自我調整。

(5)評量理解。透過最終的學習表現和學習結果，讓學生顯示其理解的知識。要學生參與最後的自我評量以找出剩下來的問題、設定未來的目標，以及邁向新的學習單元和新教材。

(6)根據學生狀況將學習個人化，以確保其最大的興趣和成就。區分使用的教學方法並提供足夠的選擇和多樣性（不必妥協修改目標），使所有學生都能專心、有效學習。

(7)考慮到期望的學習結果，為使學生達到最大的專注和效能，將學習活動加以組織及排序。

參考文獻

Abbott, E. (1884/1963). *Flatland: A romance of many dimensions*. New York: Barnes & Noble Books. (Original work published 1884)

Adler, M. (1982). *The Paideia proposal: An educational manifesto*. New York: Macmillan.

Adler, M. (1984). *The Paideia program: An educational syllabus*. New York: Macmillan.

Adler, M. (1999). *The great ideas: A lexicon of Western thought*. New York: Scribner Classics.

Adler, M., & Van Doren, C. (1940). *How to read a book*. New York: Simon & Schuster.

Alverno College Faculty. (1979). *Assessment at Alverno College*. Milwaukee, WI: Alverno College.

American Association for the Advancement of Science. (1993). *Benchmarks for science literacy*. New York: Oxford University Press.

American Association for the Advancement of Science. (1995). *Assessment of authentic performance in school mathematics*. Washington, DC: Author.

American Association for the Advancement of Science. (2001). *Atlas of science literacy*. New York: Oxford University Press.

American Council on the Teaching of Foreign Languages. (1999). *ACTFL proficiency guidelines—speaking*. (Report). Alexandria, VA: Author. Available: http://www.actfl.org.

American Council on the Teaching of Foreign Languages. (2001). *ACTFL proficiency guidelines—writing*. (Report). Alexandria, VA: Author. Available: http://www.actfl.org.

Anderson, L. W., & Krathwohl, D. R. (Eds.). (2001). *A taxonomy for learning, teaching, and assessing: A revision of Bloom's taxonomy of educational objectives*. New York: Longman.

Andre, T. (1979). Does answering higher-level questions while reading facilitate productive learning? *Review of Educational Research, 49*, 280–318.

Arendt, H. (1963). *Eichmann in Jerusalem: A report on the banality of evil*. New York: Viking Press.

Arendt, H. (1977). *The life of the mind*. New York: Harcourt, Brace, Jovanovich.

Arter, J., & McTighe, J. (2001). *Scoring rubrics in the classroom: Using performance criteria for assessing and improving student performance*. Thousand Oaks, CA: Corwin Press.

Ashlock, R. B. (1998). *Error patterns in computation* (7th ed.). Upper Saddle River, NJ: Merrill.

Association for Supervision and Curriculum Development. (1997). *Planning integrated units: A concept-based approach* [video]. Alexandria, VA: Producer.

Bacon, F. (1620/1960). In F. Anderson (Ed.), *The new organon (Book I)*. New York: Bobbs-Merrill. (Original work published 1620)

Barell, J. (1995). *Teaching for thoughtfulness*. White Plains, NY: Longman.

Barnes, L., Christensen, C. R., & Hansen, A. (1977). *Teaching and the case method*. Cambridge, MA: Harvard Business School Press.

Baron, J. (1993, November). *Assessments as an opportunity to learn: The Connecticut Common Core of Learning alternative assessments of secondary school science and mathematics*. (Report No. SPA-8954692). Hartford: Connecticut Department of Education, Division of Teaching and Learning.

Baron, J., & Sternberg, R. (1987). *Teaching thinking skills: Theory and practice*. New York: W. W. Freeman & Co.

Barrows, H., & Tamblyn, R. (1980). *Problem-based learning: An approach to medical education*. New York: Springer.

Bateman, W. (1990). *Open to question: The art of teaching and learning by inquiry*. San Francisco: Jossey-Bass.

Beane, J. (Ed.). (1995). *Toward a coherent curriculum: The 1995 ASCD yearbook*. Alexandria, VA: Association for Supervision and Curriculum Development.

Berenbaum, R. L. (1988). *The cake bible*. New York: William Morrow Co.

Bernstein, R. (1983). *Beyond objectivism and relativism: Science, hermeneutics, and praxis*. Philadelphia: University of Pennsylvania Press.

Bloom, B. S. (Ed.). (1956). *Taxonomy of educational objectives: Classification of educational goals. Handbook 1: Cognitive domain*. New York: Longman, Green & Co.

Bloom, B., Madaus, G., & Hastings, J. T. (1981). *Evaluation to improve learning*. New York: McGraw-Hill.

Blythe, T., & Associates. (1998). *The teaching for understanding guide*. San Francisco: Jossey-Bass.

Bottoms, G., & Sharpe, D. (1996). *Teaching for understanding through integration of academic and technical education*. Atlanta, GA: Southern Regional Education Board.

Boyer, E. (1983). *High school: A report on secondary education in America by the Carnegie Foundation for the Advancement of Teaching*. New York: Harper & Row.

Boyer, E. L. (1995). *The basic school: A community for learning*. New York: Carnegie Foundation for the Advancement of Teaching.

Bransford, J., Brown, A., & Cocking, R. (Eds.). (2000). *How people learn: Brain, mind, experience, and school*. Washington, DC: National Research Council.

Brooks, J., & Brooks, M. (1993). *In search of understanding: The case for constructivist classrooms*. Alexandria, VA: Association for Supervision and Curriculum Development.

Brown, R., Dolcani, M., Sorgenfrey, R., & Cole, W. (2000). *Algebra: Structure and method book I*. Evanston, IL: McDougal Littell.

Brown, S., & Walter, M. (1983). *The art of problem posing*. Philadelphia: Franklin Institute Press.

Bruner, J. (1957/1973a). *Beyond the information given: Studies in the psychology of knowing*. J. Anglin (Ed.). New York: W. W. Norton. (Original work published 1957)

Bruner, J. (1960). *The process of education*. Cambridge, MA: Harvard University Press.

Bruner, J. (1965). Growth of mind. *American Psychologist, 20*(17), 1007–1017.

Bruner, J. (1966). *Toward a theory of instruction*. Cambridge, MA: Harvard University Press.

Bruner, J. (1973b). *The relevance of education*. Cambridge, MA: Harvard University Press.

Bruner, J. (1990). *Acts of meaning*. Cambridge, MA: Harvard University Press.

Bruner, J. (1996). *The culture of education*. Cambridge, MA: Harvard University Press.

Budiansky, S. (2001, February). The trouble with textbooks. *Prism Online*. Available: http://www.asee.org/prism/feb01/html/textbooks.cfm.

Bulgren, J. A., Lenz, B. K., Deshler, D. D., & Schumaker, J. B. (2001). *The question exploration routine*. Lawrence, KS: Edge Enterprises.

Burns, J. M., & Morris, R. (1986). The Constitution: Thirteen crucial questions. In Morris & Sgroi (Eds.), *This Constitution*. New York: Franklin Watts.

Carroll, J. M. (1989). *The Copernican plan: Restructuring the American high school*. Andover, MA: Regional Laboratory for Educational Improvement of the Northeast Islands.

Caswell, H. L., & Campbell, D. S. (1935). *Curriculum development*. New York: American Book Company.

Cayton, A., Perry, E., & Winkler, A. (1998). *America: Pathways to the present*. Needham, MA: Prentice-Hall.

Chapman, A. (Ed.). (1993). *Making sense: Teaching critical reading across the curriculum*. New York: College Entrance Examination Board.

Coalition for Evidence-Based Policy. (1992, November). *Bringing evidence-driven progress to education: A recommended strategy for the U.S. Department of Education*. Washington, DC: Author.

College of William and Mary, Center for Gifted Education. (1997). *The Chesapeake Bay: A problem-based unit*. Dubuque, IA: Kendall Hunt.

Collingwood, R. G. (1939). *An autobiography*. Oxford, UK: Oxford-Clarendon Press.

Committee on the Foundations of Assessment. Pellegrino, J. W., Chudowsky, N., & Glaser, R. (Eds.). (2001). *Knowing what students know: The science and design of educational assessment*. Washington, DC: National Academy Press.

Content Enhancement Series. Lawrence, KS: Edge Enterprises.

Costa, A. (Ed.). (1991). *Developing minds: A resource book for teaching thinking*. Vol. 1 (Rev. ed.). Alexandria, VA: Association for Supervision and Curriculum Development.

Covey, S. R. (1989). *The seven habits of highly effective people: Powerful lessons in personal change*. New York: Free Press.

Coxford, A., Usiskin, Z., & Hirschhorn, D. (1993). *Geometry: The University of Chicago school mathematics project*. Glenview, IL: Scott Foresman.

Darling-Hammond, L., Ancess, J., & Falk, B. (1995). *Authentic assessment in action: Studies of schools and students at work*. New York: National Center for Restructuring Education, Schools and Teaching (NCREST), Teachers College, Columbia University.

Darling-Hammond, L., et al. (1993). *Authentic assessment in practice: A collection of portfolios, performance tasks, exhibitions, and documentation*. New York: National Center for Restructuring Education, Schools and Teaching (NCREST), Teachers College, Columbia University.

Darwin, C. (1958). *The autobiography of Charles Darwin*. New York: W. W. Norton.

Delisle, R. (1997). *How to use problem-based learning in the classroom*. Alexandria, VA: Association for Supervision and Curriculum Development.

Desberg, P., & Taylor, J. H. (1986). *Essentials of task analysis*. Lanham, MD: University Press of America.

Descartes, R. (1628/1961). Rules for the direction of the mind. In L. LaFleur (Ed. and Trans.), *Philosophical essays*. Indianapolis, IN: Bobbs-Merrill. (Original work published 1628)

Detterman, D. K., & Sternberg, R. J. (Eds.). (1993). *Transfer on trial: Intelligence, cognition, and instruction*. Norwood, NJ: Ablex Publishing Corporation.

Dewey, J. (1916). *Democracy and education: An introduction to the philosophy of education*. New York: Macmillan.

Dewey, J. (1933). *How we think: A restatement of the relation of reflective thinking to the educative process*. Boston: Henry Holt.

Dewey, J. (1938). *Experience and education*. New York: Macmillan/Collier.

Diamond, J. (1997). *Guns, germs, and steel: The fates of human societies*. New York and London: W.W. Norton.

Dillon, J. T. (1988). *Questioning and teaching: A manual of practice.* New York: Teachers College Press.
Dillon, J. T. (1990). *The practice of questioning.* New York: Routledge.
Drucker, P. F. (1985). *Innovation and entrepreneurship.* New York: Harper & Row.
Duckworth, E. (1987). *"The having of wonderful ideas" and other essays on teaching and learning.* New York: Teachers College Press.
Educational Testing Service/College Board. (1992). *Advanced placement United States history free-response scoring guide and sample student answers.* Princeton, NJ: Author.
Educators in Connecticut's Pomperaug Regional School District 15. (1996). *A teacher's guide to performance-based learning and assessment.* Alexandria, VA: Association for Supervision and Curriculum Development.
Egan, K. (1986). *Teaching as story-telling: An alternative approach to teaching and curriculum in the elementary school.* Chicago: University of Chicago Press.
Egan, K. (1997). *The educated mind: How cognitive tools shape our understanding.* Chicago: University of Chicago Press.
Einstein, A. (1954, 1982). *Ideas and Opinions.* New York: Three Rivers Press. (Original work published 1954)
Elbow, P. (1973). *Writing without teachers.* New York: Oxford University Press.
Elbow, P. (1986). *Embracing contraries: Explorations in learning and teaching.* New York: Oxford University Press.
Erickson, L. (1998). *Concept-based curriculum and instruction: Teaching beyond the facts.* Thousand Oaks, CA: Corwin Press.
Erickson, L. (2001). *Stirring the head, heart, and soul: Redefining curriculum and instruction* (2nd ed.). Thousand Oaks, CA: Corwin Press.
Fink, L. D. (2003). *Creating significant learning experiences: An integrated approach to designing college courses.* San Francisco: Jossey-Bass.
Finkel, D. L. (2000). *Teaching with your mouth shut.* Portsmouth, NH: Heinemann.
Fogarty, R., Perkins, D., & Barell, J. (1992). *How to teach for transfer.* Palatine, IL: Skylight Publishing.
Fosnot, C. T., & Dolk, M. (2001a). *Young mathematicians at work: Constructing multiplication and division.* Portsmouth, NH: Heinemann.
Fosnot, C. T., & Dolk, M. (2001b). *Young mathematicians at work: Constructing number sense, addition, and subtraction.* Portsmouth, NH: Heinemann.
Freedman, R. L. H. (1994). *Open-ended questioning: A handbook for educators.* Menlo Park, CA: Addison-Wesley.
Frome, P. (2001). *High schools that work: Findings from the 1996 and 1998 assessments.* Triangle Park, NC: Research Triangle Institute.
Gadamer, H. (1994). *Truth and method.* New York: Continuum.
Gagnon, P. (Ed.). (1989). *Historical literacy: The case for history in American education.* Boston: Houghton-Mifflin.
Gall, M. (1984). Synthesis of research on teacher questioning. *Educational Leadership, 42*(3), 40–46.
Gardner, H. (1991). *The unschooled mind: How children think and how schools should teach.* New York: Basic Books.
Goodlad, J. (1984). *A place called school.* New York: McGraw-Hill.
Gould, S. J. (1977). *Ontogeny and phylogeny.* Cambridge, MA: Harvard University Press.
Gould, S. J. (1980). Wide hats and narrow minds. In S. J. Gould (Ed.), *The panda's thumb.* New York: W. W. Norton.
Gragg, C. (1940, October 19). Because wisdom can't be told. *Harvard Alumni Bulletin.*
Grant, G., et al. (1979). *On competence: A critical analysis of competence-based reforms in higher education.* San Francisco: Jossey-Bass.
Greece Central School District. (n.d.). www.greece.k12.ny.us/instruction/ela/6-12/writing.
Greenberg, M. J. (1972). Euclidean and non-Euclidean geometries: Development and history. San Francisco: W. H. Freeman Co.
Griffin, P., Smith, P., & Burrill, L. (1995). *The American literacy profile scales: A framework for authentic assessment.* Portsmouth, NH: Heinemann.
Gruber, H., & Voneche, J. (1977). *The essential Piaget: An interpretive reference and guide.* New York: Basic Books.
Guillen, M. (1995). *Five equations that changed the world: The power and poetry of mathematics.* New York: MJF Books.
Guskey, T. (2002). *How's my kid doing? A parent's guide to grades, marks, and report cards.* San Francisco: Jossey-Bass.
Hagerott, S. (1997). Physics for first graders. *Phi Delta Kappan, 78*(9), 717–719.
Hakim, J. (1993). *A history of us: From colonies to country.* New York: Oxford University Press.
Halloun, I., & Hestenes, D. (1985). The initial knowledge state of college physics students, *American Journal of Physics, 53,* 1043–1055.
Halpern, D. F. (1998). Teaching critical thinking across domains: Dispositions, skills, structure training, and metacognitive monitoring. *American Psychologist, 53*(4), 449–455.
Hammerman, E., & Musial, D. (1995). *Classroom 2061: Activity-based assessments in science, integrated with mathematics and language arts.* Palatine, IL: IRI/Skylight.
Haroutunian-Gordon, S. (1991). *Turning the soul: Teaching through conversation in the high school.* Chicago: University of Chicago Press.
Harvard-Smithsonian Center for Astrophysics. (1997). *Minds of our own* (videotape). Available through learner.org, Annenberg CPB.
Hattie, J. (1992). Measuring the effects of schooling. *Australian Journal of Education, 36*(2), 99–136.
Heath, E. (1956). *The thirteen books of Euclid's elements* (Vols. 1–3). New York: Dover.
Heath, T. (1963). *Greek mathematics.* New York: Dover.
Hegel, G. W. F. (1977). *Phenomenology of spirit* (A. V. Miller, Trans.). London: Oxford University Press.
Heidegger, M. (1968). *What is called thinking?* (J. Gray, Trans.). New York: Harper.
Hestenes, D., & Halloun, I. (1995). Interpreting the FCI. 1992. *The Physics Teacher, 33,* 502–506.
Hestenes, D., Wells, M., & Swackhamer, G. (1992, March). Force Concept Inventory, *The Physics Teacher, 30,* 141–158. The revised Force Concept Inventory can be found at: http://modeling.asu.edu/R&E/Research.html.
Hirsch, E. D., Jr. (1988). *Cultural literacy: What every American needs to know.* New York: Vintage Books.
Hunter, M. (1982). *Mastery teaching.* Thousand Oaks, CA: Corwin Press.
Jablon, J. R., et al. (1994). *Omnibus guidelines, kindergarten through fifth grade* (3rd ed.). Ann Arbor, MI: The Work Sampling System.
Jacobs, H. H. (Ed.). (1989). *Interdisciplinary curriculum: Design and implementation.* Alexandria, VA: Association for Supervision and Curriculum Development.
Jacobs, H. H. (1997). Mapping the big picture: Integrating curriculum and assessment K–12. Alexandria, VA: Association for Supervision and Curriculum Development.
James, W. (1899/1958). *Talks to teachers on psychology and to students on some of life's ideals. New York*: W. W. Norton. (Original work published 1899)
Johnson, A. H. (Ed.). (1949). *The wit and wisdom of John Dewey.* Boston: Beacon Press.
Jonassen, D., Tessmer, M., & Hannum, W. (1999). *Task analysis methods for instructional design.* Mahwah, NJ: Lawrence Erlbaum.
Kant, I. (1787/1929). *The critique of pure reason* (N. Kemp Smith, Trans.). New York: Macmillan. (Original work published 1787)
Kasulis, T. (1986). Questioning. In M. M. Gilette (Ed.), *The art and craft of teaching.* Cambridge, MA: Harvard University Press.
Kliebard, H. (1987). *The struggle for the American curriculum, 1893–1958.* New York: Routledge & Kegan Paul.
Kline, M. (1953). *Mathematics in Western culture.* Oxford: Oxford University Press.
Kline, M. (1970, March). Logic vs. pedagogy. *American Mathematical Monthly, 77*(3), 264–282.
Kline, M. (1972). *Mathematical thought from ancient to modern times.* New York: Oxford University Press.
Kline, M. (1973). *Why Johnny can't add: The failure of the new math.* New York: Vintage Press.
Kline, M. (1980). *Mathematics: The loss of certainty.* Oxford, UK: Oxford University Press.
Kline, M. (1985). *Mathematics and the search for knowledge.* New York: Oxford University Press.
Kobrin, D. (1996). *Beyond the textbook: Teaching history using documents and primary sources.* Portsmouth, NH: Heinemann.
Koestler, A. (1964). *The act of creation: A study of the conscious and unconscious in science and art.* New York: Macmillan.
Kohn, A. (2000). *The case against standardized testing: Raising the scores, ruining our schools.* Portsmouth, NH: Heinemann.
Krause, E. (1975). *Taxicab geometry: An adventure in non-Euclidean geometry.* New York: Dover Publications.
Kuh, G. (2003, March 1). What we're learning about student engagement from NSSE. *Change 35*(2), 24–32.
Kuhn, T. (1970). *The structure of scientific revolutions* (2nd ed.). Chicago: University of Chicago Press.
Levy, S. (1996). *Starting from scratch: One classroom builds its own curriculum.* Portsmouth, NH: Heinemann.
Lewis, C. (2002). *Lesson study: A handbook of teacher-led instructional change.* Philadelphia: Research for Better Schools.
Lewis, N. (1981). *Hans Christian Andersen's fairy tales.* Middlesex, UK: Puffin Books.
Light, R. (1990). *The Harvard assessment seminar: Explorations with students and faculty about teaching, learning, and student life (Vol. 1).* Cambridge, MA: Harvard University Press.
Light, R. J. (2001). *Making the most of college: Students speak their minds.* Cambridge, MA and London: Harvard University Press.
Liping, M. A. (1999). *Knowing and teaching elementary mathematics: Teachers' understanding of fundamental mathematics in China and the United States.* Mahway, NJ: Lawrence Erlbaum.
Lodge, D. (1992). *The art of fiction.* New York: Viking.
Lyman, F. (1992). Think-pair-share, thinktrix, and weird facts. In N. Davidson & T. Worsham (Eds.), *Enhancing thinking through cooperative learning.* New York: Teachers College Press.
MacFarquhar, N. (1996, September 27). For Jews, a split over peace effort widens. *New York Times,* p. A1.
Mansilla, V. B., & Gardner, H. (1997). Of kinds of disciplines and kinds of understanding. *Phi Delta Kappan, 78*(5), 381–386.
Martin, M., Mullis, I., Gregory, K., Hoyle, C., & Shen, C. (2000). *Effective schools in science and mathematics: IEA's Third International Mathematics and Science Study.* Boston: International Study Center, Lynch School of Education, Boston College.
Marzano, R. J. (2000). Analyzing two assumptions underlying the scoring of classroom assessments. Aurora, CO: Mid-continent Research for Educational Learning.
Marzano, R. J. (2003). *What works in schools: Translating research into action.* Alexandria, VA: Association for Supervision and Curriculum Development.
Marzano, R., & Kendall, J. (1996). *A comprehensive guide to designing standards-based districts, schools, and classrooms.* Alexandria, VA: Association for Supervision and Curriculum Development.
Marzano, R., & Pickering, D. (1997). Dimensions of learning teacher's manual (2nd ed.). Alexandria, VA: Association for Supervision and Curriculum Development.
Marzano, R., Pickering, D., & McTighe, J. (1993). *Assessing student outcomes: Performance assessment using the dimensions of learning model.* Alexandria, VA: Association for Supervision and Curriculum Development.
Marzano, R., Pickering, D., & Pollock, J. (2001). *Classroom instruction that works: Research-based strategies for increasing student achievement.* Alexandria, VA: Association for Supervision and Curriculum Development.
Massachusetts Department of Education. (1997a). *English language arts curriculum framework.* Boston: Author.
Massachusetts Department of Education. (1997b*). History curriculum framework.* Boston: Author.
McCarthy, B. (1981). *The 4-Mat system.* Barrington, IL: Excel.
McClean, J. (2003, Spring/Summer). 20 considerations that help a project run smoothly. *Fine Homebuilding: Annual Issue on Houses,* 24–28.
McCloskey, M., Carramaza, A., & Green, B. (1981). Naive beliefs in "sophisticated" subjects: Misconceptions about trajectories of objects. *Cognition, 9*(1), 117–123.
McGuire, J. M. (1997, March). Taking a storypath into history. *Educational Leadership, 54*(6), 70–72.
McKeough, A., Lupart J., & Marini, Q. (Eds.). (1995). *Teaching for transfer: Fostering generalizations in learning.* Mahwah, NJ: Lawrence Erlbaum.
McMillan, J. H. (1997). *Classroom assessment: Principles and practice for effective instruction.* Boston: Allyn & Bacon.
McTighe, J. (1996, December–1997, January). What happens between assessments? *Educational Leadership, 54*(4), 6–12.
McTighe, J., & Lyman, F. (1988). Cueing thinking in the classroom: The promise of theory-embedded tools. *Educational Leadership, 45*(7), 18–24.
McTighe, J., & Wiggins, G. (2004). *Understanding by design professional development workbook.* Alexandria, VA: Association for Supervision and Curriculum Development.
Meichenbaum, D., & Biemiller, A. (1998). *Nurturing independent learners: Helping students take charge of their learning.* Cambridge, MA: Brookline Books.
Milgram, S. (1974). *Obedience to authority.* New York: Harper.
Milne, A. A. (1926). *Winnie the Pooh.* New York: E. P. Dutton.
Mursell, J. L. (1946). *Successful teaching: Its psychological principles.* New York: McGraw-Hill.
Nagel, N. G. (1996). *Learning through real-world problem solving: The power of integrative teaching.* Thousand Oaks, CA: Corwin Press.
National Assessment of Educational Progress. (1988). *The mathematics report card: Are we measuring up? Trends and achievement based on the 1986 national assessment.*

Washington, DC: U.S. Department of Education.
National Center for History in the Schools, University of California. (1994). *History for grades K–4: Expanding children's world in time and space.* Los Angeles: Author.
National Center for History in the Schools, University of California. (1996). *National standards for United States history: Exploring the American experience, Grades 5–12* (Expanded Version). Los Angeles: Author.
National Center for Research in Vocational Education. (2000). *High schools that work and whole school reform: Raising academic achievement of vocational completers through the reform of school practice.* Berkeley, CA: University of California at Berkeley.
National Center on Education and the Economy. (1997). *Performance standards: English language arts, mathematics, science, applied learning.* Pittsburgh, PA: University of Pittsburgh.
National Survey of Student Engagement. (2001). *Improving the college experience: Using effective educational practices.* Bloomington, IN: Indiana University Center for Postsecondary Research.
National Survey of Student Engagement. (2002). *From promise to progress: How colleges and universities are using engagement results to improve collegiate quality.* Bloomington, IN: Indiana University Center for Postsecondary Research.
National Survey of Student Engagement. (2003). *Converting data into action: Expanding the boundaries of institutional improvement.* Bloomington, IN: Indiana University Center for Postsecondary Research. Available: http://www.iub.edu/~nsse/html/report-2003.shtml.
Newmann, F. N., & Associates. (1996). *Authentic achievement: Restructuring schools for intellectual quality.* San Francisco: Jossey-Bass.
Newmann, F., Bryk, A., & Nagaoka, J. (2001). *Authentic intellectual work and standardized tests: Conflict or coexistence?* Chicago: Consortium on Chicago School Research. Available: http://www.consortium-chicago.org/publications/p0001.html.
Newmann, F., Marks, H., & Gamoran, A. (1995, Spring). Authentic pedagogy: Standards that boost student performance. Issue Report No. 8. Madison, WI: Center on Organization and Restructuring of Schools.
Newmann, F. N., Secada, W., & Wehlage, G. (1995). *A guide to authentic instruction and assessment: Vision, standards and scoring.* Madison: Wisconsin Center for Education Research.
New York State Department of Education. (1996). *Learning standards for the arts.* Albany, NY: Author.
New York Times (2003, November 11). Science Times. p. D1.
Ngeow, K. Y. (1998). Motivation and transfer in language learning. ERIC Digest ED427318 98.
Nickerson, R. (1985, February). Understanding understanding. *American Journal of Education 93*(2), 201–239.
Nickerson, R., Perkins, D., & Smith, E. (1985). *The teaching of thinking.* Hillsdale, NJ: Lawrence Erlbaum.
O'Neill, M. (1996, September 1). *New York Times Sunday Magazine.* p. 52.
Osborne, R., & Freyberg, P. (1985). *Learning in science: The implications of children's science.* Aukland, NZ: Heinemann.
Parkes, J. (2001). The role of transfer in the variability of performance. *Educational Assessment, 7*(2).
Passmore, J. (1982). *The philosophy of teaching.* Cambridge, MA: Harvard University Press.
Peak, L., et al. (1996). *Pursuing excellence: A study of U.S. eighth grade mathematics and science teaching, learning, curriculum, and achievement in international context* (NCES 97-198). Washington, DC: U.S. Department of Education, National Center for Education Statistics.
Perkins, D. (1991, October). Educating for insight. *Educational Leadership, 49*(2), 4–8.
Perkins, D. (1992). *Smart schools: From training memories to educating minds.* New York: Free Press.
Perkins, D. N., & Grotzer, T. A. (1997). Teaching intelligence. *American Psychologist, 52*(10), 1125–1133.
Perry, W. (1970). *Forms of intellectual development in the college years: A scheme.* New York: Holt, Rinehart & Winston.
Peters, R. S. (1967). *The concept of education.* London: Routledge & Kegan Paul.
Phenix, P. (1964). *Realms of meaning.* New York: McGraw-Hill.
Piaget, J. (1965). *The moral judgment of the child.* New York: Humanities Press.
Piaget, J. (1973). *To understand is to invent: The future of education.* New York: Grossman's Publishing Co.
Piaget, J. (1973/1977). Comments on mathematical education. In H. Gruber and J. Voneche (Eds.), *The essential Piaget.* New York: Basic Books. (Original work published 1973)
Poincaré, H. (1913/1982). Science and method. In *The foundations of science* (G. B. Halstead, Trans.). Washington, DC: University Press of America. (Original work published 1913)
Polya, G. (1945). *How to solve it: A new aspect of mathematical method.* Princeton, NJ: Princeton University Press.
Popper, K. (1968). *Conjectures and refutations.* New York: Basic Books.
Pressley, M., (1984). Synthesis of research on teacher questioning. *Educational Leadership, 42*(3), 40–46.
Pressley, M., et. al. (1992). Encouraging mindful use of prior knowledge: Attempting to construct explanatory answers facilitates learning. *Educational Psychologist, 27*(1), 91–109.
Redfield, D. L., & Rousseau, E. W. (1981). A meta-analysis of experimental research on teacher questioning behavior. *Review of Educational Research, 51,* 237–245.
Regional Laboratory for Educational Improvement of the Northeast & Islands. (undated). *The voyage of pilgrim '92: A conversation about constructivist learning* [newsletter].
Roseman, J. E., Kulm, G., & Shuttleworth, S. (2001). Putting textbooks to the test. *ENC Focus, 8*(3), 56–59. Available: http://www.project2061.org/publications/articles/articles/enc.htm.
Rothstein, E. (2003, August 2) Shelf life: A bioethicist's take on Genesis. *New York Times,* p. B7.
Rousseau, J. (1979). *Emile, or education.* (A. Bloom, Trans.). New York: Basic Books.
Ruiz-Primo, M. A., et al. (2001). On the validity of cognitive interpretations of scores from alternative concept-mapping techniques. *Educational Assessment, 7*(2).
Russell, J. (2003, September 13). On campuses, handhelds replacing raised hands. *Boston Globe.*
Ryle, G. (1949). *The concept of mind.* London: Hutchinson House.
Salinger, J. D. (1951). *The catcher in the rye.* Boston: Little Brown.
Sanders, N. (1966), *Classroom questions: What kinds?* New York: Harper & Row.
Saphier, J., & Gower, R. (1997). *The skillful teacher: Building your teaching skills* (5th ed.). Carlisle, MA: Research for Better Teaching.
Schank, R. (1990). *Tell me a story: Narrative and intelligence.* Evanston, IL: Northwestern University Press.
Schmoker, M. (1996). *Results: The key to continuous school improvement.* Alexandria, VA: Association for Supervision and Curriculum Development.
Schneps, M. (1994). *"A private universe" teacher's guide.* Washington, DC: The Corporation for Public Broadcasting.
Schoenfeld, A. (1988). Problem solving in context(s). In R. Charles & E. Silver (Eds.), *The teaching and assessing of mathematical problem solving.* Reston, VA: National Council on Teachers of Mathematics/Erlbaum.
Schön, D. A. (1989). *Educating the reflective practitioner: Toward a new design for teaching and learning.* San Francisco: Jossey-Bass.
School Curriculum and Assessment Authority. (1995). *Consistency in teacher assessment: Exemplifications of standards (science).* London: Author.
School Curriculum and Assessment Authority. (1997). *English tests mark scheme for paper two (Key stage 3, Levels 4–7).* London: Author.
Schwab, J. (1971). The practical: Arts of eclectic. *School Review, 79,* 493–542.
Schwab, J. (1978). The practical: Arts of eclectic. In *Science, curriculum, and liberal education: Selected essays.* Chicago: University of Chicago Press.
Senk, S., & Thompson, D. (2003). *Standards-based school mathematics curricula: What are they? What do students learn?* Mahwah, NJ: Lawrence Erlbaum.
Serra, M. (1989). *Discovering geometry: An inductive approach.* Berkeley, CA: Key Curriculum Press.
Shattuck, R. (1996). *Forbidden knowledge: From Prometheus to pornography.* New York: St. Martin's Press.
Shulman, J. (1992). *Case methods in teacher education.* New York: Teachers College Press.
Shulman, L. (1999 July/August). Taking learning seriously, *Change, 31*(4), 10–17.
Singh, S. (1997). *Fermat's enigma: The epic quest to solve the world's greatest mathematical problem.* New York: Walker & Co.
Sizer, T. (1984). *Horace's compromise: The dilemma of the American high school.* Boston: Houghton Mifflin.
Skemp, R. R. (1987). *The psychology of learning mathematics: Expanded American edition.* Hillsdale, NJ: Lawrence Erlbaum.
Smith, J., Lee, V., & Newmann, F. (2001). *Instruction and achievement in Chicago elementary schools.* Chicago: Consortium on Chicago School Research. Available: http://www.consortium-chicago.org/publications/p0001.html.
Smith, R. J. (1997, January 5). The soul man of suburbia. *New York Times Sunday Magazine,* sec. 6, p. 22.
Southern Regional Education Board. (1992). *Making high schools work.* Atlanta, GA: Author.
Spiro, R., et al. (1988). *Cognitive flexibility theory: Advanced knowledge acquisition in ill-structured domains.* Hillsdale, NJ: Lawrence Erlbaum.
Stavy, R., & Tirosh, D. (2000). *How students (mis-)understand science and mathematics: Intuitive rules.* New York: Teachers College Press.
Steinberg, A. (1998). *Real learning, real work: School-to-work as high school reform.* New York: Routledge.
Steinberg, A., Cushman, K., & Riordan, R. (1999). *Schooling for the real world: The essential guide to rigorous and relevant learning.* San Francisco: Jossey-Bass.
Stepien, W., & Gallagher, S. (1993, April). Problem-based learning: As authentic as it gets. *Educational Leadership, 50*(7), 23–28.
Stepien, W., & Gallagher, S. (1997). *Problem-based learning across the curriculum: An ASCD professional inquiry kit.* Alexandria, VA: Association for Supervision and Curriculum Development.
Stepien, W., & Pyke, S. (1997). Designing problem-based learning units. *Journal for the Education of the Gifted, 20*(4), 380–400.
Stepien, W., Gallagher, S., & Workman, D. (1993). Problem-based learning for traditional and interdisciplinary classrooms. *Journal for the Education of the Gifted, 16*(4), 338–357.
Sternberg, R., & Davidson, J. (Eds.). (1995). *The nature of insight.* Cambridge, MA: MIT Press.
Stiggins, R. J. (1997). *Student-centered classroom assessment.* Upper Saddle River, NJ: Prentice-Hall.
Stigler, J. W., & Hiebert, J. (1997, September). Understanding and improving classroom mathematics instruction: An overview of the TIMSS video study. *Phi Delta Kappan, 79*(1), 14–21.
Stigler, J. W., & Hiebert, J. (1999). *The teaching gap: Best ideas from the world's teachers for improving education in the classroom.* New York: Free Press.
Stone, C. L. (1983). A meta-analysis of advance organizer studies. *Journal of Experimental Education, 54,* 194–199.
Strong, M. (1996). *The habit of thought: From Socratic seminars to Socratic practice.* Chapel Hill, NC: New View.
Sullivan, K. (1997, December 22). Japanese director commits suicide. *Washington Post,* p. C1.
Sulloway, F. (1996). *Born to rebel: Birth order, family dynamics, and creative lives.* New York: Pantheon Press.
Tagg, J. (2003). *The learning paradigm in college.* Bolton, MA: Anker Publishing Company.
Tannen, D. (1990). *You just don't understand: Women and men in conversation.* New York: Ballantine Books.
Tharp, R. G., & Gallimore, Ronald (1988) *Rousing minds to life: Teaching, learning, and schooling in social context.* Cambridge, UK: Cambridge University Press.
Thier, H. D., with Daviss, B. (2001). *Developing inquiry-based science materials: Guide for educators.* New York and London: Teachers College Press.
Thomas, L. (1983) *Late night thoughts on listening to Mahler's Ninth Symphony.* New York: Viking Press.
Tishman, S., & Perkins, D. (1997). The language of thinking. *Phi Delta Kappan, 78*(5), 368.
Tomlinson, C. A., Kaplan, S. N., Renzulli, J. S., Purcell, J., Leppien, J., & Burns, D. (2001). *The parallel curriculum: A design to develop high potential and challenge high-ability learners.* Thousand Oaks, CA: Corwin Press.
Trible, P. (2003, October 19) Of man's first disobedience, and so on. *New York Times,* sec. 7, p. 28.
Tyler, Ralph W. (1949) *Basic principles of curriculum and instruction.* Chicago: University of Chicago Press.
U.S. Department of Education, National Center for Education Statistics (NCES). (1998). *Third international math and science study* [Online]. Available: http://nces.ed.gov/timss/.
U.S. Department of Education, National Center for Education Statistics (NCES). (1999, February). The TIMSS videotape classroom study: Methods and findings from an exploratory research project on eighth-grade mathematics instruction in Germany, Japan, and the United States, NCES 99-074, by James W. Stigler, Patrick Gonzales, Takako Kawanaka, Steffen Knoll, and Ana Serrano. Washington, DC: U.S. Government Printing Office. Available: http://nces.ed.gov/timss/.
U.S. Department of Health, Education, and Welfare. (1976). *The American Revolution: Selections from secondary school history books of other nations* (HEW Publication No. OE 76-19124). Washington, DC: U.S. Government Printing Office.

Vaishnav, A. (2003, August 3). MCAS's most onerous questions revealed. *Boston Globe*.

Van de Walle, J. A. (1998). *Elementary and middle school mathematics: Teaching developmentally*. New York: Longman.

Vanderstoep, S. W., & Seifert, C. M. (1993). Learning "how" versus learning "when": Improving transfer of problem-solving principles. *Journal of the Learning Sciences, 3*(1), 93–11.

Van Manen, M. (1991). *The tact of teaching: The meaning of pedagogical thoughtfulness*. Albany: State University of New York Press.

Von Hippel, E. (1988). *The sources of innovation*. New York: Oxford University Press.

Weil, M. L., & Murphy, J. (1982). Instructional processes. In H. E. Mitzel (Ed.), *Encyclopedia of educational research*. NY: Free Press.

Wenglinsky, H. (1998). *Does it compute? The relationship between educational technology and student achievement in mathematics*. New Jersey: Educational Testing Service.

White, R., & Gunstone, R. (1992). *Probing understanding*. London: Falmer Press.

Whitehead, A. N. (1929). *The aims of education and other essays*. New York: Free Press.

Wiggins, G. (1987, Winter). Creating a thought-provoking curriculum. *American Educator, 11*(4), 10–17.

Wiggins, G. (1987). *Thoughtfulness as an educational aim* (unpublished dissertation: Harvard University Graduate School of Education).

Wiggins, G. (1989, November). The futility of teaching everything of importance. *Educational Leadership, 47*(3), 44–59.

Wiggins, G. (1993). *Assessing student performance: Exploring the purpose and limits of testing*. San Francisco: Jossey-Bass.

Wiggins, G. (1996, January). Practicing what we preach in designing authentic assessments. *Educational Leadership, 54*(4), 18–25.

Wiggins, G. (1997, September). Work standards: Why we need standards for instructional and assessment design. *NASSP Bulletin, 81*(590), 56–64.

Wiggins, G. (1998). *Educative assessment: Designing assessments to inform and improve performance*. San Francisco: Jossey-Bass.

Wiggins, G., & McTighe, J. (1998). *Understanding by design* (1st ed.). Alexandria, VA: Association for Supervision and Curriculum Development.

Wilson, J. (1963). *Thinking with concepts*. London: Cambridge University Press.

Wiske, M. S. (1998). *Teaching for understanding: Linking research with practice*. San Francisco: Jossey-Bass.

Wittgenstein, L. (1953). *Philosophical investigations*. New York: Macmillan.

Wolf, D. (1987, Winter). The art of questioning. *Academic connections*.

Woolf, V. (1929). *A room of one's own*. New York: Harcourt Brace & World.

Wynn, C. M., & Wiggins, A. W. (1997). *The five biggest ideas in science*. New York: John Wiley & Sons.

索引

（條文後的頁碼係原文書頁碼，檢索時請查正文側邊的頁碼）
註：頁數之後接英文字母「f」表示圖表。

◆名詞索引

◆英文人名索引

國家圖書館出版品預行編目（CIP）資料

重理解的課程設計／Grant Wiggins, Jay McTighe 合著；
　賴麗珍譯. -- 初版. -- 臺北市：心理, 2008.07
　　面；　　公分. --（課程教學系列；41314）
　參考書目：面
　含索引
　譯自：Understanding by design
　ISBN 978-986-191-164-9（平裝）

　1.課程規劃設計　2.教學法　3.理解學習

521.74　　　　　　　　　　　　　　　　97011601

課程教學系列 41314

重理解的課程設計

作　　者：Grant Wiggins & Jay McTighe

譯　　者：賴麗珍

執行編輯：高碧嶸

總 編 輯：林敬堯

發 行 人：洪有義

出 版 者：心理出版社股份有限公司

地　　址：231026 新北市新店區光明街 288 號 7 樓

電　　話：(02) 29150566

傳　　真：(02) 29152928

郵撥帳號：19293172　心理出版社股份有限公司

網　　址：https://www.psy.com.tw

電子信箱：psychoco@ms15.hinet.net

排 版 者：鄭珮瑩

印 刷 者：竹陞印刷企業有限公司

初版一刷：2008 年 7 月

初版十一刷：2022 年 1 月

Ｉ Ｓ Ｂ Ｎ：978-986-191-164-9

定　　價：新台幣 520 元